진짜 노동

적게 일해도 되는 사회, 적게 일해야 하는 사회

데니스 뇌르마르크 지음

손화수 옮김

진짜 노동

진짜
진짜
진짜
진짜
진짜 노동

적게 일해도 되는 사회
적게 일해야 하는 사회

데니스 뇌르마르크 지음
손화수 옮김

자음과모음

차례

어느 따뜻한 3월의 아침, 나는 비룸^{Virum}에 위치한 사이버 리스크 연구소 주차장에 들어섰다. 그 회사는 내가 사는 곳에서 멀지 않은 테크니커뷔엔^{Teknikerbyen}에 자리 잡고 있었다. 그곳은 꽤 경치가 좋은 묄레오엔 근처에 중소기업들이 많이 몰려 있어 덴마크 최초의 비즈니스 파크로도 알려져 있다.

이사 예스퍼 헬브란트는 직원들이 모인 방으로 나를 안내했다. 그날은 금요일이었고, 그 회사는 주 4일 근무제를 도입해 금요일에는 일을 하지 않았지만, 매달 한 번 오전에 서로에게 영감을 줄 수 있는 대화의 자리를 마련하곤 했다. 그 자리에는 가끔 외부 인사가 초청되기도 하는데, 그날의 강사는 나였다.

사이버 리스크 연구소는 단순히 실험과 연구만 하는 회사가 아니라, 노동시간 단축 및 무의미한 업무에 반대하는 운동을 주재하기도 했다. 현대사회의 대규모 IT 및 회계 회사에서 일하는 많은 직원들은 비효율적인 업무와 느린 의사결정 과정, 무관심한 관료주의의 무거운 짐에 허덕이고 있다. 예스퍼는 대규모 글로벌 기업에서 근무했던 자신의 경험담으로 대화를 시작했다.

"저처럼 대기업에서 오랫동안 근무하다 보면 기재와 등록 업무를 수도 없이 하게 됩니다. 하지만 그 일을 왜 하는지, 또 그것이 어떤 용도로 쓰이는지에 대해 물어보면 아무도 대답을 못 하더군요."

탁자를 둘러싸고 앉아 있던 사람들이 고개를 끄덕였다.

"우리는 회사에서 지속적으로 새로운 계획과 업무에 발을 들여놓게 되고, 대부분 그 업무가 목표하는 최종 결과를 달성하지 못하지만, 어쨌든 상관없는 일이라 여깁니다. 왜냐하면, 항상 새로운 계획과 업무가 줄을 지어 뒤따르기 때문이죠. 이 과정을 오랫동안 거치게 되면, 우리는 지금 우리가 하고 있는 일이 쓸모없고 무의미하다는 생각을 하게 됩니다."

예스퍼 헬브란트는 훗날 자신의 회사를 설립하면서, 적어도 비효율성과 무의미함을 배제하는 것이 매우 중요하다고 생각했다.

내 소개를 하자 직원들은 업무 집중에 도움이 되는 방법에 대해 이야기하기 시작했다. 그들은 자신이 하는 일에 대해 끊임없이 중요한 질문을 던져야 했다. 예스퍼는 회사에서 서로에게 정직하지 않으면, 무의미하며 쓸모없는 업무에서 벗어날 수 없다고 덧붙였다. 정직하다는 것은 문제를 해결하기 위해, 때로는 갈등을 피하지 않고 업무에 도전한다는 것을 의미한다.

"회사에는 이를 스스로 원하는 직원이 필요합니다. 목요일 오후에 주말이 시작되는 경우라면 회사의 모든 업무 상황을 신중하게 진행하고 평가할 수밖에 없습니다. 우리는 모든 직원들이 가치에 대해 생각하기를 강력히 요구합니다. 그 가치는 얼마나 오래 일하느냐의 문제가 아니라 올바른 생각을 할 수 있는지 의에 관한 것입니다."

직원들이 정보를 공유하려면 느리고 복잡한 절차에서 벗어나는 것이 중요하다. 예스퍼는 회사 내의 이메일 시스템을 폐지하는 대신 직원들의 구두 의사소통을 권장했다. 즉, 동료가 바쁘지 않을 때는 직접 찾아가 얼굴을 맞대고 의사소통을 하라는 것이었다.

"사람들은 문제를 해결하기 위해 이메일을 쓰지 않습니다. 그들은 자신에게 휴식을 주기 위해 이메일을 쓰고, 대신 다른 사람들은 시간을 내서 그 이메일에 답을 보내야 합니다."

그는 직원들이 생각할 시간을 보호하기 위해 오후 1시 이전에는 내부 회의도 금지했다고 덧붙였다.

예스퍼 헬브란트는 무의미한 업무를 없애고 직원들에게 더 많은 휴가를 제공할 경우, 사기를 높일 수 있을 뿐 아니라 더 흥미로운 인재들을 데려오는 데 도움이 된다고 확신했다.

그곳에 있던 사람들 중 대부분은 내가 2018년에 철학자 아네르스 포그 옌센과 함께 쓴 책, 『가짜 노동: 스스로 만드는 번 아웃의 세계』(자음과모음, 2022)를 읽어보았다고 했다. 그 책은 직원들을 매우 바쁘게 만들지만 실제로는 아무런 결과도 내지 못하는 업무들을 회사 측에서 가려내고 대대적인 조정을 할 수 있도록 영감을 준 책들 중 하나였다.

회의가 끝날 무렵, 나이 지긋한 신사가 다가와 말했다.

"나는 원래 게으른 사람이었습니다. 그렇지만 내가 맡은 일만큼은 매우 잘해냈답니다. 나는 내가 하는 일에 최소한의 시간을 투자하고, 진정으로 높은 품질의 무언가를 창조해내고 싶습니다."

내 경험에 의하면, 매우 부지런한 비숙련자가 게으르지만 숙련된 직원보다 회사에 훨씬 더 큰 피해를 입힐 수 있다. 당연히 나는 후자에 속하는 직원을 선호한다. 우리는 함께 미소를 나누었고, 나는 팔 아래 레드와인 두 병을 끼고 작별 인사를 건넸다.

비룸에서 경험담을 교환했던 일은 『가짜 노동』에서 공동저자와 함께 개괄하고 진단했던 현상에 관해 더 깊이 알아보기 위한 조사의 일부가 되었다. 놀랍게도 그 책은 2020년 사람들의 입에 가장 많이 오른 토론 서적 중 하나가 되었고, 출판 후 1년이 지났음에도 여전히 베스트셀러 목록에서 한자리를 차지하고 있다. 생각하건대, 그 책이 노동시장의 신경을 건드렸던 것이 틀림

없다. 시간을 허비하고, 잘못된 일에 집중하며, 아무런 결과도 가져오지 못할 업무에 열정을 보이거나, 읽히지도 않을 보고서를 쓰는 등 직장 내에서 가면을 쓰고 연극을 하도록 강요당하는 사람들의 고통과 좌절을 표현함으로써 노동시장에 만연하는 일종의 금기 사항을 폭로한 셈이었던 것이다. 물론 예스퍼 헬브란트처럼 지시받은 업무의 비효율성을 동료나 상사에게 알리기 위해 일부러 벽에 머리를 부딪치는 사람도 있을 것이다.

『가짜 노동』은 노동시장에 작은 파도를 만들어냈다. 그 책은 사람들이 멍하니 앉아 무無를 응시할 때 도움이 될 수 있는 개념을 제공했다. 동시에 '가짜 노동'이라는 용어가 그 자체의 생명력을 가지게 되어 오용되는 사례도 빈번하게 나타났다. 하지만 궁극적으로는 사람들의 삶과 낭비된 시간을 가시적으로 노출시켰다. 그래서 실제보다 더 중요하고 훌륭하게 보이기 위해 꾸민 상황에서 효과적으로 벗어날 수 있는 방법을 제시했기에 그 본연의 목적을 이루었다고도 말할 수 있다.

가짜 노동의 개념을 설명한 『가짜 노동』은 회사의 직원과 관리자를 막론하고 중요하지 않은 일을 다루는 이들에게 영감을 주었다. 그들 중 많은 사람들, 사실 수백 명이나 되는 이들이 책이 출판된 후 공동 저자와 내게 편지를 보내 우리가 정곡을 찔렀다고 성원해주었다.

나는 이 책에서도 비슷한 맥락을 이어갈 것이다. 본질적인 차이는 이전 책에 비해 문제 해결에 더 큰 비중을 두었다는 점에 있다. 나는 예스퍼 헬브란트처럼 조직 내 가짜 노동에 적극적으로 도전하기로 결심한 사람들은 물론, 여전히 가짜 노동의 멍에에 시달리고 있지만 점진적으로 이를 폐지하기 위해 구체적인 구상을 하고 있는 사람들과도 이야기를 나누어보았다.

이 책은 속편을 써달라고 요청한 많은 독자들의 요청에 대한 답신이다. 여전히 조직에 산재하는 나쁜 아이디어와 습관들 중에는 어떤 것이 있는지, 그리고 무엇 때문에 가짜 노동이 생겨나는지도 살펴볼 것이지만, 그보다도 먼저 문제점들을 해결하기 위한 구체적 방법을 제시하는 데 중점을 두려 한다. 이 책은 문제 해결을 위해 매일 다르게 도입할 수 있는 구체적인 방법의 예를 보여줄 것이다. 하지만 문화가 변할 때는 긴 시간이 필요하듯 이 일에도 적지 않은 시간이 걸릴 것이라고 생각한다.

신속한 결정으로 모든 가짜 노동을 제거할 수는 없지만, 상황에 따라서 어느 정도 가능하다는 고무적인 예도 있다. 예를 들어, IT 회사 시스테마틱^{Systematic}의 대표이사가 새해를 맞아 모든 내부 회의를 없애기로 결정했던 것이다.[1] 가끔은 문제 해결을 위해 거칠고 급진적인 방식이 요구되는데, 이 책에서는 그처럼 꽤 급진적인 제안도 찾아볼 수 있다.

나는 도움이 될 만한 모든 경험들을 수집하는 데 큰 노력을 기울였으며,─『가짜 노동』에서와 마찬가지로─첫 번째 책을 출간한 이후에 발표되었거나 또는 너무나 오래되어 집단 망각 속에 자리 잡았지만 여전히 그 가치를 간과할 수 없는 연구와 학설을 바탕으로 비교 분석하는 데도 노력을 아끼지 않았다.

이 책의 일부는 코로나가 만연하던 시기에 집필되었다. 그 때문에 갑자기 책의 요점이 새로운 방식으로 업데이트되기도 했다. 당시 재택근무가 보편화되었고, 점차 많은 이들이 재택근무가 이전보다 더 효율적일 수도 있다는 것을 알게 되었다. 병원의 개발 부서는 폐쇄되었지만, 의사와 간호사 들의 자발적인 주도 덕분에 오히려 개발 부서의 컨설턴트가 동일 프로세스를 운영했을 때 소비했을 시간의 불과 절반에 해당하는 시간으로 코로나 치료 장치를 가동할 수 있었다.[2]

많은 직원들이 시간에 쫓기긴 했지만, 그럼에도 업무를 완수할 수 있었다. 관리자들은 직원들이 재택근무를 할 경우 직장 내 선의의 조정, 후속 회의, 협업 과제 및 후속 조치 등에 노출되지 않아 심적 안정을 경험하게 되고 그 결과로 생산성도 훨씬 높아진다는 것을 알게 되었다.[3] 그 경험들은 이 책을 쓰게 된 배경이기도 하다.

이 책을 읽는 방법

이 책은 처음부터 끝까지 단숨에 읽는 것이 좋다. 하지만 『가짜 노동』의 요점이 무엇인지 이미 알고 있는 독자라면, 그를 요약했다고도 볼 수 있는 1부를 건너뛰는 것도 좋다. 1부는 가짜 노동의 개념과 주요점을 요약한 내용이며, 이후 추가적 연구를 바탕으로 집필된 본서『진짜 노동』의 가장 중요한 개념을 더욱 명확하게 뒷받침한다. 또한 1부에서는 직장 내의 업무가 점점 더 복잡해졌다는 사실과 그에 관한 일반적 설명을 분석해보았을 때, 업무 복잡성에 관한 불평은 실제로 아무것도 하지 않음에 대한 변명에 불과하다는 것을 보여준다.

우리는 무의미하고 쓸모없는 작업이 처음에 어떻게 시작되었는지 이해했을 때, 이를 더 효과적으로 제거할 수 있다. 이 책의 2부부터 6부까지의 내용은 바로 여기에 관한 것이다. 각 부는 가짜 노동을 초래하는 기업의 근본적인 오류나 결함을 설명하고 있다.

2부에서는 명확하고 진실한 언어로 말하는 능력이 결여된 상황에 대해 말하며 조직문화와 관리자 및 직원들에게 필요한 구체적인 조언도 포함하고 있다. 뿐만 아니라, 근거 없는 중요성과 분주함을 주장하며 트렌드에는 민감하지만 업무에는 무관심한 이들이 어떻게 조직을 장악하는지와 실속 없는 직책이 어떻게 만들어지는지도 구체적으로 살펴볼 수 있다. 또한, 구직자들이 구인 광고를 접할 때 가짜 노동과 관련된 직업을 사전에 발견할 수 있는 구체적 방법도 포함되어 있으며, 심지어 존재하지 않는 직업을 내세우며 구인 광고를 게시하는 조직을 가려낼 수 있는 방법도 제시한다.

3부에서는 책임과 협업 및 합리적인 리더십의 결여에 관해 설명한다. 이 책에서 제시한 많은 제안을 실행하기 위해서는 경영진의 주도권이 필요하다. 관리 책임을 지지 않아도 되는 직원은 3부를 통해 상사에게 어떤 제안을 할 수 있는지, 또 매일 업무를 해나갈 때 압박이 가중되는 상황을 피할 수 있는 방법을 찾을 수 있다.

나는 3부에서 기업의 관리자들에게 강력하고 진지한 제안을 한다. 그들은 더 많은 문제를 발생시킬 수 있는 프로세스와 규칙 및 갖가지 절차를 도입하는 것을 피함으로써 직원들이 실제로 매일 어떤 업무를 하고 있는지 더욱 명확하게 개관할 수 있을 것이다. 우리는 직원들에게 더 큰 자율적 결정권을 부여하여 신뢰를 보여주는 조직들의 예에서 직원 간의 진정한 협업을 지원하는 방법을 배울 수 있다. 동시에 해야 할 일과 하지 말아야 할 일이 정해져 있는 전근대적 직장 문화에 도전할 수 있는 근거를 살펴볼 수 있다. 더불어 3부에서는 우리가 속한 조직에서 가짜 노동을 가려낼 수 있는 도구적 장치를 얻을 수 있다.

4부에서는 조직의 아픈 곳 즉, 직원 기능의 문제점을 다룬다. HR 부서, 커뮤니케이션 부서, IT 부서 및 기타 모든 비생산적 기능을 담당하는 직장 내 부서는 종종 가짜 노동으로 다른 사람들을 귀찮게 한다는 비난을 받게 마련이다. 만약 정말 그렇다면,

기업 입장에서는 업무에 걸림돌을 제거하고 실질적인 업무를 지원하기 위해 이러한 직원 기능을 어떻게 재정립해야 하는가?

5부에서는 상식의 재확립에 관해 다룬다. 언뜻 뜬구름 잡는 소리처럼 들릴지도 모르겠지만, 실제로는 매우 구체적인 사례와 실용적인 제안을 볼 수 있다. 대부분의 직원들은 회사에서 쓸모없고 무의미한 일을 할 때 스스로도 그를 잘 알고 있지만, 수치심이나 해고당할 두려움 때문에 솔직하게 말하는 것을 꺼린다. 하지만 우리는 이런 것들을 더 잘(그리고 더 신속하게) 표현할 수 있어야 한다. 이와 관련해, 불평과 비판을 하는 이들을 변화를 두려워해서 항상 반대만 하는 사람들로 분류하기보다, 오히려 그들의 의견을 수용할 수 있어야 한다는 내용도 담았다.

이 책의 주요 목적은 우리 모두의 비판적 감각을 재건하는 것이다. 우리는 터무니없는 계획과 업무를 중단하고 절망적인 프로젝트에 계속해서 매달리는 일에서 벗어나야 한다. 5부 말미에서는 디지털화의 밝은 면과 어두운 면도 함께 살펴볼 수 있다. 현대 기술이 기존에 비해 더 많은 업무를 생성하거나 또는 그 반대의 경우, 어떠한 형태의 디지털 솔루션이 가짜 노동의 양을 줄이는 데 도움이 될까?

마지막 부인 6부에서는 실제로 필요하지 않은 제품 생산을 제한할 수 있는 보호막을 만드는 방법에 대해 이야기한다. 동시에 최근 기업 내에서 점점 더 큰 자리를 차지해왔으나 오래전부터 문서화된 연구를 통해 다소 비효율적이라 결론이 났던 평가 및 경쟁, 등록과 결재 문화를 비판적으로 살펴본다. 여기에서는 우리가 때때로 쓸모없는 일을 한다는 사실보다, 우리가 그 일을 얼마나 많이 하는지에 관해 다루고 있다. 또한 직장 내 업무상 수행하지 않을 수 없는 회의와 보고, 평가와 문서 작업 행위에 상한선을 두는, 매우 중요하지만 쉽지 않은 방법에 대해 살펴볼 수 있다.

『진짜 노동』을 마무리하며 가짜 노동에서 잠재적으로 벗어날 수 있는 여러 가지 방법을 모아보았다. 지난 몇 년간 여기저기서 중구난방으로 제시되었던 방법들 중 일부는 간과되었던 솔루션이고, 또 다른 일부는 막다른 길로 인도하는 솔루션이므로 신뢰할 수 없다고 생각한다.

이 책은 사회의 변화를 위해 투쟁을 요구했던 전작보다 훨씬 비정치적이라 할 수 있다. 하지만 나는 지금도 여전히 투쟁을 계속하고 있다. 진정한 변화가 일어나기 위해서는 작고 구체적인 것부터 시작해야 한다.

나는 그러한 임무를 수행할 사람들을 위해 이 책을 썼다.

감사의 말

우선 가짜 노동에 대한 경험과 그 해결책을 나와 공유해주었던 모든 분들에게 감사드린다. 대부분은 익명을 요구했기에 여기에는 실제와 다른 이름으로 표기되었다는 점도 함께 알린다.

이 책의 집필에 도움을 준 마리안네 비 프뤼덴달, 보 포게드, 알프레드 요세프센, 헨리크 스텐만, 예스퍼 헬브란트, 니나 홀름 본센, 모르텐 알베크, 모르텐 뮌스터, 트뢸스 고트리브, 토마스 슐츠, 페르닐레 가르데 아빌고르, 항상 나를 지지하고 후원해주었던 편집자 메테 코르스고르 및 전국 순회강연에서 나를 찾아와 각자의 경험을 공유해주었던 모든 이들에게 감사드린다.

또한, 이번에는 나의 단독 집필임에도 불구하고 우리의 공통된 아이디어에 대해 항상 흔쾌히 대화의 시간을 내주었던 철학자 아네르스 포그 옌센에게도 큰 감사를 표한다.

마지막으로, 집필 활동과 강연으로 가정에 충실하지 못했던 나의 말들과 설익은 생각에도 인내심으로 귀를 기울여주고 지원해주었던 아내, 미아 아말리에에게도 감사를 전한다.

그럼 이제 일을 시작해보도록 하자.
즐거운 시간이 되기를 바라며!

1부

가짜 노동의
정의와 시작점

1장

가짜 노동이란 무엇인가?

1990년, 덴마크 노동시장에서 독특한 발견이 이루어졌다. 그러나 당시 어떤 신문도 이를 다루지 않았다. 물론 그 발견이 전대미문의 획기적인 아이디어라고는 할 수 없었다. 그럼에도 불구하고, 그것은 이후 우리의 직장 생활에서 거의 대부분을 차지해왔다.

1990년에는 우리가 직장에서 무슨 일을 하든 주당 37시간을 소비했다. 실제 노동시간은 1990년 이전에도 수십 년에 걸쳐, 아니 지난 200여 년에 걸쳐 꾸준히 감소해왔다. 하지만 근대에 이르러 효율성 향상 및 자동화로 인해 업무를 훨씬 빨리 완료할 수 있음을 발견했고, 이 추세는 1990년이 되자 분명한 한계점에 도달했던 것이다.

물론 나는 실제로 그런 일이 일어나지 않았다는 것을 알고 이 글을 쓴다. 당시 그것을 발견했던 사람은 아무도 없었다. 덴마크에서는 직장 내 직원들의 협의를 거쳐 작업시간을 정한다.

하지만 굳이 내가 이렇게 글을 시작하는 것은 우리 모두가 너무
나 자연스럽게 받아들여왔던 탓에 거의 생각해보지 않았던 특별
한 점을 조명하기 위해서다. 효율성 향상과 자동화가 계속되는데
도 근무시간을 동결하기로 결정한다면 어떻게 될까?

　내부 사정을 잘 아는 사람이라면 우리가 얼마나 효율적으
로 변해왔는지에 대한 가시적인 증거를 가지고 있을 것이다. 예
를 들자면 스마트폰이다. 스마트폰 사용자가 늘어나면서 더 이상
매표소 앞에서 줄을 서거나, 자동차 라디에이터를 교체하기 위
해 쿠폰을 꺼내들거나, 24장의 사진이 담긴 필름을 사진관에 맡
겼다가 이틀 후에 인화된 사진이 들어 있는 종이봉투를 찾아오지
않게 되었다. 우표에 침을 바르거나 카세트테이프를 되감는 일도
없어졌다. 오늘날 이러한 것들은 모두 디지털화되었고, 직장에서
는 대다수의 일상적인 작업이 새로운 소프트웨어를 통해 진행되
며, 효율성을 높이기 위해 고용된 컨설턴트들은 이 모든 것을 최
적화하는 것도 부족해 뼈가 보일 정도로 조직의 살을 깎아내고
있다. 다시 말하자면 1990년을 기점으로 개발이 중단되었던 것
은 아니다. 하지만 그렇다고 해서 자유 시간이 더 많아진 것도 아
니었다.

　가짜 노동은 이러한 근본적인 놀라움을 출발점으로 삼았
다. 우리는 그 모든 시간을 무엇에 사용하는가? 생산성 증가에서
는 그 대답을 찾을 수 없다. 왜냐하면 1990년대 이후에는 생산성
이 증가하지 않았기 때문이다. 우리가 더 많은 아이디어와 발명
을 위해 노동시간을 할애했다는 사실로도 이를 설명할 수는 없

다. 그 어디서도 이 논지를 뒷받침할 만한 증거를 찾을 수 없기 때문이다.

반면, 많은 이들이 직장에서 의욕을 잃고 스트레스에 시달리는 것은 확연히 볼 수 있다. 직원들은 근무시간의 상당 부분을 개인적 쇼핑에 할애하지만 이들은 자신이 실제로 일하는 것보다 훨씬 더 많이 일한다고 생각한다. 나는 『가짜 노동』에서 영국인의 37%가 자신이 하는 일이 무의미하며, 결근을 해도 회사 일에 아무런 지장을 주지 않는다고 생각하는 영국의 한 조사 결과를 언급한 적이 있다. 이 연구는 훗날 네덜란드에서 반복 시행되었고, 응답자의 무려 40%가 이러한 우울한 결과에 동의했다.[4] 2020년 복스미터Voxmeter가 덴마크에서 시행한 조사에 의하면, 덴마크 노동시장의 대표 표본 중 55%는 현재 자신의 직장에서 가치 없는 일을 해야만 한다고 믿고 있었다.[5] 갤럽 역시 이 현상을 조사했는데, 여기서는 질문 및 답변의 옵션이 조금 다르긴 하지만 그럼에도 응답자의 무려 76%에 이르는 사람들이 어느 정도 가짜 노동에 익숙하다고 대답했다. 가짜 노동을 경험하지 못했다고 대답한 사람은 단 21%뿐이었으며, 가짜 노동을 매일 또는 거의 매일 경험한다고 대답한 사람은 13%에 이르렀다.[6]

우리는 『가짜 노동』에서, 사람들이 여전히 일을 너무 많이 하고, 발명은 너무나 적으며, 동시에 자신이 하는 일이 무의미하기에 의욕 상실을 경험한다는 이유가, 소위 진짜 노동이 아닌 가짜 노동이 실제로 존재하기 때문이며 이것은 시간 낭비와 좌절감을 불러일으킨다고 결론지었다. 문제는 이러한 업무가 표면적으로는 매우 쉽고 단순하게 보일 수 있다는 것이다. 업무란 사람이 어떤 일을 수행하고 가치 있는 결과물을 만들어내는 것을 의미한다. 즉, 업무는 무언가를 창출하고 조직의 핵심적 성과에 기여하는 활동이라 할 수 있다. 따라서 업무를 수행하지 않을 경우 무언가 중요한 지점을 놓칠 수도 있고, 직원, 이해관계자, 고객, 시민 또는 서비스 대상이 되는 모든 이들이 경험할 수 있는 실질적인 결함이 발생할 수 있다. 이에 아네르스 포그 옌센과 나는 '가짜 노동'이라는 용어를 만들어냈다. 업무처럼 보이긴 하지만 실속이나 의미가 없는 행위를 포괄적으로 설명할 수 있는 기존의 단어를 찾지 못했기 때문이다.

여기서 내가 일과 업무의 정의를, '그 대가로 돈을 받는 것이 특징'이라고 쓰지 않았다는 점에 주목하기 바란다. 우리는 말도 안 될 정도로 엄청나게 보수가 좋은 직업을 쉽게 찾아볼 수 있다. 동시에 우리는 여가 시간을 이용해, 보수는 없으나 의미 있고 유용한 자원봉사 활동을 할 수도 있다. 보수와 비용이 우리의 일과 이상한 관계를 맺고 있다는 사실은 이 책에서 말하는 사회적 비판의 일부다. 즉, 쓸모없는 일에 기꺼이 돈을 지불할 준비가 된 사람도 있다. 그들은 단순히 그 일조차도 어떤 용도로 사용될 수 있다고 생각하기 때문이다.

우리는 사회에 지속적이고 의미 있는 자취를 남기지 않는 일을 가짜 노동이라 정의한다. 가짜 노동은 사라진다 하더라도 사람들이 그리워하지 않을 행위이고, 실제로 수행할 필요도 없기 때문에 로봇에 아웃소싱하거나 해외로 배송하지 않아도 된다.

대부분의 경우 가짜 노동은 또 다른 가짜 노동을 바탕으로 하여 존재한다. 실제로는 그 어떤 가치도 창출해내지 못하는 일을 하는 사람도 있다. 이 일을 하는 사람은 자신의 무가치한 프로젝트에 필요한 데이터와 수치를 다른 사람에게 요청한다. 이와 관련해 『가짜 노동』에서는 지나치게 상세한 연례보고서를 작성한 직원을 예로 들었다. 그녀의 보고서를 읽은 사람은 극소수였지만, 그녀는 그 보고서를 작성하기 위해 수많은 직원들에게 관련 의견을 제출하게 했다. 이 책에 쓴 상당수의 예시를 살펴보면, 가짜 노동이 실제로 중요하고 유용한 작업을 수행하는 사람들에게도 전염되는 듯한 추세를 볼 수 있다.

가짜 노동은 과거 우리가 무의미한 일을 하는 사람을 찾아 나섰을 때 사용했던 개념이다. 우리는 지금까지 이 개념과 정의를 유지해왔다. 여기서 한 가지 분명히 말하고자 하는 바는 예나 지금이나 우리가 타인의 가짜 노동을 지적한 것이 아니라, 스스로 가짜 노동을 수행하고 있다며 우리를 위해 나서주었던 사람들이 있다는 점이다. 하지만 대다수는 자신이 맡은 업무나 직위에서 벗어난 후에야 그것이 가짜 노동이었다는 것을 깨닫곤 했다. 마치 우리가 대안을 경험하기 전까지는 우리 스스로 잘 관리된 정원의 소유자, 예의 바른 아이, 또는 성능 좋은 자동차의 소유자라고 믿는 것처럼 말이다.

우리가 대화를 나누었던 이들은 공통적으로 자신들의 삶을 낭비했다는 이유로 좌절감을 피력했다. 어떤 이들은 일을 적게 하고도 많은 돈을 받았다며 수치심을 토로하기도 했다. 그중에는 무의미하고 터무니없는 일을 발명하고 수행하도록 강요당했던 사람도 있었고, 다른 사람의 '발명'을 위한 희생자가 된 사람도 있었다. 우리는 공허하고 무의미한 말이나 진부하고 뻔한 말을 사용하지 않고서는 자신의 업무가 어떤 것인지 설명하는 일이 점점 더 어려워진다는 것을 공통적으로 경험했다.

가짜 노동은 얼마나 퍼져 있으며, 어디서 시작되었는가?

앞에서 언급했던 2020년 갤럽 설문조사를 살펴보자. 갤럽이 약간의 과잉 대표성을 지니고 있음에도 불구하고, 가짜 노동은 이미 우리 사회에서 비교적 광범위하고 다양한 수준에서 수행되고 있다. 우리는 이 조사를 통해 민간기업과 공공기업의 직원 모두가 가짜 노동을 경험한다는 사실을 발견했다. 공공부문의 많은 가짜 노동은 사람들의 의도대로 작동하지 않는 법률 및 규정을 준수해야 하는 데서 발생한다. 그러한 일들은 아무런 가치를 창출하지 않기 때문에 가짜 노동이라 정의할 수 있다. 법안의 도입은 정치인의 재선에는 도움이 될지 몰라도, 매우 협소하게 정의된 이익이라 해야 할 것이다.

그러나 가짜 노동이 악의적인 의도를 바탕으로 발생하는 일은 거의 없다. 의도적으로 다른 사람의 시간을 낭비하고 싶어하는 사람은 거의 없다. 하지만 우리는 때때로 무가치하고 비효율적인 업무가 무엇 때문에 발생하는지 생각해보지 않을 수 없다. 우리는 『가짜 노동』에서 이러한 개념을 '합리성'이라 불렀다. 표면적으로는 충분한 근거가 있어 보이지만, 실제로 실행해볼 경우 비합리적인 것이 특징이다.

예를 들어, 우리는 더 많이 소통하고, 더 많은 혁신을 이루어내고, 회사 내의 시너지를 창출하거나 리스크 관리의 합리성에 관해 길고 열정적으로 이야기할 수 있다. 하지만 그것이 진정으로 합리적인지는 아무도 의문을 갖지 않는다. 결과적으로 우리는 수 시간에 걸쳐 회의를 하고, 넘쳐나는 이메일 속에서 허덕이고, 사람들의 시간을 잡아먹을 뿐인 혁신안을 도입하고, 직원들 간에 도움은커녕 서로에게 방해만 되는 개방형 사무실을 만들고, 결코 일어나지 않을 가상의 리스크로부터 회사를 보호하기 위해 시간을 허비한다. 이는 표면적으로는 합리적이게 보이지만, 실제로는 매우 어리석은 일에 불과하다.

이처럼 중복된 작업이 우리의 업무 시간을 많이 차지할 수 있는 이유는 '업무는 할당된 시간을 채운다'는 파킨슨의 법칙 때문일 것이다. 우리 대부분은 정해진 60분 후면 마법처럼 끝이 나는 회의에 참석하면서 실제로 이 법칙을 테스트해보았다. 회의에 제시된 안건들이 할당된 시간 내에 우아하게 분산되어 펴지고, 회의가 끝날 시간이 되면 그 전투에 참여했던 모든 사람들이 자리를 털고 일어나는 모습 말이다. 하지만 회의에 45분 또는 30분만 할당되더라도 동일한 만족도와 동일한 결과에 도달할 수 있다는 것이 밝혀졌다. 이것이 바로 기업이 주당 근무시간을 4일로 단축하면서도 여전히 생산성의 이점을 누릴 수 있는 이유다.[7]

근무시간을 주 37시간으로 유지할 경우 업무에 실제로 필요한 유연성을 얻을 수 없다. 우리는 일이 근무시간을 정의하는 것이 아니라, 고정된 근무시간이 우리의 업무를 결정하도록 내버려둬야 한다.

우리가 그토록 어리석게 행동했던 이유를 설명하기 위해서는 우리가 21세기의 일을 19세기와 20세기의 노동 형태에 정신적, 조직적으로 끼워 맞추었다는 사실을 돌아봐야 한다. 산업 사회에서 우리는 노동시장에 시간을 팔았다. 공장에서 일하는 노동자라면 누구나 쉽게 이해할 수 있을 것이다. 그들은 기계 앞에 서 있는 시간만큼 급여를 받았고, 기계 앞에서 졸거나 커피를 마시며 매우 긴 휴식을 취하지 않는 이상 그들의 근무시간과 생산된 가치 사이에는 상대적으로 선형적인 관계가 존재했다.

산업화 이전에는 땅과 건물이 가치가 있었지만, 18세기 이후부터는 우리의 노동시간이 매매 시장에 들어섰고, 그건 지금도 마찬가지다. 여기에는 간과할 수 없는 문제가 있다. 오늘날에는 기계 앞에 서 있는 사람이 거의 없다. 그 대신 우리는 노동 시간과 생산성 사이의 연관성이 사라진 소위 지식 노동을 하기 시작했다.

옆 장의 표는 OECD 국가들의 시간과 성과에 대한 개요다.[8] 대부분의 사람들은 이것을 보며 몇 번이나 눈을 비빌 것이다. 이 표는 우리가 본능적으로 옳다고 생각하는 것과는 정반대의 사실을 보여준다. 가장 적은 시간 동안 일하는 곳에서 근무시간당 생산성이 가장 높은 것으로 나타났다. 한마디로 이 표는 몇 시간을 일하는지가 중요한 게 아니라 일하는 시간에 무엇을 하는지가 더 중요하다는 파킨슨의 법칙을 매우 잘 설명하는 독립적

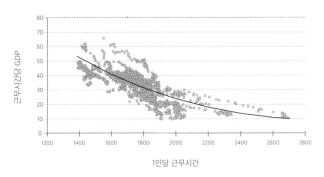

근무시간 길이와 생산성의 관계
(OECD 국가들, 1990~2012)

증거라고 할 수 있다.

　근무시간을 늘리는 것은 생산성에 도움이 되지 않는다. 오히려 정반대다. 위의 그래프는 산업사회에서 지식사회로 전환되면서 더 짧은 근무시간 동안 이전과 동일하거나 더 많은 것을 생산할 수 있기 때문에 우리가 굳이 더 많은 시간을 들여 일할 필요가 없다는 사실을 보여준다. 다시 말해, 우리의 가치 창출은 시간과는 상관없이 이루어졌지만, 이상하게도 우리는 여전히 근무시간에 따라 대가를 지불받고 있다. 따라서 사람들이 직장에서 더 많은 시간을 보내는 것은 매우 자연스럽다.

　문제는 그 시간을 채울 만큼 업무가 많지 않다는 것이다. 그 때문에 사람들은 중요하진 않지만 만족감을 가져다주는 업무를 하며 37시간을 채우게 된다. 자신을 위한 '일'을 찾는 것은 세상에서 가장 쉬운 일이며, 이것이 바로 가짜 노동의 요점이다. 의도는 좋으나 잘못된 합리성은, 아무것도 하지 않으면서도 바쁘게 보이도록 만드는 데 필요한 알리바이를 제공한다.

우리에게 부족한 것은 업무의 가치를 측정할 수 있는 기준이다. 이 기준은 아직 발명되지 않았기 때문에 우리는 여전히 구식인 업무 시간을 근거로 그 가치를 측정하고 있다. 우리는 이것을 『가짜 노동』에서 언급했던 '백스테이지 노동(무대 뒤 노동)'이라고 할 수 있다. 가짜 노동이 진짜 노동을 대체하고 있다는 근거 중 일부를 들자면 지난 수년에 걸쳐 파킨슨의 법칙이 큰 영향을 미치는 새로운 업무 기능이 우리에게 주어졌다는 것이다.

합리성은 19세기의 농부, 기계공, 구급차 운전수였다면 돈을 벌 수 있다고 상상도 못했을 직업을 창출해냈다. 그것은 바로 산업화 이후 지난 수십 년 동안 표면에 드러나지 않은 채 조용히 성장했던 소위 서비스업이며, 여기에 해당하는 업무는 오늘날 누구나 볼 수 있는 '프론트스테이지 작업(무대 앞 노동)'으로 탈바꿈했다.

동시에 이러한 프론트스테이지 업무를 수행하는 이들 중에는 백스테이지에서 낮잠을 자도록 권유받는 사람들이 점점 늘어났다. 의사, 간호사, 공원 관리인, 교사 들은 별안간 회의에 참석하고 계획을 짜고 문서 작업과 보고 업무 등 행정 업무에도 발을 들여놓게 되었다. 이러한 흐름은 현명하고 이성적으로 간주되기도 하나, 가끔은 주변의 이들에게 놀라움을 선사하기도 한다.

이것이 바로 『가짜 노동』에서 아네르스 포그 옌센과 내가 오늘날의 직장 생활을 진단했던 방법이며, 책이 출간된 후에는 인류학자인 데이비드 그레이버의 저서 『불쉿 잡Bullshit Jobs』에서

서술한 훨씬 더 많은 사례에 의해 뒷받침되었다.[9]

　　나는 가짜 노동은 무엇이며 그것이 어디에서 시작되었는지 명확히 설명한 후, 다음 장에서 우리가 오늘날 얼마나 이상하고도 특별한 직장 생활을 하고 있는지를 보여주기 위해 가짜 노동의 발전 과정을 더 자세히 다룰 예정이다. 동시에 나는 가짜 노동에 관해 가장 널리 퍼진 변명, 즉 저절로 발생하는 혼란과 분규 때문에 아무도 어찌할 수 없다는 태도에도 문제를 제기해보려 한다.

　　이것은 우리가 이 일과 관련해 무언가를 시도하는 데 있어 가장 큰 걸림돌로 작용한다.

어제의 세계

2장

"내가 다녔던 코펜하겐대학교에는 당시 비서라고 불리던 두 명의 행정 직원과 도서관 업무를 맡아보던 비정규직 직원 한 명이 있었습니다. 그때는 업무의 전산화와 중앙화가 이루어지기 전이었기에, 이들의 업무 대부분은 약 40여 명의 교직원들을 위해 타자기로 원고를 재작성하거나 급여를 지불하는 것이었습니다."[10]

출간을 앞둔 『가짜 노동』이 잡지 『폴리티켄Politiken』에 언급되었을 때, 나와 공동 저자의 인터뷰 기사 아래 댓글 란에 달린 말이다. 그것은 주목할 만했다. 하지만 40년 이상 노동시장에 몸담아왔던 사람들은 과거의 업무 환경에 대한 이와 같은 묘사를 그다지 특별하게 받아들이지 않았다. 위의 댓글과 비슷한 예는 보건과학부의 행정 비서 잉그리드 퀼만이 『유니아비센Uniavisen』(코펜하겐대학교에서 발행하는 신문―옮긴이)에 기고한 글에서도 볼 수 있다. 1987년에 그녀가 일을 시작했을 당시, 전체 보건과학부의 행정 업무를 담당하던 사람은 단 3명뿐이었다. 오늘날에는 400명이 그 일을 한다.

　도대체 무슨 일이 일어난 것일까? 수십 년 전 사람들이 지금보다 훨씬 유능했기 때문이라 믿는 사람은 많지 않을 것이다. 갑자기 하늘에서 2~3명의 고급 사무직 인력이 떨어져 전자 보조 장치도 없이 그 많은 작업량을 감독 및 관리할 수 있었다고 믿는 사람도 없을 것이다. 어떤 이들은 과거에 비해 현재의 학생 수가 훨씬 많다는 사실을 지적할 것이다. 맞는 말이다. 하지만 이는 단지 설명의 일부다. 현재 보건과학부에 재학 중인 학생은 7,700명이며, 1987년 당시의 학생 수는 2,600명에 불과했다.[11] 학생 수는 3배 증가한 반면, 학부의 행정 직원 수는 무려 100배 이상 늘어났다. 오늘날 하나의 학부에 여러 과가 포함되어 있다는 점을 고려하더라도 엄청난 증가가 틀림없다.

　행정직의 수는 증가했을 뿐 아니라 (비록 지난 몇 년간 코펜하겐대학교에서 그 수를 줄이긴 했지만) 그 성격도 바뀌었다. 정치학자 안드레아스 셰르 스타게가 2019년 발표한 박사논문에 의하면, 『폴리티켄』의 인용문에 언급된 유형의 사무직 인력은 사라졌고 학문적으로 잘 훈련된 관리자로 대체되었다고 한다.[12] 1999년 이후 행정직을 담당하는 학자들의 수는 3배로 증가했다. 그들의 직함은 코디네이터, 스페셜 컨설턴트, 수석 컨설턴트, 시니어 컨설턴트 등이다. 반면 비서, 회계사, 공원 관리인의 수는 거의 절반으로 줄어들었다.

　이는 특히 공공부문을 비롯한 사회 전반에 걸친 발전이

다. 의사, 교수, 심사위원 들은 과거에 자신들이 특별히 필요로 했던 업무를 도와준 행정 직원이 여럿 있었다는 사실을 기억한다. 예를 들어, 그들이 여행 경비를 정산하거나 보고서를 작성하거나 교정할 때 이를 처리해주었던 숙련된 비서나 회계사 등이다.

라스 홀름베르그 부교수는 「나는 무능하며 일손이 너무 느립니다」라는 글에서 『유니아비센』의 발전을 언급했다. 이 강력한 제목으로 말하고자 했던 것은 연구와 강의 업무에 관한 것이 아니었다. 그가 근무했던 법학부에 설치된 시스템을 포함해, 코펜하겐대학교의 수많은 시스템의 내부 보고 체계에 관한 것이었다.

"Indfak2(오르후스, 코펜하겐 등 덴마크 대학교 내의 내부 전산망—옮긴이)에 대기 중인 과제가 있다는 알림 메시지가 뜨면, 내가 가장 먼저 기억해야 하는 것은 Indfak2가 구글 크롬에서는 작동하지 않는다는 점이며, 나의 유저 네임이 ku.dk로 끝나는지다. 뿐만 아니라, 나의 비밀번호가 KUnet과 동일한지, 또는 마지막 로그인 이후 비밀번호가 변경되었는지의 여부도 살펴봐야 한다. 대부분의 경우 시스템에 접속하기까지 이렇게 서너 번만 시도하면 된다."

라스 홀름베르그의 주요 업무와 그의 핵심역량은 여행 경비를 정산하거나 보고하는 것과는 거리가 멀지만, 그를 도와줄 직원이 없기 때문에 이런 일을 해야만 한다. 어쩌면 이것은 자연스럽고 당연한 일일 수도 있다.

실제로 대학교에서 TAP(기술-행정 직원)을 고용하는 데에는 이유가 있다. 그것은 바로 이들이 행정 및 관련 시스템 작업에

숙련된 전문가이기 때문이다.[13]

'가짜 노동'이라는 개념이 단순히 행정 업무에 반대하는 개념이라 주장하는 사람들도 있다.[14] 하지만 라스 홀름베르그의 글은 실제로 훌륭하고 자격을 갖춘 행정 직원이 필요하다는 점을 강조하고 증명한다. 직장에 일부 직원이 필요하지만 그렇다고 해서 모든 부문에 직원이 필요한 것은 아니다. 안드레아스 셰르 스타게의 논문은 우리가 어떤 유형의 관료를 잃거나 얻었는지를 보여주기 때문에 매우 흥미롭다.

이는 민간기업의 경우에도 동일하게 적용될 수 있다. 새롭게 등장한 지원 기능이 실제로 지원의 기능을 하고 있는가? 또는 그 기능이 결국은 원래의 목적이 아닌 다른 기능을 하게 되는 것은 아닐까? 오히려 그러한 기능이 실제 업무에 방해가 되는 것은 아닐까?

하지만 상황은 더욱 복잡해졌다

행정 및 지원 기능이 학문화되었다는 일반적인 주장은 실제로 상황이 복잡해졌기에 제기된 것이다. 나는 이 책을 집필하는 동안 마치 일종의 변명처럼 대두되는 주장을 지속적으로 접했다. 이것은 다음과 같이 들린다.

'40명의 직원이 근무하는 기관을 단 2.5명의 행정 직원으로 운영하기란 불가능하다는 것을 이해하리라 믿습니다. 오늘날의 상황은 과거와 달리 매우 복잡다단하니까요.'

놀랄 만큼 많은 이들이 우리가 처한 현재의 상황을 그런 말로 충분히 설명할 수 있다고 믿는 이유를 잠시 생각해보자. 어떤 일을 두고 '더 복잡해질 뿐이다'라고 말했을 때는 우리가 복잡성의 증가가 발전의 일부분이라는 일종의 자연법칙에 동의한다는 것을 의미한다. 아무도 이에 대해 뭐라 하지 않는다. 어쩌면 우리의 신도 그를 원할지 모른다. 나는 그저 관점을 희화화하려는 것이 아니라 사람들이 이런 종류의, 거의 형이상학적인 설명을 실제로 아무런 비판 없이 받아들이는지가 궁금하다. '신이 인간을 내려다보며 말하기를, 인정을 받을지니라.' 정말 그러한가?

가짜 노동의 실체를 밝히는 작업을 하며 나는 인류학자로서 내게 너무나 분명하게 다가왔던 한 가지를 지속적으로 유지하고자 노력했다. 사회는 인간이 만든다. 사회는 현실 세계에서 행해지는 인간의 모든 행위가 '응고된' 결과라 할 수 있다. 사회는 땅에서 저절로 자라거나 인간을 넘어서는 전지전능한 힘에 의해 만들어지는 것이 아니라, 우리 스스로 만든다.

다시 말하자면, 복잡성은 인간적 행위의 결과라고 할 수 있다. 따라서 어떤 일에서 복잡성이 대두될 때 우리는 인간과 인간의 행위를 살펴봄으로써 그 원인을 찾을 수 있다. 이쯤에서 우리는 복잡성이 자연적으로 발생한다는 주장의 허점을 볼 수 있을 것이다. '일이 복잡해지기 때문에 일이 복잡해진다'라는 주장은 기본적으로 인간의 행위에서 그 책임과 의미를 배제하는 것을 뜻하기에 매우 좋지 않은 설명이라 할 수 있다. 나와 옌센이 대화를 나누었던 이유는 바로 우리 인간이 일을 복잡하게 만들며, 이것은 가짜 노동과는 상관이 없다는 것을 분명히 하기 위해서였다.

덴마크의 대학교로 되돌아가보면, 유능한 행정 관리자와 관료들이 사라진 자리에 일을 진정으로 더 복잡하게 만드는 데 자질이 있는 사람들이 채워졌다는 것을 알 수 있다. 오늘날의 보건과학부와 같은 학부는 수많은 제약 회사와 외부 기관으로부터 도움을 받아야 하기에 전문적인 법적, 재정적 방책이 필요하다는 점에서 업무 복잡성의 근거를 찾고 있다. 이것은 나도 곧바로 동의할 만큼 매우 좋은 설명이다.

하지만 다른 예도 있다. 안드레아스 셰르 스타게는 덴마크 신문 『위켄드아비센Weekendavisen』과의 인터뷰에서 새로운 행정 관리자는 '정치인이 만든 법안 때문에, 또는 당연히 해야 한다는 사회적 암묵 때문에, 품질보증, 문서화, 대외 커뮤니케이션, 국제 인증 즉, 표준화된 품질 평가 및 현대 대학교가 수행하는 모든 다른 일들을 하고 있다'고 말했다.[15]

이것은 매우 정치적인 방식의 묘사다. 기사의 다른 기고자들은 이를 약간 다르게 표현했다. 어떤 교수는 새로운 행정 관리자가 매일 학교에서 근무하지 않는 연구자와 교수 들에게 어떤 방식으로 업무를 맡기는지 설명해주었다.

마르틴 팔담 교수는 한 신문을 통해 '우리 학부의 행정 사무실은 마치 우리가 그들과 대화하는 것이 허용되지 않기라도 하듯 외부의 특별한 건물에 자리 잡고 있습니다. 따라서 그들에게 메시지를 전달하기 위해서는 상사를 통해야만 합니다. 그들은 실제로 우리에게 말을 걸어오지도 않습니다'라고 말하기도 했다. 그의 더 많은 이야기는 뒷부분에서 다룰 예정이다.

왕립 얼스터 경찰대학교의 라스무스 윌리그 부교수는 일 간지 『인포마시온Information』에 「인증에 의한 인증에 의한 인증」이 라는 글을 게재했다. 그는 그 글에서, 갖가지 크고 작은 사항에 관 해 보고서의 페이지를 채워달라는 요청을 연이어 받는다고 고백 했다. 전체적 목표와 부분적 목표에 대한 지속적인 보고가 이루 어지기 위해서는 개발에 사용될 자원들이 엄청나게 소모된다.[16] 대학의 궁극적인 목표는 학생들의 학업성취도와 그 위치를 평가 하고 고찰하는 것이지만, 윌리그 부교수의 대학교에서는 오히려 학생보다 교수와 연구자를 더 자주 평가하고 측정하는 지점에 이 른 것이다.

간단히 말해서, 학자들에게 할당되는 이러한 행정 업무는 설사 실질적 이유가 존재한다 할지라도 그 정당성을 확인하기 어 려울 경우 충분히 가짜 노동으로 간주할 수 있다. 이에 안드레아 스 셰르 스타게가 내린 결론은 다음과 같다.

"관련한 긍정적 효과는 그리 잘 설명되어 있지 않습니다. 나는 대학의 경영진들이 교직원들의 효용성을 충분히 설명하지 못했기 때문에 그들이 수업 시간에 졸았다고 생각할 수밖에 없습 니다."[17]

그는 새로운 관리자들이 실질적으로 어떤 업무를 수행하 는지 '문서화된 내용이 거의 없다'라고 덧붙였다. 이것은 그들이 구체적으로 어떤 일을 하는지, 또 급여를 지불해가며 그들을 고 용할 가치가 있는지 확신할 수 없다는 점을 연구자의 입장에서 가장 정중하게 표현한 말이다.

지금 이 시간에도 오르후스^{Aarhus}까지의 여행 경비를 환급 받을 수 있는 방법을 알아내려 반나절 동안 끙끙대는 강사가 어딘가에 있을지도 모른다. 만약 그가 이 일을 하지 않는다면— 내가 이야기를 나누었던 대다수의 사람들처럼 —그들은 시스템에서 벗어나 자신의 주머니에서 돈을 지불하는 수밖에 없다. 요점은 행정 및 사무 분야에 그 어느 때보다 더 많은 사람들이 고용되어 일하는데도 불구하고, 많은 사람들이 과거와 비교해 더 많은 행정적 부담을 겪는다는 것이다. 바로 이 때문에 행정 부서가 관료제를 제한하는 것이 아니라, 오히려 관료제를 만들어낸다는 근거 있는 의심이 생겨나는 것이다.

업무의 복잡성을 초래하는 것은 사람들이다. 단지 그들은 일부러 일을 복잡하게 만들지 않을 뿐이다.

일의 복잡성을 정의하는 방법

좀 더 구체적으로 들어가보자. 관리 체계가 어느 정도 정당화될 수 있는 생산 업무에는 어떤 것이 있을까? 그 예를 열거하자면 여러 페이지가 소요될 것이므로, 나는 사람들이 업무 시간에 하는 일들—그들이 실제 업무 대신에 하는 일이든, 또는 실제로 그들이 해야 하는 업무든—을 몇 가지 들어보고자 한다(이 일들이 진짜 노동인지 가짜 노동인지 구별하고 판단하는 방법에 대해서는 뒷장에서 다시 살펴볼 것이다).

다음은 조직 내에서 지속적으로 새로운 일을 찾고자 하는 세심한 관리자 또는 직원들이 참고할 수 있는 단어들이다. 전략,

개발계획, 품질 문서, 비전, 임무, 핵심 설명, 고용주 브랜딩, 가치, 웰빙 프로그램, 목표, 역량 개발, 인재 프로그램, 포트폴리오 관리, 목표 관리, 연구, 다양성 프로그램, 프로세스, 풀 애플리케이션, 이해관계 분석, 공동 창작, 개발 프로젝트, 위기 관리, 커뮤니케이션 전략, 시간 등록, SoMe, 캠페인, 메모, 병가 정책, 스트레스 정책, 시민 참여, 가치 제안, 보고, 실행계획, 뉴스레터, 업무 설명, 디지털화 노력, 이미지분석, 평가, 품질보증, 프로그램, 세미나, 이니셔티브, 개요, 분석.

여기서 '프로그램'이나 '시민참여 계획' 등의 단어가 불필요하다고 말하는 것은 절대 아니다. 하지만 위에 열거한 모든 단어들이 구체적인 핵심 작업과는 큰 관련이 없는 일에 사용된다는 점에 주목하자. 이들은 핵심 작업을 검증하고 이를 지원하거나 개발하기 위한 것, 또는 핵심 작업과 관련해 외부에서 발생하는 모든 것에 관련되어 있다. 커뮤니케이션의 대상은 고객이거나, 새로운 지식이나 직원 정보와 관련된 이해관계자일 수 있다. '프로젝트 문화'를 피하는 방법을 언급한 15장에서는 위에 열거한 단어 중 하나인 프로젝트 즉, 특별한 핵심 업무와 관련이 없는 수많은 프로젝트를 체계적으로 테스트하는 방법을 살펴볼 것이다.

내가 지금 이러한 단어들을 열거하는 이유는 업무의 복잡성이 발생하기 전에 그것을 알아볼 수 있도록, 그 형태를 가시화해보고 싶은 바람 때문이다.

3장 ⟳ 일은 얼마나 복잡해졌는가?

이 장에서는 이전보다 일이 더 복잡해질 때, 그에 대한 변명은 항상 존재할 수 있지만, 복잡성을 일종의 자연법칙처럼 간주하는 것이 타당하지 않다고 논의한다. 이때 우리가 해야 할 일은 두 가지다.

첫째. 복잡하다고 생각되는 사항을 식별하고 이름을 붙여본다(예를 들어, 연간 역량 개발 프로세스, 스트레스에 시달리는 직원을 위한 프로세스, 또는 디지털 직원 개발 인터뷰 등).

둘째. 그 일의 시발점이 누구인지 알아본다. 그 일이 어디에서 생겨났는지, 누가 요청했는지, 그 일로 혜택을 받는 사람은 누구인지.

위의 두 사항은 가짜 노동을 줄이는 데 큰 도움이 된다. 우리는 '내가 이해할 수 없는 이유가 분명히 있을 거야' 또는 '과거에 비해 일이 훨씬 복잡해졌어'라고 말하는 대신 조사를 통해 의혹을 밝혀야 한다. 이를 위해서는 업무에 관해 직원들과 더 많이 대화하고 그들의 의심과 비판을 진지하게 받아들일 수 있는 새로운 유형의 관리자가 필요하다.

우리는 덴마크 대학교들의 행정기능이 성장하고 그 성격이 변했다는 사실을 앞서 확인했다. 하지만 전체적인 모습은 어떻게 보일까? 실제로 우리의 직장이 복잡해졌으며, 이를 통해 누가 일을 복잡하게 만들었는지 가려낼 수 있을까? 전자는 비교적 확인하기가 쉽다. 하지만 후자에 대해서는 적절한 제안을 할 수 있다.

먼저 후자부터 살펴보자. 누구나 가짜 노동에 노출될 수 있지만, 모든 이들이 동일한 가짜 노동을 생산하거나 이에 직접적인 책임을 지는 것은 아니다. 위의 목록을 바탕으로 볼 때 직원들이 다양성 전략, 뉴스레터, 또는 인재 양성 프로그램을 앞장서서 시작하는 경우는 거의 없다. 예를 들어, 일반적으로 버스 운전사가 회사의 인재 양성 프로그램에서 핵심적 역할을 하는 경우는 거의 없을 것이다. 하지만 누군가가 8호선을 운전하는 버스 운전사를 장기자랑 쇼에 초대하거나, 뉴스레터에 8호선 버스를 운전하는 일에 관해 이야기를 해달라 요청했을 때, 또는 그가 피부색이 검은 승객에 대해 편견을 가지고 있어서 이를 개선하기 위해 강좌에 참석할 것을 종용하는 경우, 그 버스 운전사는 8호선 버스 운전석에서 잠시 자리를 비워야 할 것이다.

이 모든 프로젝트는 거의 예외 없이 다양한 지원 및 관리

기능에 의해 고안되었다. 이는 이전 책인『가짜 노동』과 이 책의 기본적 자료 역할을 했다. 이는 일반적으로 관리자의 직책을 맡고 있는 고학력자들이 가장 무의미한 업무를 한다는 갤럽 조사 결과와도 일치한다. 따라서 행정, 관리 및 감독 업무에 더 많은 사람이 참여할수록 가짜 노동 또한 늘어나리라는 가정은 매우 타당하게 여겨진다.

또한 이 가정은 현실이 될 것이 분명하다. 이러한 분야에 고용된 인력 비율이 점점 증가하고 있다는 예는 미국에서 실시된 조사에서 명확히 나타나며, 그 수치는 1983년과 2014년 사이에 무려 90%나 증가했다. 타 직종의 경우에는 불과 40%밖에 증가하지 않았다. 이것은 오늘날 점점 더 많은 사람들이 구체적인 특정 업무 외곽에서 발생하는 '변두리' 업무에 종사하고 있다는 분명한 증거다.

몇 년 전,『하버드 비즈니스 리뷰Harvard Business Reviews』는 조직 내 관료주의가 차지하는 정도와 지원 및 지원 기능 업무가 급증하는 것에 대해 조사했다. 조사 대상은 매년 광범위한 미국 기업을 샘플로 선택하는 S&P 500(미국 신용평가사 S&P 글로벌이 미국에 상장된 시가총액 상위 500개 기업의 주식들을 모아 주기적으로 수정하고 발표하는 미국 3대 증권 시장지수 중 하나―옮긴이) 주가지수에 포함된 기업들이었다. 이들 기업은 지난 10년 동안 비즈니스 비용을 평균 5% 절감하는 데 성공한 반면, 이들의 행정 및 관리 비용은 오히려 0.6% 증가했다. 다른 말로 표현하자면 기업의 팔과 다리는 짧아지고 머리는 커진 것이나 다름없다. 관리자들은 공장 바닥에서는 효율성을 향상시키는 것이 쉽지만, 자신들이 앉아 있는 카펫 위에서는 동일한 효율성을 이루어내기가 어렵다는 것을 깨달았다. 그 이유는 개별 회사마다 다양하게 나타나지만, 여기서 흥미로운 것은 바로 전체적인 그림이다. 특히, 기업조직이 얼마나 복잡해지고 있는지를 고려한다면 이는 더 흥미롭게 보인다.

『하버드 비즈니스 리뷰』 조사에 따르면 상황은 폭발적으로 변했다. 조사를 진행한 연구자들은 기업 내에서 결정을 내리는데 걸리는 시간과 내부적 문제를 해결하는 데 소요되는 시간, 그 과정에 포함되는 조직의 통제 범위 및 직접적인 결정권을 가진 사람이 얼마나 많은지 등의 관련 요소를 비교하여 기업의 관료주의 정도를 측정했다. 또한 그들은 기업에서 지원 기능의 수를 줄일 경우 실질적으로 업무가 더 효율적으로 수행될 수 있는지도 조사했다.[18]

약 7,000명을 대상으로 한 설문조사를 통해 우리는 조직이 얼마나 복잡한 개체인지 숫자로 확인할 수 있었다. 약 1%의 응답자들만이 관료주의가 그다지 심하지 않은 조직에 고용되어 있었고, 이에 비해 고도로 관료주의적인 조직에 고용된 사람들은 무려 64%에 육박했다. 3명 중 2명은 지난 5년 동안 자신이 속한 조직이 더욱 관료화되었다고 믿고 있었다. 그들은 내부규정에 의해 업무가 규제되는 정도가 심해졌고, 업무의 중앙집중화 비율이 늘어났으며, 실제적 업무를 수행하기는 더 어려워졌다고 대답했다.

이러한 추세는 세계적인 컨설턴트 회사인 보스턴 컨설팅 그룹Boston Consulting Group이 내놓은 분석을 통해 확인할 수 있다. 이들은 세상은 복잡한 곳이며, 조직 내의 모든 문제가 직원들의 책임일 수는 없다고 주장한다. 그럼에도 그들이 조사한 1,000개가 넘는 조직에서 직원들은 실질적 업무 수행 능력이 억눌리고, 일이 지연되며, '부가가치가 없는 업무'를 수행한다는 느낌을 받고 있었다. 나는 이것을 복잡성(또는 복잡성의 정도)이라 부른다.

그들은 업무 복잡성을 '기업이 문제를 해결하기 위해 스스로 유발시킨 조직구조, 프로세스, 절차, 의사 결정권, 지표, 평가 카드, 각종 위원회 등의 증대'라고 정의했다.

조사에 응한 1,000여 개의 조직들은 지난 15년 동안 모두 이러한 요소로 측정된 복잡성의 증가를 경험했다. 수치로 변환하면 50~350%에 이르는 상당한 변화였다.[19] 이는 1955년 기준의 35%라는 수치가 2배 이상 증가했다는 것을 보여준다. 이것은 단순한 증가가 아니라 폭발에 가깝다.

업무의 복잡성이 손꼽힐 만큼 최상위권인 기업을 들여다보면 직원들이 실질적 업무를 수행하는 것은 거의 불가능하다. 가장 복잡한 기업의 상위 4분의 1에 해당하는 회사들은 업무 시간의 40~80%에 해당하는 시간을 낭비하는 것으로 나타났다. 나는 이것이 '아무것도 하지 않는' 것을 말하는 것이 아니라, '일은 점점 더 힘들어지지만 가치 창조와는 관계없는' 일이라고 강조했다. 즉, 가짜 노동이다.

15년의 동일한 기간을 바탕으로 우리는 몇 가지 놀랄 만한 통계를 다음과 같이 추가할 수 있다.

- 일주일에 14시간 이상 회의에 참석하는 사람들의 수는 2배 이상 증가했다(설문조사에서 가장 복잡한 기업에 고용된 직원들 중 약 40%가 이 범주에 속한다).
- 보고서를 작성하는 데 소비하는 시간, 즉 다른 사람들에게 무엇을 해야 하는지 또는 무엇을 했는지를 알리는 데 소비되는 시간은 40%나 증가했다.
- 사람들이 받는 이메일의 수는 무려 3배로 늘어났다.[20]

여기서 흥미로운 점은 규모뿐 아니라 성장이다. 우리는 기업조직이 과거에 비해 더 효율적이며 변화에 더 민첩하게 대응한다고 주장하는 시대에 살고 있지만, 실제로는 속도가 전반적으로 느려진 것으로 나타났다. 적어도 이것은 『하버드 비즈니스 리뷰』에서 실시한 설문조사의 응답자 중 3분의 2가 내린 평가였으며, 또한 미국의 분석 기관인 CEB가 지난 2010년부터 2015년 사이의 5년 동안 기업들의 다양한 프로세스를 조사한 후 제공했던 흥미로운 데이터이기도 하다.

- 2010년에는 직원 한 명을 채용하는 데 소비되는 시간이 42일이었다. 2015년에는 평균 63일이 걸렸다.
- 2010년에는 하나의 IT 프로젝트를 실행하고 완수하는 데 평균적으로 9개월 이하의 시간이 소비되었다. 2015년에는 평균 10개월이 걸렸다.
- 2015년, 두 기업 간의 판매 계약을 체결하는 데 걸리는 시

간은 2010년에 비해 22%나 더 오래 걸렸다.

연구 결과에 따르면 단지 소요시간만 더 늘어난 것이 아니라, 프로세스에 참여하는 사람들의 수도 더 많아졌다.[21] 기업들이 오늘날의 업무가 과거보다 훨씬 신속하게 진행되고 있다며 스스로와 외부 세계를 향해 끊임없이 말한다는 점을 생각한다면 매우 흥미로운 결과다. 이는 성숙한 수정과 각색을 거친다면 어느 정도 사실이라고도 할 수 있다.

그럼에도 우리는 왜 올바른 길을 가고 있다고 생각할까?

내가 이것을 명확하게 설명하고 입증하려는 이유는 이와 관련해 두어 가지의 강력한 반론이 존재하기 때문이다. 하나는 기업이 수익을 증대시키기 위해서는 고급 자격을 갖춘 학자들이 필요하다는 것이다. 다른 하나는 린Lean 시스템이나 기타 프로세스 최적화 시스템을 구축하고, 관리자 교육에 수십 억 달러를 지출함으로써 과거에 비해 기업 운영에 관한 더 많은 지식을 얻게 되었다는 것이다. 어떻게 이 이야기들이 동시에 진실일 수 있을까? 나는 여기에 다양한 요소들이 간과되었다고 생각한다. 즉, 이러한 반론을 주장하는 이들은 터널 비전을 이용해 기업의 보고 싶은 것만 보고 있다.

현명한 지식인은 당연히 필요하다. 그러나 그들이 꼭 있어야 할 곳에 있는지는 확신할 수 없다. 어쩌면 우리에겐 모든 유형의 현명한 지식인들이 필요치 않을 수도 있다. 린 시스템을 예로 들어보자. 이것은 특정 프로세스를 통제할 수 있는 훌륭하고 확실한 방법이 될 수 있지만, 다른 구축 시스템은 린 때문에 실패할 수도 있다. 일부 연구에 따르면 이들 시스템 중 성공에 이르는 것은 단 2%에 불과하다. 물론, 성공 확률이 30%라는 또 다른 낙관적인 연구 조사 결과도 있다. 하지만 이들 중 대다수가 결국 복잡한 프로세스와 무의미한 활동으로 인해 실패한 프로젝트, 즉 가짜 노동으로 귀결된다는 것은 이미 잘 알려졌다.

린 방식의 문제점은 이것이 토요타 공장에서 개발되었다는 데 있다. 그곳에서는 일을 최적화하고 신속하게 처리하는 가치사슬인 고전적인 생산 및 조립 라인을 바탕으로 업무가 이루어진다. 하지만 이러한 고전적 가치사슬과 관계없는 업무라면 어떨까? 상당수의 관료적 지원 기능이 구체적 가치를 지닌 구체적 제품에 대한 책임을 지지 않는다면, 린을 구축하는 것은 완전히 다른 문제가 된다.

예를 들어, 이전과 큰 차이가 없는 새로운 관리 체계를 만들어내려 할 때, 상당수의 기업과 조직은 이와 관련된 새로운 원칙을 최대한 효과적으로 확립하기 위해 린 시스템 개발에 많은 시간을 투자할 것이다. 하지만 여전히 이 시스템을 사용하지 않는다는 사실은 바뀌지 않는다. 달리 표현하자면, 린 시스템은 많은 업무가 표준화되고 예측 가능한 기업 내에서 발생하는 가짜 노동을 근절하기에 좋은 도구라는 것이다. 그러나 이 방법은 '컨베이어벨트' 밖에서 대두되는 '지방층' 즉, 새로운 '인적 주도권'이 알 수 없는 어떤 신비한 방식으로 기업의 생산성에 영향을 미친다는 주장에 도전을 받는다.

린 시스템이 가짜 노동을 포착하도록 설계되었는지는 확실치 않다. 나는 많은 이들이 린을 매일 사용하지만 여전히 엄청난 양의 가짜 노동에 시달리고 있다는 이야기를 들었다. 영어에서는 효율Efficiency과 효력Effectiveness을 구별한다. 전자는 정해진 시간 내에 얼마나 많은 일을 했는지에 관한 것이고, 후자는 관련성에 관한 질문이라고 볼 수 있다. 그런데 굳이 이 두 개념을 구별해야만 할까? 덴마크어에는 불행히도 효율성이라는 하나의 개념만 존재한다. 하지만 효율성이라는 단 하나의 개념만 생각한다면, 우리는 중요하지 않은 일을 매우 효율적으로 수행하게 될 수도 있다. 이것이 바로 린이 우리의 문제를 해결해주지 못하는 이유다. 나는 이 책의 후반부에서 오히려 제거하는 것이 더 나은 '프로세스 강화'와 관련한 여러 자화자찬의 예를 들 것이다.

물론 우리에게도 좋은 관리자가 없지 않았으나, 사실 따지고 보면 시스템에 능숙한 사람과 만능형 인간이 더 많았다. 바로 그 때문에 어떤 결과가 초래될지 생각도 하지 않은 채 더 많은 관리자를 고용하고 더 많은 시스템을 구축하는 상황이 벌어졌다. 그 결과 해당 기업은 다른 기업들과 같은 고급 기능을 갖추게 되었지만, 그 과정을 들여다보면 운영위원회나 크고 작은 프로세스, 고급 성과관리 시스템이 없었을 때 경험했던 업무의 신속성과 유연성이 일부 사라졌다는 것을 알 수 있다.

기업이 여러 현명한 선택을 해왔기 때문에 어리석게 행동하기란 불가능하다고 생각할 것이다. 하지만 그것은 실제로 일어났던 일이며, 대부분의 관리자들 또한 입 밖에 내진 않지만 그 사실을 잘 알고 있다. 베인 앤 컴퍼니Bain & Company가 조사한 바에 의하면 기업 경영진 중 85%가 성공적인 비즈니스를 창출하는 데 걸림돌이 되는 것은 경쟁이나 규제, 노조 또는 기타 외부적 요인이 아니라고 대답했다. 즉, 업무기능이 제대로 돌아가지 않는 이유는 바로 기업의 내부적 요인에 있다.

업무가 점점 복잡해지는 것이 내부적 실수 때문이 아니라고 주장하는 조직들은 모두 나름의 이유를 가지고 있다. 공공부문은 자주 정치인을 탓한다. 이 주장은 부분적으로는 옳을 수도 있지만, 각색된 진실이기도 하다. 보스턴 컨설팅 그룹의 조사에 의하면, 외부적으로 발생한 요인에 의해 부분적으로 조직이 복잡해질 수는 있다. 예를 들어, 제약산업과 금융산업 등과 관련된 공공 규제다. 제약산업은 환자 조합, 경쟁업체, 특허법 및 정치인과 법원, 더 나아가서는 법 자체에 의해 심각한 압박을 받는다.

현대 국가경제에서 금융업계는 돈과 관계없는 규제와 조정에서 중요한 자리를 차지한다. 이는 돈 자체는 물론, 돈으로 우리가 무엇을 할 수 있는지에 대한 규제와 규칙이 존재한다는 것을 의미한다. 예를 들어, 비도덕적이고 무책임한 행위를 수차례 해온 금융기관에 대해 당국이 감시와 감찰을 강화하는 것은 오늘날 매우 자연스럽게 받아들여진다.

그러나 이러한 조건조차도 기업 업무의 복잡성을 극히 일부만 설명할 수 있을 뿐이다. 전체적으로 보았을 때 이러한 복잡성은 조직 자체와 조직이 내린 결정에서 비롯된다.

보스턴 컨설팅 그룹에 의하면 조직의 크기는 중요하지 않다. 즉, 기업 규모를 기준으로 설명할 수 있는 변동 요인은 단지 0.0001%에 불과하다는 것이다. 『하버드 비즈니스 리뷰』의 조사에서는 이와 다소 다른 결과가 나왔다. 마찬가지로, 복스미터 조사에서는 소규모 회사보다 대기업에서 가짜 노동이 행해지는 경우가 훨씬 많으며 공공기관에서는 그 비율이 더 높다는 결과가 나왔다.

　　그렇지만 시간이 흐르면서 의사결정 과정과 절차가 느려지고 회의 시간이 불가피하게 길어진다는 선택적인 변명에는 쉽게 이의를 제기할 수 있다. 어떤 기업은 아무리 규모가 커져도 가짜 노동을 수행하지 않는다. 기업의 규모가 커질수록 가짜 노동의 양도 많아진다는 주장은 자연법칙이 아니라는 것이다. 우리에게는 선택권이 있고, 이 책은 기본적으로 우리의 선택권을 사용하는 법에 관한 것이다. 즉, 가짜 노동에 휩쓸리지 않겠다는 우리 자신의 선택과 의지를 관철한다. 또한 가짜 노동의 증대에 맞서 싸우며, 가짜 노동을 생성하는 근거에 도전하고, 지속적으로 관료층이 증가해 행정 업무의 무게에 짓눌리기 시작할 때 주변의 모든 이들을 비난하는 일을 중단하는 법에 관한 책이다.

　　실제로 상황은 더 복잡해졌고, 참조 가능한 모든 수치와 연구가 이를 뒷받침한다. 그러나 상황을 복잡하게 만든 것은 바로 우리다. 우리는 이러한 추세를 얼마든지 피할 수 있었다. 우리에게는 선택권이 있었고, 현재도 여전히 선택권을 가지고 있다. 그것이 무엇인지 지금도 기억하고 있다면 우리는 진짜 노동으로 되돌아가는 길을 찾을 수 있을 것이다.

가짜 노동을 파괴하는 세 가지 방법

'문화는 아침 식사로 전략을 먹는다'라는 말은 여기저기서 자주 들을 수 있지만, 그 말을 누가 처음 했는지 기억하는 사람은 없다. 파워포인트의 슬라이드가 아니라면 굳이 이 문장을 찾아보려는 사람도 없다. 그렇다고 해서, 이 말이 사실이 아니게 될까?

조직에서 가짜 노동을 없애기 위해서는 먼저 그 출처를 찾아야 한다. 누가, 또는 무엇이 우리의 일을 복잡하게 만들었는가? 핵심적이고 필수적인 업무를 밀어내고 그 자리를 차지한 중요하지 않은 일들은 어디에서 생겨났는가? 가짜 노동을 찾아내고 제거한다면 우리는 조직 내의 가짜 노동과 맞서 싸울 수 있다.

문제는 5년 후에 다시 조직구조를 개편해야 하는 일이 생긴다면, 이는 단지 일시적인 만족감으로 그칠 뿐이라는 것이다. 이러한 절차는 항상 즐겁지만은 않다. 심지어 일부 직원이 해고될 수도 있다. 뿐만 아니라, 우리가 일상의 분주함 때문에 주의를 기울이는 일에 소홀해지면 가짜 노동은 다시 슬그머니 고개를 들고 번성할 것이다. 그렇다면 우리는 어떻게 이 가짜 노동의 뿌리를 제거할 수 있을까?

여기에는 두 가지 방법이 있다. 하나는 다양한 행동 제한 조치를 취하는 것이고, 또 다른 하나는 제한 문화를 슬쩍 도입해보는 것이다. 마치 핸드폰 사용을 제한하거나 다이어트에 익숙해져야 할 때와 마찬가지다. 이처럼 우리는 스스로의 행위를 제한하여 우리 자신이나 조직 전체에 부정적인 영향이 미치지 않도록 예방할 수 있다.

만약 회의가 시간 낭비라고 확신한다면 금요일을 회의 없는 날로 지정해도 좋다. 이는 실질적인 업무에 더 많은 시간을 사용할 수 있는 긍정적인 효과를 가져올 것이다. 반면, 이로 인해 모든 회의가 주 초에 몰리는 일도 생겨날 수 있다. 이럴 경우 긍정적 효과 또한 미미해진다. 따라서 우리는 세 번째 요소인 모든 좋은 의도를 '잡아먹는' 것인 조직문화에 대해 살펴봐야 한다. 왜 우리는 회의가 모든 일을 해결할 효과적인 방법이라고 생각하는가? 무슨 근거로? 혹시 우리는 다음 주에 있을지도 모르는 일에 대비해 그 시간을 확보하려 서로의 일정을 무의식적으로 달력이나 블로그에 올리는 문화에 길들여진 건 아닐까? 또는 우리의 문화가 너무나 예의 바르고 포용적이기에 필요하지도 않은 사람들을 가능한 한 많이 회의에 초대하고 있지는 않은가?

어쩔 수 없는 일이다. 우리에겐 조직 내에 어떤 진실이 존재하는지, 어떠한 행위가 보상을 받는지, 조직 내의 소위 영웅들은 어떻게 행동하는지 살펴보는 것 외엔 다른 방법이 없다. 예를 들어, 우리는 3개월만 바짝 신경을 썼다가 그 후에 잊힐 것이 뻔한 중요하지 않은 업무 계획을 무작정 응원하고 따라하는 일로 보상을 받고 있지는 않은가? 그런 일이 지속되면 중요하지 않은 업무를 해야 하는 경우가 더 자주 생긴다. 조직문화는 우리가 가짜 노동에서 '합리성'이라 칭했던 것에 비옥한 기반을 제공한다. 이것은 우리의 일에 관한 이성적인 질문 제기를 방해하는 특정 문화가 존재함을 우리 스스로 확신하기 때문에 제기하는 논리이자 주장이다.

이 책이 전하고자 하는 바를 간단하게 요약한다면 독일 철학자 임마누엘 칸트에 의해 잘 알려진 말―또는 라틴어를 어깨너머로 배운 현대인들이 자주 인용하는 말―을 따라야 할 것이다.

과감히 알려고 하라Sapere aude! 상식을 사용하려는 용기를 가져라.

나는 상식이 우리의 생각처럼 주관적이지 않다는 것을 모든 이들이 깨닫기를 바란다. 우리 대부분은 상황이 이상하게 돌아갈 때 '이건 옳지 않잖아?'라고 소리치는 내면의 작은 목소리를 들어본 적이 있을 것이다. 우리는 가짜 노동 앞에서 이 작은 목소리를 메가폰을 이용해 내어놓아야 한다. 우리가 효율적으로 업무를 수행하고 있는가 자문하지 않고 무의식적으로 이를 합리화하는 문화 속에서는 이 목소리가 지속적으로 증폭되어야 한다.

이 책에서는 조직문화와 그 합리성을 주로 이야기한다. 나는 이를 결핍 현상이라고 표현한다. 다시 말하자면 이것은 조직문화에 부족한 부분, 가짜 노동을 근절하기 위해 발전시키면 도움이 되는 부분이다. 나는 각 부에서 조직문화에 대응하기 위해 적용할 수 있는 일련의 방법을 설명하고, 동시에 우리가 가짜 노동을 큰 소동 없이 조용하게 없애거나 효과적인 방식으로 상황을 되돌릴 수 있는 조언도 제시할 것이다.

나는 무의미한 노동에서 등을 돌린 사람들 대부분이 상당히 특별한 성격을 지니고 있다는 것에 주목했다. 그들은 정직하지 않은 사람이나 불의를 보면 쉽게 넘기지 못했고, 자신의 의견과 주장을 속에 담아두는 것을 어려워했다. 이러한 특성은 모든 조직이 눈여겨봐야 할 점이지만, 내 경험에 따르면 항상 그런 것은 아니었다. 오히려 이러한 유형의 직원은 잔소리가 많고 귀찮은 사람으로 인식되는 경우가 많았으며, 심지어는 사물을 바라보는 태도나 사고방식이 올바르지 않다고 비난받는 경우도 꽤 있었다. 하지만 이런 특징 때문에 이 사람들은 스스로의 이성을 사용하는 용기를 낼 수 있고, 부당한 업무를 강요받았을 때 양심에 따라 반발할 수 있었다.

불행히도 이들은 특정 유형의 문화 내에서는 성장하지 못한다. 특히, 내가 다음 장에서 이야기하고자 하는 첫 번째 문화, 즉, 정직성이 부재한 '결핍 문화'에서는 더더욱 그러하다.

2부

조직의 정직성
재확립하기

4장

헛소리를 배제하고
명확하게 말하라

안녕하세요, 여러분. 마이크로소프트의 전략은 사람들이 '더 많은 일'을 할 수 있도록 도움을 주고자 하는 열망과 생산성에 초점을 맞추고 있습니다. 마이크로소프트 디바이시즈 그룹 Microsoft Devices Group으로써 우리의 역할은 이러한 전략을 더욱 가시적으로 만드는 것입니다. 우리는 마이크로소프트사의 최고 퀄리티 디지털 작업 및 디지털 라이프를 경험할 수 있는 하드웨어를 만드는 팀이며, 마이크로소프트사가 만든 최고의 응용 프로그램, 운영체제 및 클라우드 서비스의 융합체가 될 것입니다. 우리는 마이크로소프트사의 전략에 발맞추기 위한 노력에 집중할 계획입니다. 다양한 디바이스를 고려할 때, 우리는 가장 많은 가치를 생성해낼 수 있는 영역에 집중해야 합니다. 이 회사와 우리의 미래는 생산성 및 사람들이 일을 완수할 수 있도록 돕는 데 그 뿌리를 두고 있습니다.

2014년, 노키아의 CEO 스티븐 엘롭은 위와 같은 문장으로 시작된, 실질적 정보는 거의 없는 장문의 이메일을 발송했다. 이 이메일에서 회사에 관한 중요한 사항은 내가 인용하지 않은 15번째 줄, 가장 아랫부분에 불과했다. 이에 대해서는 다음에 다시 말하고자 한다.

앞에 인용된 글은 꽤 빨리 읽을 수 있다. 다시 한번 읽어보라. 그러면 읽는 속도에 비해 이해하기가 그리 쉽지 않다는 것을 깨닫게 된다. 그 이유는 우리의 뇌가 자동적으로 무언가 의미 있는 것, 또는 주의를 기울여야 할 구체적인 것을 찾기 때문이다. 하지만 앞의 글에서는 아무것도 얻을 수 없다. 왜냐하면 의미 있는 문장이 없기 때문이다. 앞의 인용문이 무엇을 이야기하는지 한번 요약해보라. 결코 쉽지 않을 것이다.

그럼에도 많은 독자들은 이 인용문이 무언가 중요한 이야기를 말하고자 한다는 느낌을 받는다. 스티븐 엘롭이 쓴 용어들이 중요한 행사나 회의에서 자주 사용되기 때문이다. 그런데도 우리는 여전히 중요한 포인트를 찾아낼 수가 없다. 더 정확하게 말하자면, 앞의 문장들은 너무나 진부해서 실질적인 정보값을 주지 않는다. **마이크로소프트의 전략은 사람들이 '더 많은 일'을 할 수 있도록 도움을 주고자 하는 열망과 생산성에 초점을 맞추고 있습니다.** 여기서 우리는 '더 많은 일'이 무엇을 언급하는지 알 수 없다. 설명이 구체적이지도, 명확하지도 않아서다. 도대체 무엇을 더 해야 할까? 왜 그렇게 해야 하며, 또 어떻게 해야 하는가?

전략은 생산성에 초점을 맞추고 있다고 했다. 하지만 그것이 혁신적인 기업 전략이라 할 수는 없지 않은가? 뒤를 잇는 문장은 그룹이 사람들을 위해 이 전략을 가시화해야 한다고 말한다. 전략을 가시화한다는 것의 의미는 무엇인가? 사람들이 보지 못하고 있는 것은 무엇인가? 그들의 전략이 지금까지는 숨겨져 있었다는 말인가? 차라리 노키아의 직원들이 기업 운영상 그 전략을 어디에 사용하는지 설명하는 것이 더 적절하지 않을까?

그 뒤에는 자화자찬뿐인 알맹이 없는 내용이 이어진다. 그들이 얼마나 훌륭하게 일했는지 강조하지만 실제로 무엇을 했는지는 설명하지 않는다. 게다가 디지털 업무와 디지털 라이프 경험이 왜 좋은지에 대한 언급도 없다.

그다음에는 영역에 집중해야 한다고 한다. 이쯤에서 최고 경영진이 보내는 이러한 문서에 익숙한 사람들은 고개를 갸웃할 것이다. 즉, 후에 뭔가 우울하고 어두운 일이 뒤따를지도 모른다는 첫 번째 의혹이 생겨난다. 일반적으로 영역이란 이런 의미다. 바로 어떤 업무는 사라져야 하며, 그와 함께 사라져야 할 직원도 있다는 것이다.

스티븐 엘롭은 여러 줄에 걸쳐 마이크로소프트 제품을 하나의 경험으로 묘사한 후 마지막 15번째 줄에서 그들의 업무를 통합 프로세스와 응용 프로그램의 생태계로 설명했다. 그들의 목표는 중요한 이정표에 발맞추어 훌륭하고 획기적인 제품을 제공하는 것이라고 했다(이 또한 구체성과는 거리가 먼 문장이다). 구체적인 제품이 언급될 때도 있지만, 그의 이메일은 전체적으로 너무나 불분명한 문구와 단어로 이루어져 있어서 수신자들은 과연 그것이 사람들에게 어떤 의미와 영향을 미칠 것인지 파악할 수 없다. 그가 수많은 고급 표현과 끝없는 자화자찬 그리고 무의미하고 맹목적으로 끝나는 문장을 이토록 사용한 이유는 무엇일까?

노키아가 약 12,500명의 생산직 종사자와 전문직 직원을 감축할 계획이라는 말은 거의 말미에 지나가듯 무심하게 언급되어 있을 뿐이다. 마치 노키아처럼 거대한 기업이라도 마이크로소프트의 산하에 있는 이상 그 정도의 희생은 필수 불가결하며 매우 사소한 일인 것처럼. 그의 이메일은 시작과 마찬가지로 비공식적이고 우호적으로 끝났다. '스티븐으로부터'. '안녕하세요, 여러분'으로 시작된 이메일을 작성자의 성을 제외한 이름만으로 맺음한 것이다. 문서의 최종 서명란에서도 상급자가 아닌 동료가 이메일을 보내는 듯한 분위기를 엿볼 수 있다.

스티븐 엘롭의 이메일을 읽는 대부분의 사람들은 그것이 매우 훌륭하고 전문적이라고 생각할 것이다.[22] 우리는 사람들이 이런 식으로 이야기하는 데 너무나 익숙해서, 이를 이상하다고 느끼지 않는다. 하지만 『파이낸셜 타임즈Financial Times』의 수석 논평인이 한 칼럼을 통해 이러한 소통 방식이 얼마나 잘못되었는지 쓰자, 사람들은 그제야 그녀의 말이 옳다는 데 동의하기 시작했다.[23] 누군가가 감히 '그런 식으로 사람들에게 말할 수는 없다'라고 용기를 내어 말했고, 그제야 사람들은 그것이 얼마나 어리석은 방식인지 깨닫게 되었다. 노키아는 이것이 논란거리라 생각지 않았지만, 상당한 비판과 조롱을 받았다.

문제는 우리가 스티븐 엘롭과 같은 기업인의 말이나 글을 이상할 정도로 무관심하게 받아들인다는 것이다. 텍스트를 읽고 이해하는 것이 쉽지 않은 이유는 우리가 요점이 될 만한 무언가를 (헛되이) 끊임없이 찾고 있기 때문이다. 바로 이 때문에 우리는 기업의 미션 성명, 전략 벤치마킹, 비전, '미래 방향'과 같은 단어들로 가득하나, 실질적이고 의미 있는 문구는 너무나 적은 긴 텍스트나 연설과 마주할 때 쉽게 지치게 된다. 우리가 지치고 무관심해지면 마주하는 대상은 결과적으로 우리의 관심에서 벗어나며, 너무나 올바르고 긍정적으로 보이는 단어로 가득한 그 텍스트나 연설에 이끌린 우리는 그 단어가 실제로 의미하는 바가 무엇인지 검토하는 것을 잊어버리게 된다.

　　정치가 한 무리가 기업인들을 위해 마련한 대규모 컨퍼런스에 참석하는 인터넷 동영상은 우리에게 생각할 거리를 준다. 동영상에 등장하는 그들은 언뜻 정치적 활동과는 거리가 먼 사람처럼 보였다. 넥타이와 정장 차림이었고, 파워포인트의 슬라이드 맨 위에는 석유회사 엑슨의 로고가 보였다. 그들은 숨을 거둔 사람들을 기반으로 한 새로운 연료를 개발했다고 청중에게 말했다. 숨죽인 듯 고요한 청중 앞에, 그들은 이 새로운 연료가 지속 및 확장 가능한 획기적인 것이며, '공급이 늘어남으로써 시장 내에서 축소되고 있는 입지를 회복할 수 있는 획기적인 아이디어'라고 말했다. 뿐만 아니라, 그들은 청중에게 곧 새로운 인간 연료로 만든 전구를 나누어주겠다고 떠벌렸다. 사람들은 그제야 눈앞에서 무슨 일이 벌어지고 있는지 깨닫기 시작했고, 잠시 후 경비원들이 들어와 두 사기꾼에게 나가달라고 요청했다. 이 스턴트 뒤에는 예스맨 그룹The Yes Men이라는 단체가 있었다. 이들은 흠잡을 데 없는 옷차림을 하고 이처럼 터무니없는 말을 완벽한 경영 전문용어로 포장해 각종 대규모 컨퍼런스에 수차례나 등장했다.

정치적 활동가들이 중요하고 의미 있는 일을 하는지 알아보기 위해 굳이 그들의 프로젝트를 앞장서서 지지할 필요는 없다. 사실, 우리는 그간 너무 많은 무의미하고 터무니없는 말에 익숙해졌기에 더 이상 사람들의 말에 주의를 기울이지 않는다.

행동조직을 연구하는 호주 태생의 교수 앙드레 스파이서는 『비즈니스 헛소리Business Bullshit』에 스티븐 엘롭과 예스맨 그룹에 대한 이야기를 실었다. 이 책은 현대사회의 조직이 공공부문과 민간부문을 막론하고 점점 더 고의적으로 불분명한 언어를 사용한다는 점에 대해 생각할 거리를 던진다. 스파이서 교수에 의하면 이러한 조직들은 시간이 흐르면서 실제로 무슨 일이 일어나고 있는지 이해하지 못하는 조직 내 구성원들이 늘어나기 때문에 결국 망하고 말 것이다.

"불분명하고 의미 없는 말이 만연하게 되면 그 조직의 핵심 임무는 (그것이 교육이든, 제조든, 환자 치료이든) 서서히 사라지기 시작하고, 조직은 실질적인 일을 하는 대신 말하는 쪽으로 초점을 옮기게 됩니다. 그 결과, 뭔가가 이루어지고 있는 것 같다는 분위기 외에는 아무런 결과도 얻을 수 없는 가짜 노동이 발생하게 됩니다."[24]

나는 사람들이 명확하게 말하는 능력을 잃어간다는 것이 매우 심각한 문제라는 앙드레 스파이서의 주장에 전적으로 동감

한다. 만약 우리가 진실을 심각하게 받아들이기는커녕 오히려 회피하는 조직에 몸을 담고 있는데다 명확하게 말할 수 있는 능력마저도 없다면, 가짜 노동이 점점 확산될 것은 너무나 뻔하다. 물론, 이는 어떤 악의를 바탕으로 한 것이 아니라 단순한 습관일 뿐이다. 모두들 그렇게 하니 나 또한 그렇게 하게 되는 것은 자연스럽다.

여러 연구에 의하면 경영대학원 졸업생들이 학업을 통해 얻을 수 있었던 가장 가치 있는 것은 바로 명확하고 올바르게 말하는 법이라고 한다. 그들은 사람들에게 진지하게 받아들여질 수 있는 언어를 배웠다. 최고의 교육을 받았는데도 사람들에게서 존중심을 불러일으키는 새로운 용어를 배운 것이 가장 가치 있다고 생각하는 이들이 있다는 것은 시사하는 바가 크다. 또한, MBA 학생들은 설문조사를 통해 주변 사람들이 경영 전문용어를 사용해가며 말할 때 더 이상 '두려움'을 느끼지 않기 때문에 좋다고 대답했다.[25]

동시에 학생들의 평가에서 경영대학교 및 대학원은 비판적·분석적 사고와 같은 실질적이고 유용한 기술과 지식을 가르치는 능력을 측정하는 연구에서 가장 낮은 순위를 차지한 기관 중 하나로 드러났다.[26] 다시 말하자면, 우리 사회는 특별한 전문용어를 사용하여 깊은 인상을 주는 것 외에 실제로 할 수 있는 일이 별로 없는 사람들을 기업에 수없이 투입할 위험성을 지닌 것이다. 이 사람들은 기업이나 조직 내에서 가짜 노동에 빠질 확률이 매우 크다. 이들은 파워포인트를 이용한 프레젠테이션, 보고서, 전략 문서 및 새로운 로고와 임무, 목표와 측정 기준 설정 등 끊임없이 변화를 요구하는 것 외에는 거의 아무것도 하지 않는다. 특히 만성적으로 불안해하는 중간관리자와 컨설턴트 들은 자신이 무엇을 하고 있는지, 또 그것이 실질적인 효과가 있는지 모르지만, 그를 설명할 때 상대방에게 어떤 방식으로 말해야 하는지는 알고 있다.

이것은 그들만의 문제가 아니라 우리 모두의 문제다. 조직에는 비판적 사고와 구체적인 문제에 대한 구체적인 해결 방법, 그리고 직원들의 노력을 결합해 생산해낸 구체적 결과물이 필요하다. 이러한 성공을 가로막는 가장 큰 장애물은 터무니없는 말의 난무와 정직성의 부재다. 만약 스티븐 엘롭이 앞으로 일어날 일과 그 이유를 인간적이고 일반적인 용어로 설명했더라면 직원들의 반응은 크게 달랐을 것이다. 그가 평범한 용어로 말했다고 해서 그를 향한 사람들의 존경심이 줄어들까? 나는 우리 중 대부분이 이 질문에 대한 답을 알고 있다고 생각한다. 그렇다면 우리는 어쩌다 이러한 소통의 비극에 빠지게 되었는가? 또, 그것은 어떻게 가짜 노동을 만들게 되었으며, 우리는 어떻게 가짜 노동의 늪에서 빠져나올 수 있는가?

우리는 헛소리 문화^{Bullshit-culture} 속에서 살고 있다

1996년, 뉴욕대학교의 한 물리학과 교수가 저명한 인문학 저널인 『소셜 텍스트^{Social Text}』에 글을 보냈다. 제목은 '경계를 넘어: 양자 중력의 변형 해석학에 다가가기'였다. 그의 글은 저널에 실

리긴 했지만, 아무도 그것이 말도 안 되는 헛소리라는 것을 몰랐다.[27]

저자 앨런 소칼은 철학자와 사회학자 들이 그들의 논문에서 물리학과 수학을 부정확하고 오해의 소지가 다분한 잘못된 방식으로 사용하는 것에 회의를 느꼈다고 한다. 그리하여 소칼은 텍스트를 이해하지는 못하지만 복잡하고 전문적인 용어를 사랑하는 독자들이 좋아할 만한 단어들을 모두 사용해 그처럼 매우 길고 복잡한 글을 썼다.

사람들은 그의 글에 담긴 속임수를 발견하지 못했을 뿐더러, 그 이유를 설명하지도 못했다. 때문에 그 글은 더욱 큰 스캔들이 되었다. 현대 인문학과 사회과학 연구 분야에서 가장 중요하고 존중받는 잡지 중 하나가 이 일로 명성에 타격을 입었으며, 과거의 명성을 되찾으려는 시도 또한 헛수고가 되었다.

소칼의 스캔들은 소수의 폐쇄된 그룹에 속하는 사람들이 그들만이 이해할 수 있는 특정 방식으로 말하고, 관련 어휘를 같은 방식으로 배우는 것이 얼마나 쉽게 자아도취적 행위로 변할 수 있는지를 보여주는 교과서적인 예라고 할 수 있다. 불행하게도 이러한 현상은 대학교를 비롯한 학계에만 국한된 것이 아니다.

내가 중점적으로 연구하는 인류학의 예를 들어보자. 원시 사회에서 성인으로 입문하는 젊은이들이 충분히 성숙했다고 판단될 때, 그들만의 비밀 언어 중에서도 매우 특별한 단어를 알게 되는 경우가 있다. 그룹 내의 연장자들은 그 특별한 단어가 익숙하지만 젊은이들은 성인의 대열에 포함될 때가 되어서야 비로소 그것을 공유받게 된다. 수천 년의 역사를 통해 인류는 자신이 속한 사회 내에서 누가 의미 있고 중요한 사람인지 가려낼 수 있는 비밀 언어를 공유해왔다.

그런데 우리 사회에서 누군가가 '브랜드 우수성brand excellence' '변화 촉진change catalyst' '중요한 미션mission-critical' 등의 단어를 숨바꼭질하듯 여기저기서 사용하고 있다는 사실은 우리 모두를 좀 더 둔감하게 만들 수도 있다. 물론 누구에게나 줄임말이 필요할 때가 있으며, 현대의 모든 산업 분야에서는 기술 언어가 점점 더 많이 사용되는 추세다. 문제는 우리가 질문이나 문제점을 피하기 위해 이러한 단어를 습관처럼 사용할 때 드러난다. 만약 당신이 시스코CISCO의 대표이사가 되어 '우리는 세상을 일깨우고 이 지구를 미래지향적인 곳으로 이끌 것입니다'라는 말을 하고자 했을 때, 이것이 현대 기업에서만 이해될 수 있는 특별한 문구인지 아닌지 먼저 자문해보아야 할 것이다. 불행히도 위 문장에는 좋은 문구가 내포해야 할 정확성이 보이지 않는다.

또 하나의 문제는 사람들이 이것을 좋은 문구로 간주하지 않아도, 더 나아가 이것을 쓰레기 같은 문구라 생각한다 하더라도 결코 그 생각을 입 밖에 내지 않는다는 점이다. 이러한 흐름은 어느새 부정확하고 모호한 표현을 존중하는 문화를 만들어냈다.

프린스턴대학교의 철학 교수 해리 G. 프랑크푸르트는 67페이지 분량의 『헛소리On Bullshit』라는 작은 책 서문에서 '우리 문화의 가장 두드러진 특징 중 하나는 헛소리가 난무한다는 것이다'라고 썼다.[28] 이 책은 2005년에 출간되었으며 몇 주 동안이나

미국 베스트셀러였다. 헛소리가 난무하는 사회현상을 다룬 철학
서로써는 보기 드문 일이었다. 이 책이 출간되기 이전에는 사람
들은 헛소리^{bullshit}라는 용어가 저속하다고 생각했고, 그다지 신경
쓰지 않았다. 하지만 프랑크푸르트 교수는 이 책을 통해 이 단어
가 실제로 매우 정확하게 정의될 수 있는 현상을 설명하는 데 아
주 유용하다는 것을 보여주었다.

프랑크푸르트 교수의 정의에 따르면, 헛소리는 진실도 거
짓도 아니다. 헛소리의 주된 목적은 다른 이들이 헛소리를 내뱉
는 사람이나 남발하는 이들의 프로젝트를 좋게 생각하도록 설득
하는 데 있다. 심지어 헛소리꾼은 조작을 통해 자신의 신념을 공
유하고자 애쓰기도 한다. 이것은 언뜻 좋게 들리기도 하고 중립
적으로 들리기도 하지만, 궁극적으로는 진실이 아닌 것을 표현하
는 언어적 조작에 불과하다. 프랑크푸르트 교수는 헛소리를 남발
하는 것이 때로는 거짓말보다 더 나쁘다고 주장했다. 거짓말쟁이
는 무엇이 진실인지 매우 잘 알고 있기 때문에 거짓말을 하기 위
해 많은 노력을 한다. 반면, 헛소리꾼은 무엇이 진실이고 거짓인
지 모를 뿐더러 신경도 쓰지 않는다. 이들이 유일하게 중요하다
고 생각하는 것은 자신이 호의적인 사람으로 보일 수 있는 메시
지를 상대방에게 전달하는 일뿐이다.

조직은 경영진이 말하는 대로 운영된다

헛소리는 진실(또는 거짓)을 있는 그대로 말하는 것을 피하려 하거
나, 단순히 긍정적인 합의점 또는 적어도 누구도 반대할 수 없는

것처럼 들리는 말을 강조하기 위해서 사용되기도 한다. 노키아 직원 12,500명이 곧 해고될 상황을 앞두고 한 페이지 반이 헛소리로 채워진 일을 전달받았던 것이 바로 그 예이다.

어떤 조직의 관리자는 급여 인상 가능성을 묻는 질문에 다음과 같이 대답했다. '지속적인 추진력을 바탕으로 확장된 성과 목표를 달성하면 모든 정규 직원을 대상으로 보너스 프로그램을 재개하고, 거기에 맞도록 필요한 조정을 할 것입니다.' 이 말은 '올해는 급여 인상 계획이 없습니다'라는 내용을 표현한 헛소리에 지나지 않는다.

조직이 직원들을 대상으로 명확한 메시지를 전달하는 능력을 상실하게 되는 것은 매우 위험하다. 스웨덴 룬드대학교의 경영학 교수인 마츠 알베손은 이런 경우에 직원들은 겉으로 보이는 행동이나 말과 실제로 의미하는 것이 다른 행위, 즉 표면적으로 화려해 보이는 세계에 익숙해지게 된다고 말했다. 그러면 사람들은 주변인들의 말과 행위가 설득력이 있는 것처럼 보이는 한, 무엇이 좋고 나쁜지 크게 상관하지 않는다. 그런 세상에서는 가짜 노동을 할 수밖에 없는 상황이 발생한다.[29]

일반적으로 헛소리 문화는 경영진의 메시지에 일종의 필터 역할을 할 다수의 직원을 고용할 수 있다. 나는 2016년에 책을 한 권 출간했는데, 지금 돌이켜보면 그다지 자랑스럽다는 생각이 들지 않는다. 『민영기업을 위한 인본주의적 지침서Humanistens guide til det private erhvervsliv』는 인본주의자인 나 자신이 실제로 민간 기업에서 하고 있던 일을 정당화하기 위해 쓴 것이었다. 당시 나

는 다른 인본주의자들도 나와 같은 사항을 고려하고 있다고 생각
했다. 하지만 오늘날 그 책을 다시 읽어보니, 헛소리 문화에 도전
하기를 기피하고 오히려 그 문화를 지지함으로써 회사 내에서 아
무 필요도 없는 자신만의 위치를 어떻게 창출할 수 있는지에 대
한 완벽한 가이드라는 것을 알 수 있었다.

그 책에는 다음과 같은 문단도 있다. "경영진이 인사 담당
자에게 '실수를 줄이고 더 적은 비용으로 더 큰 업무 효과를 낼
수 있는 숙련된 직원'을 원한다고 말할 때, 인사 담당자는 이것을
'가치사슬 내의 모든 직원의 역할을 보장하고, 각 직원의 능력을
개발함으로써 지속적인 혁신, 비용 인식, 개인의 자유와 권리를
보장하고 이와 더불어 업무와 함께 인재가 성장'할 수 있는 '확실
한 미래 보장'의 필요성으로 해석해야 한다. 바로 이런 일을 하기
위해 인사과에는 동일한 내용이라 할지라도 새로운 단어를 사용
해 더 나은 표현을 할 수 있는 인문주의자가 필요하다."[30]

나는 이러한 조언으로 실직 상태에 있는 수많은 학자들이
일자리를 얻도록 돕고 싶었고, 실제로 도움을 주기도 했다. 하지
만 나는 우리가 모든 이의 정신 건강을 위해 있는 그대로 전달되
어야 할 경영진의 정직하고 공정한 관점에 화려한 포장지를 입히
고, 한 무리의 커뮤니케이션 담당자들에 의해 모든 것이 필터링
을 거치게 되는 문화에 아무 생각 없이 엄지를 치켜올리게 될까
봐 두렵기도 하다.

이처럼 직원들에게 불분명한 메시지를 퍼붓는 일로 바쁜
사람들이 주로 가짜 노동을 생성해낸다는 사실은 그 자체만으로

도 충분히 부정적이다. 하지만 그보다 더 나쁜 것은, 헛소리가 실속은 없고 겉만 번지르르하게 좋아 보이는 조직문화를 조성한다는 점이다. 이것이 바로 가짜 노동의 본질이다. 미국의 인류학자 데이비드 그레이버는 실제 업무가 아니지만 마치 업무처럼 보이는 일을 허튼 업무Bullshit jobs라고 표현하기도 했다.

만약 작성해야 할 현황 보고서가 고려 대상에게 읽히지도 않을 것이라고 의심되는 경우, 허세 문화에서는 이를 '항상 발전 가능성이 있고 다음에 더 높은 기준을 설정하기 위해 잠재적으로 필수적인 도구'라고 포장할 수 있다. 만에 하나, 보고서를 읽는 사람이 하나도 없다면 이것은 행동과학 전문가인 모르텐 뮌스터가 현실 세계The Real World라고 칭하는 사회에서는 발생해서는 안 되는 일 중 하나다.

경영인이 헛소리를 할 경우, 직원들은 이를 통해 진실에는 관심을 가지지 않아야 한다는 사실을 배우게 된다. 따라서 그들은 '업무 원칙'에 관한 이메일, 회의, 새로운 전략, 프로젝트, 실행 계획 또는 워크숍 등에 관한 내용이 대체적으로 좋아 보이고 긍정적으로 들리는 한, 이것들이 실제로 어떤 의미를 지니고 있는지에는 관심을 보이지 않게 된다.

조직 내의 허세와 헛소리를 인식하고 이를 줄이는 방법

가짜 노동에 대항하여 면역 체계를 갖추기 위해서는 헛소리, 완곡어법 및 기타 형태의 거짓된 언어를 인식할 수 있어야 한다. 그러기 위해서는 헛소리로 간주되는 전형적인 단어에 주의를 기울여야 한다. 이러한 단어들의 예로 '시너지' '융합' 또는 '고정관념에서 벗어나기' 같은 표현이 있다. 이러한 단어나 문구는 개별적으로는 의미가 있는 것처럼 보이지만, '우리는 고정관념에서 벗어나 융합적인 시너지를 창출해야 합니다'라는 문장처럼 함께 사용할 경우 무의미한 헛소리가 되어버린다.

이러한 단어들 중에서는 짝을 지어 함께 나타나는 경우가 특히 많은 단어들도 있다. 그 예는 다음 링크에서 찾아볼 수 있다(https://www.atrixnet.com/bs-generator.html). 이 링크에서 각자의 고유한 헛소리 문구를 생성할 수도 있다(물론 필요하진 않겠지만, 얼마든지 재미 삼아 해볼 수 있다). 나는 앞의 사이트에 우연히 들어가 쌍방향 틈새시장을 홍보하는 믿을 만한 방식을 접하게 되었는데, 여기에도 실제적인 의미는 없었지만 텍스트의 형태로 나타날 경우 절대 헛소리처럼 보이지 않는다는 것을 깨달았다.

조직 관리자들이 내뱉는 무의미한 헛소리의 예는 다음 사이트에서도 찾아볼 수 있다(https://www.straightnorth.com/company/marketing-resources/150-business-jargon-fixes/). 이곳에서는 일반적으로 자주 사용되는 150여 개의 무의미한 단어와 문구 들은 물론, 모호함과 조작에서 벗어나 진정한 의미를 전달할 수 있는 일반적인 단어와 문구도 볼 수 있다. 우리는 이러한 단어와 문구에 익숙해진 다음, 그것으로 얻어낸 지식을 실제 상대방의 의견을 검토하고 평가하는 상황이 닥쳤을 때 적극적으로 활용할 수 있다.

위의 사이트들은 모두 영어와 관련된 예이다. 덴마크에서는 영어권의 표현을 덴마크어화하여 사용하거나 영어 표현을 그

대로 차용하는 경우가 대부분이다. 하지만 일반적으로 조직 내의 의사소통이 영어 표현으로만 이루어진다면 혼란이 야기될 가능성이 크다. 영어는 외국어라는 이유만으로 평범한 표현을 고급스러워 보이게 만들 수 있다. 이러한 배경에서는 덴마크어가 이상할 정도로 평범하고 현실적으로 다가오기도 한다.

그러나 단순하고 실제적인 말은 헛소리와 정반대의 개념이므로, 이러한 말을 사용할 때는 철자를 다시 확인하고 문서에서 빨간 줄이 보이면 이를 수정하는 절차를 통해 더욱 명확한 언어를 사용하는 습관을 들여야 한다.

헛소리의 실체가 드러나면 모두 안도의 한숨을 내쉰다

직전에 소개한 헛소리 목록은 단지 예시일 뿐이다. 대체적으로 헛소리는 제한된 범위 내에서 일반화될 수 있다. 모든 조직에는 헛소리로 치부할 수 있는 그들만의 고유한 단어나 표현 방식이 존재한다. 그러므로 의사소통을 더욱 확실히 하기 위해서는 조직 내에 자주 사용하는 표현법이 있는지 물어보는 것도 좋다. 이때 표현법을 물어보겠다고 반나절이라는 긴 시간을 사용할 필요도 없고, 따로 워크숍을 진행하지 않아도 된다. 그저 필요할 때마다 파워포인트 프레젠테이션, 이사회 회의, 연례보고서 또는 인트라넷의 자화자찬적 게시물에 반복적으로 나타나는 극도로 뻣뻣하고 공허한 표현들이 있는지 동료들에게 물어보면 된다.

동료 직원들과의 서먹함을 깨고 그런 단어나 표현에 조금 냉소적으로 굴거나 회의감을 표현하는 것은 항상 도움이 된다.

그렇게 한다면 누군가 그런 말을 해주었다는 사실에 모두 고마움을 표할 것이다.[31] 반면, 공허한 표현에 관심이 없는 사람들이 모인 조직에서는 큰 도움이 되지 않을 것이다. 왜냐하면 해당 조직의 사람들은 그러한 표현을 매우 중요하게 여기는 그들만의 세계에서 살아왔기 때문이다.

내가 조직 내의 가짜 노동에 맞서 싸웠던 이유는 조직의 건전하고 이성적인 환경을 되찾고자 하는 갈망 때문이었다. 사실, 나처럼 '전략적 의사소통과 일상적 의사소통의 차이점을 구분할 수 있는 사람은 아무도 없잖아요?'라고 말한다면, 누구나 조직 내의 영웅이 될 수 있다.

솔직하게 말하자면, 위에서 언급한 차이점을 구분할 수 있는 사람은 아무도 없다. 마츠 알베손 교수의 연구에 의하면, 실제로 '전략적'이라는 말이 무엇을 의미하는지 설명할 수 있는 사람은 10명 중 1명에 불과했다. 이 단어는 실질적 의미를 갖고 있긴 하지만, 누구도 그것을 이해하지 못할 만큼 전문적인 용어다. 바로 그 때문에 이를 자주 사용할 필요가 없는 단어로 분류하는 것은 매우 적절하다.

2015년, 그렉 다이크가 대표이사로 취임했던 당시의 BBC는 관료주의와 경영진의 공허한 헛소리, 무의미한 내용으로 점철된 끝없는 회의로 잘 알려진 조직이었다. 다이크는 이러한 환경을 근본적으로 변화시키고자 '말만 하지 말고 행동으로 옮기자'라고 적힌 작은 오렌지색 카드를 조직에 도입했다. 사람들은 새로운 회의, 보고서 작성 및 기타 여러 가지 일 때문에 어떤 아이디어를 구체적인 행동으로 옮기는 것이 지연된다고 느낄 때마다 이 카드를 들어올렸다.[32] 공허하고 말뿐인 조직 내의 분위기를 쇄신하기 위해 최고 상사가 적극적으로 뛰어든 것은 매우 긍정적인 시도라 할 수 있었지만, 아쉽게도 BBC는 얼마 지나지 않아 원점으로 돌아갔다.

아무도 말뿐인 사람을 좋아하지 않는다. 같은 이유로 사람들은 정치인처럼 말하지 않는 정치인, 최고경영인처럼 말하지 않는 최고경영인을 좋아한다. 하지만 사람들이 선호하는 정치인이나 최고경영인이 되기 위해서는 용기가 필요하며, 자신의 자리가 어디인지 정확히 알고 있어야 한다. 내가 발견한 일관된 사실 하나는, 조직에 젊고 경험이 부족한 사람들이 많을수록 공허한 헛소리가 남발된다는 것이었다. 반면 최고경영인과 (특히 일대일로) 대화를 나누었을 경우, 그들은 상당히 구체적이고 현실적인 단어를 썼다. 이러한 실례를 바탕으로 보았을 때, 공허한 헛소리라는 것은 자신이 말하고자 하는 것이 무엇인지 실제로 알지 못할 때, 또는 자신이 말하려 하는 것이 옳은지 그른지 알지 못할 때 그리고 단지 상대방에게 감동만을 주고 싶을 때 사용하는 코드 언어라고 할 수 있다.

경험이 풍부한 리더는 이미 자신을 입증했기에 코드 언어를 사용하여 상대방을 감동시킬 이유가 없다. 실제로 그들은 무엇이 옳고 그른지 구별할 수 있다. 그래서 조직의 신입 사원들에게 좋은 본보기가 된다. 신입 사원들은 상사가 정중하고 호의적으로, 또 우회적 표현 없이 직접적으로 말하는 것을 듣고 배워야 한다. 또한 상사들과 경험이 풍부한 사원들은 비즈니스 용어를 모르면 누구도 자신을 진지하게 받아들이지 않을 것이라고 믿는 신입 사원들에게 바로 이 점을 지적해주어야 한다. 기술적이고 전문적인 용어는 꼭 필요하지만, 공허한 헛소리는 이해에 도움이 되지도 않고 메시지를 정확하고 구체적으로 전달하지도 못한다. 헛소리의 목적은 실제로 전달해야 하는 메시지의 내용을 모호하게 만드는 것이라 해도 과언이 아니다.

반대로 우리는 자신의 솔직한 의견을 말하는 사람에게서 전혀 다른 느낌을 받을 수 있다. 이런 사람들은 상대방에게 신뢰를 줄 수 있지만, 진부하고 공허한 헛소리로 일관하는 사람은 아무도 믿어주지 않는다. 그러므로 솔직하고 구체적으로 메시지를 전달하는 사람을 만나면 공개적으로 칭찬해줘도 좋겠다.

우리는 공허한 헛소리 단어 목록을 업데이트하는 일을 게을리하지 않아야 하며, 누군가가 그런 단어를 필요 이상으로 많이 사용할 경우 슬쩍 언급해주는 것도 나쁘지 않을 것이다. 그리고 사전 상담에서 컨설턴트가 '우리는 귀사의 직원들이 업계에서 동급 최고의 마인드셋을 형성하고, 이미 시장에서 인정받은 우리의 역량을 최대로 발휘하여 드릴 다운 뷰drill down view(개괄적 정보에서 자세한 정보로 이동하는 시스템 또는 관점—옮긴이)를 형성함으로써 귀사가 다음 단계로 나아갈 수 있도록 도움을 줄 것입니다'라고 말한다면 그들이 방에서 나갈 때 큰 소리로 웃음을 던져준 후, 정상적으로 말할 수 있는 다른 컨설턴트에게 서둘러 전화하는 것도 잊지 말아야 한다.

내가 말하고 싶은 것이 아니라
상대방이 어떤 말을 듣고 싶어 하는지 알아내라

의사소통에서 공허한 헛소리를 피할 수 있는 가장 쉬운 방법은, 우리가 말해야 할 사항보다 상대방이 무엇을 알아야 하는지에 더 집중하는 것이다. 이 간단한 규칙을 조직의 외부적 의사소통을 위한 출발점으로 삼는다면 아무도 필요치 않는 공허한 헛소리가 발을 붙일 자리는 거의 없을 것이다. 헛소리는 메시지를 전달하는 사람을 보기 좋게 만드는 것에 불과하기에, 헛소리를 한다는 것은 명확성 대신 허영심을 선택한다는 뜻이라고도 할 수 있다.

그러므로 메시지를 전달할 때는 내용을 처음부터 끝까지 상대방의 관점에서 살펴보는 습관을 길러야 한다. 그러기 위해서는 조직 구성원들이 매일 무엇을 하는지 더 잘 알아야 한다(이것은 3부의 주제이기도 하다). 메시지를 받아들이는 사람이 유용하다고 인식할 수 있는 내용을 전달하는 것이야말로 최선의 의사소통 방식이라는 점을 기억하라. 이것이 의사소통의 원래 목적이다. 그러나 현재는 의사소통이라는 행위가 광고 언어와 소위 '설득 산업Overtalelsesindustrien'이라 불리는 비즈니스와 융합되었기 때문에 원래의 목적을 거의 찾아볼 수 없어졌다.

조사에 따르면, 설득 산업은 미국 경제의 25~30%를 차지한다.[33] 이것은 엄청난 수의 사람들이 타인을 설득하는 일을 하며 생계를 유지한다는 의미다. 예를 들면 변호사, 텔레마케터, 성직자, PR 전문가 또는 커뮤니케이션 전문가 등이다. 우리는 타인을 설득하면 돈을 벌 수 있다는 것을 배웠고, 이 배움은 서서히 우리의 의사소통 방식에도 적용되었으며 오늘날에는 의사소통에서 매우 중요한 사항이 되어버렸다.

청자들이 머릿속에 떠도는 공허한 메아리 때문에 멍한 얼굴로 앉아 있지 않도록 하고 싶다면, 우리는 정상적으로 말하는 방식으로 되돌아가야 한다. 그러기 위해서는 의사소통에 대한 관점을 완전히 뒤집어야 할 것이다. 우리가 어떻게 보여야 하는지가 아니라, 우리와 소통하는 사람들이 무엇을 알고 싶어 하는지를 알아야 한다는 말이다.

현실 세계에서 해결 방법을 찾아라

이 책에서 내가 지속적으로 다루고자 하는 것은 '현실 세계'라는 개념이다. 이 개념에 관한 나의 목표는 우리가 듣기에는 좋지만 실은 공허한 말의 유혹을 뿌리치고, 말로만 지어진 세계에서 벗어나 실질적인 일을 향해 문을 여는 것이다.

나는 연구 조사를 할 때 습관처럼 사람들에게 그들이 하고 있는 가짜 노동에 대해 설명해달라고 요청하는 동시에 그것이 가짜 노동이 아니게끔 들리도록 표현해달라고 부탁했다. 그리 오래 지나지 않아, 나는 대부분의 사람이 링크드인 프로필이나 이력서에 사용하기 위해, 또는 나처럼 그들의 직업에 관해 캐묻는 귀찮은 유형의 사람에게 대답하기 위해 한두 가지 문구를 이미 외우고 있다는 사실을 알게 되었다. 예를 들자면, '내가 하는 일은 공동 창조에 중점을 두고 다양한 유형의 프로세스를 촉진하는 것, 즉 가치사슬과 네트워크 전반에 걸쳐 더 나은 협업을 보장하는 프로세스를 지원하는 것입니다' 등이다.

내가 그 뜻을 캐물으면 사람들은 종종 '우리는 회의를 열고 많은 내용을 적어서 경영진에 전달합니다. 그리고 그다음에는 무슨 일이 일어날지 알 수 없습니다'라는 의미에 불과하다며 자신들의 업무에 대해 솔직히 고백했다.

하지만 실제로 누가 당신에게 무슨 일을 하냐고 물었을 때 위와 같이 솔직한 대답을 돌려주기는 쉽지 않다. 바로 그 때문에 우리는 공허하나 매우 듣기 좋은 말을 방패로 삼는다. 그러면 이어지는 추가 질문에 답할 필요가 없다. 즉, 아무도 당신이 업무를 어떻게 '촉진'하는지 되묻지 않으며 심지어는 그것이 꽤 그럴듯한 말이라고 생각한다. 이런 말은 특히 (잘 알려지지 않은 방식의) 가짜 노동이 이루어지는 조직에서 사용하기 매우 좋아 보인다. 이런 식으로 비현실적인 직업에 종사할 수 있는 비현실적인 세계가 만들어진다.

이는 행동과학 전문가 모르텐 뮌스터의 (불행히도 지금은 절판된) 저서 『마케팅 부서의 위테가 불행하게도 오늘 자리를 떠났다Jytte fra marketing er desværre gået for i dag』에 매우 잘 표현되어 있으며, 나는 바로 이 책에서 '현실 세계'라는 문구를 가져왔다. 모르텐 뮌스터는 대부분의 사람들이 구체적인 과제와 '명확한 행위에 기반을 둔 목표'에 의해 동기를 부여받는 구체적이고 실제적인 세계에 살고 있다고 주장한다. 하지만 특히 컨설턴트, 조직의 관리자, 경영 전문가 및 인사 담당자는 다음과 같이 말하기도 한다.

"유토피아는 평행 세계 속에 존재하는데, 이곳에서는 직원들이 2개의 회의와 11개의 빨간색으로 표시된 핵심성과지표와 31개의 답을 돌려받지 못한 이메일 사이에서 잠시 휴식을 취할 때 회사의 가치를 배우기 위해 사내 인트라넷을 둘러봅니다. 이 평행 세계에서는 꽤 쉽게 성공할 수 있습니다. (……) 이곳에서는 모두가 회사를 위해 최선을 다하고, 실수가 있을 경우 그래프나 비즈니스 사례를 보여주면 즉각 수정합니다. 그들은 CEO조차도 내용을 알지 못하는 모든 이메일을 세심하게 읽고 모든 세부 사항을 기억하며, 고객을 최우선으로 두는 데 아무런 문제가 없습니다. 만약 '정직' '혁신' '변화에 대비하는 유동적 자세' 등의 가치를 구현하기 어렵다면 그 말을 1,000개의 마우스 패드에 인쇄해서 직원들에게 돌리면 됩니다. 그러면 상황은 완료됩니다."[34]

화려한 겉모습이 진실이라고 말하는 공허한 헛소리는 이러한 '평행 세계'를 지지하고 옹호한다. 예를 들어, '비전 선언'이 동기부여에 도움을 준다고 생각하는 사람은 거의 없다. 그럼에도 사람들은 이 말을 좋게 느껴서 선언문을 작성하는 데 많은 시간을 보낸다.[35] 이 표현이 우리가 속하고 싶어 하는 조직을 연상시키기 때문이다. 수잔네가 '가치사슬과 네트워크 전반에 걸쳐 더 나은 협업을 보장하는 프로세스를 지원'한다는 말은 매우 그럴듯하게 들린다. 하지만 이것은 업무 결과가 목표와는 다르게 나타났을 때 이를 해결하기 위해 수잔네가 일련의 회의에 참석한다는 말과 같다.

나는 컨설턴트의 경험을 바탕으로, 하루 종일 진행되는 교육과 연수의 목적은 그저 단조롭고 무의미한 프로그램 설명회에 직원들을 참석시키는 것이고, 직원들은 그날 오후 5시에 1층 라운지에서 진 토닉을 즐길 수 있다는 이유 때문에 설명회에 앉아 고개를 끄덕인다는 것을 발견했다. 그들은 같은 날 직장에서 발생하는 다양한 상황에서 올바른 결정을 내리며 그 가치를 어떻게 이해하고 활용할 수 있는지에 대해서 '업무 가치'라는 주제 하에 작은 역할극을 하기도 했다. 발생할 수 있는 모든 상황과 딜레마로 가득한 선택의 순간에 올바른 가치를 찾아내고 이에 따라 결정을 내리기 위해서였다. 하지만 직원들이 실제로 거기서 얻어간 것은 '호기심 많은 존재' 또는 '타협하지 않는 전문성' 등과 같은 말을 사용해가며 프로젝트를 연기하는 방법뿐이었다.

우리는 앞서 이와 같은 말잔치를 공허한 헛소리라 정의했다. 훗날 그들의 상사가 프로젝트를 연기한 이유를 물었을 때, 그들은 마치 하늘에서 부여받은 7가지 가치 중 하나라도 되듯 그들만의 독특한 방식으로 해석한 '배려받을 권리'를 주장하며 전원 합의를 보았다는 헛소리를 할 수도 있다. 컨설턴트들은 대안적 현실에 눈을 뜨고 '설득력을 지닌 사람'이 되라고 말하지만, 나는 여기에 이성적으로 행동하는 것이 포함되어 있는지 심각하게 의심하고 있다.

현실 세계는 단지 희망사항이나 뜬구름처럼 상상 속에서나 생각할 수 있는 결과에 뿌리를 둔 일을 하는 곳이 아니다. 바로 구체적인 것에서 동기를 얻고, 구체적인 업무들을 숙지하고, 업무들 간에 미치는 구체적 효과와 그 인과관계를 이해하는 곳이다. 가짜 노동의 가장 큰 적은 진실, 정식, 구체성이다. 조직에서 가짜 노동을 없애고 싶다면 다음 사항을 따르면 될 것이다.

- 조직 내의 헛소리를 없애야 한다. 당신의 계획서에 적힌 것이 마냥 좋은 의도, 유행어, 기분 좋은 콘셉트뿐이라면 의심스러운 컨설턴트와 함께하는 즐거운 연수 여행을 피하라.
- 성급하게 결정하지 말고 구체적으로 생각해야 한다. 메모와 조직의 홈페이지, 프리젠테이션 및 보고서에서 헛소리를 배제하라.
- 진실을 말하는 연습을 하고, 허영심과 '설득'에 초점을 맞추는 일을 피하라.
- 겉치레에 신경 쓰지 않고 '부적절한' 말을 하는 직원들에게 불이익을 주는 일이 없어야 한다. 그들이야말로 내가 정신을 똑바로 차리도록 도와줄 수 있는 사람들이기 때문이다.

하지만 난무하는 헛소리의 바다에서 외롭고 작은 이성의 섬이 되기는 무척이나 어렵다. 왜냐하면, 우리가 속한 조직은 외부로터 유입되는 현명하지 못하고, 부정직하며, 비이성적인 압박과 지속적으로 직면할 것이기 때문이다.

애자일이란 무엇인가?
컨설턴트와 트렌드세터가
가짜 노동에서 차지하는 몫

2004년, 레고는 전략적인 변화를 꾀했다. 레고의 대표이사인 셸 K. 크리스티안센은 레고의 사업 분야가 너무나 다양해지고 비대해졌다고 판단했다. 컴퓨터게임, 패션, 놀이공원 등이 그 예이다. 레고는 레고 블록 위에 자리한 또 하나의 세상이 된 셈이었다. 그는 레고가 회사의 기초였던 레고 블록으로 되돌아가야 한다고 말했다. 레고 블록을 제외하고 가지처럼 뻗어나갔던 다른 사업 분야들은 라이선스를 바탕으로 외주를 주었다. 얼마 가지 않아 레고의 운명은 바뀌었고, 모든 언론은 이것이 대표이사의 용감한 결정 덕분이라고 극찬했다.

　또 다른 사례를 들어보겠다. 성공적인 글로벌 브랜드를 말하라면 온라인 서점으로 시작한 아마존을 들 수 있다. 아마존은 온라인 사업의 가능성을 현실적으로 이해한 최초의 기업이다. 시간이 지날수록 아마존의 규모는 점점 커졌고, 사람들은 거의 모든 것을 구입할 수 있는 아마존을 '만물상'이라고 불렀다. 오늘날 아마존의 시장가치는 세계에서 세 번째이다.

시장에서 성공을 거두는 것에 대한 두 이야기가 무엇을 시사하는가? 우리는 첫 번째 사례에서 핵심을 고수하고 거기서 벗어나지 말아야 한다는 것을 배울 수 있다. 반대로 두 번째 사례에서는 핵심 영역을 넘어 끊임없는 확장을 위해 항상 도전해야 한다는 것을 배울 수 있다.

혼란스러운가? 그럴 만도!

앞의 예시는 필 로젠츠바이크의 저서 『헤일로 이펙트The Halo Effect』에서 발췌한 것인데, 그는 이 책에서 일이 잘 풀릴 때와 그렇지 않을 때의 이유를 간단하게 설명해주면 사람들이 얼마나 만족하는지와 그때 무슨 일이 일어나는지를 보여주었다.[36]

저자의 요점은 조직에서 성공하고 높은 성과를 창출하는 데에는 정해진 황금률 같은 공식이 없다는 것이다. 하지만 우리는 주변에서 성공하기 위해 필요한 것이 무엇인지 가르쳐주려 하는 작가, 경영 전문인, 컨설팅 회사 또는 은퇴한 기업 임원 들을 찾아볼 수 있다. 이들은 항상 모든 것에 대해 설명하곤 한다.

아마존처럼 핵심 분야를 넘어 사업을 확장하는 기업이 성공을 거두었을 때 우리는 이것을 '다양화'라고 부르고, 그렇지 않을 때는 '핵심 영역에서 벗어나기'라고 한다. 위에서 언급한 소위 전문가들은 이처럼 다양한 상황에 대한 설명을 항상 준비해두고 있다. 그들 중 그 누구도 어떤 일이 때로는 성공하고 때로는 그렇지 않은 이유를 정확히 알지 못하기 때문이다.

로젠츠바이크의 말은 우리가 아무것도 모른다는 의미가 아니다. 그는 신화적 성공 이야기를 하나하나 떼어 분석하고 비교하는 작업을 통해, 조직에서 무슨 일이 어떻게 진행되고 있는지와 또 우리가 끊임없이 다른 사람들과 비교하며 무엇을 어떻게 해야 하는지에 관해서는 꼭 짚어 장담할 수 없다고 말한다.

같은 이유로, 자신의 작은 가게에서 판매하는 음식이 다른 회사의 조리법을 이용한 것이라 광고하는 것이 성공을 창출하는 방법이라 말하는 또 다른 컨설턴트를 초대하는 기업은 매우 드물다고도 말한다. 그런 방식은 도움이 되지 않기 때문이다. 우리는 성공을 위한 이러한 기적 요법이 다른 회사에도 적용될 수 있는지 전혀 알 수 없을 뿐더러, 우리 회사가 바로 그 '다른 회사'에 포함될 수도 있다고 생각할 것이다.

조직이 성공한 이유는 수백 가지가 있을 수 있지만, 우리는 그중에서도 어느 정도 이해할 수 있고 신뢰가 가는 설명을 선택적으로 받아들이기 마련이다. 또한 우리는 성공적인 기업이나 조직을 자주 경외하는 시선으로 바라보기 때문에 그들의 모든 행동이 천재적이라 생각하고 모방하고자 한다. 그래서 튼튼한 조직 문화를 가진 기업이 갑자기 성공했을 때, 그 기업이 조직문화 때문에 성공했는지 아니면 조직문화가 성공했기에 튼튼한 기업이 되었는지 그 여부를 조사하는 것을 간과하게 된다.

진실을 말하자면, 아무도 그 이유를 모른다. 쇠퇴의 길을 걷는 기업도 자신의 정체성에 대한 자부심을 형성하는 설익은 능력을 가지고 있다는 것은 분명하다. 우리는 닭이 먼저인지 달걀이 먼저인지 모르기 때문에 어딘가에 분명 성공을 가져올 수 있는 조직적 콜럼버스의 달걀이 존재한다는 말처럼 희망을 주는 설명을 찾는다. 하지만 성공에 이르는 마법의 요소는 바로 다음과 같다. 즉, 튼튼한 기업문화를 쌓아올리기 위해 열심히 노력한다면 구글, 마이크로소프트, 노보 노디스크, 또는 현재 시장에서 신동이라고 불리는 몇몇 신생 기업처럼 될 수도 있다는 말이다. 이 경우, 튼튼한 조직문화를 창출하는 방법을 강의하는 컨설턴트들도 순식간에 최고의 날을 경험할 수 있을 것이다.

주류에 끼더라도 차이를 만들어내지 못한다면

코로나19 팬데믹의 피해자 중 하나는 컨설팅 업계였다. 사람들은 눈앞에 닥친 중요한 문제에 집중할 필요성을 느끼자마자 신속하게 컨설턴트들을 해고했다.[37] 물론 현재 컨설팅 지원의 형태는 매우 다양하기 때문에 이 장에서 말하고자 하는 것은 컨설팅 업계를 향한 비판과는 거리가 멀다. 오히려 뼈를 깎아내리는 조직 개선을 염두에 둔 기업들을 위한 조언이라 할 수 있다. 또한 나는 실제적 업무 외에 아무것도 하지 않은 채 더 많은 업무에 기여하는 추세, 즉 가짜 노동의 확산에 대해 비판하고자 한다. 너나 할 것 없이 빅데이터, 식스시그마, 소미, 린, 인공지능, 기계학습 등을 언급하는 현대사회에서는 특히 공허한 헛소리를 잘 가려낼 수 있는 능력이 필요하다.

새로운 아이디어에 항상 열려 있는 것은 매우 중요하다. 하지만 갑자기 모두가 같은 방향으로 움직이고 같은 말을 하면,

우리도 맹목적으로 이를 따라 할 위험이 크다. 주류에 끼지 못할까 두려운 나머지 비판적인 사고와 현실적인 행위에 그림자를 드리우는 것이다. 그러나 이는 오래된 포도주를 새 병에 담으라는 예처럼, 좋은 조언의 대부분은 종종 진부하게 들리며, 우리가 이미 잘 알고 있는 사실을 새로운 단어와 슬로건으로 표현했을 뿐이다.

최근의 흥미로운 연구들을 보면, 동시대의 다른 회사들보다 더 대중적인 흐름에 신경을 썼기에 더욱 널리 알려지고 존경을 받았던 기업들이 어떤 방식으로 경영을 해왔는지 살펴볼 수 있다. 학자들은 포춘 500대 기업 중 100대 산업 기업을 대상으로 하여 대중적 인지도와 함께 이들 기업이 동시대를 장악했던 유명한 경영 추세를 얼마나 잘 이용해왔는지 알아보았다. 그러고는 그 기업들의 성과를 살펴보았다. 그러자 기업들은 최신 경영 기술의 선두 주자로써의 이미지를 얻었지만 이것이 수익에는 아무런 영향을 미치지 않았다는 결과가 나왔다. 반면, 이들이 얻은 대중적 인기 때문에 다른 기업들도 이들의 경영방식을 모방하겠다는 열의를 가지게 되었다.[38]

하지만 기업조직은 이익 창출의 개선 없이 대중의 존경과 인기만으로는 살아남을 수 없다. 기업은 결국 뒤를 잇는 그럴듯한 아이디어를 구현하는 데 막대한 자원을 소비하게 될 것이고, 결국은 이를 메꾸고 이익을 창출해내기 위해 실제로 요구되는 경영방식에서 벗어날 수도 있다. 예를 들어, 증권거래소에 회사 대표의 멋진 초상화가 걸려 있다는 것으로 직원들이 자부심을 느낄 수는 있지만, 이러한 자화자찬만으로는 장기적인 생존이 불가능 하다는 것이다.

비슷한 연구들을 통해 학자들은 조직이 거의 예측 가능한 빈도로 사회적 추세에 휘말렸다가 제자리로 돌아오는 흐름에 대 해 오래전부터 설명해왔다.[39] 예를 들어, 덴마크 국영 철도에 상 응하는 스웨덴 국영 철도는 지난 130여 년 동안 5~10년 주기로 대대적인 개혁을 실시해왔다. 그러나 이 주기가 너무나 규칙적일 경우, 실제로 개혁이 필요하지 않을 수도 있다. 즉, 외부적 환경 때문에 정확한 주기로 조직 개혁을 한다는 것은 매우 비현실적이 다. 반면 쇄신과 개혁의 필요성이 조직 내부에서 대두될 때는 이 야기가 달라진다.[40]

많은 조직에서 자신이 얻은 명예에 안주해서는 안 되며, 스스로에게 채찍질을 하고 변화를 위해 노력하지 않으면 도태된 다는 것을 인식하라고 압력을 준다. 그러나 맹목적으로 이를 따 르기 전에 먼저 주위를 둘러보고 이 두려움의 근거가 충분한지, 또는 단지 업계의 차세대 공룡이 되고자 조금이라도 잘못하면 실 패의 길에 들어서리라 믿는 누군가에게서 공격을 받고 있는 것은 아닌지 잘 살펴보아야 한다.

변화에 민감하게 반응하는 것은 긍정적이다. 그러나 외부 의 다른 조직들을 바라보기 전에 자신이 속한 조직의 내부부터 살펴보자. 기업의 관리자들은 자신이 일을 잘하고 있는지 확신하 지 못하는 근본적인 불확실성 속에서 지내고 있다. 이 때문에 그 들은 자주 타인의 말을 맹목적으로 따라 하는, 절망적이고 불필

요한 일에 빠져버린다.[41]

　자신이 속한 조직을 잘 살펴보고 조직에 익숙해지게 되면 애플, 넷플릭스 또는 노보 노디스크 등의 기업들이 어떤 일을 수행해왔는지 인식할 수 있을 것이다. 동기나 영감을 얻기 위해 다른 곳으로 눈을 돌리는 것은 아무런 문제가 되지 않지만, 그것이 시작점이 되어서는 안 된다. 가장 먼저 할 일은 외부인이 문제를 지적하기 전에 내부에 문제가 있는지의 여부를 알아내는 것이어야 한다.

반복되는 변화 증후군

콜롬비아 경영대학교의 교수, 에릭 에이브럼슨은 수많은 연구 작업을 통해 변화의 물결에 휩쓸린 기업들이 변화에 필요한 비용 등은 생각지도 않은 채 갑자기 강력하게 변화를 추구하고자 하는 과정을 살펴보았다. 에이브럼슨은 긴장과 불안감을 느끼는 기업의 관리자들이 이러한 혁신 프로젝트에 막무가내로 뛰어들고, 존재하지도 않는 문제를 해결하기 위해 관련 컨설턴트를 초대하는 경우를 자주 보았다. 그들은 '변혁적'이고 '파괴적'이라는 모습을 보여주기 위해 조직을 '흔들어야' 한다고 생각한다.

　하지만 이 방식은 죽은 것처럼 보이는 금붕어 한 마리를 살리기 위해 봉지를 마구 흔들다가 결국 살아 있는 다른 세 마리의 금붕어까지 모두 죽이는 어린아이와 다를 바 없다. 그는 자신의 저서에서 과거 주요 변화의 선구자 역할을 했던 많은 기업이 오늘날에는 자취를 감추어버렸다는 연구 결과를 보여주었다. 그

것은 기업들이 '변화했음에도 불구하고'가 아니라 기업들이 '실제로 변화했기 때문'인 경우가 많았다.[42]

문제는 현대 기업의 리더들이 끊임없는 변화에 좌지우지하지 않고 그들의 현재 상태에 만족하기란 너무나 어렵다는 데 있다. 기업 주변에는 '적군'과 '아군'의 차이점, 즉 변화를 원하는 사람들과 현 상태에 집중하기를 원하는 사람들의 차이점을 거론하는 '현명한' 컨설턴트가 맴돌고 있다. 기업의 관리자들은 결국 자신이 속한 기업이 어떤 유형의 사업에 배팅해야 하는지 이들을 통해 빠르게 터득한다.[43]

하지만 여기서 그들이 쉽게 간과하는 것은 지난 수년 동안 기업의 효자 역할을 해왔던 좋은 제품과 이를 뒷받침해왔던 운영 방식을 유지해왔던 사람들이 '아군'이라는 사실이다. 반면, 아직 무엇도 하지 않은 '적군'들이 증명해보인 것은 아무것도 없지 않은가?

만약 즉각적인 위기에 처하지 않았다면 컨설턴트의 말에 귀를 기울일 필요는 없다. 작가 크리스티안 외르스테드는 저서 『치명적인 변화Fatale forandringer』에서 진정한 추진력을 얻기 위해 위기를 조성해야 한다는 근거 없는 생각에 기초하여 일부러 문제를 일으킬 필요가 없다고 말한다.[44] 기업의 관리자들은 『누가 내 치즈를 옮겼는가』[45]라는 책을 1,000권 사들이느니, 위에 언급했던 '아군'들이 업무에 불편을 느끼지는 않는지, 또는 그들이 성장하고 발전할 기회가 있는지 알아보는 것이 낫다. 이런 일들은 직원들의 말에 귀를 기울여야 가능하다. 단지 그들이 테드 강연을

들으러 왔다는 이유만으로 그들이 변화를 두려워한다고 지레짐
작해서 처음부터 비난하는 일은 없어야 할 것이다.

2019년 크리파Krifa(덴마크의 노동조합—옮긴이)의 조사에 따
르면, 덴마크인의 66%는 직장에서 발생하는 변화의 내용과 목적
을 어느 정도 이해한다고 대답했지만, 22%는 그 의미를 전혀 모
른다고 대답했다.[46] 변화를 위한 지원 없이 의미만 지속적으로 비
난하는 것은 도움이 되지 않는다. 어쩌면 이제는 반대 의견을 진
지하게 받아들이지 않고 끊임없는 변화를 주장하는 이들을 비난
해야 할 때가 아닐까.

에릭 에이브럼슨에 의하면 구조조정에 적응해야 하고, 변
화를 주제로 한 회의에 참석하고, 프로젝트를 시작하고, 전략적
벤치마킹과 새로운 보고 라인을 형성하고, 시도 때도 없이 새로
운 자리가 만들어지고, 여기에 배치되는 새로운 관리자들 아래에
서 일하는 직원들이 유독 변화에 대한 열정이 크다고 한다. 이처
럼 아무런 성과도 얻을 수 없고 계속 반복되는 일들은 직원들이
실제로 일을 해야 하는 시간을 빼앗는다. 이것이 바로 가짜 노동
을 만들어내는 주원인이라 할 수 있다.

에이브럼슨은 "회사 내에서 발의된 수많은 혁신들이 시작
도 전에 전혀 다른 안건으로 대체되고, 새롭게 대두되는 '훌륭한
혁신안' 때문에 진행 중인 계획이 중간에서 폐기되었던" 한 제약
회사에 관해 설명한다. 수많은 혁신안이 동시에 시작되기에 관리
자들은 많은 업무량에 지쳐버리고, 이로 인해 그들은 실제로 해
야 하는 중점 업무와 생산, 또는 고객 관리를 할 시간을 빼앗긴

다.[47] 그 결과, 자신의 업무가 시간 낭비라는 것을 알지만 단순히 변화를 거부하는 사람으로 낙인찍힐까 봐 어쩔 수 없이 일을 계속하는 냉소적이고 피곤에 찌든 직원이 생겨나게 된다. 책임감이 강하고 성실한 직원들은 새로운 프로젝트를 열심히 수행하는 척하지만 실제로는 자신이 해야 할 핵심 업무를 수행하는 반면, 정말 할 일이 없어 빈둥거리는 직원들은 큰 열정으로 새로운 프로젝트에 뛰어든다.

전직 공무원인 페르 헬게 쇠렌센은 『초보자를 위한 온풍전략Varmluftsstrategi for begyndere』에서, 상품의 품질관리나 최종 품질에 그다지 큰 영향을 미치지 못해 전반적으로 무력감을 경험하는, 상대적으로 경험이 없는 관리자들이 직장 내에서 변화와 혁신을 주장하는 것을 자주 보았다고 말했다.

쇠렌센은 "여기서 구조조정은 매우 그럴듯하고 구체적인 선택으로 고려되며, 실제로 구조조정이 이루어질 때도 있습니다"라고 했다.[48]

누구나 조직도를 살펴보고 거기에 있는 점 몇 개를 움직여 실제로 변화가 일어나는 것을 확인할 수 있다. 이 경우 당사자들은 활력을 얻고 현실에서는 구체적인 일이 일어난다. 문제는 그것이 긍정적으로만 기능할지 확실치 않다는 데 있다. 모든 것이 재구축되는 일정 기간 동안 혼란이 야기되고 작업은 중단될 수도 있으며, 결국 스트레스를 유발할지도 모른다. 또한 직원들은 새로운 동료를 알아가는 데 시간을 할애해야 하며, 조직 개편을 위한 연수나 여행, 팀의 새로운 업무 원칙을 주제로 한 워크숍도 준비해야 할 것이다.

이쯤에서 조직을 위한 매우 간단한 규칙을 제안하고자 한다. 특정 직급의 새로운 관리자들은 업무 시작 초기부터 1년 또는 2년 동안 구조조정 및 조직변경에는 손을 대지 못하도록 해야 한다. 그들은 조직을 변화시키기에는 모자라다. 그들은 아직 조직의 구조를 이해하지 못했거나 이에 익숙하지 않다. 관리자들은 이 시기에서만큼은 성과를 내고 돋보이고 싶은 충동을 억제하고 실제적 업무 처리 능력을 보여주는 동시에 조직 내 직원들의 삶과 일상을 가지고 소위 테트리스 게임만 하면 된다.

새로운 관리자들이 일정 기간 동안 격리 상태를 거쳐 조직을 더 잘 이해하게 되면, 그때 실질적으로 새로운 추세에 발맞추어 조직에 인공호흡기를 투여할 필요가 있는지를 조사하면 될 것이다. 나는 이후 통제되고 적절한 방식으로 이를 수행하는 방법을 설명할 것이며, 특히 현대 경영에서 성배라고도 할 수 있는 애자일^{agile}을 예로 들어보려 한다.

가이드

: 애자일이 필요한지 확인하고 이를 도와줄 사람을 찾는 방법

다음 7개의 질문은 애자일(및 다른 가능한 모든 관리 방법)이 조직 내에서 추구하고자 하는 변화를 위해 실제적으로 사용될 수 있는지 알아보는 데 도움이 될 것이다. 이 질문들은 당신과 당신의 조직이 겉만 번지르르한 콘셉트, 허튼소리를 하는 컨설턴트, 구체적인 변화와 실제 가치가 아닌 가짜 노동으로 이어지는 프로세스를 거부하는 데 도움을 줄 수 있다.

① 애자일이 답이라면, 그에 대한 질문은 무엇인가?
② 당신은 애자일의 개념을 어떻게 이해하고 있는가?
③ 당신을 도와줄 사람들에게 이것은 무엇을 의미하는가?
④ 그들이 당신을 위해 해야 하는 일과 당신이 원하는 결과 사이에는 어떤 인과관계가 있는가?
⑤ 당신이 원하는 것을 얻어내기 위해 직원들은 얼마나 많은 시간을 투자해야 하는가?
⑥ 컨설턴트가 당신에게 무엇을 약속할 수 있으며, 또 그 가치를 안다면, 효과에 비용을 지불하지 않을 이유는 무엇인가?
⑦ 동일한 결과를 얻기 위한 또 다른 관리 경로가 존재하는가?

① 애자일이 답이라면, 그에 대한 질문은 무엇인가?
애자일의 원래 의미에 잠시 괄호를 치고 이야기를 시작하자. 애자일에 관한 사람들의 주장은 다음과 같다. 현대사회의 직원들은 방향을 바꿀 수 있어야 하고, 새로운 기술을 습득해야 하며, 생산의 새로운 변화에 적응할 수 있어야 한다.
바로 그 때문에 첫 번째 질문은 다음과 같다. 위험 신호가 존재하는가? 달성하지 못한 목표가 있는가? 불만을 지닌 직원은 없는가? 고객이 요구하는 역량 중 보유하지 않은 것이 있는가?
우리 사회와 시장은 매우 빠르게 움직이기 때문에 목표를 달성하지 못할 수도 있다. 특히 비현실적이거나 부적절한 목표를 설정했을 때는 더욱 그렇다. 그렇다면 목표를 조정해야 한다. 시간이 평소보다 빨리 흐른다는 느낌에 사로잡힐 때, 그것은 언제 어디서나 적용될 수 있는 일반적인 진실과 거리가 멀다는 것을 기억해야 한다. 시장점유율이 감소되는가? 혹은 단지 그렇게 될까 봐 두려워하는 건 아닌가? 그렇다면 그 두려움의 근거는 무엇인가? 다른 말로 하자면, 다른 모든 사람과 마찬가지로, 변화라는 소용돌이 앞에서 우리가 진실로 두려워하는 것은 소용돌이 자체일지도 모른다.

어쨌든 잠깐만 기다려보라. 미래의 경쟁에서 뒤처지리라는 생각은 충분히 할 수 있지만, 우리는 이 세상에서 가능한 모든 것을 상상할 수 있는 존재다. 즉, 앞일은 아무도 모른다.

직원들이 행복하지 않다고 가정해보자. 물론 그들도 조직 생활에 불만을 품을 때가 있다. 그렇다면 그들의 사고방식이 잘못되었다고 단정하기 전에 그들의 말에 귀를 기울이고 진지하게 받아들여야 한다. 만약 변화를 추구하는 과정에 있다면, 직원들이 그 변화를 이해하지 못하거나 좋아하지 않기 때문에 저항할 수도 있다.

그들이 변화에 저항한다면 그것이 정당한지 먼저 알아봐야 한다. 그들에게 할 말이 있는가? 일에 몰입할 시간을 잃어버렸는가? 그렇다면 이를 매우 심각하게 받아들여야 한다. 물리적인 시간이 너무나 빨리 흐르기 때문에 정작 필요한 시간의 절반밖에 되지 않는 시간 내에 일을 끝내야 한다는 것은 결코 무시하고 넘어갈 수 있는 사안이 아니다. 일에 몰입할 수 없고 더 깊은 연구도 하지 못한다면 발전도 없고 직업적 만족감도 얻을 수 없다. 직원의 기술과 능력이 부족한가? 그렇다면 그들에게 새로운 것을 배울 수 있는 기회를 줘야 한다.

그러나 만약 직원들에게 애자일이 부족하다면, 이는 기술의 문제가 아니라 일에 접근하는 방식의 문제라 할 수 있다. 이때, 관리자는 흔히 말하는 '마법의 요소'라는 결론에 자동적으로 도달하기 전에 중대하고 결정적인 질문을 하고, 몇몇 다른 사항을 배제해야 한다. 아예 자기 자신뿐만 아니라 그들이 속한 조직, 그리고 특히 그들의 직원에게 빚을 지고 있다고 생각해도 좋을 것이다.

이처럼 직원들을 대상으로 여러 적절한 고려와 탐색을 거친 후에도 여전히 애자일이 부족하다고 생각한다면 다음 단계로 넘어가야 한다.

② 당신은 애자일의 개념을 어떻게 이해하고 있는가?

애자일이라는 말은 현대사회에서 원래의 의도보다 훨씬 많은 의미를 갖게 된 단어의 좋은 예다. 이전에는 '변화 대처'를 자주 사용했지만, 이제 이 단어는 낡고 진부해졌으며, 공식적으로 사용할 경우 조롱을 받기도 하기에 다른 단어로 대체될 필요가 있었다. 여기서 애자일이라는 단어가 대두되었고 이것은 이미 젖과 꿀이 흐르는 땅인, 실리콘밸리로 대표되는 소프트웨어 개발 부문에서 테스트를 거쳐 적용 가능성을 확인받았다는 배경이 있어 매우 그럴듯한 후속 단어로 자리 잡았다.

배경을 간단히 설명하자면, 캘리포니아의 가장 큰 소프트웨어 개발 회사 중 일부는 소프트웨어 개발에 너무나 오랜 시간이 걸린다는 것을 경험했고, 마침내 준비가 되자 다른 곳으로 작업 장소를 옮겼다. 소프트웨어를 개발하고 코딩하는 프로세스를 실질적으로 수행하기 위해 일반적인 기업들처럼 직원을 더 채용하는 것은 도움이 되지 않았으며, 오히려 작업 속도를 늦출 뿐이었다.

이것은 IT 개발 부문의 패러다임 변화로 이어졌다. 바로 큰 덩어리의 작업을 작은 부분으로 나누고, 각각의 부분에 소규모 팀을 배치해 작업과 관련된 시간을 줄이는 것이다. 그 과정에서 세세한 각 부분을 철저하게 검증하고, 간단하며 작동 가능한 작업 목표를 세우고, 이에 따라 생산된 제품이 실제 요구사항에 적합한지 지속적으로 확인하는 일도 매우 중요하다. 이 방식은 생산자가 제품을 실제로 사용할 고객과 멀어지는 것을 피할 수 있다.[49]

소프트웨어 개발로 생계를 유지하는 기업들은 이 작업 방식을 적용해 확실한 효과를 보았다. 하지만 과연 이 방법이 모든 조직의 문제를 해결할 수 있을까? 나는 절대 그렇지 않다고 생각한다. 하지만 불행하게도 애자일은 곧 적절한 배려, 과도한 복잡성, 고객 망각 등과 관련된 문제들을 해결할 수 있는 기적적 수단이라 여겨지게 되었다. 애자일이 소프트웨어 개발 부문에서 효과를 보았다고 해서 지방자치단체의 도로와 공원을 담당하는 부서에서도 꼭 효과를 볼 수 있는 것은 아닌데 말이다. 그러나 사람들은 애자일과 관련해 긍정적인 말만 들어왔기 때문에 이러한 부서에서도 애자일을 갖추어야 한다고 생각하기에 이르렀다.

이제 애자일은 사물에 생명을 불어넣어주는, 정의할 수 없는 어떤 마법적 요소가 되어버렸다. 딜로이트와 맥킨지 그룹에서 조사한 바에 의하면 최고경영인의 90%가 '비즈니스 애자일'을 매우 중요하게 생각하며 우선순위에 두지만, 자신들의 회사가 이를 갖추고 있다고 생각하는 사람은 극소수에 불과하다. 맥킨지 그룹의 설문조사에 응한 최고경영인들 중 단지 4%만이 애자일이 조직 내에 탄탄하게 뿌리를 내리고 있다고 대답했다.[50]

이제 애자일 부족은 조직 내의 성과와 생산성이 목표와 야망에 미치지 못하는 이유를 설명하는 한 방편이 되어버렸다. 반대로, 기업이 일을 잘 수행해내는데도 불구하고 애자일이 부족하다는 의심을 받을 때도 있다. 기업이 효율적으로 일을 해내고 사람들이 그 기업의 제품을 구입한다고 했을 때, 이 기업이 애자일을 갖추고 있다고 할 수 있는가? 만약 그렇다면, 애자일은 일종의 아우라나 후광의 한 형태라고 말할 수도 있을 것이다. 필 로젠츠바이크는 『헤일로 이펙트』에서 '순조롭게 일을 진행하기 위해서는 우리 모두 애자일을 갖추어야 한다. 왜냐하면 애자일이 좋은 것이기 때문이다'라고 했다.

비록 조직의 관리자가 애자일이 무엇을 의미하는지 설명하지 못할 때도 종종 있지만, 이처럼 돌고 도는 순환성을 통해 어느새 애자일은 모든 일을 하는 데 있어 자기 강화성을 지닌 만능

공식이 되었다. 이는 스탠포드 공과대학교의 경영학 교수인 로버트 I. 서튼이 50명이 넘는 기업의 경영인과 컨설턴트 들에게 애자일이 무엇을 의미하는지 물었을 때 발견한 사실이다. 그는 이들과의 대화 이후, 이전보다 애자일의 의미를 정의하기가 훨씬 더 혼란스러워졌다고 말했다.[51]

애자일에 대한 개념은 너무나도 다양했으며, 경영인과 컨설턴트 들은 애자일을 갖추면 생산성이 향상된다고 믿었다. 이들에게서 애자일은 모든 긍정적인 것의 뿌리가 되었다 해도 과언이 아니다. 돌고 돌아, 애자일이란 긍정적이며 만능적인 모든 것을 의미한다는 생각이 자리 잡게 되었다.

앞서 언급했던 행동과학 전문가 모르텐 뮌스터는 기업이 더 큰 애자일을 갖추길 바란다고 말하면서도, 생산과 관련한 특정 부분에서 애자일이 어떤 형태로 뿌리를 내리고 적용되어야 하는지에 관한 질문에는 거의 대답하지 못하는 경영인들을 여러 번 만났다고 말했다. 즉, 모두들 애자일을 원했지만, 정작 그것이 무엇을 의미하는지 정확하게 아는 사람은 거의 없었다.

따라서 우리는 단어의 개념을 바탕으로 원하는 바를 알아내는 대신 우리가 조직 내에서 실질적으로 원하는 바를 알아내야 한다. 우리가 진정으로 애자일을 원한다면, 먼저 애자일이라는 개념이 수반하는 내용과 조직 내 구성원들의 사고방식을 변화시킬 수 있는 프로그램과 워크숍, 대규모 프로젝트에 수반되는 것이 정말 필요한지 알아내야 한다.

애자일이 변화를 위한 도구를 의미하는 새로운 용어가 아니라 그것이 정말 무엇인지, 그 의미를 최소한으로 축약한 정의를 인지하고, 동시에 소프트웨어 개발의 원래 시작점에서 얻었던 영감을 계속 유지하기 위해서는 스티브 데닝이 저서 『애자일, 민첩하고 유연한 조직의 비밀The Age of Agile』에서 말한 다음의 세 가지 특징을 살펴보는 것이 좋다.[52]

- **고객 중심 마인드**: 고객으로부터 의견을 전달받을 수 있고 이를 신속하게 실행할 수 있다면 소프트웨어 개발자는 능력을 인정받을 수 있다. 반대로 어떤 프로그램에 오류가 생겼다고 했을 때 이에 만족하지 못하는 사용자 100명 이상으로부터 동시에 불만을 담은 메시지를 받을 수 있다. 이것은 단순히 '고객이 중심에 있다'라고 말만 하는 것이 아니라, 실제로 고객의 의견을 경청하고 이에 응답하기 위해 실질적으로 무언가를 실행한다는 것을 의미한다.
- **비슷한 사람들로 구성된 소규모 팀**: 자발적으로 운영되는 팀 또한 실리콘밸리에서 비롯된 독창적인 애자일과 관련된 사고방식의 한 부분이다. 여기에는 엄격한 프로세스, 최고경영인들과의 조정과 합의뿐 아니라, 생산적인 팀이나 조직체에 더 큰 의사 결정권을 부여하고 신뢰를 보이는 것을 필요로 한다.
- **네트워크**: 고립적으로 일하는 대신 조직 내의 여러 부서와 접촉하며 작업하면, 모든 것이 더 유동적으로 작동한다.

위에서 언급한 사항들은 모두 효율적으로 보인다. 당신이 속한 조직을 개발하고 발전시키고 싶다면 위의 사항을 적용하는 것도 확실히 좋은 방법이다. 그렇다고 해서 이를 애자일이라 정의내릴 필요는 없다. 만약 이러한 것들이 애자일을 의미한다고 여전히 주장하고 싶다면, 애자일 솔루션을 제안하는 다른 사람들도 당신과 같은 의견을 가지고 있는지 알아봐야 할 것이다.

③ 당신을 도와줄 사람들에게 이것은 무엇을 의미하는가?

"'애자일 프로세스 개선'과 관련해 컨설팅을 하는 우리도 '애자일'이라는 용어로 이해되는 내용을 몇 개의 단어만으로 설명하기는 매우 어렵습니다."[53]

물론 수많은 단어를 사용해야만 의미를 전달할 수 있는 경우라면 이것은 매우 정직한 표현이다. 따라서 이런 모호한 소개의 말조차 얼마든지 용서될 수 있다. 하지만 컨설팅 회사가 몇 페이지에 걸쳐 의미를 정의한 후에도 다음과 같은 결론을 내린다면 상황은 더욱 악화된다.

"위의 내용은 애자일에 관해 우리가 사용하는 용어를 설명한 것입니다. 컨설팅 작업을 위해 우리가 선택한 이 용어의 목적은 조직을 분류하고 유지하는 대신 조직 내의 기회를 개방하기 위함입니다. 일반적으로 '애자일'이 무엇을 의미하는지 살펴보는 것은 그다지 흥미롭지 않지만, 조직에서 '이 개념에 대한 인식을 어떻게 해석하고 조정해야 지속 가능한 프로세스를 갖출 수 있는 가'에 중점을 둔다면 애자일의 의미를 살펴보는 일은 훨씬 더 흥미로워집니다."

나는 이 컨설팅 회사의 말을 조금 더 정확하게 번역해보고자 한다. "사실 우리도 애자일이 무엇인지 잘 모릅니다. 하지만 우리의 고객이 애자일을 매우 중요하다고 생각한다면 우리 또한 이익을 위해 그들과 대화를 나누고 그들을 도와줄 것입니다. 그렇게 한다면 어떤 면에서든 쌍방이 만족할 수 있을 것입니다."

이 해석이 언뜻 가혹하게 들릴 수도 있겠지만, 적어도 나는 애자일처럼 막연하고 모호한 용어로 가득한 어떤 분야에 발을 들여놓기 위해서는 최소한 관련 지식과 정보를 바탕으로 헌신하는 태도를 갖추어야 한다고 생각한다. 고객이 스스로가 원하는 바를 정확히 모를 때, 컨설턴트는 고객의 매우 개방적인 (또는 관련 지식이 부족한 상태의) 태도를 이해하는 것에서부터 일을 시작할 수밖에 없고, 이 경우 고객은 이미 위험한 길에 발을 들여놓은 것과 같다. 확신할 만한 유일한 사실은 이것이다. 표면적으로 무엇이든 될 수 있기에 오히려 아무것도 아니라고 결론 내릴 수도 있는 불분명하고 분산된 솔루션 작업의 테두리 내에서, 고객은 자신과 관련된 사람들이 마주치게 되는 모든 문제를 이해하기 위해 수많은 시간과 돈을 소비하게 되리라는 것이다.

안타깝게도 나는 '이 일은 제가 도와드릴 수 없을 것 같습니다'라고 솔직하게 말하는 컨설턴트를 아직 만나보지 못했다. 과거에 컨설턴트로 일하며 고객에게 이러한 상황을 솔직하게 말하려고 여러 번 노력했지만, 불행하게도 내가 일하던 컨설팅 회사에는 나 때문에 회사의 실적이 떨어졌다고 생각하는 동료들이 항상 있었다. 따라서 컨설턴트가 자발적으로 컨설팅을 중단하는 경우는 거의 없다고 봐도 좋을 것이다.

④ 그들이 당신을 위해 해야 하는 일과
   당신이 원하는 결과 사이에는 어떤 인과관계가 있는가?

그럼에도 여전히 애자일과 같은 용어에 매력을 느끼고, 심지어 당신이 원하는 개념과 일부이긴 하지만 거의 일치하는 상당히 일관된 설명을 찾았다면, 당신은 원하는 결과를 얻기 위해 그들이 어떤 식으로 일할지 알아봐야 할 것이다. 여기서 말하는 그들은 컨설팅 회사가 될 수도 있고, 조직의 인사부 직원이 될 수도 있다. 본질적인 문제는 새롭고 좋은 아이디어가 어디에서 실행되든, 원하는 결과에 효율적으로 다가가기 위해 지금 시작해야 하는 작업을 어떤 방식으로 이어나갈지 살펴봐야 한다는 것이다.

조직의 관리자들이 이러한 본질적인 문제를 얼마나 자주 외면하는지 알게 된다면 대부분 매우 놀랄 것이다. 그들은 기본적으로 변화가 어떻게 일어날지를 다루고 싶어 하지 않는다. 단지 무언가가 바뀔 것이라 약속하고 이를 시작하고 싶어 할 뿐이다. 룬드대학교의 스테판 셰퍼의 조사에 따르면 조직 관리자는 자신을 의도적으로 '어둠' 속에 두고, 새로운 혁신전략이 어떻게 직원들을 더 혁신적으로 만들 수 있는지에 대해서는 관심이 없다.[54] 그들은 단지 소위 '신흥시장에서 성공'하기 위한 전략을 시행하기로 결정할 뿐, 실질적인 수행 방법에 대한 아이디어는 조직의 다른 직원들에게 맡겨둔다.

언젠가 내가 수많은 청중을 대상으로 강의를 한 적이 있었는데, 강의가 끝나자 한 여성이 내게 다가왔다. 그녀는 자신의 상사가 그곳에서 나갔는지 확인한 후 내게 말하기를, 자신은 한 공기업의 '공동 창조co-creation' 프로젝트를 위해 1년이라는 시간을 소비했다고 했다.

"그런데도 나는 아직 그게 무슨 뜻인지도 몰라요. 내 상사도 마찬가지죠." 그녀는 1년 동안 일한 끝에 얻은 유일한 결과가 파워포인트 프레젠테이션뿐이었다고 말했다. 그녀는 기업 내의 공동 창조와 시너지 효과를 창출하기 위해 무엇을 어떻게 해야 할지 전혀 모르겠다고 고백했다.

그러한 상황에서는 빠져나갈 방법이 없다. 변화 창출을 담당하는 사람들은 변화가 현실 세계에서 어떻게 이루어져야 하는지, 즉 이 새로운 조치가 직원들의 행동을 구체적으로 어떻게 변화시킬 수 있는지 말할 수 있어야 한다. 소규모 팀을 구성하는 것은 구체적이며 운영 가능한 방법이자 체계화의 문제일 뿐이다. 하지만 직원들이 교착 상태에서 벗어나 더 자유롭고 직관적이며 신속하게 일할 수 있도록 하기 위해서는 기존의 보고 체계를 줄이거나 아예 폐지해야 하는 경우가 생길 수도 있다.

모르텐 뮌스터는 언뜻 듣기에 그럴듯한 용어들이 어떻게 실질적인 효과를 가져오는지 구체적으로 이해한다면, 실제적 행동의 변화와 함께 이 용어들이 의미하는 추상적이고 좋은 의도를 모두 현실 세계로 가져올 수 있다고 말했다. 뮌스터는 이러한 좋은 의도들이 진정으로 효과를 가져올 수 있는지 테스트할 수 있는 방법을 소개했다.

- 상위 문제를 카테고리별로 분류하라. 고객과의 직접적인 접촉이 충분하지 못할 경우, 그 이유를 찾아보는 것부터 시작해야 한다. 고객과 관련된 피드백 시스템, 인센티브 구조 또는 전반적인 작업 습관이나 관행에 문제가 있는지 먼저 살펴봐야 한다.
- 이들 카테고리를 다시 행위적 범주로 세분화하라. 고정된 작업 루틴을 통해 개발자가 고객과 더 긴밀하게 접촉할 수 있도록 보장하려면 어떻게 해야 하는가?
- 새로운 환경과 행동을 긍정적으로 지시하라. 관리자들은 직원들이 무엇을 해야 하는지 명확하고 구체적으로 지시해야 한다. 개발 프로세스 전반에 걸쳐 고객의 요구사항이 변경되었는지의 여부를 정기적으로 살펴보는 것도 이에 해당한다.

그러나 뮌스터는 이러한 일을 효과적으로 진행하고 실제적으로 완료해내기 위해서는 이를 비디오로 녹화하는 방법밖에 없다고 믿었다. 작업 행위가 눈으로 볼 수 있을 만큼 구체적이어야 한다는 말이다. 컨설턴트나 인사부 관리자가 단순하게 '인식 창출'과 사고방식을 변화시키는 작업을 수행해야 한다고 말하는 것만으로는 부족하다. 물론 이것이 효과가 없다고는 말할 수 없지만, 기적을 기대해서는 안 된다는 말이다. 그리고 이 방법을 실행하면 다수의 직원들은 실제 업무에 방해가 된다고 생각할 가능성이 매우 높다.

⑤ 당신이 원하는 것을 얻어내기 위해

직원들은 얼마나 많은 시간을 투자해야 하는가?

우리가 투자한 것보다 더 많은 것을 얻어냈는지 확인하기 위해서는 일단 얼마나 많은 시간이 걸리는지 알고 있어야 한다. 충분한 분석을 통해 변화가 필요하다는 결론을 내렸다면, 이를 창출하기 위해 직원들의 시간을 사용하는 것은 잘못된 일이 아니다. 그러나 매우 좋은 솔루션이라 할지라도 장기적으로는 문제가 되는 경우도 있다.

만약 소프트웨어 업계에서 영감을 받아 실질적으로 민첩성 프로세스를 구현하는 과정에 있다면, 이미 잘 구축된 작업 도구와 워크플로우work flow(특정 순서에 따라 발생하는 반복적인 프로세스와 작업을 관리하는 시스템으로써 기업의 운영 체제로 이해할 수 있다―옮긴이)에 대해 생각해봐야 한다. 그리고 이 프로세스를 통해 가치 있는 결과를 창출할 있다는 결론에 도달했다면, 바로 실질적 작업을 시작해도 된다.

하지만 단지 애자일 비슷한 '냄새'만 원하고 앞에서 언급한 세 가지 최소한의 구성 요소에 초점을 맞추고 있다면, 장기적으로 봤을 때 새로운 작업 원칙을 세우고, 프로젝트 리더를 지정하고, 작업 방식에 관한 의도와 목적을 공식화하는 과정에서 원래의 정신을 유지하는 데 문제가 생길 수도 있다. 이 경우, 애자일을 구현하기 위한 프로젝트는 시간 낭비와 실질적인 작업의 방해 요소가 된다.

고백하건대, 나 또한 열정적으로, 좋은 의도로 시작했지만 후속 조치가 부족하여 결국 실패로 귀결된 프로젝트를 지원한 적이 있었다. 이러한 경험에 비추어보았을 때, 관리자는 직원들의 요구사항에 귀를 기울이고 그들 또한 이 프로젝트가 효과를 발휘할 것이라 믿는지에 관해 솔직한 답을 들어야 한다.

그런데 어떤 컨설턴트는 직원들이 일반적으로 변화에 저항하고 자신의 작은 거품 속에서 발전을 거부한 채 남아 있기를 원한다고 조언한다. 그 때문에 관리자 중 일부는 직원들에게 그런 질문을 던지기를 꺼린다. 크리스티안 외르스테드가 『치명적인 변화』에서 꼬집어 말했듯, 항상 무비판적인 견해만 받아들이는 조직은 확실한 증거 없이 잘못 받아들여진 심리학 같은 것이다.[55]

내 경험상, 사람들은 무언가 새로운 것을 보면 그것을 시도하고 싶어 한다. 만약 시도를 거부당할 경우 그들은 자주 적절한 이유를 들어 반발한다. 물론 새로운 것을 시도하려는 생각도 없이 항상 불평만 하는 사람들도 있다. 컨설턴트와 HR 관리자들은 어디에서나 이런 이들을 찾아볼 수 있기 때문에 이를 예외라기보다는 규칙으로 간주해야 한다고 주장해왔다. 이것이 바로 모든 변화의 70%는 반드시 실패하기 마련이라는 근거 없는 설이 난무하는 이유다. 때때로 사람들은 너무나 보수적이어서, 이 세상의 모든 새로운 것은 힘든 오르막길이라 생각하기도 한다.[56]

따라서 직원들도 나와 같이 변화의 필요성을 느끼는지, 특히 솔루션에 관해서도 같은 생각을 하고 있는지 알아보아야 한다. 변화가 필요하다고 먼저 결정한 후 직원들에게 필요한 작업을 맡길 경우, 직원들이 경영진에게 립 서비스만 늘어놓는 상향식의 가짜 프로세스가 되어버린다.

애자일을 갖추기 위해 새로운 변화에 직면한 직원들이 얼마나 피곤해 보이는지 살펴보라. 그들은 성과 평가판, 변화 준비 상태 측정, 3개월 후의 결과 측정 및 새로운 루틴을 위해 매일 상황이 어떻게 진행되고 있는지 서로 확인해야 한다. 이는 정말로 업무에 전념하고 있던 직원들이 공동 창작을 위한 선의의 시도로 인해 다시 혼란을 겪는다는 것을 의미한다.

즉, 또 다른 복잡한 괴물이 굴러들어와 직원들의 노력에도 불구하고 실질적으로는 변화 프로세스에 매우 불확실한 영향을 미치는 것처럼 보인다면, 당장 원래의 업무로 돌아가야 한다.

⑥ 컨설턴트가 당신에게 무엇을 약속할 수 있으며, 또 그 가치를 안다면, 효과에 비용을 지불하지 않을 이유는 무엇인가?

우리가 가짜 노동을 많이 하는 이유 중 하나는, 기업이 직원들이 창출한 가치에 비용을 지불하지 않고 그 일을 하는 데 투자한 시간에 비용을 지불하기 때문이다. 그 때문에 인센티브 구조가 형성되었고, 결과적으로 사람들은 장시간 일하기를 원하며, 더 긴 시간을 채울 수 있음을 보여주고자 한다. 뿐만 아니라 자신이 일하는 시간을 과장해 보고하기도 한다. 근무시간을 과장하는 데 가장 악영향을 미치는 사람은 바로 컨설턴트들이다.[57]

내가 컨설턴트로 일할 때, 한 고객이 회사의 가치를 창출하고 그에 관한 보고서를 작성하는 데 얼마나 많은 시간이 걸리는지 계산해달라고 요청했다. 나를 비롯한 많은 컨설턴트들은 먼저 고객이 지불할 수 있으리라 예상되는 금액을 산출한 후, 거기서부터 금액을 거꾸로 계산하고 이를 시간당으로 나누곤 했다. 그 결과, 우리는 고객이 의뢰한 일을 하는 데 30시간이 걸렸다고 말했는데, 이는 허공에서 뽑아낸 숫자에 불과했다.

따지고 보면, 제한된 시간 내에 훨씬 더 건전하고 정직하며 효과적으로 일할 수 있는 방법도 있다. 컨설턴트가 변화는 필요한가, 변화를 위해 필요한 것은 무엇인가, 그것의 가치는 어느 정도인가 등에 대한 대답을 전해주면, 기업은 거기에 합당한 비용을 지불하면 된다. 이때, 고객은 기업이나 조직 내에서 실현하고자 하는 특정한 목표와 이에 대한 구체적인 효과를 원한다는 점을 컨설턴트에게 확실히 밝혀야 한다. 컨설턴트는 의뢰받은 일을 해낼 수 있다고 확신하면 그때 돈을 받으면 된다.

새 차고를 짓기 위해 목수를 고용했는데 그 목수가 차고를 완성할 수 있다는 보장도 없고, 차고가 완성되었다 하더라도 너무 허술하게 지어서 큰 비에 금방 무너져버렸다고 치자. 그런데도 목수는 차고를 짓는 데 100시간이 걸렸다고 말한다면, 당신은 그가 요구하는 비용을 지불하겠는가? 사람들은 보통 건물을 짓는 데 고정된 비용을 지불하고 싶어 하며, 완성된 건물을 살펴보고 어느 정도 기대에 부응하는 경우에만 그 대가를 지불하기를 원한다. 나는 이것이 대부분의 사람들이 지불을 생각하는 방식이라고 본다. 따라서 컨설팅 서비스와 관련하여 많은 이가 이러한 일반적인 방식과는 완전히 다른 방식으로 비용을 지불한다는 사실이 놀라울 뿐이다.

새로운 프로젝트와 원대한 목표가 결국 돈과 시간만 낭비하는 결과로 이어지는 것을 피하기 위해서는 비용이 얼마인지, 또 의뢰한 일이 실제로 우리에게 어떤 가치가 있는지 어느 정도 알고 있어야 한다. 위험은 일을 수행하는 그들이 감수해야 하는 것이지, 일을 의뢰하는 당신의 몫이 아니기 때문이다.

컨설턴트로서 우리는 그 누구도 우리가 진행했던 그럴듯한 프로젝트와 워크숍에 관해 평가하지 않기를 바랐다. 고객이 바라는 실질적인 변화를 창출해낼 수 있을지 스스로 확신하지 못했기 때문이다. 그리고 우리에게 일을 의뢰했던 고객 대부분도 그것이 실제로 효과가 있으리라고 믿지 않았을 것이다. 아마도 그들은 자신들이 직면한 문제를 해결하기 위해 일단 무엇이든 조치를 취했다는 사실과 더불어 현대사회에서 유행하는 말을 사용해 자신들의 행위를 뒷받침할 수 있어서 기뻐했을 것이다.

내가 강연을 마쳤을 때 내게 다가와 공동 창작 프로젝트에 1년이라는 시간을 낭비했다고 이야기했던 젊은 여성은 그 절망적인 프로젝트가 어떤 연유로 시작되었는지 잘 설명해주었다.

"그건 예산 때문이었어요." 그녀는 회사 내의 누군가가 그 내용이 무엇이 되든 그럴듯한 프로젝트를 진행하면 좋겠다고 결정했으며, 심지어 이를 위한 예산까지 짜놓았다고 덧붙였다. 불행하게도, 공동 창작이 무엇인지 이해하고 구체적인 목표를 설정하며 이를 숙지하고 후속 조치를 할 수 있는 사람은 하나도 없었다. 그 결과, 1년 내내 가짜 노동이 지속되었다. 그녀는 자기 업무의 가치가 그 대가로 받는 돈에 비해 하잘것없다는 사실을 깨닫고 고통스러워했다. 그러나 그녀는 그 과정에서 자기 자신은 물론, 자신이 속한 조직에도 솔직하지 못했다.

이처럼 우리는 우리가 고용한 정규직 직원과 컨설턴트가 항상 우리에게 정직한지 알 수 없다. 따라서 우리는 기대하는 바를 훨씬 더 구체적으로 설명할 수 있어야 하고, 모든 중요한 질문을 던져야 하며, 더불어 그 누구에게도 업무 시간을 기준으로 비용을 지불하지 않는 것이 좋다.

⑦ 동일한 결과를 얻기 위한 또 다른 관리 경로가 존재하는가?

우리가 자문해봐야 할 마지막 질문은, 원하는 목표를 이루기 위해 대개 긴 시간을 필요로 하는 프로세스 외에 우리가 사용할 수 있는 다른 구체적인 경영관리 수단이 있느냐는 것이다. 변화를 원한다고 해서, 여기에 그럴듯한 이름을 붙여야 할 필요가 있을까?

내가 이런 질문을 던지는 것은 조직이 새로운 변화의 요구에 늦게 반응하거나 아예 하지 않는 경우가 자주 있기 때문이다. 그 때문에 이 질문에 대한 대답이 꼭 애자일이라 확정할 수는 없다. 덴마크 라디오의 임원 중 한 명이었던 나는 지금은 문을 닫은 라디오 채널인 '라디오24쉬브Radio24Syv'가 새로운 프로그램을 매우 신속하게 개발하고, 풍자 형식의 프로그램을 능숙하게 이끌어갔다는 사실을 부러워하곤 했다.

　반면 내가 속해 있던 덴마크 라디오에서는 아이디어를 실행으로 옮기는 데 신속하지 못했고 특히, 풍자 형식의 프로그램은 기반을 잃어버렸다. 나는 이사회에서 이를 두고 '애자일 부족'이라는 말을 언급했다. 그러나 편집자이자 진행자였던 아스게르 율은 채널 폐쇄를 앞두고 『폴리티켄』과의 인터뷰에서 다음과 같이 말했다. 라디오24쉬브가 진취적이고 유연한 형태의 라디오 프로그램을 제작하고 성공을 거두었던 이유를 관리적 측면에서 찾아보아야 한다는 것이었다.

　"우리는 우리만의 이야기를 만들었고, 권력을 가진 자들에게 비판적 질문을 던지는 데 주저하지 않았으며, 청취자의 말을 매우 진지하게 받아들임과 동시에 우리를 존중했습니다. 가끔 기회다 싶으면 무모하다 싶은 일에도 몸을 던졌고 이 모든 일을 매우 즐겁게 했습니다. 그러나 기분은 좋았지만 그 속에서 헤엄치는 것은 쉽지 않았습니다. 여기에는 채널 관리자였던 매즈 브루거와 미카엘 베르텔슨의 관리 접근방식이 결정적이었습니다.

　나는, 가끔은 장난을 칠 여지도 있어야 한다고 말하고 싶습니다. 대부분의 관리자들이 이와 비슷한 말을 하지만 그 말을 실천하는 사람은 거의 없다고 생각합니다. 일이 잘못되면 임원들은 다시는 그런 일이 일어나지 않도록 그 즉시 무언가를 바꾸어버립니다. 이러한 임원들의 태도는 자연히 직원들에게도 전염됩니다. 그래서 직원들은 상사의 말이 떨어지기가 무섭게, 스스로를 보호하기 위한 구명대와 보호대를 구입하려 서둘러 문을 나섭니다. 바로 이것이 라디오24쉬브와 우리의 다른 점입니다. 만약 그들이 우리 라디오 채널에서 일했다면 그들의 작업은 실수와 실패로 간주되었을 것입니다. 라디오24쉬브의 저널리스트들은 흔히 말하는 자유로운 건배사를 외치고 그에 따라 행동할 수 있는 자유로운 분위기에서 일했습니다."[58]

대담하고 민첩한 토크쇼 프로그램을 만든 라디오24쉬브의 성공 비결은 바로 그 회사의 관리자들이 헛소리에 만족하지 않았기 때문이다. 그들은 '조금 실수를 해도 괜찮아요'라는 말을 따라만 하지 않고, 현실적으로 실행했다. 직원들은 기회를 잡았고, 〈짧은 라디오 신문〉이라는 프로그램은 수년 동안 가장 성공적인 풍자 프로그램으로 이름을 날렸다. 그 프로그램은 항상 위험할 정도로 사안의 한계점을 건드렸고 스스로를 우스꽝스럽게 표현했기 때문에 초기에는 그다지 큰 성공을 거두지 못했다. 하지만 그 회사의 관리자들은 이 프로그램의 잠재력과 가능성을 보았고, 언젠가는 청취자들도 이를 발견할 수 있으리라 믿었다. 그리고 그것은 사실이 되었다.

덴마크 라디오에서였다면, 짧은 시간에 성과를 내지 못한 프로그램은 바로 일정에서 삭제되었을 것이다. 더불어 프로그램에 구설이 따르면 그 원인을 확인하고 입증하기 위한 '프로세스'를 고안하기 위해 소위 외부 전문가들을 추가적으로 영입했을 것이다. 이러한 과정은 의심의 여지없이 청취자들이 좋아했던 프로그램의 자발성과 동시성을 앗아간다.

새로운 아이디어에 반대한다고 해서 잘못되지는 않는다

이것들은 새로운 아이디어를 고안해내는 당신과, 또는 새로운 아이디어와 관련해 당신을 도와줄 수 있는 이들에게 실질적으로 던질 수 있는 일곱 가지 질문이다. 당신이 조직의 리더라면 분명히 다소 회의적일 수도 있고, 당연히 당신의 회의적인 태도를 직원에게도 보여줘야 한다. 다시 말하자면, 새로운 아이디어에 회의적인 태도를 가지는 것은 기본적으로 아무 문제도 되지 않는다. 오히려 회의적인 생각을 바탕으로 충분한 조사 및 연구를 시작한다면 건강하고 긍정적이라 할 수 있다.

① 혹시 당신에게 문제가 있는 것은 아닌가.
② 당신에게 문제가 있다고 말하는 사람은 누구인가.
③ 그들이 굳이 당신에게서 문제를 찾으려는 이유가 있는가.
④ 그들이 당신에게 문제가 있다는 사실을 설득력 있게 문서화할 수 있는가.

직원들에게 변화는 공짜로 다가오지 않는다. 변화는 직원들에게 스트레스와 불확실성을 유발시키며, 이는 누구도 원하지 않는 일이다. 변화에는 이유가 있어야 한다. 단지 시대의 흐름을 따른다고 해서 탈바꿈이라 할 수도 없으며, 반드시 이를 목표로 삼아야 할 이유도 없다는 점을 기억하라.

문제는 조직이 새로움을 위한 탄성력을 관리하지 않을 때 발생한다. 한때 초등학교를 비롯한 우리의 공교육기관은 전산화 작업을 옹호하는 컨설턴트들로 가득했다. 그 결과 교실은 크롬북, 아이패드 등의 전자 장비를 완벽히 갖추었다. 하지만 그것이 실질적으로 좋은 생각인지 묻는 사람은 거의 없었다. 모두가 이것이 변화와 발전에 따르는 당연한 현상이라고 주장했기에, 반발은 생각조차 할 수 없었다.

오늘날 그 결과는 너무나 명백하다. 광범위한 디지털화는 학생들의 학습을 향상시키는 데 전혀 도움이 되지 않았다. 왕립 얼스터 경찰대학교의 예스퍼 발스레브는 그의 박사학위 논문에서 칠판과 분필을 태블릿과 스마트 보드로 대체한 것이 교육학적 지식과 과학을 바탕으로 이루어진 일이 아니라고 했다. 발스레브는 매번 누군가가 이 새로운 '학습 테크놀로지'에 대해 의문을 제기할 때마다 근거 없는 '잠재성'만이 그 대답이 되었다고 꼬집었다.[59] 이 새로운 계획을 실행하기 수많은 돈과 인력이 낭비되었던 것은 물론이다.

국제적 연구 조사에서도 마찬가지다. 실제로 덴마크를 비롯한 세계 각국 학생들의 문해력은 디지털화 학습 환경을 도입한 후 오히려 저하되었는데, 핀란드 학자 아이노 사리넨은 여기에 명백한 연관성이 있다고 주장했다.

"교육 현장에서 사용되는 디지털 보조 장치가 많을수록 학습 결과는 더 나빠집니다. 이러한 결과는 국제 학생 평가 프로그램인 피사Pisa 측정 결과에서도 찾아볼 수 있습니다."[60]

물론 이전에도 문해력과 관련한 문제가 없었던 것은 아니지만, 디지털 학습 보조 장치가 그러한 문제를 해결해주리라는 생각은 근거 없는 상상에 불과하다는 것이 드러났다.

디지털화의 장점과 단점에 관해서는 뒤에서 다시 언급하겠다. 또한 단지 시대적 유행어 중 일부가 이미 하고 있던 유익한 일과 관련이 있다는 생각 때문에, 하던 일을 제쳐두고 새롭지만 무익한 또 다른 프로젝트를 만들기 위해 시간을 허비하는 문화 즉, 소위 말하는 '프로젝트 문화'를 특별히 다루는 장도 마련할 생각이다.

그러나 이 모든 것은 우리가 실제로 의미하는 바를 서로 정직하게 말할 능력을 상실했다는 점에서 파생되었다. 대신, 우리는 어떤 일이 일어나고 있는지 이해하기 쉽지 않은 공허한 언어로 현실을 매끄럽게 재구성하고 효과적으로 위장하는 언어를 사용한다.

바쁘지 말 것,
바쁘다고 말하지도 말 것

6장

나는 2020년 3월, 코로나19 팬데믹으로 덴마크가 봉쇄되었을 때
이 장을 쓰기 시작했다. 네 명의 자녀를 돌봐야 했다는 점만 제외
하면, 이 기간은 큰 방해를 받지 않고 작업을 할 수 있는 매우 특
별한 기회였다. 강의와 회의는 취소되거나 연기되었다. 물론 해
당 기업의 입장에서는 그리 반길 일이 아니었지만 나는 오롯이
작업만 할 수 있는 시간이 생겼기에 좋았다. 이런 경험을 했던 사
람은 나뿐만이 아니었다.

　물론 이 기간 동안 예전보다 더 바빠졌던 직업군도 있었
다. 하지만 적어도 내가 만났던 사람들은 조금 덜 중요한 작업도
문제없이 처리할 수 있었다고 말했다. 작업의 우선순위는 중요도
에 따라 엄격하게 설정되었고, 그로 인해 가짜 노동이 들어설 자
리는 없었다. 한 연구에 의하면 이 기간 동안 가짜 노동을 수행했
던 사람들은 50%나 줄어들었다.[61]

같은 상황에 처했던 또 다른 사람들은 그간 자신들이 했던 일이 얼마나 불필요하고 무의미했는지 깨닫게 되었다. 이전에 자신의 일이 '무의미하다'고 표현했던 한 컨설턴트는 내게 다음과 같은 편지를 보냈다.

"우리를 필요로 하는 사람들은 아무도 없었습니다. 정말 아무도 없었어요. 우리가 했던 일들은 너무나 불필요하고 있으나 마나 했기 때문에 그들이 우선순위에서 우리를 제거하는 데에는 단 하루도 걸리지 않았습니다."

더불어 이 기간에 많은 사람이 재택근무를 하면 일에 더 집중할 수 있다는 것을 경험했다. 이는 재택근무를 하는 사람들이 일을 더 효율적으로 할 수 있다는 연구 결과와 일치한다.[62]

팬데믹 상황이 우리가 실제로 하고 있는 일을 돌아보고 평가할 수 있는 좋은 기회가 되었다는 것은 어떻게 보면 부끄러운 일이다. 그럼에도 불구하고 이로 인해 우리가 직업과 노동에 관한 성찰을 시작하기 했다는 점은 긍정적으로 받아들여야 할 것이다.

바쁘다고 말하는 것을 중단하라

봉쇄로 발생한 특별한 상황 이전에, 대부분의 사람은 주변 이들에게 자신이 얼마나 바쁜지 지속적으로 확인시켜주어야만 했다. 봉쇄가 해제되자 사람들은 이전의 상황으로 되돌아왔다. 나는 그들이 바쁘다는 것을 의심하지 않는다. 문제는 때때로 우리가 바쁘게 해나가는 일이 실제로는 전혀 중요하지 않다는 것이다.

대부분의 조사와 연구에서는 우리가 참석하는 회의를 상당한 시간 낭비로 간주한다. 우리는 커다란 사무실에서 일하기 때문에 끊임없이 다른 일에 방해받는다. 실제 업무 범위에서 벗어나는 프로젝트와 갖가지 계획들 그리고 고착화된 아이디어들이 방해 요인으로 등장한다.

널찍한 개방형 사무실은 수십 년 전에 전 세계적으로 유행했던 경영 열풍의 산물이다. 당시 모두가 공동 창조와 시너지에 관해 이야기했고, 사람들은 그 때문에 같은 사무실에 앉아 일하기 시작했다.[63] 이러한 업무 형태를 옹호하는 사람들은 그 효과를 입증할 수 없음에도 불구하고 여전히 이를 유지하려 한다. 캘리포니아대학교의 연구에 따르면 지적 업무를 수행하는 사람들은 이런 업무 환경에서 평균적으로 매 3분마다 방해를 받으며, 방해로 인해 중단되었던 본래 업무로 복귀하는 데에는 최대 20분이 걸릴 수 있다고 한다.[64]

나와 대화를 나누었던 대부분은 단지 새로운 업무를 맡는 것을 피하기 위해 바쁘다고 말한다고 했다. 이를 바탕으로 사람들이 공유된 업무 과부하에 대해 이야기하며 서로를 안심시키는 조직문화가 만들어졌다.

문제는 진짜로 일하기 위해서는 몰입이 필요하다는 것이다. 그리고 사람들은 일에 몰입할 때 절대 서두르지 않는다. 단지 자신의 일에 집중할 뿐이다. 그 때문에, 주 4일 근무를 하는 기업은 실제 근무시간은 줄어들지만 생산성은 훨씬 높아진다는 기분 좋은 결과를 얻을 수 있었다. 이들 기업은 일반적으로 일정 기간 동안 방해받지 않고 일할 수 있는 직원의 권리를 도입했는데, 이는 재택근무를 하는 사람에게도 해당된다.

무언가를 개발하기 위해서는 생각할 시간이 필요한데, 당신은 바쁘기 때문에 그 개발 업무를 맡을 수 없다. 당신이 항상 바쁘다면 생각할 시간은 당연히 없을 것이다. 그리고 당신은 계속 구체적인 업무 때문에 바쁜 척을 해야 한다. 이러한 업무들 중 대다수는 당신을 바쁘게 보이도록 만들어주는 목적 외에는 아무것도 아닌 가짜 노동일 확률이 크다.

이는 사람들이 자신의 업무와 업무 시간을 속인다는 것이 아니다. 업무가 가지고 있는 가치를 생각하지 않고 단지 시간을 채우기 위해 그 업무를 하고 있다는 말이다. 우리에겐 창밖을 내다보며 멍하니 생각에 잠기는 일이 허용되지 않는다. 왜냐하면 누가 무엇을 하고 있냐는 질문을 던질 때, 우리는 무엇이 되었든 구체적인 것을 보여줘야 하기 때문이다.

이쯤에서 라세의 예를 들어보자. 그는 변호사이고 수년 동안 많은 공공기관에서 일을 해왔다. 꽤 긴 기간 동안 할 일이 없는 경우도 있었지만, 이를 스스로 보충할 수 있었다. 나는 라세와 함께 사무실에서 커피를 마시며 대화를 나누었다.

"아무도 제게 실질적인 일을 맡기지 않았기 때문에 저는 일을 스스로 고안했어요. 우리 조직이 지금도 계속 성장을 거듭하고 있는 것은 바로 그 때문이죠. 저는 새로운 사무실을 얻어 '포트폴리오 관리'를 하기로 마음먹었어요. 이것은 제가 엑셀 문서에 등록한 업무를 더욱 효과적으로 관리하는 데 도움을 주고, 더

불어 시너지 효과도 얻을 수 있어요. 업무의 개요를 한눈에 보는
데도 매우 유용하고요."

라세는 내게 미소를 지으며 커피를 한 모금 마신 후 이야
기를 계속했다.

"저는 당시 파트타임으로 하던 다른 프로젝트와 이 포트
폴리오 관리를 동시에 수행했어요. 그 프로젝트에만 1년이 소요
된다고 주장할 수도 있었죠. 프로젝트 설명서를 작성하고 1년 동
안 질질 끌 수도 있었지만, 그렇게 한다면 지루해서 죽을 것 같았
어요. 그래서 포트폴리오 관리도 시작한 거예요."

라세는 어떻게 업무 내용을 부풀리고 시간을 채울 수 있
는지를 파킨슨의 법칙에 의거하여 매우 정확하게 묘사했다. 그
예로 (가짜 노동을 하는 이들에겐 잘 알려져 있는) 마케팅 이사 스티브
매케빗은 자신의 회사에서 생산한 제품이 성탄절 전후로 가장 많
이 팔리기 때문에 항상 다음 해의 1분기 실적이 저조하다는 점에
착안해 '의미 없는 소프트 프로젝트'를 고안했다. 모두들 바쁘게
보이는 데만 신경을 썼기 때문에 스티브는 직원들을 위해 가망
없는 프로젝트를 고안해내는 것이 리더의 의무라고 여겼다.

현대 조직의 일원인 우리들은 일정 기간 특별히 할 일이
없을 때도 일이 있다는 고통을 겪는다. 스웨덴의 노동시장 연구
원인 롤랜드 폴센은 이를 직원과 경영인 사이에 존재하는 일종의
상호 당혹감이라고 묘사했다. 왜냐하면, 일을 완수하고 나면 일
찍 퇴근을 하거나, 또는 자신의 일과 관련된 일과 흥미로운 일에
몰입하거나, 또는 멍하니 창밖을 내다보는 따위의 일을 할 수 있

다는 사실에 대해 그 누구도 솔직하게 말하지 못하기 때문이다.[65]

코로나 봉쇄 기간 이후 덴마크에서는 주 4일 근무 체제로 전환한 회사가 여럿 생겨났다. 정해진 시간 내에 충분히 업무를 완수하는 경우가 많다는 것을 발견했기 때문이다. 사실, 나는 직원들이 금요일에는 회사에서 무엇을 하는지 물어보고 싶은 유혹을 느낄 때도 많다.

얼마나 많은 시간을 일하느냐가 아니라, 일하는 시간에 무엇을 하느냐가 중요하다

우리는 1장에서 OECD 국가의 시간과 단위당 근무시간에 근거한 생산성과의 관계를 나타낸 수치를 보았고, 산업화 퇴조에 발맞추어 효율성 또한 함께 감소한다는 것을 확인했다. 기업이 주 4일 근무로 전환하고 더 높은 생산성을 경험하면 이 둘 사이의 틈이 축소되어 나타난다. 만약 당신이 기업의 관리자인데 스스로 생각하는 바와 현실이 완전히 다르다는 것을 계속 무시한다면 당신은 생산성 향상이라는 이점을 놓칠 뿐 아니라, 심지어는 피곤과 스트레스에 시달리는 직원이 될 수도 있다.

문제는 분명하다. 어떤 조직에서든 자신이 맡은 업무를 상사와 함께 비판적으로 살펴보기 전에는 바쁘다고 말하는 것을 금지해야 한다. 직원들이 바쁘지 않을 수 있는 환경을 만드는 야심찬 계획을 세워보는 것도 가능하다. 직원들은 각자 맡은 일을 열심으로 철저하고 심도 있게 수행하지만 아주 특별한 시기를 제외하고는 바쁘지 않으며, 바빠서도 안 된다. 신입 사원을 만나 '우리 회사는 항상 바빠요'라고 말하는 것은 경영 파산 선언이나 마찬가지이며, 그런 회사에서 일하는 직원들은 얼른 그곳을 떠나는 것이 현명하다.

그럼에도 불구하고 여전히 바쁘다고 한다면……

어차피 대부분의 직원은 바쁘다고 말할 것이다. 예를 들어, 간호사, 교사, 소방관과 같은 전형적인 일선 직업에 종사하는 사람들은 바쁘고 때로는 과중한 업무에 부담을 느끼기도 한다. 그러므로 우리는 왜 바쁜지 명확하게 설명할 수 있어야 한다.

그중에 가짜 노동이 있는가?

후술할 3부와 4부에서는 가짜 노동의 특징과 무의미한 프로젝트에 대해 설명할 것이다. 우리는 이를 바탕으로 우리의 업무가 가짜 노동에 해당하는지 조사할 수 있다. 이를 위해서는 직원과 경영인 간의 솔직한 대화가 이루어져야 한다. 솔직한 대화는 경영인이 주도권을 잡고 이곳에서는 기본적으로 일을 서두르지 않는다고 말하는 데서 시작된다. 그럼에도 직원의 책상이 갖가지 업무들로 빈틈이 없다면, 해당 업무들을 철저하게 살펴보고 비판적인 질문을 던질 수 있어야 한다.

업무 과부하에 관한 사항인가?

37시간을 매 일주일, 매달, 매년에 균등하게 분배할 수 있다고 생각하는 것은 착각이다. 모두 이 사실을 잘 알고 있지만, 업무가 날

씨나 바람 (예를 들어 농업 분야) 또는 성탄절 특수 등, 특별한 기간이나 계절에 일의 양이 구체적으로 달라지는 산업 분야에서만 이를 공개적으로 이야기할 뿐이다. 만약 모든 직원들이 매일 동일하게 7.25시간씩 일하고 있다면 이건 말도 안 된다(당연히 업무 시간 등록 제도를 폐지해야 한다는 것은 차후에 다시 설명하도록 하겠다).

자신이 하는 일에 정직해지기 위해서는, 어떤 기간에는 업무 시간이 늘어나고, 다른 기간에는 업무 시간이 줄어들기도 하며, 때로는 완전히 할 일이 없을 때도 있다는 사실을 받아들여야 한다. 이는 코로나 봉쇄 기간 동안 일부가 일했던 방식이다. 이 기간 동안 여러 이들은 누구도 자신에게 업무를 요청하지 않는 경험을 했다. 일반적으로 그 일을 요청했던 사람들이 강제 휴가 중이었기 때문이다. 그들이 직장으로 돌아오자 모든 것이 잊혔고, 다른 더 중요한 실질적 업무를 맡게 되었다.

그래서 당신이 업무 때문에 바쁘다고 말할 때는 상사와 함께 그것이 지속적인 상태인지, 아니면 특별한 상황 때문인지 살펴봐야 한다. 그 이유가 전자일 경우에는 해당 업무가 가짜 노동인지를 비판적인 시각으로 검토하거나 다른 직원과 함께 작업을 간단하게 분할하는 것도 좋다.

바쁜 업무 문화를 극복하는 또 다른 방법

때로는 사람들이 하는 일을 더 투명하게 본다는 취지에서 그들의 일을 더 정직한 방식으로 해석해보고 싶은 유혹이 생긴다. 특히, 만연한 백스테이지 업무에서, 수많은 사람들이 자판기를 두드리거나 전화기에 대고 말하는 사무실 풍경 속에서는 누가 무슨 일을 하는지 또는 누가 무슨 일을 하지 않는지 살펴보는 것이 쉽지 않다. 나는 직원들이 무엇을 하고 있는지 모니터링하는 갖가지 지표와 시스템, 상황 보고 회의나 성과를 표시하는 색상 코드 등을 도입하는 것에 회의적이다.

정해진 시간에 업무를 완수해야 한다는 부담감에서 벗어나기 위해서는 동료를 신뢰하고 해당 업무를 수행하는 데 얼마나 시간이 걸릴지 등에 관해 솔직한 대화를 나누는 것이 좋다. 이것은 조직 내의 행동 변화를 통해 구체적으로 이루어낼 수 있다.

개개인이 방해받지 않는 시간을 도입하라

코로나 봉쇄 기간 동안 많은 이들이 보다 효율적인 업무 경험을 하게 되었던 주된 이유 중 하나는, 업무에 방해를 받지 않았기 때문이다.[66] 그러나 이를 제외한다면 우리는 팬데믹 때문에 여전히 많은 대가를 치르고 있다. 중요한 것은 강제 재택근무를 하지 않더라도 직원들이 하루 중 제한된 시간 동안 방해받지 않고 업무를 진행할 수 있어야 한다는 점이다. 방해받지 않고 싶다는 작은 알림판이나 전구를 사용하여 달성할 수도 있겠다. 또는 25분간 집중적으로 일한 다음 약 3~5분간 긴장을 풀고 다시 집중적으로 일하는 포모도로 기법Pomodoro Technique을 사용할 수도 있다.

여기서도 관리자의 주도적 역할은 매우 중요하다. 많은 관리자는 자신이 바쁘게 돌아가는 조직을 이끌어야 한다고 생각하는 경향이 있으나 이는 완전히 어리석고 비생산적인 발상이다.

또한 관리자는 이메일을 읽는 것으로 회의 시간을 소비해서는 안된다. 그들은 사안을 깊이 생각하고 올바른 결정을 내릴 수 있기에 진정으로 타인을 이끌 수 있다. 하지만 그들이 일주일 중 평균 17시간을 회의와 이메일에 소비한다면 과연 생각할 시간을 얼마나 얻을 수 있을까?[67]

빌 게이츠는 전 세계에서 가장 부자 중 한 명인 워런 버핏의 수첩이 백지인 것을 보고 매우 놀랐다. 전형적으로 분주한 사업가이자 경영인인 빌 게이츠는 일주일에 단 한 번의 자유 시간도 허락할 수 없다고 생각해왔다. 하지만 그는 워런 버핏의 접근 방식에 깊은 영감을 받았으며, 방해받지 않고 업무를 할 수 있는 이른바 '생각하는 주Think Weeks'를 도입하기도 했다.[68] 현대 조직에서 '업무'를 찾기란 쉽다. 반면 시간을 내기는 무척 어렵다.

집단적으로 방해받지 않는 시간을 도입하라

전체 조직이나 또는 소규모 그룹에 서로 다른 기간의 같은 시간대에 방해받지 않는 시간을 도입할 수도 있다. 예를 들어, 보스턴 컨설팅 그룹Boston Consulting Group은 직원들을 대상으로 매주 24시간 동안 오프라인 상태를 유지하는 실험을 진행했다. 이 기간에는 서로 이메일을 주고받거나 전화하는 일이 금지되었다. 이 실험을 바탕으로 더 큰 연구 프로젝트가 진행되었다. 그 결과 직원들은 제한된 오프라인 상태를 통해 궁극적으로 더 나은 내부 의사소통이 가능하며, 더 높은 업무 만족도를 누리고, 새로운 것을 배울 수 있는 더 나은 기회를 얻으며, 결과적으로 고객을 위한 더

나은 제품을 생산할 수 있었다.[69]

덴마크 조직의 관리자들은 코로나 봉쇄 기간 이후 재택근무에 더 많은 관심을 가지게 되었다. 봉쇄 기간 전에는 59%의 관리자들이 재택근무로 인한 생산성 저하를 걱정했지만, 봉쇄 기간 이후 몇 달이 지나자 관리자들의 25%만이 생산성 저하를 우려하게 되었다. 이들 중 13%는 실제로 업무 개선을 경험했고, 이로 인해 다른 관리자들도 재택근무를 늘리는 방안을 생각하게 되었다.[70]

즉, 기업의 관리자들은 코로나 위기 전에는 재택근무를 직원 혜택으로 간주했으나, 위기 후에는 생산성에 이점이 되는 제도라고 여기게 되었다. 사회가 코로나 위기를 극복하고 어느 정도원 상태로 되돌아갔을 때, 강제 재택근무를 설레는 마음으로 받아들이는 사람들도 줄어들었지만, 여전히 재택근무가 업무 방법의 하나이자 자발적 형태로 잘 작동한다는 사실에는 변함이 없다.

다음 사항은 대부분의 조직들이 쉽게 구현할 수 있는 내용이다.

— 재택근무가 가능한 사람들은 일주일에 한 번 (또는 두세 번) 집에서 일하도록 권장한다. 물론 재택근무가 적합하지 않은 사람도 있기 때문에 이를 강제로 요구해서는 안 된다. 하지만 재택근무를 업무 옵션으로 사용하는 것은 좋다.
— 회의가 없는 날을 도입한다. 하루의 절반만 회의 시간에 소비하거나, 오전 9시부터 12시 사이에는 화상회의를 진행하

지 않는 것도 좋다.

- 모든 직원들이 사용할 수 있는 방해받지 않는 장소가 있어
야 한다.

- 핸드폰을 비행 모드로 전환하거나, 컴퓨터의 와이파이 기
능을 꺼놓거나, 내부 메시지 전달이 금지되는 오프라인 기
간을 도입한다.

어떤 이들은 재택근무를 할 경우 필요한 동료들이 곁에 있어줄 수 없다고 생각하기 때문에 이를 반대한다. 이처럼 반발하는 직원에게는 전화가 있다고 대답하면 된다. 전화가 동료에게 방해가 된다고 지적할 경우에는 자동 응답기와 수신 거부 옵션이 있다고 말하면 될 것이다.

여기서 가장 중요한 것은 관리자 스스로가 롤 모델이 되어, 일을 마친 후에는 집에 가서 휴식을 취해야 한다는 것이다. 나는 이 책에서 여러 번 반복한다. 가짜 노동은 경영진이 주도해야 폐지될 수 있다. 아무런 의미도 없이 바쁘기만 한 조직문화도 마찬가지다. 그 때문에 관리자들은 일을 마친 후 집에 가서 쉬어도 되는지 자문해봐야 한다. 어느 관리자가 오후 2시에 퇴근을 할 경우, '나머지 일은 집에서 할 생각입니다'라는 말 대신, '오늘 해야 할 일은 다 했으니 이제 퇴근하겠습니다'라는 말을 남길 수 있어야 한다.

이는 많은 관리자들에게 상당히 어려운 과제다. 나는 실제로 그 일을 실행한 몇몇 사람들과 대화를 나누어보았는데, 그들

은 자신이 그렇게 말하고 퇴근을 할 경우 남은 대부분의 직원들이 해방감을 느꼈기 때문에 사무실 분위기가 밝아졌다고 했다.

존재하지 않아야 할 업무의 존재 가능성

이 장의 첫 부분에서 언급했던 직업 컨설턴트는 또 다른 종류의 안타까운 상황에 처해 있었다. 그녀는 코로나 위기를 거치면서 자신의 직업이 그다지 필요하지 않다는 것을 깨달았다. 아마 그녀의 상사도 같은 깨달음을 얻었을 것이다. 그녀는 코로나 봉쇄 기간 동안 해야 할 업무가 없어졌기에 자원봉사 네트워크를 통해 다양하고 흥미로운 일에 헌신했다. 의심할 여지없이 이는 그녀가 오랜 기간 동안 유급 업무를 통해 창출한 것보다 훨씬 더 많은 가치를 창출했다. 그러나 봉쇄 기간이 끝나고 다시 원래의 직장으로 돌아가자, 고용 센터에 보류되어 있던 50만 건의 인터뷰를 진행해야만 했는데, 이는 업무 지시자인 지방자치단체 협회조차 할 필요가 없다고 생각했던 일이었다.[71]

가짜 노동이 대두되며 많은 이들이 직업 컨설턴트와 비슷한 경험을 했다는 이야기를 들으면서, 나는 아무런 가치도 창출하지 못하는 직업에 묶여 있다는 것이 얼마나 불행한 일인지 곱씹게 되었다. 이러한 직업에 종사하는 사람들은 업무 시간과 삶과 돈을 낭비할 뿐만 아니라 자신의 직업에 관해 솔직할 수 없기 때문에 자연스럽게 불만을 갖게 된다. 그들은 그다지 중요하지 않은 프로젝트를 끊임없이 언급하고, 실제로는 다섯 배나 적은 시간 내에 완수할 수 있는 일을 하면서도 지속적으로 바쁜 것처럼 행동해야 한다. 그러다 보면, 궁극적으로는 그 분야에서 실질적인 업무를 수행하는 사람들마저도 방해하게 된다.

라세 또한 결국은 자신이 고안했던 포트폴리오 관리와 관련된 업무가 혼란만 야기했다는 것을 인정했다.

"돌이켜보면 제가 그 일을 통해 얼마나 많은 가치를 창출했는지 의심스러워요. 저는 단지 사람이 하는 일에 대한 전반적인 개요를 제공할 수 있는 시스템을 만들었어요. 문제는 대부분의 조직에 이미 그 시스템이 존재하고 있었기 때문에 제가 만든 시스템은 그들에게 또 한 번의 등록을 요구하는 중복 업무가 되었다는 것이었어요. 덕분에 저는 그들이 이전에 제출했던 정보를 다시 요구하는 쓸모없고 귀찮은 동료가 되어버렸어요."

현재 라세는 완전히 다른 일을 하고 있다. 캐비닛 제작자로 일하는 그는 우리가 작별 인사를 나누기 전, 중앙 행정기관이나 대기업에서 특정 기술직으로 전향한 사람이 자신 외에도 있다는 사실을 발견했다고 말했다. 그가 만나는 사람들 중에 비슷한 배경을 가진 이들이 점점 늘어나는 추세라고 덧붙였다.

"우리 업계에서 자영업으로 시작한 사람들을 많이 만납니다. 그들에게 훈련받은 목수냐고 물으면, 그들은 고개를 저으며 '아닙니다, 저는 엔지니어에요'라고 대답해요." 라세는 미소를 지으며 말했다.

"저는 그런 사람들과 늘 마주칩니다. 제 친구인 옌스는 경제학자로써 노르데아 그룹에서 매우 높은 직책을 맡고 있었어요. 하지만 그는 요즘 '목수가 필요한가요?'라는 광고 스티커를 붙인

차를 타고 다니죠. 그도 저처럼 취미로 이 일을 시작했어요. 그는 자녀가 없어서 자기 집 지하실에 목공소를 만드는 데 쉽게 돈을 투자할 수 있었고, 결국 전문 목공소를 운영하게 되었어요. 그리고 직장에 사표를 던진 후 이 일에 전념하게 되었는데, 직장 업무보다 이 일이 훨씬 더 재미있다고 생각했기 때문이에요."

라세의 이야기는, 자신의 업무가 매우 불만족스럽지만 해고당할까 봐 상사에게 자신의 상황을 솔직하게 털어놓지 못하는 사람들에게 희망을 주는 어둠 속의 빛처럼 느껴졌다.

하지만 분명 다른 탈출구도 있을 것이다. 그저 직업을 구할 때 회사가 제공하는 직위와 업무는 물론, 우리가 지원하는 직위와 업무에 관해 자세히 살펴보고 다음과 같이 자문한다면 탈출구를 찾아야 하는 결과를 피할 수도 있을 것이다. 여기에 실질적인 업무가 포함되어 있는가? 아니면, 단지 그렇게 보이기만 하는 걸까? 다음에 이어지는 장은 바로 이에 관한 내용이다.

7장

직업에 대해 정직하게 설명하고, 구인 광고에서 가짜 직종을 가려내라

구인 광고

정치 및 커뮤니케이션 분야 개발 컨설턴트.

우리 도시의 성장과 복지를 창출하기 위해 정치인과 조직을 지원하는 일에 함께하시겠습니까?

정치와 조직 간의 협업이 적성에 맞다고 생각합니까?

정책과 전략을 개발, 실행 및 결과로 전환할 수 있습니까?

주요 정책 및 조직개발 프로젝트를 관리해본 경험이 있습니까?

여러 내부 및 외부 이익단체 및 가까운 비즈니스 파트너와의 협력에 앞장서고 싶습니까?

당신은 글과 말을 이용한 의사소통에 능숙합니까?

당신은 우리 도시의 지속적인 발전을 위해 유연하고 끈기 있고 열정적인 태도를 가지고 있습니까?

우리는 외부인 유입을 통해 도시 인구를 증가시키고, 교육 도시로서의 입지를 강화하며, 시민과의 대화 및 지역 민주주의 발전이라는 시의회의 목표를 지원하기 위해 열정적인 개발 컨설턴트를 찾고 있습니다. 귀하의 임무 중 하나는 중앙 교육기관과 지방자치단체 간의 긍정적이고 발전적인 협력을 지속시키는 것입니다.

이 광고가 그럴듯한가? 당신이 지원할 자격이 있는 직업처럼 들리는가? 당신은 잡인덱스^{Jobindex} 구인 광고를 보고 이렇게 생각하는가? 이건 내게 적합한 일 같군. 이 일을 해보고 싶어!

그렇다면 당신은 오래전 바로 이 직무에 지원한 이의 말을 들어봐야 할 것이다. 나는 그녀가 사는 오덴세^{Odense}의 한 카페에서 만남을 가졌다. 그녀는 이 일에 관심을 보이는 사람들에게 그 직무의 실제 업무가 무엇인지 쉽게 설명해줄 수 있었다.

"저는 아마도 화요일 12시쯤에 그 주에 해야 할 일을 모두 끝낼 수 있다고 생각했어요. 제가 주중에 하는 일, 즉 실질적으로 해야 하는 일이 무엇인지 파악하고 있다면 그때쯤에는 충분히 일을 끝낼 수 있다는 말이죠."

나는 이것이 누군가에게는 악몽처럼 들릴 수도 있고, 누군가에게는 유망한 제안처럼 들릴 수도 있다고 생각한다. 하지만 리케는 그런 일을 한다는 것이 매우 혼란스러웠다. 게다가 그것이 처음도 아니었다. 리케는 그 뒤에도 몇 가지 가짜 노동이 주가 된 직업을 가졌고, 이제는 그런 일을 하는 데 지쳤다고 고백했다.

그런데 왜 이런 일이 연이어 일어나는가? 재발을 막으려면 무엇을 해야 하는가? 나는 그 대답을 얻기 위해 리케와 만나보기로 했다. 그녀가 했던 가짜 노동의 특성을 더 잘 알아보고 싶기도 했고, 리케의 예를 통해 다른 이들에게 경고를 할 수도 있다는 생각 때문이었다. 매우 그럴듯하고 훌륭한 말 뒤에 공허한 세계가 숨겨져 있다는 사실을 빨리 깨닫지 못하는 이들에게 말이다.

리케의 교육 배경부터 시작해보자. 가짜 노동을 하기 위한 교육과정도 존재하는가? 리케는 그런 교육과정이 없다고 단정 지을 수는 없다고 했다.

"저는 덴마크어와 그 상부 과정 중의 하나인 기업 커뮤니케이션 부문에서 석사학위를 취득했어요. 저의 가장 큰 실수는 복수전공으로 완전히 다른 과목을 선택하지 않고 덴마크어의 상부 과정을 선택했다는 것이에요. 만약, 다른 별개의 과목을 복수전공했더라면, 고등학교 교사로 일할 수도 있었을 테니까요."

리케는 고등학교 교사가 되지는 못했지만, 그녀가 했던 많은 가짜 노동 중 하나는 바로 전문학교에서 했던 일이다.

"회의 시간에 상사는 저를 소개하며, 이름과 제가 조직적인 일을 한다는 것만을 말했어요. 그 외에는 무엇도 말하지 않았기에 정말 당혹스러웠어요. 그것은 내면에 있던 두려움, 언젠가는 제가 하는 일의 실체가 드러날 것이라는 두려움 때문이었죠. 그런데 제가 실질적으로 무엇을 하는지 물어보는 사람은 아무도 없었어요."

"그 이유가 무엇이라고 생각하나요?"

카페의 스피커에서 들려오는, 재즈 트리오가 연주하는 전형적인 카페 음악을 배경으로 리케는 질문을 곰곰이 되씹었다.

"생각해보니 제 주변에 비판적인 사고방식을 지닌 사람이 없었던 것 같아요. 게다가 제게 그런 질문을 던지면, 자신에게도 같은 질문이 되돌아올까 봐 두려워했던 것이 틀림없어요. 사실 회사에서 1~2명의 신입 사원을 고용할 때 그에 대해 꼬치꼬치 캐묻는 사람은 없잖아요. 왜냐하면 비판적인 태도를 견지한다 하더라도 일반적으로 거기에서 무언가를 얻어낼 수 없으니까요."

그것은 내가 만나보았던 다른 사람들에게서도 발견해왔던 문제였다. 비판이 매우 쉽게 자신 쪽으로 향할 수 있기 때문에, 암묵적으로 아무도 가짜 노동에 관해서 묻지 않는다는 것이다.

리케의 소위 '조직 업무'는 직원들의 직업적 관심과, 약 30~40명에 해당하는 직원들의 업무 관계에 대한 개요를 작성하는 것이었다.

"아무 소용도 없는 일이었어요." 리케가 눈살을 찌푸리며 말을 이었다.

"하지만 사람들은 오히려 좋아했어요. 왜냐하면 그들에겐 간지럽던 등을 누가 긁어주는 것이나 마찬가지였으니까요. 그들은 제가 작성한 개요를 통해 자신에 대한 평가와, 자신이 잘하는 것이 무엇인지 읽을 수 있었지만, 그건 아무짝에도 쓸모가 없었어요."

그리고 리케는 서로 다른 직장에서 이런 일을 연달아 해야만 했다. 네 명의 자녀를 둔 그녀는 육아휴직을 사용하고 나서,

다시 일터로 복귀하지 않았다. 그 일이 전혀 중요하지 않았기 때문이다. 이처럼 1년 반의 정기적인 휴식은 리케가 단 한 번도 자신의 일에 실제로 더 많은 요구를 한 적이 없다는 것을 의미한다.

직업을 구체적으로 설명하면 가짜 노동이 드러난다

리케는 가짜 노동이 정직성의 부재 때문에 일어난다고 말했다. 그녀의 직장에서는 이러한 부정직성의 악순환이 만연했고, 그로 인해 아무도 문제의 원인을 파악할 수 없는 것은 물론, 모두 연극을 하듯 속내를 숨겼다. 업무 내용은 의심스러웠으며, 사람들은 솔직한 자신의 모습을 숨기고 마치 그럴듯하고 중요한 사람인 양 행동했다.

"저는 현재 선택된 소수의 정치인들로 구성된 위원회에서 활동하고 있지만, 실제로는 지방자치단체 내에 공무원으로 구성된 위원회가 있다는 사실을 솔직하게 말하지 않았기 때문에 상사들과 함께 앉아 있을 수가 없어요. 회의에 정치인이 아니라 더 많은 지방의회 공무원들이 참석하게 될 경우 거짓말이 금방 탄로 날 것이기 때문이죠.

제 상사는 위원회에 할 일이 없다는 것을 정직하게 말하지 않았어요. 그는 직원들을 거의 모른다는 것을 솔직하게 말하지 않았고, 저는 그 때문에 직원들의 능력에 대한 개요를 작성해야만 했어요. 이 모든 것의 시작은 바로 정직하지 못한 구인 광고와, 면접에서 서로 정직하지 못한 태도를 보였기 때문이에요."

리케는 여기까지 말한 후, 내가 이 장을 열며 소개했던 구인 광고문을 보여주었다. 그것은 가짜 노동으로 직행하는 첫 번째 거짓말이다. 매우 그럴듯한 말이 나열되어 있지만 실질적인 의미는 담겨 있지 않다.

"면접에서 솔직하게 말했어요. 이전 직장에서 할 일이 너무 없어서 그만두었다고요. 그러자 그들은 웃으며 여기에는 전혀 해당되지 않으니 걱정 말라고 했어요. 할 일이 많을 것이라고 했지만, 거짓말이었어요. 아마 그렇게 말하는 것이 좋아 보였기 때문이었겠죠."

리케는 이곳에서만큼은 모든 일이 분주하게 돌아가기 때문에 아무도 느긋하게 앉아 숨을 돌릴 시간이 없다고 하지만, 실제로는 하는 일 없이 바쁘게만 보이는 회사가 적지 않은 것은 매우 잘 알려진 사실이라고 말했다.

어쩌면 우리는 너무나 바쁘다고 말하면서도 실제로 그것이 얼마나 큰 거짓말인지 생각조차 하지 못할 때가 많다. 어쩌면 우리는 '우리 회사에서는 모두가 바쁘게 일해요. 당연한 일이 아닌가요?' 라는 말을 아무런 생각도 없이 자동적으로 받아들이는 현실에 너무나 익숙해졌는지도 모른다.

"저는 그가 여기서는 행동 계획을 세우지 않고 실제로 행동한다고 말했던 것을 기억해요." 리케는 못마땅한 듯 눈동자를 휘휘 굴리며 말을 이었다.

"하지만 출근을 하고 보니 사무실 공간도 없었고, 컴퓨터도 없었으며, 할 일이 쌓여 있지도 않았어요. 하는 일 없이 첫 달을 허비한 후에야 이번 직장도 지난번 직장과 다르지 않다는 사실을 깨닫게 되었어요. 하지만 이런 문제를 제기하면, 이곳에서 할 일이 없다고 밝히는 것이기 때문에 제 입지가 불안해질 수밖에 없거든요."

리케는 자신의 일과 직장을 보호하는 방법을 배웠다. 바로 일에 관해 솔직하면 안 된다는 것이었다. 이것은 그녀가 스스로는 물론, 다른 사람에게 자신의 업무를 설명하는 필수적인 방식의 일부가 되었다.

"최근 50세 생일 축하 파티장에서 한 웨이터를 향해 제가 무슨 일을 하는지 물어봐달라고 했어요. 배운 대로 제가 하는 일을 설명했고, 웨이터는 매우 흥미로운 일처럼 들린다고 말했어요. 저는 절대 그렇지 않다고 했지만, 가만히 생각하니 웨이터가 그런 말을 하는 것도 일리가 있었죠."

"그때 했던 말을 저에게도 해보세요." 나는 의자에 몸을 기대며 말을 이었다.

"당신이 하는 일을 설명할 때 주로 사용하는 그 단어들을 사용해 마케팅을 해보세요."

그러자 리케의 입에서 전문적인, 그러나 판에 박힌 말들이 술술 흘러나왔다.

"저는 중간 규모 자치단체의 정책 및 커뮤니케이션 부서에서 개발 컨설턴트로 일하고 있으며, 주로 교육위원회와 함께 일을 합니다. 지방자치단체에는 자체의 교육기관을 아우르는 교육 협의회가 있습니다. 저는 지방의회 정책의 일부이자 정치적 수임이기도 한, 더 많은 고등교육기관을 유치하는 일을 하고 있습니다. 뿐만 아니라, 직원들의 다양한 기능과 능력을 조화롭고 효율적으로 이용하여 취약한 청소년들을 위한 새로운 청소년 교육 프로그램을 개발하고 있습니다."

"매우 그럴듯하게 들리는군요! 그런데 실질적으로 하는 일은 없다고요?" 내가 물었다.

"맞아요. 같은 분야에 종사하는 사람들이 많고, 그들은 이미 오랫동안 그 일을 해왔기 때문에 도움을 필요로 하지 않거든요. 저는 더 많은 고등교육기관을 유치해야 하지만, 이 일에 도움을 줄 수 있는 사람들이 주위에 아무도 없어요. 크리스티안보르그의 정치인들이 우리 지역에 와서 강좌를 할 때 제가 할 수 있는 일이 뭘까요? 그것은 환상에 불과해요. 여기서도 우리는 자신이 하는 일에 정직하지 못하다는 것을 볼 수 있어요."

우리는 구인 광고에서 우리가 찾는 직업이 가짜 노동인지 아닌지 어떻게 발견할 수 있는지 곰곰이 생각해보았다. 리케는 "사람들이 구인 광고를 낼 때는 자기들이 알고 있는 그럴듯한 단어를 총동원해요. 왜냐하면 그 회사를 흥미로운 업무를 할 수 있는 장소로 브랜드화해야 하기 때문이죠. 그러고는 일정과 회의를 관리해야 한다는 예를 들기도 해요. 하지만 이런 일은 누구나 해야 하기 때문에 업무의 핵심 항목에 넣을 필요가 없어요. 그럼에도 그들은 이 모든 것을 늘어놓아서 그 자리를 중요하게 보이도록 만들죠"라고 말했다.

가짜 노동이 이미 문서적으로 그 형태를 잡아가고 있다는 사실은 내게 큰 충격을 주었다. 어떤 부서를 그럴듯하게 보이기 위해 그 부서에 직원이 필요하다고 한다는 것은 리케뿐 아니라 내가 만났던 다른 수십 명의 사람들도 언급한 바 있다. 이 공허한 야심은 어느 시점이 되어 구인 광고라는 구체적인 형태로 모습을 갖추고, 진부하고 무의미한 업무는 화려한 말로 치장되어 매우 그럴듯하게 변한다.

문제는 바로 이 말에 사람들이 반응한다는 것이다. 사람들은 지원서를 접수하고, 어느 날 갑자기 매일 오전 9시부터 오후 4시까지 아무런 의미 있는 일도 하지 못한 채 바깥에서 흘러가는 삶만 멍하니 바라보며 은퇴할 때까지 이렇게 살아야 할지도 모른다는 두려움에 몸을 맡기게 된다.

여기서는 그 누구도 이익을 얻을 수 없기 때문에, 나는 구인 광고의 직업을 설명하는 단어들 중 실질적으로 가짜 노동을 가리키는 것은 무엇인지 조사해보기로 마음먹었다. 그러기 위해서는 해당 분야의 전문가가 필요했다.

명백하게 진부한 단어를 찾아라

마흔이 넘은 마틴 엘러만은 사람들을 단조롭고 진부한 업무를 해야 하는 직장으로 보내는 데 인생의 대부분을 보냈다. 그러다 마틴은 구직 회사에서 구인 광고 작성을 하는 전문 카피라이터 일을 그만두고 지금은 다른 일을 한다. 그는 의심스러운 업무 내용을 사람들의 경력에서 가장 중요한 일처럼 보이게 만드는 자신의 일에 회의를 느껴 직장을 그만두었을 뿐 아니라, 그 분야의 허점과 속임수를 모두 밝히는 책을 쓰기도 했다.

그는 저서 『살인적 헛소리Dræbende Floskler』에서 실리아라는 캐릭터를 통해 '구인 광고 작성은 막다른 길, 터무니없는 틈새시장, 아무도 알아보지 못하는 장르'라고 말했다. 마틴과 대화를 나누면서 나는 그가 정립한 몇 가지 공식이 책 실마리를 통해 표현된다는 것을 알아챘다. 마틴 엘러만이 했던 일은 그 자체로는 가짜 노동이 아닐 수도 있었지만 불행히도 그것은 가짜 노동으로 변질되고 말았다.

우리는 마틴이 현재 일하는 곳에 놓인 긴 테이블을 앞에 두고 앉아 함께 커피를 마셨다.

"이곳에 향수 냄새가 진하게 나지 않나요?"

나는 마틴의 질문에 고개를 끄덕였다. 우리가 오기 전에 그 장소를 사용했던 사람은 향수를 아낌없이 뿌렸던 것이 틀림없었다. 문득, 구인 광고를 그럴듯한 말로 치장하는 것 또한 향수를 뿌리는 것과 다르지 않다는 생각이 스쳤다. 실제로는 그다지 볼품없는 그 무언가를 더 나은 것으로 보여주려 과하게 꾸미다 보면, 사람들에게 현기증을 유발시키고 결국에는 환기가 필요하다.

구인 광고의 세계에서 이 향수의 역할을 하는 것을 '고용주 브랜딩'이라고 하며, 마틴은 이것이 점차 자리를 잡았다고 설명했다. 실리아가 책 속에서 한 말을 마틴이 반복했다.

"대부분의 사람들은 구인 광고가 광고 문안이라는 사실을 이해하지 못해요. 모든 카테고리의 광고 목표는 말 그대로 수신자의 지식이나 태도 또는 그들의 행위에 영향을 미치는 것이에요. 광고의 목적은 무언가를 파는 것입니다. 회사는 직원 채용을 추진하기 위해 광고를 해야 하고, 그것이 광고 문안에 스며들어 있어야 해요."[72]

고용주 브랜딩은 이 직장이 세계 최고 중 하나이며, 이 직업이 환상적이라는 것을 구직자들에게 설득하는 것이다. 이 숭고한 의도는 구인 광고를 통해, 직장이 얼마나 흥미로운지, 동료들은 얼마나 좋은지, 얼마나 발전적인 업무를 할 수 있는지를 진부하고 과장된 말로 나타난다.

우리의 일상은 토론과 팀워크로 특징지을 수 있습니다. 우리는 환상적인 업무 방식을 지원하는 커다란 사무실에서 일합니다. 우리는 격의 없이 대화를 나누고, 분주한 일상에서 웃음을 터뜨리고 재미있게 업무를 할 수 있는 공간을 만드는 데 능숙합니다.

마틴 엘러만은 자신의 책의 모든 장을 이런 매혹적인 문장으로 시작한다. 그 누가 이런 장소를 행복한 공간이 아니라고 말할 수 있단 말인가? 하지만 마틴에 의하면 이러한 텍스트 뒤에는 어두운 현실이 자리 잡은 경우가 많다고 한다. 구인 광고문을 작성해달라는 요청을 받고 해당 회사에 방문해보면, 거기에는 잠재적인 지원자들에게 떳떳하게 내보일 수 있는 일자리가 그리 많지 않다는 것을 깨달을 때도 있었다.

"제 임무는 업무 내용을 아름다운 언어로 표현하는 것이었어요. 그 일을 하기 위해서는 해당 업무가 무엇인지 알아야만 했어요. 그러기 위해 채용 담당자나 실제로 직원을 필요로 하는 부서의 관리자와 만나 이야기를 나누었죠.

그러나 제가 이 회사에서의 전형적인 하루와 한 주는 어떻게 흘러가는지 물으면, 그들은 얼른 말을 바꾸더군요. 저는 그들이 지원자들에게 어떤 사항을 요구하는지, 그들이 찾고자 하는 가치는 무엇인지, 회사의 미래 비전은 어떤 것인지 알고 싶었어요. 가끔 실질적으로 설명할 만한 업무가 없을 때는 이것만으로도 구인 광고문을 꽉 채웠죠."

마틴은 '무엇이 부족한지 모르는' 대규모 조직에서 이런 일을 자주 경험했다. 어쩌면 그들은 여기저기 단순한 도움이 필요한 개별 업무에 대해서는 잘 알고 있을지도 모른다. 하지만 대부분 그 누구도 상황을 해결하려고 신경 쓰지 않거나, 중요성을 알 수 없는 업무들이 뒤죽박죽 섞인 '쓰레기통' 내에 함께 자리하고 있는 것을 자주 보았다고 말했다.

또한 그는 뒤죽박죽 섞인 다양한 업무들이 주 37시간을 채우기에 충분한지 실제로 알아내려고 노력하는 사람도 본 적이 없었다. 대부분의 사람들은 함께 앉아 미래에 함께 일할 직원들이 겪을 전형적인 하루를 구체적으로 설명하는 일을 피했다.

경험이 풍부한 전문 카피라이터는 문제의 원인을 다음과 같이 짚는다. 지원자들이 자신을 보는 방식과 구인 광고에 나오는 단어 사이에 연관성이 있는지 확인하려 드는 경우가 너무나 많다는 것이다. 바로 우리는 창의적이며, 도전을 좋아하고, 다른 이들이 문제라고 생각하는 곳에서 기회를 본다는 등의 말들이다.

하지만 이것이 지원자들이 반성해야 할 사항이라고는 할 수 없다. 이는 그저 속이기 위한 값싼 말에 불과하기 때문이다. 우리는 업무의 실질적 내용을 찾아야 한다. 광고 내에서 계속 찾고 있지만 보이지 않는다면, 아마 그 내용이 누락되었기 때문일 것이다. 그렇다면 당신은 시간이 지날수록 가짜 노동과 스스로 만들어낸 업무를 바탕으로 스스로 일자리를 구축해야 할지도 모른다. 조직 내에는 이미 정해진 급여 예산을 유지하거나 확장하기 위해 일하는 사람이 있기 때문이다. 엘러만은 무엇을 찾아야 할지 알면 많은 직위가 가짜 노동에 기반한 것이라는 것을 알 수 있다고 말했다.

"구인 광고에서 채용직에 관한 설명을 전혀 찾아볼 수 없는 경우도 흔해요. 이때 남는 것은 업무에 대한 내용이 아니라 무엇이든 의미할 수 있는 진부한 표현뿐이에요. 우리는 가짜 노동으로 귀결되는 진부한 표현을 단번에 알아볼 수 있어야 합니다."

좋은 구인 광고와 나쁜 구인 광고

: 우리는 잠재적 가짜 노동을 피하기 위해 무엇을 찾아야 하는가?

아래 목록은 구인 광고에서 가짜 노동을 숨기기 위해 흔히 사용하는 문구로써, 마틴 엘러만이 자신의 경험에 근거해 선별했다. 이것은 완전한 목록이 아니며, 가짜 노동을 찾아내는 해답도 될 수 없다. 불행하게도 헛소리 문화가 너무나 만연해 있기에 사람들은 실제로 헛소리가 필요하지 않은데도 헛소리를 한다. 즉, 너무나 많은 사람들이 진부하게 말하는 데 익숙해져서 내용 부족이나 진실을 숨기려는 시도조차 하지 않을 때도 있다. 이를 사회에서 진지하게 받아들여지기 위해 사용해야 하는 일종의 코드 언어라고 생각하기 때문에 어쩔 수 없다고 해도 과언이 아니다.

마틴 엘러만에 따르면 전형적인 구인 광고는 지난 40~50년 동안 크게 변하지 않은 하나의 장르가 되었다. 구인 광고는 직원이 해야 할 업무에 대한 일련의 설명으로 시작된다.

구인 광고의 문구	문구의 실제 의미
당신이 해야 할 일은 다음과 같이……	광고에서 다양한 업무를 나열하는 것은 구체적으로 중요하게 다루어야 할 본질적인 업무가 없다는 것을 암시한다. 따라서 직원이 하게 될 업무는 여러 가지 임시 업무로 구성될 가능성이 크며, 그 일을 하는 데 일주일에 37시간이 충분한지 그 누구도 고려해본 적이 없을지도 모른다.
당신은 다양하고 흥미로운 작업에 기여할 기회를 가질 수 있다.	구인 광고에서 직무 내용에 대해 구체적으로 설명하지 않을 때는 이를 위험 신호로 간주해도 좋다. 특히 회사가 구체적인 업무보다 그들의 가치, 비전, 또는 회사가 직원들에게 무엇을 제공하는지에 관해 이야기하기를 더 원한다면 매우 주의해야 한다. 이는 좋을 수도 있지만, 구인 광고는 항상 직무 내용을 구체적으로 밝혀야 한다. 예를 들면 일반적으로 하루에 어떤 일을 하는지 등이다.

업무의 우선순위는 그날그날의 회사 내 의제에 근거한다.	당신은 작업 가능한 모든 일뿐 아니라 불가능한 작업도 수행해야 할지 모른다. 여기에 더해 당신의 하루는 예측 불가능하고 매우 분주할 것이며, 그렇다고 해서 당신이 하는 업무가 의미나 가치를 창출한다는 것은 아니다.
당신의 주요 업무는 경영진의 업무를 지원하는 것이다.	당신이 분주한 보조 사원의 역할을 맡게 될지, 아니면 경영진이 계획을 세우기를 기다리는 동안 지루하게 기다려야 할지 알 수 없다.
당신은 정규 업무 외에도 사안에 따라 임시적 업무를 수행할 때도 있다.	이 표현을 사용한다면 그 회사가 정규직으로 일하기에 충분한 업무가 있는지 확신할 수 없으며, 조만간 회사가 문을 닫을 가능성이 높다.
당신은 새로운 계획의 개발에 참여한다.	여기서는 말 그대로 당신이 단순히 '새로운 계획의 개발에만 참여한다'는 점에 주목해야 한다. 즉, 당신은 그 일을 책임지고 하는 담당자가 아니라는 말이다. 결과적으로 당신의 업무는 무언가가 시작되기를 기다리는 일이 될 것이다. 만약 광고에 이 새로운 계획이 어떤 것인지 구체적으로 설명되어 있지 않았다면, 실제적 정보는 아무것도 없는 셈이다.
당신은 개발 프로세스를 촉진하는 업무에 참여한다.	부분적으로는 위의 설명과 동일하다. 이때, 해당 작업이 얼마나 터무니없고 이상한지 확인할 수 있어야 한다. 이 문장은 당신이 직원으로서 단순히 정의되지 않은 개발 프로세스의 처리를 지원하는 데 참여한다는 것을 의미한다. 하지만 당장 월요일 아침에 정확히 어떤 업무가 기다리고 있는지는 아무도 모른다.

당신의 업무는 공동 프로젝트를 지원하고 조정하는 것이다.	앞에 살펴본 두 개의 설명과 동일하다.
당신의 업무는 조직의 프로젝트 진행을 보장하는 것이다.	앞 설명과 동일하다. 어떤 프로젝트인지에 대한 조금의 언급도 없다면, 이 일을 맡게 될 경우 구체적으로 하는 일이라곤 전혀 없는 업무에 다시 한번 헌신하게 되는 셈이다.

위에서 살펴본 문구들의 공통점은 언뜻 매우 구체적인 듯하나, 실제로는 공허한 헛소리에 불과하다는 것이다. 이것들은 업무에 관한 실질적 설명이 아니라 고용주와 카피라이터가 수많은 직업들을 묘사할 때 책임 없이 내뱉는 말에 불과하다. 이런 말들은 자주 구인 광고의 첫 부분에서 볼 수 있다. 물론, 광고의 마지막 부분에는 당신에게 요구하는 바가 많이 적혀 있을 것이다.

회사는 이런 식으로 공허하고 진부한 문구를 사용해 무의미한 업무를 그럴듯하게 내보이고, 당신은 채용될 경우 실제로 어떤 일을 맡게 될지 알 수 없다.

다음으로 회사에서는 당신에게 필요한 요구사항을 제시할 것이다. 이것은 당신이 나중에 해당 업무에 실질적 콘텐츠가 부족하다고 이의를 제기할 수 없다는 의미다. 다음은 나중에 당신이 업무가 무의미하다고 불평하는 것을 방지하고 조직의 안정성을 보장하기 위해 회사에서 요구하는 사항의 예이다.

그들이 당신에게 말하는 것	결국 당신이 수행하게 될 업무
당신은 서로 다른 업무를 동시에 수행할 수 있어야 한다.	이것은 구인 광고문에서 최악이자 가장 자주 사용되는 진부한 문구다. 이 말은 두 가지로 해석할 수 있다. 당신이 많은 업무 때문에 분주해질 것이라는 의미와, 명확히 정의된 업무가 없기 때문에 직원 스스로 발생하는 기회를 포착해야 한다는 의미다.
당신은 한계보다는 도전 가능성을 봐야 한다.	이것은 회사가 스스로를 보호하는 방법이다. 당신은 이 회사에 지원함으로써 어떤 면에서 보자면 유연성과 적응력을 약속했고 동시에 회사 내의 상황과 무의미한 업무 또는 상사의 변덕이나 잘못된 결정에 결코 불평하지 않는다고 약속한 것이나 다름없다.
당신은 정치적 조직의 내부 이해관계에 적응해야 한다.	이 문구가 의미하는 바는 위와 동일하나 약간의 변곡을 포함하고 있다. 즉, 당신은 앞으로 전혀 합리적 근거가 없는 작업에도 노출될 수 있다. 더불어 '정치적 결정'이라는 말도 자주 듣게 될 것이다. 이는 '현실적 기반이 부족하고 누구도 옹호하지 않는 어리석은 결정'을 의미한다.
당신은 정치적 능력과 다른 이해집단 및 이해관계자의 관점을 보는 안목을 갖추어야 한다.	위의 설명과 같은 의미로써, 근거가 확실하지 않은 업무에도 물음표를 붙이지 않아야 한다는 뜻이다.
당신은 프로세스 내에서 사고하고, 조정하고 구조화 하는 능력을 갖추어야 한다.	당신은 업무의 구조와 내용은 물론, 그 의미까지 창출해내야 한다. 왜냐하면 현재 회사 내의 사정은 그렇지 않기 때문이다.

당신은 협력적 관계와 네트워크를 개발하고 이를 유지해야 한다.	네트워크는 당연히 중요하다 하지만 네트워크 관리를 구인 광고의 요구사항으로 나열한다는 것은 구체성과 전문성의 부재라고도 볼 수 있다. 예를 들어, 광고에는 네트워크 관리가 끝없이 이어지는 일련의 회의를 의미하는지, 또는 네트워크를 통해 달성해야 하는 구체적 목표가 있는지 명시되어야 한다.
당신은 다양한 종류의 사람들과의 상호작용과 기능적 교차 관계를 구축할 수 있어야 한다.	대부분의 조직은 내부의 사적 관계에 대한 문제를 지니고 있으며, 항상 누군가가 이런 문제를 해결해주기를 바란다. 하지만 당신 이전에도 이 문제를 해결할 사람이 없었다는 것에는 그만한 이유가 있다고 봐야 한다.
당신은 내면의 동기에 따라 움직일 수 있어야 한다. 자기 주도적이며 (……) 스스로 일을 찾아서 할 수 있어야 한다.	개인의 능력은 구인 광고에서 별개의 장으로 봐야 한다. 당신이 야망도 없고 비협조적이며 변화를 받아들일 마음의 준비가 되어 있지 않다 하더라도, 스스로 구인 광고에 언급된 진부한 능력과는 반대되는 사람이라고 주장하지는 않을 것이다. 내면의 동기를 바탕으로 일을 스스로 찾아 해야 한다는 말은 그 회사가 당신에게 교육의 기회나 업무 지원을 해주기에는 너무나 바쁘거나 시간이 없다는 말이나 다름없다. 어쩌면 운이 좋아 스스로 프로젝트를 고안하고 시작하게 될지도 모른다. 하지만 경영진이 당신의 아이디어를 지지할지는 확실하지 않다.

마틴 엘러만은 일반적으로 조절, 중재, 추진, 유지, 구조, 네트워크, 참여, 조정, 책임, 지식 공유, 프로세스 최적화, 처리, 대처, 협력 추진, 토론 등의 단어들을 경계해야 한다고 말한다. 이는 개별적으로 볼 때 어려운 작업은 아니지만, 당신이 해야 할 일과 당신이 진행해야 할 프로젝트 등에 관한 구체적인 설명이 따르지 않는다면 실제로 수행할 수 있는 업무가 거의 없다고 봐도 좋다.

대신에 교육, 훈련, 생산, 문서 작성, 준비, 재정 관리, 계획, 채용, 품질보증, 강의, 평가, 수정 및 개발 등의 작업을 수행해야 한다고 말한다면 당신이 속할 부서가 구체적으로 그려진다. 이때 평가는 아무도 심각하게 받아들이지 않기 때문에 중요하지 않은 요소가 될 수도 있고, 문서 작성을 위해 아무도 읽지 않는 글을 써야 할 때도 있다.

하지만 이는 채용된 후에 알 수 있다. 이러한 단어들이 구인 광고에 등장한다면, 이론적으로 그 회사의 업무는 상당히 구체적이라고 봐도 좋다. 그러나 구체적이지 않고 진부한 말들만 나열되어 있는 경우에는 지원하지 않는 것이 최선이다.

당신은 면접 시 해당 직업이 실제로 어떤 업무를 수반하는지 물어볼 수도 있다. 회사에서의 하루 일과는 어떤가요? 현재 진행되고 있는 프로젝트 중에 제가 참여할 프로젝트는 무엇인가요? 등이다.

이때 만약, 면접관이 '회사에서의 하루는 날마다 다를 수 있다'라거나 '우리도 당신이 시간이 흐름에 따라 우리 회사와 함께 성장할 수 있다고 생각한다' 또는 '우리도 이 직업이 대체적으로 (……) 라고 생각하며, 당신은 이 일을 통해 자기 개발을 할 수 있다'라고 대답한다면, 당신은 당장 벗어두었던 재킷과 테이블 위의 쿠키 한 조각을 집어든 후에 뒤도 돌아보지 않고 그곳을 빠져나가야 한다.

자신의 기대치를 조정하고 빈 자리가 있는지 살펴보라

: 더 작은 연못에서 낚시하기

마틴 엘러만은 오늘날의 고용주 브랜딩에 관해, 기업이 일자리를 그것을 원하지 않는 사람들에게까지 팔기 위해 과장해 포장하는 경향을 보인다고 주장한다. 그 결과 정말로 해결해야 할 문제를 해결하지 못하는 경우가 생긴다. 왜냐하면, 장기적으로는 고용주가 판매한 그 직업에 고용된 이들이 불만을 표시할 것이기 때문이다. 따라서 모든 이들의 이익을 위해서라도 관련된 일을 이해하고 통제하는 것이 좋다. 고용주가 광고하는 직책과 업무가 실제로 존재하는가? 지원자들의 기대에 부응하는가? 당신이 낚시를 하는 연못이 적절한 크기, 즉 작고 집중된 곳인가?

이제는 다른 쪽의 관점을 살펴보기로 하겠다.

일이 실제로 존재하는가?

일이 실제로 존재하는지의 여부는 5부에서 더 깊이 다룰 것이다. 이 장에서는 가치척도인 시간을 가치의 실질적 개념으로 대체할 수 있는가를 중점적으로 살펴보겠다. 이것은 질문하기를 자주 잊는다는 것만 제외하면 매우 명백한 질문이다. 왜 누군가가 이 일을 해야만 하는가? 단지 담당자인 쇠렌이 일을 그만두었기 때문에 새 담당자가 필요한 것은 아닌가? 어쩌면 쇠렌은 갖가지 다양한 업무의 쓰레기통 역할을 해왔으며, 아무도 원하지 않는 가짜 노동을 바탕으로 자신의 입지를 확장했을지도 모른다.

실제로 당신이 회사에 사람들을 위한 일자리가 있다고 믿고 있을 가능성도 있다. 마틴은 중간관리자에게 회사의 하루 일 과를 설명해달라고 요구할 때마다 그들이 얼마나 심각한 고민에 빠질 수 있는지 보아왔다. 그들의 어설픈 대답은 예측 불가능한 업무를 의미하는 '일련의 흥미로운 업무에 참여할 수 있는 가능 성' 또는 '틀에 박힌 업무에서 벗어난' 등의 표현으로 포장되어 구 인 광고에 등장한다.

이처럼 모호하고 무책임한 단어들 뒤에는 종종 다른 동료 나 인턴사원 또는 외부 프리랜서에게 주어야 하는 업무들을 모아 놓은 집합적 업무라는 개념이 숨어 있다. 장기적으로 볼 때 이런 일을 정규직 직원이 지속적으로 할 수는 없다. 이 점은 회사는 물 론, 직원들도 미리 알아야 하는 사항이다. 즉, 그들이 설명하는 직 업은 존재하지 않는다.

정직함을 바탕으로 한 더 나은 기대치 조정

기대치를 잘 충족하기 위해서는 고용주 브랜딩과 관련된 사고방 식을 완전히 뒤집어 무언가 다른 것을 시도해봐야 한다. 바로 정 직성이다. 마틴 엘러만은 한 번도 본 적은 없지만 얼마든지 존재 가능한 구인 광고문의 예를 들어주었다.

우리 회사는 매우 바쁜 곳이며, 당신이 어려운 상황에 처하더 라도 우리가 도움을 줄 수 있을지는 확신할 수 없습니다. 우리 는 당신에게 업무 교육의 기회를 제공할 수 없을지도 모릅니 다. 당신의 근무는 다음과 같은 업무들로 이루어져 있습니다.

여기에서 당신이 해야 할 일들을 볼 수 있습니다.

하지만 위와 같은 솔직한 광고문은 거의 볼 수 없다. 대부분의 구인 광고에서는 업무가 때로 얼마나 힘든지, 또는 업무가 얼마나 큰 압박감을 주는지, 그리고 그에 수반되는 관행적인 작업이 얼마나 지루한지에 대해서는 말하지 않는다. 하지만 직업을 과도하게 포장해서 판매하고 나면 종종 값비싼 대가를 치러야 한다는 사실을 기억하라.

마틴 엘러만과 만나기 하루 전날, 국방부에서 놀라운 구인 광고를 발표했다. 거기에는 '지원자는 자신이 해야 할 임무 중 하나가 살인이라는 것을 인지해야 한다'라고 적혀 있었다.[73] 국방부의 중령은 "적들이 우리를 죽이는 것보다 우리가 적을 죽이는 데 성공해야 한다"라는 말로 이 명백한 진실을 대담하게 옹호했다.

전쟁은 바로 그런 것이고, 당신은 전쟁이 끔찍하다고 생각할 수 있다. 하지만 군대는 이러한 조건을 바탕으로 운영되는 곳이므로, 처음부터 지원자와 기대치가 일치하기를 원한다. 몇 시간 후, 그 구인 광고를 삭제하라는 지시가 내려온 것은 놀랍지 않다. 그 광고문이 비판받았던 것은 사실이지만, 한편으로는 마침내 헛소리와 진부한 표현으로 포장된 말에서 벗어나 정직하고 솔직한 의사소통이 이루어졌다고 생각하는 이들도 적지 않았다. 고객이나 지원자의 입장에서는 이를 쉽게 이해할 수 있다. 하지만 이런 종류의 광고문이 일반 기업의 잠재적 지원자들에게도 적용되어야 할 것인가? 제품을 마케팅하는 것과 같은 방식으로 구인 시장에서 마케팅하는 것이 옳다고 할 수 있는가?

작은 연못 속의 물고기

마틴 엘러만은 그가 일했던 에이전시와 회사 모두 구인 광고를 보고 몰려든 지원자가 많으면 많을수록 더 뚜렷한 성공을 거두었다 판단했다고 말한다. 하지만 문제는 이 목표가 철저한 숙고를 거치지 않았다는 것이다. 표면적으로는 모두가 다양하고 넓은 범위를 원한다. 하지만 그 경우는 일에 적합한 지원자를 매우 큰 연못 속에서 찾아야 한다는 것을 의미한다. 만약 당신이 구인 광고문을 낼 때 업무를 설명하기보다 해당 직업을 판매하는 데 더 초점을 맞추었다면, 그 직업이 그럴듯하다고 생각한 모든 종류의 사람들이 모여들 것이다. 이런 상황은 당신이 필요 이상으로 넓은 연못에서 낚시를 하고 있다는 것을 뜻한다.

따라서 기업은 더 어렵긴 하지만 장기적으로 지속 가능한 일을 해야 한다. 그들은 작은 연못에서 낚시를 해야 하며, 그러기 위해서는 적절한 지원자보다 더 많은 지원자를 확보하겠다는 목표에서 벗어나야 한다. 이처럼 양보다 질을 목표로 할 경우, 업무 설명을 더 구체적이고 상세하게 기록해야 한다. 그러기 위해서는 스스로 해당 직무에 실제로 수반되는 업무가 무엇인지 잘 알아야 하며, 더는 '유연하고 결과 지향적'이라는 진부한 문구 뒤에 숨어서는 안 된다. 당신이 이 일을 더욱 철저하게 실행한다면 모든 이들에게 선행을 베푸는 것이나 다름없다.

당신은 자기 주도적인 사람이다

되돌아가서 리케를 만나보도록 하자. 이 장에서 소개했던 구인 광고를 다시 한번 살펴보라. 그것이 얼마나 진부하고 무의미한 문구로 채워져 있는지 보이는가? 그러기를 희망한다. 하지만 리케는 알아채지 못했다. 그녀는 그것이 다른 광고문과 다르지 않다고 생각했을 수도 있고, 업무가 특별히 정의되지 않아서 그 어떤 업무에나 적용된다고 생각했을지도 모른다. 그러나 이는 잘못된 생각이다. 그녀에겐 그 모든 것을 수행하고 성취할 만한 영향력이나 권위가 없었기 때문이다.

물론 리케도 이와 관련해 고용주에게 여러 번 문제를 제기했다. 하지만 그녀는 기본적으로 상사와의 관계가, 그녀가 회사 내의 이런저런 문제를 지적함으로써 상사가 당황하는 상황이 벌어지지 않도록 조심한다는 암묵적인 합의를 바탕으로 성립되어 있다고 보았다. 따라서 그녀는 지난 직원 면담 자리에서 그녀에게 남는 시간이 상당히 많다고 말함으로써 자신의 의도를 모호하게 피력하는 데 그칠 수밖에 없었다.

"우리는 결국 역량 플랜을 작성해서 거기에 서명해야만 했어요. 하지만 그것에는 내용이 없었죠. 거기에는 '재논의가 요구됨' 또는 '지속적인 논의가 필요함'이라는 말 외에는 아무것도 적혀 있지 않았어요. 바로 제가 개선했으면 좋겠다고 생각했던 세 가지 사항에 대한 것이었죠."

이런 식으로 실질적 해결책은 무제한 연기되거나, 직원이 문제를 다시 떠안게 되는 것으로 귀결된다.

"저는 상사가 할 일이 너무 많아서 바빠 죽겠다고 말하는 것을 자주 들었어요. 그러나 그 일을 분담하자고 하거나, 무엇이 그렇게 중요한지 적어달라고 했을 때, 자기 주도적인 사람이 되어야 한다는 말 외에는 아무것도 듣지 못했어요. 그 말은 쓸모없는 일을 해보라는 말이라 해도 과언이 아니죠. 하지만 그 누구도 요구하지 않는 것을 만들어야 하는 이유는 뭘까요?"

리케는 민감한 상황에 놓였다. 자기 주도. 우리는 여기에 관해 다음 장에서 자세히 살펴볼 것이다. 어떤 이가 실질적인 내용이라곤 없는 직책을 맡게 되었을 때 자기 주도라는 말은 일종의 저주라고 해도 과언이 아니다. 왜냐하면 그 비참한 상황에 대한 책임이 바로 개인에게 돌아가기 때문이다. 반면, 해결해야 할 실질적 과제가 있는 조직에서는 자기 주도적 입장에서 형식과 전통적 계층 구조에 도전해보는 것도 좋다. 그것이 바로 가짜 노동에서 벗어날 수 있는 방법일 수도 있기 때문이다.

3부

더 많은 책임을
수용하는 관리자와

더 큰 자유를 누리는 직원이
협업하는 조직

8장

피라미드를 붕괴하라

"랄루의 책을 읽어보셨나요?"

『가짜 노동』이 출간된 이후 이 질문을 몇 번이나 받았는지 모르겠다. 셀 수 없이 많았다는 것만큼은 확실하다.

내게 뷔르트조르흐^{Buurtzorg}를 찾아보라고 권하는 사람들도 있었다. 아무도 정확한 철자를 기억하지 못했지만, 그 단어를 들어본 사람은 많았다. 사람들은 그곳을 가짜 노동이 없는 직장이라고 보장했다. 직원들이 자발적으로 운영하는 팀에서 일하면서 직접적이고 실질적인 가치를 창출하는 그 직장에는 관리자가 없다. 이것은 네덜란드에 있는 한 기업의 이야기다.

나는 그곳이 화성에 있는 회사일지도 모른다고 생각했다. 진부하고도 익숙하게 들리지 않는가? 성가신 관료주의도 없고, 자유와 업무 만족을 느낄 수 있으며, 아무도 무슨 일을 하라고 지시하지 않는 곳? 마치 현대 경영 이론이 뱀처럼 슬그머니 들어와 우리를 관료주의와 보고서와 KPI(핵심 성과지표 — 옮긴이)로 촘촘하게 엮어 오염시키기 이전의 조직적 에덴동산 같지 않은가? 이런 곳이 동화 속에서가 아니라 실제로도 존재한단 말인가?

대답부터 말하자면, 이러한 조직은 실제로 존재하며 매우 효율적으로 운영되며 큰돈을 벌고 있다. 하지만 이 조직은 소수의 이상주의적 직원들로만 구성되어 있지는 않다. 불행하게도 규모가 충분히 커지자마자 다른 기업들처럼 복잡한 조직도를 그리기 시작했기 때문이다.

뷔르트조르흐는 그중 가장 유명하다. 이곳은 헬스 케어 회사로 전 세계 각국에서 약 10,000명 이상의 간호사와 의료보조원들에게 일자리를 구해주는 일을 한다. 물론 여기에도 행정 및 관리를 담당하는 약 30여 명의 직원이 있다. 이건 절대 오타가 아니다. 전체 조직의 핵심 서비스에 참여하는 사람은 그 이상 필요하지 않기 때문이다. 의사결정은 최고경영진이 하는 것이 아니라, 개별 고객을 중심으로 팀 규모의 책임자가 하기 때문이다.

이 조직은 2006년 요스 드 블록이 설립했다. 벨기에의 작가 프레더릭 랄루는 2014년에 출간한 혁신적인 저서인 『조직의 재창조Reinventing Organizations』에서 이를 다루었다. 이 사례는 거의 대부분의 조직에서 볼 수 있는 관리 방식에서 벗어나 근본적으로 다른 접근방식을 선택한 크고 작은 여러 기업들의 예와 함께 서술되었다. 이들 기업의 특징은 자발적으로 운영되고, 어디에 도움이 필요한지 스스로 찾아내고, 조언을 주고받으며, 생산과 구매에 대한 결정을 직접 내리며, 서비스 판매 대상인 고객이나 시민들과 매우 긴밀한 접촉을 유지한다는 것이다. 이러한 일들은 최소한의 규칙과 정책 및 전략을 바탕으로 이루어지며, 일반적으로 KPI나 성과 평가도 없다.

랄루는 조사를 통해 이들 조직 그 어디에서도 연수나 교육과정을 찾아볼 수 없었다는 점을 발견했다. 그들은 경영서적을 읽지도 않았고 관련 분야의 전문가를 초청해 워크숍을 진행하지도 않았다. 이들 조직은 서로간에 어느 정도 독립성을 유지하며 동일한 아이디어를 소유하게 되었고 그를 유지했다. 그 아이디어가 실효성이 있다는 것을 깨달았거나, 또는 되돌리고 싶지 않은 다른 많은 아이디어를 이미 시행해본 후였기 때문이다.

이러한 예는 내 연구에서도 발견할 수 있었다. 나는 단순한 조직구조를 바탕으로 열정적인 직원들과 최소한의 가짜 노동이 존재하는 기업들과 접촉했다. 그들 대부분은 매우 성공한 기업처럼 보이나, 내면에는 관료주의와 계층주의 및 조직의 복잡성 때문에 서서히 스스로를 질식시켜가는 과정에 처해 있었다. 이들 기업이 더 큰 잠재력이 있음에도 결코 그를 발현하지 못했던 것은 당연하다.

뷔르트조르흐는 네덜란드에서 헬스 케어 분야에 '전문성'이 도입되기 시작했던 1980년에 탄생했다. 이 회사는 엑셀 문서를 살펴보며 모든 도우미들의 시간과 이들의 도움이 필요한 고객 간의 수요과 공급을 맞추기 위한 개요를 작성하는 것에서 시작되었다. 엑셀 문서의 '우아한' 특징은 바로 그 시트 속에서는 사람이 보이지 않는다는 것이다. 엑셀 문서에 남은 일은 시간을 이리저리 이동하는 것뿐이다.

　이처럼 효율성이라는 이름 하에 엑셀 도표에서 시간을 이리저리 이동하면서 빈 곳을 채운 결과, 도우미들은 이전보다 더 바쁘게 일해야 했지만, 도움이 필요한 나이 많은 고객들 중에는 한 달에 최대 30명이나 되는 헬스 케어 도우미들을 만나는 사람도 생겨났다.[74] 서로 다른 30명의 도우미들은 개개인과 접촉해 요구사항을 이해하고, 그들이 누구인지 알아야 했다.

　일정에서는 이런 종류의 문제가 보이지 않는다. 일정을 계획하는 기본 바탕에 따르면 이는 중앙 계획 단위에서 작성된 일부 매뉴얼, 작업 목록 및 계획을 통해 간단히 수행 가능하다고 여겨졌다. 하지만 이러한 초기의 목적을 달성하기 위해 시간이 지나면서 더 많은 조직이 합병되었고 규모가 점점 커졌다. 이는 수십 명의 도우미들을 관리 감독하는 지역 관리자가 그 위에 자리한 전국 규모의 관리자에게 이를 보고해야 한다는 것을 의미했다.

　그 결과, 도움이 필요한 노인들은 매일 새로운 도우미들과 하루를 시작해야 했고, 도우미들은 주어진 시간 내에 약속된 서비스를 제공해야 하는 극심한 시간적 압박에 시달리게 되었다. 그다음에는 도우미들의 서비스를 표준화해야 한다는 의견이 대두되었다. 그렇지 않을 경우, 이들을 관리하는 행정 업무에 불확실성이 생겨나기 때문이다.

　위의 예가 익숙한가? 그럴 것이다. 왜냐하면 이것이 바로 현실 접촉이 없는 대다수 조직의 관리자 및 의사 결정권자들이 보고서를 통해 중앙 계획, 조정, 절차 및 규칙과 규정, 시간 표준에 따라 일하는 방식이기 때문이다. 이 모델은 문제를 해결하기보다는 오히려 문제를 유발하는 대부분의 조직에 적용된다. 바로 그 때문에 우리에겐 관리자와 직원 들의 관계를 어떻게 변화시키고, 책임과 영향력을 어떤 새로운 방식으로 분배할 수 있는지 살펴봐야 할 충분한 이유가 있다.

프레더릭 랄루가 예를 들었던 뷔르트조르흐나 다른 조직 등과 똑같이 해야 할 필요는 없다고 말하고 싶다. 해결책은 SAS의 대표이사인 제임스 굿나이트가 말했듯 단순히 '피라미드를 붕괴'하라는 것이 아니다. 자기 주도적 업무 방식은 가짜 노동을 자동적으로 없애주지 않으며, 심지어 일부 경영인이 제안하는 급진적인 접근방식을 취하면 오히려 또 다른 문제가 야기될 수도 있다. 관리자가 없는 기업은 유토피아라고 할 수 있다. 하지만 관리가 없는 기업은 없다.

따라서 우리는 자발적 조직 운영의 장점 중 일부만이라도 달성하기 위해 새로운 조직 운영체제를 발전시켜야 한다. 이를 위해서는 먼저 우리가 올바른 업무 방식이나 상식적인 업무 방식이라고 인식하고 있던 많은 것들이 실제로는 더 이상 작동하지 않는 이유를 이해해야 한다. 왜냐하면, 우리가 경영대학교나 공공 경영 기관에서 배우는 것 중 많은 부분이 기능적 장애를 지닌 조직과 불행한 조직을 만드는 데 큰 몫을 하기 때문이다.

정사각형을 원에 끼워 맞추는 일

현대 조직의 패러독스는 꽤 간단하게 설명할 수 있다. 우리 주변에서는 쉴 새 없이 더 큰 복잡성이 발생하고, 이를 해결하기 위해 우리는 모든 라인을 한 군데, 즉 최상위에 모으는 조직문화를 유지한다. 이는 경영인들의 책상에 모든 과제를 모으는 것을 의미하기에 그들은 필연적으로 과로에 시달리게 된다. 랄루의 말에 의하면 경영인들은 '몇 가지 소수의 팩트와 주장을 바탕으로 결정을 내려야 하기 때문에 불안해하고 초조해한다'라고 했다. 결과적으로 조직의 하위 부분에서 요구하는 상세한 사항들은 점점 더 많아진다.

더불어 최고경영인들의 시간은 매우 귀하기 때문에 '직원들은 경영진과 약 30분간 회의를 하기 위해 몇 주 동안 준비하지만 많은 중요한 결정은 적절한 자리를 찾지 못하거나 결정이 아예 내려지지도 않는다.' 모두가 윗선의 결정을 기다린다는 사실은 경영의 병목 현상을 유발시키고, 직원들은 결정이 내려지기를 기다리는 동안 가짜 노동을 하거나 파워포인트 프레젠테이션 내용을 다듬는 것으로 시간을 채운다.

복잡한 기업의 관리자들이 실제로 어떤 일에 시간을 소비하는지에 대해서는 보스턴 컨설팅 그룹의 연구 결과에서 확인할 수 있다. 설문조사에 참여한 기업 중에는 가장 복잡한 분기의 경우, 자신의 시간 중 30~60%에 해당하는 시간을 조정 회의에 참석하는 데 소비하고 40%의 시간을 보고서 작성에 소비한다고 대답한 관리자들이 있었다.[75]

반면, 단편화된 조직을 유지하기 위해 노력하는 것 외에는 거의 아무것도 하지 않는 관리자들도 있었다. 시간 제약 때문에 업무를 관리할 수 없을 때, 그들은 의사결정에 도움이 될 수 있는 일련의 다른 기능을 도입하기도 했다.

이러한 상황은 정말 잘못되었다. 예를 들어, 긴 배송 시간 또는 고객이나 시민들의 부정적 피드백으로 인해 기업이 운영 문제에 직면했다고 가정해보자. 랄루는 자신의 책에서 다음과 같이 이 상황을 설명했다.

"이제 최고경영인은 관리 담당자에게 제안서를 작성하라고 요구하고, 관리 담당자는 직원에게 초안 작성을 요청합니다. 며칠 후, 그들은 초안을 검토하기 위해 회의를 하고, 관리 담당자는 몇 가지 사항을 지적합니다. 그 때문에 다시 회의가 열립니다. 어쩌면 여러 번의 회의가 반복될지도 모릅니다. 이렇게 마련된 제안서는 경영진과의 회의에서 논의되고, 정치적 문제가 관련될 수도 있을 것입니다. 어떤 이들은 좀 더 스마트하게 보이고 싶어 대체할 수 있는 옵션을 모색해야 한다고 주장하기도 합니다. 그래서 관리 담당자는 하급 직원과 함께 이 일을 처음부터 다시 시작해야 합니다.

2주 후, 경영진이 참석한 회의에서 제안서는 최종 승인됩니다. 이제 제안서는 홍보부의 한 직원에게 전달되고, 그는 이를 그럴듯한 말로 포장합니다. 관리 담당자는 회의를 통해 이것을 모든 지역 관리자들에게 제시하고, 그들은 다시 지역의 하급 직원들에게 회의를 통해 이를 전달합니다.[76]"

이제 직원들은 이 방식이 실질적으로 효율을 발휘하기를 희망할 뿐이다. 하지만 그것이 도움이 될 수 있을지 아는 것은 불가능하다. 왜냐하면 위와 같은 일이 진행될 때 아무도 질문을 던지지 않았기 때문이다. 이 모든 과정은 상급 관리자들과 최고경영인 그리고 일련의 지원 부서 또는 단체만이 연루된 폐쇄적 환경에서 진행되었기에 당연한 일이다.

몇 년 전, 나는 덴마크에서 가장 큰 패션 그룹 중 하나에서 문화 이해와 관련된 강좌를 진행했고, 그로부터 14개월이 지난 후에야 그들이 공급업체를 변경했다는 소식을 들었다. 그 과정에서 많은 회의가 있었고, 나는 수많은 숫자와 분석 내용과 가격과 프로젝트 설명 등을 그들에게 지속적으로 전달해야만 했다. 공급업체를 변경하기까지 왜 그토록 오랜 시간이 걸렸는지 물어보았을 때, 관리부 담당자는 고위 경영진이 이것을 매우 중요하다고 생각했기 때문이라고 대답했다.

물론 내 제안이 조직 내 고위급에서 논의되었다는 사실이 자랑스럽지만 솔직히 누군가가 그 제안을 좀 더 빨리, 그리고 조직 하부에서 결정할 수 있었더라면 더 좋았을 것이다. 나는 조직에 시간이 부족한 것은 아니었다고 결론을 내렸다. 비록 대화를 나누었던 모든 이들은 자신이 얼마나 바쁜지 내게 알려주는 것을 잊지 않았지만 말이다.

가짜 노동의 핵심은 바로 이러한 패러독스이다. 처음부터 하지 않았어야 할 일의 무게 때문에 모두들 죽어가고 있다. 제한된 의미의 어떤 일에 많은 사람을 참여시키는 대신 좀 더 일찍 결정을 내릴 수 있다면 이런 일은 일어나지 않을 것이다. 계층적 조직의 문제는 이러한 복잡성을 능숙하게 처리할 수 없다는 데 있다. 다른 말로 표현하자면, 모두들 정사각형을 원에 맞추려 애를 쓴다는 것이다.

사람들이 애자일을 요구하는 것은 당연하다. 하지만 그들은 문제의 해결책을 엉뚱한 곳에서 찾는다. 바로 그 때문에, 나는 이 책에서 또 다른 대안을 제시하고자 한다. 이 대안은 랄루의 아이디어에 근거한 것도 있고, 처음에 야기된 문제를 더 많이 도입함으로써 복잡성을 해결할 수는 없다는 사실을 경험으로 깨달은 수많은 경영인의 사고에 바탕을 둔 것도 있다. 우리는 명백한 사실이 아님에도 불구하고, 스스로가 매우 선진적이고 숙련된 조직 내에서 일한다는 생각을 자신에게 주입하는 일을 멈춰야 한다.

현대 경영 이론에 그림자를 드리운 테일러의 유령

현대 경영 이론은 1890년대 미국인 프레더릭 테일러에게서 시작되었다. 작업의 세분화, 최소한의 낭비, 직원들에게 무엇을 해야 할지 정확한 지침을 제공할 수 있는 능력을 갖추었던 그는 베들레헴 철강Bethlehem Steel 공장을 간소화하는 데 크게 기여했다. 뿐만 아니라, 베들레헴 철강은 그의 과학적이고 혁신적인 경영관리법 덕분에 생산량이 4배나 늘어났다. 자연스럽게 다른 사람들도 이 유명한 철강 공장의 생산 및 관리 방식을 모방하고 싶어 했다.

산업과 기술 혁명 시기였기에 이에 발맞추기 위해 새로운 경영 방법이 필요했던 것은 당연했다. 나중에 밝혀진 사실은, 테일러가 제철소에서 시간을 보낸 적이 거의 없었다는 것, 그가 요구했던 생산성 증대의 압박 때문에 수많은 노동자들이 일을 그만두었다는 것, 그가 사용했던 이른바 과학적 방법을 실제 과학자들이 검증할 수 있는 데이터를 남기지 않았다는 것, 그리고 테일러와 시간을 재는 그의 계시원들 및 흰색 가운을 입은 컨설턴트들에게 지불되었던 비용은 향상된 생산성이 얻어낸 비용만큼이나 많았다는 것이었다.[77]

프레더릭 테일러는 1915년 세상을 떠났다. 소문에 의하면 그는 죽을 때까지 스톱워치를 손에 들고 있었다고 한다. 하지만 그의 경영방식으로 인한 결과가 의구심을 자아낼 만큼 모호하다는 것은 훨씬 나중에, 그의 경영법이 후세대의 경영인들과 경영대학에 이미 영향을 미치고 난 후에야 밝혀졌다.

『여섯 개의 간단한 법칙』의 저자이자 보스턴 컨설팅 그룹의 컨설턴트인 이브 모리외와 피터 톨만에 의하면 이로 인해 리더십에 대한 하나의 지배적인 개념이 생겨나게 되었다. 이것은 바로 내가 앞서 설명한 문제의 실질적 원인이 되었다. 그들은 이를 관리의 '하드 이론Hard Theory'이라고 불렀다. 이는 '기업의 구조와 프로세스 및 시스템은 성과에 직접적이고 예측 가능한 영향을 미치며, 경영진이 올바른 선택을 하는 한 기업은 필요한 성과를 얻을 수 있다[78]라는 말로 간단하게 요약 가능하다.

경영인과 컨설턴트들은 거의 한 세기 동안 이 접근방식을 사용해왔다. 이 방식은 조직의 성과와 직원들이 수행하도록 요구되는 일이 연결되어 있다는 생각과, 직원들에게 해야 할 일을 상기시키는 고정된 시스템이 있어야 직원들이 그 일을 수행할 것이라는 생각에 기반을 둔다. 이 시스템을 통하면 모든 문제를 해결할 수 있다는 의미다. 즉, 품질에 문제가 발생할 경우에는 품질을 측정할 지침을 갖춘 품질관리 부서를 만들면 되고, 조직의 유능한 인재가 유출될 경우에는 인재 프로그램을 만들면 되며, 직원들의 동기 의식이 부족할 경우에는 동기부여를 위한 인센티브 시스템을 만들면 된다는 말이다.

저자들은 '조직은 문제를 식별하면 바로 이를 해결하기 위한 새로운 프로세스, 새로운 구조 또는 시스템을 작동시킨다. 이러한 오류는 조직 내에 또 다른 복잡성을 가중시키는 역할을 할 뿐이다'라고 했다.

모든 오류와 편차는 재발을 막기 위해 새로운 시스템에 반작용적으로 적용된다. 이것은 대부분의 조직이 차용하는 운영 방식이며, 관리자들은 수 세대에 걸쳐 이를 반복해왔기 때문에 점차 다른 방법은 생각조차 하지 않기에 이르렀다. 모리외와 톨만은, 이로 인해 조직이 '바보 기계Stupid Machine'가 되어버리고 결과적으로 좋지 않은 성과와 함께 여러 문제가 발생한다고 주장한다. 왜냐하면 조직은 같은 문제가 일어나지 않도록 하기 위해, 직원들이 실제로 무언가를 하려고 할 때마다 문제가 발생했던 상황을 상기시키며 이를 지속적으로 방해하기 때문이다. 매우 어리석게 들리고, 또 어리석은 일임에 틀림없지만, 모든 조직이 그렇게 하는 한 결과적으로 모두가 똑같이 비효율적으로 변하게 된다. 게다가 어리석은 행동을 한다고 해서 실제로 경쟁에서 뒤처지는 사람도 없을 것이다.

실제로 조직은 언제 상황이 잘못 돌아가고 있는지 잘 안다. 그들은 직원들이 공장에서 돌아가는 하나의 톱니바퀴에 불과하다는 생각을 가지고 있기에, 지난 수십 년 동안 스트레스를 받고 피곤에 지치고 의욕이 떨어지는 직원들을 못 본 척했다. 경영진은 직원들의 말을 듣기보다 오히려 새로운 '도구'를 제안하거나 새로운 전력 목표를 발표하거나 KPI를 선호했다.

철학자이자 감독인 모르텐 알베크는 이것의 정점이 바로 우리가 흔히 인적자원 관리 즉, HR이라고 부르는 것이라고 했다. 그는 『하나의 시간, 하나의 삶, 한 명의 인간$^{En\ tid,\ ét\ liv,\ ét\ menneske}$』에서 '자원의 개념은 우리가 에너지나 힘의 근원을 언급할 때 매우 적합하게 들린다. 하지만 인간을 단지 착취하고 이용 가능한 것이라 진심으로 믿는 사람이 있다면 우리는 그 사람의 도덕성을 의심해봐야 할 것이다'라고 했다.[79] 그는 이 말이 언뜻 매우 인간적으로 들리지만, 실제로는 정반대라고 주장한다.

모리외와 톨만도 그들의 책에서 같은 점에 주목했다. 인적 관리 사고방식은 프로세스와 조직이 아닌 사람들 사이에 무슨 일이 발생하는지를 관찰하는 이른바 소프트 경영 이론으로써 이를 바탕으로 영향력을 행사하는 하드 경영 이론의 상냥한 하수인에 불과하다.

"훌륭한 성과는 좋은 대인관계의 부산물입니다. 사람들이 하는 일은 그들의 성격, 심리적 요구, 사고방식에 의해 결정됩니다. 즉, 단순히 사람들의 행동만 바꾸어도 완전히 다른 결과가 나타날 수 있다는 것입니다."[80]

이는 매우 인간적이고 호의적으로 들리지만, 실제로는 사람들의 심리 속에 정착한 테일러의 경영방식일 뿐이다. 만약 성과를 내지 못하고 새로운 프로세스를 통해 문제를 해결하지 못한다면, 그 사람의 사고방식에 문제가 있거나, 팀 내 인적 구성에 문제가 있다고 보는 것이다.

이 경우 HR 부서에서는 직원 개개인의 프로필을 조사하고, 구내식당에 '우리는 문제가 아니라 도전을 본다'라는 진부한 포스터를 걸어놓으며, 직원 개발 대화를 통해 올바른 리더십 스타일이나 새롭고 영감을 줄 수 있을 것 같은 가치를 소개해 직원들에게 동기를 부여할 수 있다고 믿는다. 저자들은 그 때문에 '직원들은 자신의 업무 외에도 팀 빌딩, 인력 계획, 제휴 행사, 외부 수련회 등의 추가적인 일을 해야 한다'라고 썼다.

이것이 바로 내가 가짜 노동이라 부르는 것들이다. 첫째, 이러한 조치는 아무것도 생산해낼 수 없다. 둘째, 일 자체에 문제가 있을 수 있기 때문에 그들은 직원이 직면한 문제를 처리할 수 없다. 문제는 업무 자체와 무의미한 프로세스, 일을 하기보다는 오히려 일을 방해하고 있다는 생각마저 심어주는 수많은 평가 시스템 속에 자리 잡고 있다. 하지만 직원 개개인이 이에 대해 불평할 때마다 경영진은 새로운 목표를 제시하거나 사물에 다른 방식으로 접근해보라고 지시할 뿐이다.

모리외, 톨만, 알베크와 같은 경영 사상가들이 말하는 문제는 이러한 해결책이 개인에게 결코 도움이 되지 않는다는 것이다. 조직은 개별 직원에게서 솔루션을 찾을 수 있다기보다는 오히려 그들을 조직 내의 가장 약한 고리로 인식한다. 이러한 생각은 항상 직원 개인이 아니라 시스템에 도움이 된다. 우리는 전 세계적으로 약 13%의 사람들만이 자신의 직업에 신념을 가지고 있다는 사실이나, 수많은 사람들이 스트레스로 병가를 낸다는 갤럽 조사를 통해 그 이유를 알 수 있다.

조직 내에서 실제로 직원의 말을 듣는 사람은 아무도 없다. 직원들은 직원 연수나 새로운 계획으로 점철되는 하나의 프로세스 속에 묻혀버릴 뿐이고, 인간이 아니라 스스로 무언가를 제안하거나 '도움' 없이는 자신의 업무를 해결하지 못하는 하나의 톱니바퀴 또는 하나의 자원으로 간주될 뿐이다.

만약 개별 직원이 자신이 하는 일이 가짜 노동이라고 상부에 보고한다면, 상사는 거기엔 어느 정도 직원의 잘못도 있다고 말할 것이다. 직원이 업무를 이해하지 못했거나 업무가 지루하다고 생각하는 것이 틀림없다고 믿기 때문이다(왜냐하면 하드 이론에 의하면 프로세스는 충분히 옳기 때문이다). 또는 (소프트 이론에 의거해) 그 직원에게는 일을 계속할 올바른 동기가 부족하다고 생각할지도 모른다.

그 일이 뻔뻔스러운 가짜 노동이라는 직원의 말을 아무도 심각하게 고려하지 않는다는 말이다.

직장에서 개인에 대한 존중을 되찾는 방법

나는 앞에서 언급한 이론가들과 다른 여러 이론가들의 말을 바탕으로 소프트 이론과 하드 이론에 도전할 수 있는 몇 가지 구체적인 접근방식을 제안하고자 한다. 이 두 가지 이론은 모두 불만을 품은 직원, 관료주의 그리고 생산에 더 높은 비용과 복잡한 절차가 필요한 제품으로 인해 결과적으로 고객과 시민들에게 더 많은 비용을 부담시킨다는 부정적 결과로 이어진다. 이를 해결할 수 있는 방법은 다음과 같다.

① 직원과 경영진과의 관계를 변화시킨다
② 새로운 방식으로 책임과 관리를 분배한다
③ 서로의 업무에 관해 더 깊은 이해와 지식을 갖춘다

이는 구내식당에 사고방식을 전환해야 한다는 포스터를 거는 방식으로는 이룰 수 없다. 오직 우리가 일하는 방식과 조직 구조를 바꾸고, 그 과정에서 조직의 사고방식과 문화를 변화시킴으로써 이루어낼 수 있다. 우리는 실제로 일을 하는 사람들 즉, 직원들에게 권한의 일부를 되돌려주는 것부터 시작해야 한다.

9장

자발적인 주도가 불러오는
업무 이해도의 향상

파비^{FAVI}는 약 500명의 직원이 근속하는 프랑스 금속 주조업체다. 1983년에 취임한 전무이사 장 프랑수아 조브리스트는 회사를 완전히 바꾸었다. 그가 취임했을 당시 직원은 80명 정도였다. 대부분의 직원들은 금속 주조사로, 이들은 그룹 리더에게 보고하고, 그룹 리더들은 서비스 관리자에게 보고하고, 서비스 관리자들은 생산 관리자들에게 보고했으며, 생산 관리자들은 조브리스트의 지시를 받았다. 프레더릭 랄루는 이에 대해 다음과 같이 말했다. "그 어떤 학자들이나 경영 컨설턴트들도 이러한 조직구조에서 결점을 찾을 수 없었다."

하지만 조브리스트는 달랐다. 그는 여러 단계의 프로세스 때문에 직원들의 작업 속도가 느려지고, 업무 만족도가 떨어지며 신속한 대응 능력이 파괴된다고 생각했다. 어떤 이는 주문을 받고, 주문을 계획하고, 그것을 업무 계획에 넣고, 이를 다시 기계 종류에 따라 분류한 후 마침내 테일러식 기계의 톱니바퀴인 직원 각각에게 업무를 배치했다. 직원들은 누가 무엇을 왜 해야 하는지 짐작도 못한 채 그저 시키는 대로 일해야 했다.

하지만 외부 경쟁이 점점 치열해졌기 때문에 회사는 제작 시간을 단축해야만 했다. 조브리스트는 이미 수백 명의 영혼을 파괴시킨 테일러식 경영 시스템 즉, 직원들에게 더욱 신속한 작업을 요구하고 낭비 및 기타 다른 효율성과 관련된 메커니즘에서 벗어나고 싶어 했다.

조브리스트는 다른 길을 선택했다. 그는 직원들을 미니 팩토리라 불리는 자체 관리 팀으로 나누었다. 각 팀은 볼보 팀, 아우디 팀 등 그들이 부품을 공급하는 다양한 자동차 브랜드를 담당했다. 직원들은 스스로 주문을 받아 조달했을 뿐 아니라 스스로 업무 계획을 세우고 이를 실행했으며, 이에 따라 생산된 부품을 해당 자동차 회사에 공급했다.

얼마 지나지 않아 이들 팀의 일은 HR 부서와 기획 부서, IT 부서 및 구매 부서와 일이 중복되기 시작했다. 결국 이 부서들의 필요성은 사라졌다. 이 부서들이 했던 일을 각 팀에서 수행했기 때문이다. 그 결과 오늘날 파비는 초고속 배송으로 전 세계에 이름을 떨치고 있으며, 생산 라인 중 여럿은 시장점유율이 50% 이상이나 된다.[81]

이 기업은 그 일을 실제로 수행하는 사람들이 업무 계획과 업무 관리 감독을 진행하기 때문에 서로 간에 긴밀한 관계를 유지할 수 있다는 점에서 다른 기업들과 차별된다. 뷔르트조르흐도 조브리스트를 전혀 알지 못했지만 동일한 결과를 만들어냈다. 물론 조브리스트도 뷔르트조르흐를 몰랐다. 눈에 거의 보이지 않는 진화 논리처럼, 이러한 경영방식은 다른 어떤 방식보다 훨씬 실행성과 효율성이 뛰어난 것으로 밝혀졌다. 이것이 가능했던 이유는 단지 이 회사들의 경영진이 소위 '전문가'의 조언을 무시하기로 결정했기 때문이다.

이는 현실적으로 간단하게 설명할 수 있다. 필요와 요구는 조직의 위에서 내려오는 것이 아니라 아래에서 만들어져야 한다는 것이다. 나 또한 연구를 통해 이를 명백하게 깨달았다. 가짜 노동을 없애는 데 성공한 기업의 대표이사들은 모두 실제로 업무를 수행하고 고객과 가까이 있는 직원들이 자신의 자리에서 결정을 내릴 권리가 있다고 주장했다. 그렇게 기업 내에 복잡성이 발을 들여놓지 않도록 노력했다고 이구동성으로 말했다.

50명의 직원이 주로 빵 굽는 일을 하는 베이커리를 신속하게 재정비한 마틴 다넬리도 예외는 아니었다. 그는 전략 수립의 날, 성과 평가, 조율 및 조정에 관한 마라톤 회의 등을 없앴다. 그는 덴마크 일간지 『윌란 포스텐Jylland Posten』과의 인터뷰에서 말했다.

"신뢰는 내게 매우 중요합니다. 나는 직원들에게 지침을 제시하지 않기 때문에 우리 직원들은 독립적이며 매우 큰 영향력을 갖고 있습니다. 나는 업무 일정을 짜는 데 시간을 소비하지 않으며, 직원들이 하는 일에 간섭하지 않습니다. 그들이 언제 출근하고 언제 퇴근하는지도 감시하지 않습니다. 나는 단지 그들이 매일 아침 신선한 빵과 맛있는 케이크를 진열대 위에 올려두기를 바랄 뿐입니다. 그 과정을 어떻게 진행하는가는 전적으로 직원들의 몫입니다. 그들이 일에 만족하는 한 말이죠."[82]

이 기업과 다른 기업들의 차이점은, 업무 계획을 짜고 이 끌고 감독하는 행위가 실질적인 노동자들에 의해 이루어지기 때문에 업무를 매우 가까이서 다룰 수 있다는 데 있다. 뷔르트조르흐는 조브리스트의 경영방식에 관해 아무런 지식도 없었고, 조브리스트 역시 뷔르트조르흐에 관해서는 아무것도 몰랐지만, 둘은 거의 동일한 깨달음에 이르렀다. 이는 그저 경영인이 소위 말하는 '전문가'의 조언을 무시하기로 결정했기 때문에 이룰 수 있었던 것이며, 다른 어떤 실험들보다 실행 가능성과 경쟁력이 훨씬 높은 것으로 나타났다.

창밖의 지평선을 바라보던 프레더릭 랄루의 눈에 이들의 합리적이고 이성적인 회사가 들어온 것과 같다. 이들은 자신의 경험이나 깨달음을 테드 강연이나 『포브스』에 발표하지 않았다. 대신 이들은 단지 직원들에게 익숙한, 건전한 원칙에 따라 업무를 관리했다. 그리고 이들 중에는 중소기업뿐만이 아니라 최대 10,000명 이상의 직원을 보유한 성공적인 대기업도 있었다(원래는 네덜란드 기업이지만 글로벌 기업으로 성장한 IT 컨설팅 회사, BSO/오리진이 그 예다).

다른 기업의 경영인들이 이들과 같은 깨달음을 얻으려면 무엇이 필요할까? 직원들이 실질적인 업무를 수행하기 위한 첫 번째 단계는 무엇일까? 그 대답은 바로, 직원들이 실제로 무엇을 하고 있는지를 알아보는 더 나은 통찰력이 필요하다는 것이다.

마리안네와 레이프
: 동전의 양면 같은 문제

"회사는 실제로 어떻게 돌아가고, 당신은 무엇을 하고 있나요?"

이 질문에 대답하기 위해 관련 자료부터 꺼내드는 관리자들이 얼마나 많은지 알게 된다면 누구나 놀랄 것이다. 그들은 각 개별 프로젝트에 몇 시간이 소비되었는지, 얼마나 많은 실수나 오류가 발생했는지, 몇 시간이나 더 추가로 일을 해야 했는지, 그들의 관리 하에 있는 직원은 누구인지, 또 무엇을 얼마나 생산하는지 살펴보고, 직원들의 계약서를 꺼내서 그들이 무엇을 위해 고용되어 있는지 확인한다.

그들은 이를 통해 직원들이 무엇을 하고 있는지 잘 안다고 생각한다. 하지만 그들이 당신의 요청에 따라 공들여 수집한 숫자들을 통해 직원들이 무엇을 하고 있는지 알 수 있다고 생각한다면, 이것은 환상에 불과하며 심지어는 비극의 원인이 될 수도 있다.

우리는 숫자를 통해 다양한 것을 알 수 있다. 예를 들면, 직원들이 회사의 안전 절차를 숙지했는지, 품질 테스트를 위한 새로운 지침을 이해했는지, 또는 그들이 올바른 방식으로 고객에게 접근했는지 등이다. 하지만 숫자는 그들이 실제로 현장에서 어떤 경험을 하는지, 얼마나 많은 가치를 창출하는지, 그들이 규정에 따라 업무를 수행하는지, 또는 단순히 그들 스스로 실질적 가치라고 인식하는 일을 수행하기 위해 업무를 전환하는지 등은 말해주지 않는다.

공공부문을 예로 들어보자. 모든 사람의 맹장은 오른쪽에 있음에도 불구하고 이를 시스템에 등록할 때 자신이 제거한 환자의 맹장이 오른쪽에 있는지 왼쪽에 있는지까지 적어야 할지 고민하는 한 지방 도시의 의사나, 수년 동안 학교폭력 방지를 위한 전략 문서가 없었음에도 불구하고 아무런 문제없이 매우 효과적으로 학교폭력을 예방해왔지만, 어느 날 정부 기관에서 학교폭력 방지에 관한 전략적 조치를 마련해 홈페이지에 등록하라는 지시가 내려왔기에 그 일을 해야만 하는 고등학교 교사 등이 있다.[83] 이와 비슷한 예는 수십 가지다. 이것은 실질적 업무에 방해가 되지만, 단순히 상급 기관에 보여주기 위한 일을 해야 하는 사람들이 매우 많다는 의미다.

마리안네의 경우도 마찬가지다. 나는 어느 오후, 덴마크의 한 대기업에서 수년 동안 일했던 그녀를 만났다. 마리안네는 실질적 업무를 수행할 수 있는 기회가 점점 줄어드는 것을 느끼고 최근 회사를 그만두었다. 병가를 내고 사직서를 제출하려던 참에 회사에 정리해고 바람이 불었고, 그것이 그녀를 '구출'해 주었다. 그녀는 회사 업무가 항상 그랬던 것은 아니라고 강조했다.

"스스로 평가해보자면, 10년 전만 하더라도 제가 했던 일의 약 80%는 실질적 업무였어요. 나머지 20%가 문서 작성, 행정 업무, 관료주의적 작업 및 등록 업무 등이었죠. 그로부터 10년이 지난 지금은 상황이 거의 정반대로 변했어요. 지금은 제게 할애된 시간의 95%에 해당하는 시간을 가치 창출과는 상관없는 일에 사용하고, 실질적 업무에는 약 5%의 시간만 소비할 뿐이에요."

마리안네는 내게 현재시제로 설명했다. 마치 그녀가 물리적으로는 그 회사를 떠났지만 정신적으로는 여전히 그곳에서 일하고 있는 듯 말이다. 그녀가 동료들에게 작별 인사를 건넸던 것은 그리 오래전 일이 아니었다. 그녀는 그때 동료들에게 했던 짧은 인사말을 내게 문자로 보내주었다.

10년 전 내가 이 부서에 합류했을 때 우리는 전혀 다른 방식으로 일했습니다. 기본적으로 그냥 일을 해냈을 뿐입니다. 하지만 새로운 프로세스, 프로세스 설명, 프로세스 전문가, 아나쿠아Anaqua 업데이트, 보고서, 매뉴얼, 가상적 법적 리스크의 완화 등, 업무량이 계속 증가하면서 더는 간단하게 볼 수 없었습니다. 제가 동료 여러분들께 드릴 수 있는 조언은 이러한 많은 추가 작업의 이점이 무엇인지 신중하게 고려하라는 것입니다. 그중 일부는 특허 포트폴리오에 대한 점진적인 개선만 가져올 수 있습니다. 이 경우, 여러분이 해야 할 일은 더 중요한 가치를 제공할 수 있는 업무에 자원을 투자할 수 있도록 과감한 결정을 내리는 것입니다.

"제가 그 말을 하던 중, 상사 한 명이 자리를 박차고 나갔답니다." 마리안네가 거실 테이블 앞에 앉으며 말했다.

그녀는 자신의 상황을 매우 편안하고 사려 깊게 받아들였다. 나와의 대화에서도 자신은 여전히 그 회사에 애정을 가지고 있으며 나쁜 마음이라곤 전혀 없다고 여러 번 강조했다. 그녀는 단지 자신의 업무가 시간이 흐름에 따라 최악의 적으로 변모했다는 사실에 좌절했을 뿐이라고 말했다. 좌절은 수년에 걸쳐 서서히 모습을 드러냈다.

"예전에는 우리가 할 일만 하면 되었어요. 몇 가지 프로세스가 있긴 했지만, 나머지는 상황이 닥치면 바로 알아내고 해결했어요. 새로운 제품을 시장에 출시할 때, 우리는 프로세스의 특정 부분에 바로 뛰어들어 일했고, 그 방법은 매우 효과적이었어요. 우리에겐 우리만의 루틴이 있었고 항상 서로에게 물어보거나 조언을 받았어요. 하지만 어느 순간 우리는 프로세스를 위한 프로세스를 진행해야만 했어요."

마리안네는 이전에는 '그냥 하기만 하면 되었던 일'을 위해 요즘은 약 80페이지의 문서를 작성해야 한다고 말했다. 이 문서에는 방금 했던 업무를 등록하는 방법과 평가하는 방법 등이 순서도 및 스크린 숏과 함께 자리했다. 프로세스들은 다시 하위 프로세스로 나누어지고, 직원들은 이 수십 개나 되는 각각의 하위 프로세스에 대한 설명을 적어야만 했다. 마리안네는 이 일을 하면서 정작 그녀가 해야 하는 실질적 업무와는 점점 멀어지는 듯한 느낌을 지울 수가 없었다.

이전에는 다양한 단계의 작업에 동의하기 위해 팀원들과 서로 이야기를 나누었지만, 이제 마리안네는 화면 앞에서 대부분의 작업을 수행해야 했고, 더불어 다른 사람들을 위해 이 디지털 작업의 과정을 기록하는 새로운 프로세스를 진행해야만 했다.

"기존 프로세스의 반복 및 변경은 물론, 더 많은 프로세스들이 생겨나면서 프로세스 설명을 위한 프로세스 설명을 만들어야 하는 등 업무의 혼란이 가중되었어요. 따라서 우리는 원래 하기 위해 고용되었던 일 외에도 이상한 자기 참조 업무를 해야 했고, 직원들의 수는 갈수록 더 늘어났지만 창의적인 일은 점점 더 적어졌어요."

마리안네는 그녀가 수년 동안 이에 대해 그 누구에게도 솔직하게 털어놓을 수 없었다는 사실이 가장 최악이라고 생각했다. 가짜 노동을 입 밖에 내는 것은 암묵적으로 금지되어 있었고, 그 때문에 마리안네는 자신과 마찬가지로 직업 만족감을 상실한 동료들이 있는지 확인하기가 매우 불편했다.

"한번은 퇴근하는 길에 한 동료에게 프로세스를 인계받았냐고 물어봤어요. 그녀는 앞으로 시간을 많이 투자해야 하는 일이긴 하지만 '당신이 규정을 준수했다는 것을 알게 되어' 좋다고 대답하더라고요."

과거 마리안네가 팀 운영에 직접 참여했을 때는 스스로 문제를 발견하고, 팀원과의 대화를 통해 일을 해결하고, 거래처와 직접 접촉했기 때문에 업무가 더 간단했다. 하지만 이는 변했다. 마리안네는 모든 것이 시스템을 통해 조정되고 모든 결정과 절차 과정이 그녀 자신의 실질적 지식과 경험에 의해 사례별로 진행되지 않고, 외부에서 결정된 다음 그녀에게 내려온다는 것을 깨달았다.

같은 회사의 다른 부서에 소속된 레이프는 마리안네의 직업적 만족감을 질식시키는 갖가지 자료를 그녀에게 보내는 일을 담당하고 있었다. 불행한 점은 그 또한 마리안네와 마찬가지로 자신의 일에 만족하지 못했다는 것이다.

"조직 내의 학습과 훈련 분야에서는 전통적인 방식보다 비용이 저렴하기 때문에 모든 것을 디지털화해야 한다는 합의가 생겨났어요. 이는 비용을 절감할 수 있다는 이유 때문에 좋은 아이디어로 여겨졌고, 따라서 많은 이가 관심을 보였습니다.

하지만 이 방식이 제품의 품질을 향상시킬 수 있는지, 그리고 그 제품을 사용하는 사람들을 위해 얼마만큼의 가치를 창출할 수 있는지는 전혀 고려하지 않은 채 받아들여졌지요. 제품의 품질 향상과 가치 창출은 부수적인 것이 되었어요. 글로벌화, 표준화를 통해 비용을 절감할 수 있기 때문에 더 좋은 물건을 만들 수 있다는 생각 때문이었습니다. 그리고 그들은 실제적인 작동 방식에는 전혀 의문을 제기하지 않은 채 돈을 투자하고, 거기에 잠재력이 있을 것이라고 말하기 시작했습니다. 전혀 새롭지 않은 일이죠. 예를 들어, 1980년대에는 직원들을 교육시키기 위해 관련 내용이 담긴 비디오테이프를 전 세계로 전송하기도 했으니까요."

"정말 그랬나요?" 나는 놀라서 물었다.

"그럼요. 미국의 일부 패스트푸드 체인점에서는 회사 소개 비디오를 TV 화면에 연결해두었고, 레스토랑에 출근한 직원들은 일할 시간이 될 때까지 앉아서 화면을 바라보았죠. 그런 식으로 직원들을 교육시키는 방법은 전혀 새롭지 않아요."

우리는 회사 본사의 화이트룸에 앉아 있었다. 거기에 아직도 화이트보드, 마커, 종이 등이 있었기에 나는 모든 것이 디지털화되지는 않았다고 생각했다. 그러나 레이프는 실제 현실이 상당히 다르다고 말했다.

"많은 기업에서 사람들은 실제로 작동 가능한지 여부를 알지도 못한 채 디지털화에 열중하고 있어요. 모든 것은 디지털 방식으로 전달되어야 하고요. 이것은 업무 지침처럼, 사람들의 머릿속에 가능한 한 많은 지식을 주입시키고자 하는 사람들에게 일할 공간을 만들어주었어요.

그들은 여기서 여러 페이지의 PDF 속에 온갖 종류의 정보를 채워 넣고, 사람들에게 그 문서를 읽고 이해했으며, 문서에서 규정하는 작업을 수행할 수 있다는 표시로 서명을 요구해요. 서명을 받고 나면, 그들은 직원들이 디지털화된 업무를 효과적으로 수행할 수 있다고 믿죠. 이런 식으로 그들은 많은 지식을 여러 사람들에게 간단하고 쉽게 전파하는 동시에 자신의 책임을 다한 셈이 됩니다. 왜냐하면 이제는 모든 사람들이 그것을 볼 수 있다고 말할 수 있기 때문이에요. 하지만 그것은 속임수에 불과해요. 사람들이 문서에 기록된 정보와 지식을 다 습득했다고 어떻게 확신할 수 있나요? 단지 그들이 문서를 읽었다고 서명을 했기 때문에요?"

레이프는 사람들이 경영진의 전략적 우선순위를 조직 내에 전달하는 방식으로 디지털 솔루션을 자주 선택하는 이유를 설명했다. 디지털 솔루션은, 직원들이 충분한 정보를 전달받았다는 사실을 쉽게 문서화할 수 있다.

문제는 비록 직원 교육을 실행했고, 직원들이 서명한 PDF 문서가 시스템에 등록되었다 할지라도, 실제로는 직원들이 이 일로 인해 자신들의 업무에 방해를 받았다는 사실 외에는 아무것도 얻은 것이 없다는 것이다. 레이프는 바로 이러한 사실 때문에 디지털 솔루션의 효용성이 매우 의심스럽다고 말했다.

"반면, 이것은 책임과 의무에서 벗어날 수 있는 좋은 방법이기도 하죠. 만약 회사에서 업무 지침을 문서화해서 전달하고, 해당 직원이 이 모든 것을 정해진 시일 내에 해낼 수 있다고 서명했다고 칩시다. 그 의미는 직원이 문서의 내용을 준수한다고 약속한 것이나 다름없습니다.

반면, 어떤 오류가 발생했을 때도 직원이 이 업무 지침을 읽고 서명했다는 것을 알 수 있으니 회사에는 책임이 없다고 말할 수 있죠. 이는 기본적으로 회사 내의 모든 규정과 업무 지시에 대한 바탕이라 할 수 있어요. 즉, 회사는 그 책임을 아무것도 모르는 직원들에게 떠넘기는 셈이죠. 그리고 직원은 화면 앞에 앉아 '내가 정말 이 모든 것을 배우고 알아야 하는 걸까?'라고 생각하게 됩니다."

"그렇다면, 말씀하신 플랫폼은 얼마나 많은가요?" 내가 그에게 물어보았다.

"정말 많습니다. 밑 빠진 독에 물 붓기죠. 이런 PDF 문서의 페이지 수는 셀 수 없을 정도로 많아요. 특히, 안전교육과 관련된 문서가 안전과는 전혀 관련 없는 일을 하는 직원에게도 전달된다는 사실은 말도 안 돼요. 게다가 그 모든 재료로 생산되는 제품은⋯⋯."

레이프는 고개를 절레절레 저으며 말을 이었다.

"이 일에 얼마나 시간이 많이 걸리는지 아시나요? 모든 자료를 만들고 문서의 내용이 올바른지 확인하는 데 수많은 인력과 시간이 투입되는 것은 정말 터무니없어요. 이 문서는 다시 법적 검토와 다른 여러 과정을 거친 후에 많은 이들에게 전달돼요. 그리고 그 문서를 전달받은 사람들은 이것을 읽는 데 많은 시간을 소비해야 하고요. 몇 시간이 걸리는지 한번 계산해보세요."

레이프는 의자에 몸을 기댔고, 나는 암산을 해보려 했지만 금방 포기할 수밖에 없었다. 그 숫자는 천문학적으로 컸다.

"문제는 문서의 내용이 그것을 전달받는 직원의 업무와 관련이 있거나 심지어 그게 정말로 필요한지를 아무도 보장하지 않는다는 데 있어요. 그 문서를 끝까지 읽는 사람은 아마 5~10%에 불과할 거예요. 문서의 형식 때문에 그 누구도 내용을 이해하거나 읽을 수 없거든요. 사무실에 앉아 있는 직원 대부분의 양어깨 위에는 각각 천사와 악마가 앉아 있어요. 천사는 그 직원에게 일단 이곳은 그가 일을 하는 회사이기 때문에 문서의 내용을 진지하게 받아들여야 하며, 그렇지 않을 경우 회사의 경영진은 그가 회사의 기대에 부응하지 못하는 관리자나 직원이라고 생각할 것이라 속삭입니다. 반면, 악마는 이렇게 말하겠지요. 할 필요 없어. 이 멍청한 일을 하면 시간만 낭비하게 될 거야! 라고요."

마리안네와 레이프의 회사는 어디서나 볼 수 있는 흔한 조직이다. 레이프는 다른 조직에서도 똑같은 방식으로 일을 했다. 머리는 더 이상 손이 무슨 일을 하는지 실제로 알 수 없게 되었다. 하지만 관리자는 자신의 회사에서 만드는 제품이 실제로 어떻게 작동하는지 확인하는 것은 물론, 시장에 내보내기 전까지 책임을 져야 하며, 직원들이 경험하는 것을 직접 경험해야 한다.

"우리는 이 모든 것을 연결해야 해요." 레이프가 말했다.

"저는 마리안네가 이런 것들 때문에 사무실에 앉아 있으면 미칠 것 같다는 마음을 충분히 이해해요. 저와 같은 사람들이 업무 시간 중에 더 자주 회사 내의 직원들을 둘러보는 것이 좋겠다는 생각을 했어요. 직원들 옆에 앉아 '오늘 내가 당신을 도울 수 있는 일이 있을까요? 나는 당신이 우리 회사를 위해 더 가치 있는 일을 할 수 있도록 대신 문서를 작성해줄 수도 있고, 대신 회의에 참석할 수도 있어요'라고 말할 수 있어요."

바로 위와 같은 이유 때문에, 기업들은 환상에서 벗어나 규정 준수에 대해 근본적으로 다른 접근방식을 선택해야 하고, 직원들이 기업의 기대에 부응하는 동시에 규정에 따라 일을 할 수 있도록 보장해야 한다. 즉, 기업은 직원들이 사무실에 앉아 실제로 무엇을 하는지 잘 알아야 하며, 효율적인 피드백 시스템을 만들어서 직원들이 자신의 행동으로 인해 어떤 결과가 나타나는지 직접 경험할 수 있도록 해야 한다.

직원들은 실제로 무엇을 하는가?

마리안네와 레이프의 회사가 합리적으로 운영되지 않는 이유는 관리자들이 직원들이 실제로 무엇을 하는지 전혀 모르고 있거나, 관심을 가지지 않기 때문이다. 특히 후자는 매우 불행한 경우인데, 관리자들은 직원들이 가짜 노동을 해서 어떤 결과가 발생할지 모른다. 이 경우에 관해서는 나중에 따로 다루도록 하겠다. 일단, 전자는 매우 광범위하게 퍼져 있고, 또 매우 심각하다. 실제로 관리자들은 직원들이 무엇을 하는지 전혀 모른다. 그들은 모리외와 톨만이 묘사했던 것처럼 의식적으로 자신들을 어둠 속에 가두고 있다.

"현대 조직 내 대부분의 관리자들은 직원들이 무엇을 하는지 몰라요. 그들은 경영에 관한 소프트 이론과 하드 이론에 눈이 멀어 직원들의 업무(기대되는 업무)를 공식적으로 묘사하는 데만 초점을 맞추거나, 또는 사물이나 상황에 대한 그들 자신의 태도와 해석(기대되는 사물이나 상황)에만 집중하죠. 이것은 관리자들이 직원들의 실제 행동, 즉 직원들이 실제로 무엇을 하는지 이해하지 못하는 결과를 가져와요."

조직의 꼭대기에서는 모든 상황이 잘 돌아가는 것처럼 보인다. 마리안네는 회사에서 요구하는 온라인 강좌를 들었고, 새로운 프로세스에 관한 문서를 읽었다. 다른 말로 하자면, 그녀는 자신의 일을 했다. 문제는 마리안네가 이제 더 이상 그런 일을 하지 않으며, 그 누구도 이 사실을 모른다는 것이다. 왜냐하면 아무도 그녀가 실제로 무엇을 하는지 들여다보지 않았기 때문이다.

모리외와 톨만은 조직의 관리자들이 직원들의 '업무 상황'을 훨씬 더 잘 알 수 있는 방법을 제안했다. 이것은 관리자들이 직원들과 마찬가지로 해당 분야에 실질적 전문성을 갖추어야 된다는 뜻이나, 그들이 직원들의 업무에 하나하나 간섭하고 감독해야 한다는 뜻은 아니다. 이는 단순히, 관리자는 직원들이 어떤 목표와 어떤 장애물 또는 어떤 능력을 갖춘 사람인지 이해해야 한다는 것이다.

직원들의 업무 상황을 분석하는 방법

관리자가 직원들의 업무 상황을 분석할 때는 기본적으로 해당 직원이 어떤 업무를 좋아하는지, 언제 업무를 잘 진행하는지 또는 언제 그렇지 않은지 알아야 한다. 직원이 업무를 수행하려 할 때 방해가 되는 것은 무엇인가? 직원이 자신의 역량을 최고로 발휘한다거나 하는 일에서 성공하는 것 또는 기타 관리상의 여러 쓸모없는 일을 해야 한다는 의미가 아니다. 중요한 것은 그 직원이 업무를 적절하고 만족스럽게 수행했다고 생각하는지, 언제 업무가 어렵다고 생각하는지 또 그 이유는 무엇인지 알아야 한다는 것이다.

만약 당신이 진부한 헛소리로 질문을 던질 경우, 무의미한 헛소리가 만연하는 조직에서는 역시 같은 헛소리를 대답으로 들려줄 가능성이 높다. 예를 들어, 직원에게 언제 자신의 역량을 최고로 발휘할 수 있냐고 묻는다면, 그 직원은 당연히 '내가 주변의 일에 호기심을 보일 때, 그리고 우리가 팀을 이루어 함께 일할 때'

라고 말할 것이다. 관리자인 당신이 그의 머릿속에 주입한 비전 말이다.

하지만 당신이 원하는 것은 팀 내의 앵무새 같은 말이 아니다. 불행하게도 우리는 새벽 2시에 직원들에게 전화를 해 그들을 깨울 때조차 그처럼 말이 안 되는 말을 대답할 수 있도록 가르쳤다. 이제는 그 대신 다음과 같은 질문 가이드를 사용해보라.

① 직원이 자신의 업무를 통해 무엇을 달성하고자 하는가?
② 그 직원은 매일 어떤 태도를 바탕으로 문제를 해결하는가?
③ 문제 해결을 위한 직원의 태도는 목표 달성 측면에서 보았을 때 스스로에게 도움이 되는가?
④ 직원은 언제 목표를 달성했다는 사실을 알 수 있는가? 직원이 목표를 달성했을 때는 어떤 방식으로 이를 확인할 수 있는가?

관리자와 직원이 대화를 할 때는 그 주제가, 계약서나 성과 카드 또는 조직 내의 전략적 목표 등에서 볼 수 있는 공식적인 목표로 전환되는 것을 피해야 한다. 즉, 숫자나 추상적 세계에 대해 이야기하는 것을 피하고, 일상적인 수준에서 대화해야 한다는 것이다.

더불어 목표와 같은 추상적인 주제로 이야기하는 것도 피해야 한다. 이것은 우리가 의식적으로 헛소리의 경계선에 다가가고 있다는 의미다. 목적 이론에서는 사람들이 특정 과제를 해결하는 것이 아닌 일반적인 수준에서도 의미가 있는 일을 할 때 적절한 동기를 부여받을 수 있다고 말한다.

사이먼 시넥이 제시한 이 아이디어는 이를 입증할 수 있는 탄탄한 기반이 부족할 뿐 아니라 자주 과대평가된다.[84] 예를 들어, 부동산 중개업자가 어느 날 갑자기 '사람들의 꿈이 실현되는 공간을 찾는 것'이 자기 일의 목적이라고 생각한다면 이는 잘못되었다. 매우 환상적으로 들리는 이 말만으로 슈미트 부부에게 집을 파는 것은 평행 세계에서나 가능하다.

차라리 부동산 중개인이 집을 내놓은 모르텐센 부부에게 좋은 가격으로 빨리 집이 팔릴 수 있도록 도와주고, 필요한 정보를 합리적인 속도로 제공하며 모든 것을 합법적으로 진행하겠다는 구체적이고 합리적인 목표를 가지고 있을 때, 집을 사려는 슈미트 부부도 공정한 대우를 받았다고 여길 것이다.

그러니 경영인이라면 홍보부에서 만든 슬로건으로만 존재하는 인위적 현실이 아니라 구체적 현실에서의 목표에 대해 질문을 던질 수 있어야 한다.

만약 직원이 업무와 관련해 더 높은 목표를 가지고 있다면 그것도 매우 훌륭하고 칭찬할 가치가 있지만, 업무 맥락의 관점에서 본다면 결코 흥미롭다고 할 수는 없다. 따라서 목표는 직원이 처리해야 할 업무, 즉 직원이 자신의 능력과 전문 지식을 활용해서 해결해야 하는 업무, 의미 있는 기여를 통해 가치를 창출할 수 있는 업무 그 자체여야 한다.

직원들에게 필요한 자원과 도구

직원들이 이 목표를 이루려면 무엇을 이용해야 하는가? 그들은 목표를 달성하는 데 필요한 토론, 지식, 조언 또는 기타 모든 것을 어디에서 얻을 수 있는가? 여기에는 어떠한 자원이 필수적일 것이며, 이를 최적으로 작동시키기 위해서는 어떻게 해야 하는가? 어떤 상호 작용(고객, 이해 단체, 동료, 상사, 관계 당국 등)이 가장 유용하며, 그것은 언제 이루어지는가? 그들이 일을 잘해냈을 때 무엇을 제공할 수 있는가? 이것은 언제 그들에게 최적으로 작용하는가? 그들이 재정적 자원과 필요한 도구, 업무를 적절히 수행하는 데 필요한 교육 등 기타 요소를 갖추고 있는가?

여기에도 사람들이 동료를 내세우거나 새로운 IT 시스템에 대한 진부한 헛소리를 늘어놓을 위험이 도사리고 있다. 우리는 동료를 인적자원으로 봐야 한다고 배웠지만, 마리안네와 레이프의 경우처럼 회사의 규정 준수 교육과 업무 지침 전달을 담당하는 부서는 업무에 실질적인 도움을 주기보다는 오히려 방해하는 위치에 있을 때가 더 많다. 어떤 회사는 파워포인트나 PDF 외의 방법을 통해 도움을 받을 수 있다는 것을 상상하지 못한다.

따라서 일상 업무에서 어떤 도구가 도움이 될 수 있는지 물었을 때, 직원이 무엇을 기대하는지 대답하는 것만으로는 충분하지 않다. 수도권 의사들에게 의료 플랫폼 시스템이 일상 업무에 도움이 되는지 방해가 되는지 물어보라. 그들은 단지 의료 플랫폼을 사용해야 하기 때문에 의무적으로 사용할 때가 많다. 의료 플랫폼과 병행해 사용할 수 있는 자신만의 시스템을 사용하는

의사도 많다. 의료 플랫폼이 제한된 범위 내에서만 자신의 업무
에 도움이 된다는 것을 깨달았기 때문이다.

바로 그 때문에 직원이 목표를 달성하기 위해 어떤 자원
을 어떤 방식으로 이용하는지 정확히 물어보는 것은 매우 중요하
다. 이런 과정을 통해서만이 동료, 도구, 그리고 소위 말하는 자원
이 실제로 방해 요소가 되는지의 여부를 알아낼 수 있다.

직원들을 제한하는 것을 찾아라

직원들이 목표를 달성하는 데 무엇이 방해로 작용하는가? 원하
는 결과를 얻기 위해서 매일 극복해야 하는 장애 요소는 무엇이
며, 이러한 장애 요소를 설정하는 사람 또는 요소는 무엇인가? 그
것은 법적 요구사항인가, 아니면 동료나 조직 내 지원 기능에서
요구하는 사항인가, 또는 정치적 고려 사항인가? 재정적 제약이
있는가? 직업적 한계인가, 아니면 직원에게 부여되지 않은 권한
때문인가? 직원이 매일 스스로 결정을 내릴 기회가 없기 때문인
가? 표면적으로 직원들에게 도움을 주기 위해 제공되는 소위 일
상 자원, 프로세스, 도구 등이 실제로는 중간 과정을 지연시키거
나 단순히 방해 요소로 작용하기 때문인가? 일을 중단시키는 갈
등 요소는 일반적으로 어디에서 발생하며, 또 누구 때문에 발생
하는가?

가짜 노동에 매우 표적화된 접근방식을 취한 실케보르그
Silkeborg의 한 고용 센터에서는 직원들의 실질적인 업무에 방해가
된다고 생각되는 것들을 살펴보기 위해 꽤 간단한 절차를 도입했

다. 그들은 모든 제약을 세 가지 카테고리로 분류하는 순환 통제 모델을 사용했다.

① 그들이 스스로 바꿀 수 있는 것
② 그들이 영향을 미치기 위해 노력할 수 있는 것
③ 법적 요구사항 등 그들이 스스로 할 수 없는 것

이를 통해 구직 센터의 직원과 관리자 들은 그들의 한계가 무엇인지 알게 되었고, 특히 자신이 생각하는 것보다 더 큰 영향력을 행사할 수 있다는 사실도 알게 되었다. 최소한 그들은 업무를 제한하는 요소들을 제거하는 데 영향력을 행사할 수 있는 사람이 누구인지 깨달은 것이다.[85] 실케보르그의 고용 센터는 이 효율적인 방식을 통해 직원들의 업무 만족도를 높일 수 있었으며, 이런 기관들과의 면담에서 무의미하고 절망적인 경험을 마주했던 고객들에게도 의미를 심어주었다.

업무를 방해하는 요소를 찾아낼 때 위험이 뒤따를 수 있다. 필연적으로 조직 내의 어떤 사람, 때로는 특정인을 언급해야 할 때도 있다. 이것은 불법으로 간주되기도 하며 그 직원이 상사의 눈에 띌 가능성도 매우 높다.

그러나 조직 내의 갈등이 기본적으로 어떤 특정 직원에 의해─무의식적으로라도─ 유발된다고 생각한다면, 그리고 비록 그 근거가 충분하지 못할지라도 다른 이들의 업무에 방해 요소가 된다면, 관리자가 그를 해결해야 한다. 따라서 관리자는 그

의도의 이면을 면면히 살펴보고, 설사 그것이 선한 의도라 할지라도 업무의 방해 요소로 작용한다면 그 의도가 목표를 잘 뒷받침하고 있는지, 아니면 '근거 없는 합리성'이 되어버렸는지 철저히 조사해야 한다.

관리자들은 이 과정에서 일부 요소가 자신에게서 비롯될 수 있다는 점을 필연적으로 깨닫게 되며, 의도하지 않은 가짜 노동이 발생한 원인 중 자신은 어떤 역할을 했는지 이해해야 한다. 이를 위해서는 바로 자기 자신의 선택과 계획을 비판적인 시선으로 바라볼 수 있어야 한다.

업무의 장애 요소를 설정하여 당신은 누구―조직 내의 다른 사람, 고객, 시민 또는 자기 자신―를 보호하려 했는지 살펴보라. 만약 자기 자신을 보호하려 했다면, 특별한 프로세스에 따르고 무언가를 문서화하거나 또는 완전히 상관도 없는 어떤 것을 보고해야 하는 그 직원에 대한 신뢰가 부족하다는 의미다. 만약 그렇다면, 신뢰가 부족한 이유는 무엇인지 자문해야 하며, 그 이유가 관리자의 입장에서 보았을 때 충분한 근거를 가지고 있는지, 아니면 단지 과도한 예방 원칙에 기초한 것인지도 살펴봐야 한다.

이때 해당 관리자에게 더욱 난감한 경우가 생길 수 있다. 직원이, 자신이 실질적으로 해야 하는 업무를 하지 못하는 이유가 상사의 직속 상사가 비합리적이고 무의미해 보이는 업무를 원하기 때문이라고 인정할 때다. 여기서 제기되는 중요한 질문은 직원이 문제적 상황을 이해하고 거의 무가치한 추가 업무가 바로 실질적 업무의 방해 요소라는 것을 깨달았을 때, 이 상사가 자신의 상사와 직원 사이에서 해당 직원을 얼마나 기꺼이 방어해주고 보호해줄 수 있느냐는 것이다.

아는 것에는 의무가 따르고, 여기서는 단지 개인적 책임감과 윤리만이 이 중간관리자가 최고경영자의 사무실로 찾아가도록 인도한다. 이때 중간관리자는 이미 복사와 붙여넣기로 반복되는 왼손 작업과 월별 보고에서 벗어나 그 시간을 자신의 실질적 업무에 사용하고 싶어 하는 직원들의 겸손한 소망을 자신의 상사에게 보고해야 하는 쉽지 않은 임무를 수행해야 한다.

그러기 위해서는 용기가 필요하지만 우리는 얼마든지 우리의 상사들에게 용기를 요구할 권리가 있다.

직원들의 직장 생활이 어떤지 조사하라

위와 같은 표현은 너무나 진부해 보일 수도 있지만, 실제로 직원들과 이런저런 대화를 나누는 관리자는 그리 많지 않다. 심지어는 직원과 관리자 사이의 관계에서 일종의 상호 작용 표준이라 할 수도 있는 연례 직원 개발 면담^{MUS}에서도 이루어지지 않는다. 여기서 우리는 다시 기본적으로 개개인에 초점을 맞추는 하드 이론 및 소프트 이론의 세계로 되돌아간다. 하지만 직원 개발 면담은 일반적으로 현재의 상황이 아니라 미래의 목표나 야망에 관한 것이다. '5년 후 당신의 모습은 어떠할 것이라고 생각합니까?'라는 질문은 모두가 싫어하며 우스꽝스럽고 진부하다.

지금 우리에게 흥미로운 것은 5년 후의 상황이 아니라 현재의 업무 상황이다. 아쉽게도 이 주제는 MUS에서도 자주 다루어지지 않을 때가 많다. 나는 MUS에 접근하는 여러 가지 방식이 있다는 것을 잘 알고 있다. 하지만 업무 상황에 대해 근본적인 요소부터 알아야 할 필요가 있는 관리자들에게 도움이 되는 접근방식은 그리 많지 않다.

나는 인류학자로서 업무에서 경험하는 기회와 한계에 대해 일선 현장에서 일하는 사람들과 직접 만나 대화를 나누는 것을 좋아한다. 아네르스 포그 옌센과 나는 사람들을 만나, 그들이 실제로 무엇을 하는지에 관해 대화를 나누며 가짜 노동에 대해 조사했다. 이것이 내가 일을 하며 배운 방식이며, 인류학자와 민족지학자 들이 현장 조사를 할 때 작업하는 방식이다. 그들은 사람들에게 무엇을 하고 있는지 직접 물어본다.

이 작업에서, 나는 기본적 수준의 질문에 대해 솔직하게 대답하는 사람이 드물다는 것을 깨달았다. 그래서 같은 질문을 계속해서 던져야만 했다. '정말 듣고 싶나요?' 그들은 놀라서 내게 되물었다. 그들에게 그처럼 구체적으로 질문한 사람은 지금껏 거의 없었다는 게 분명했다.

아무것도 하지 않을 작정이라면 물어볼 필요도 없다

앞에서 설명한 내용은 프레더릭 랄루가 색상 코드 시스템을 기반으로 '틸Teal' ─ 덴마크어로 '청록색'이라는 의미 ─ 이라고 불렸던 작업 중 일부이므로 여기서 더 깊이 들어갈 필요는 없다.

틸 조직은 직원의 업무 상황을 조사해서 알게 된 사항을 받아들여 실행에 옮겼다. 그들은 구조, 프로세스, 선택 및 의사결정 계층에 위임되어 있던 조직의 권력을 직원에게 이전시키기 시작했다. 그들은 업무에 방해되는 요소를 제거하고 신뢰를 바탕으로 하는 협동 작업으로 그 자리를 채웠다. 그 일은 직원들이 무엇을 하는지 알아내고, 직원들의 행동과 자유를 보호하며, 그들을 뒷받침하고 지켜줄 용기가 있는 관리자들에게 달려 있다. 관리자는 자신의 일에 통찰력을 지닌 직원들을 존중하고 진지하게 받아들여야 하는데, 이러한 태도는 덴마크의 공공기관에서 특히 부족한 것 같다.

이제 반대의 예를 들어보겠다. 공공부문에는 전반에 걸쳐 개선 부서와 다양한 '교차적' 단체가 생겨나고, 간호사와 교사 그리고 연구원 들은 갖가지 숫자와 보고서와 문서들을 작성하고 설문조사에 응한다. 덴마크의 직업학교도 성장과정에서 이러한 경험을 했다.

우리는 『가짜 노동』에서 그런 학교에서 일하는 교사 프레더릭을 인터뷰했다. 새로운 행정 부서들이 교육의 질을 보장하기 위해 프레더릭에게 여러 가지 일들을 차례차례 맡기는 바람에, 정작 그는 중요한 가치를 창출하는 실질적 업무를 할 수 없었다. 프레더릭은 1년에도 몇 번이나 업무평가를 받지만, 이러한 품질 평가를 수행하는 부서가 실질적으로 중요한 일에 기여하는지의 여부를 평가하는 사람은 아무도 없었다고 했다.

이러한 평가는 『가짜 노동』이 출간된 이후 실제로 수행되기 시작했다. 덴마크 교육 평가원EVA은 '교육 부문에서의 데이터 활용'에 관해 무려 110페이지 분량의 분석을 내놓았다. 여기서는 이 모든 데이터들이 직업 교육 훈련에서 교육의 질을 발전시키기 위해 어떻게 활용되었는지, 그리고 그것이 교육 업무에서 실질적 개선을 가져왔는지를 살펴보았다. 품질개선 부서에서 일하는 약 95%의 관리자들은 문서화 작업이 효과가 있다고 믿었던 반면, 교육 현장에서 일하는 대다수의 교사들은 그렇지 않았다고 답했다. 이 결과는 그리 놀랍지 않다.[86]

이를 통해 얻을 수 있는 당연한 결과는, 문서화 작업이 일상 업무에서 자원의 역할을 하는지 방해 요소가 되는지 가장 잘 아는 사람은 바로 교실에 있는 교사라는 사실이다. 또한 각종 조사를 통해, 문서에서 요구하는 사항이 명백히 작동하지 않을 때는 이를 보류하는 것이 좋다는 결론도 내릴 수 있다.

하지만 이런 추론을 한 독자는 공공부문에 대해 잘 알지 못하는 사람이다. 왜냐하면 전통적으로 공공부문에서는 각 직원들의 경험을 진지하게 받아들이지 않는다. 이와 관련하여 덴마크 평가원은 '시스템'을 확장한 기관일 뿐이라 할 수 있다. 해당 기관의 수석 컨설턴트인 페르닐레 예르모브가 보도 자료를 통해 발표했던 결론에 주목해보라.

"직업 교육에서 광범위한 양질의 작업에 필요 이상의 자원이 투입될 때, 교육 내용을 컴퓨터로 문서화한다고 해서 이 작업이 나아지는 것은 아니라는 것을 경험하는 교사가 있다는 것은 부끄러운 일입니다."

내가 '경험한다'라는 말을 특히 강조하는 이유는, 교사의 현장 업무를 단지 그들만의 '경험'으로 간주하는 수석 컨설턴트의 오만함을 짚기 위해서다. 이어지는 결론은 다음과 같다.

"직업 교육 부문에서는 어떻게 하면 컴퓨터 문서화 작업이 전산 작업의 개발과 발전으로 이어질 수 있는지, 또 이러한 전산화 업무가 어떻게 교사들에게 합리적인 도움을 줄 수 있는지에 관해 지속적으로 연구해야 합니다."

덴마크 평가원의 보도 자료, 보고서 및 결론은 그들이 공공기관에서 일하는 일반 직원들에게 권력을 과시하는 모습처럼 보인다. 즉, 그들은 공공기관의 직원들이 무슨 말을 해도 그들 자신이 내린 결론에서 한 치도 벗어나지 않을 것이라고 말하고 있다. 교사들의 경험은 관리 시스템과 정부 산하 평가 기관 및 품질 부서에서 사전에 내려놓은 결론과 다르기 때문에 유효하지 않다.

만약 그들이 진정으로 직원들의 업무 상황에 관심을 가지고 도움을 주려 한다면 먼저 직원들을 진지하게 받아들여야 한다. 그렇지 않으면 덴마크 평가원에서 일하는 직원들은 설문조사를 실시할 때마다 회의적인 응답자들을 만나게 될 것이다.

'당신들은 이미 대답을 정해놓았는데 내가 당신들의 질문에 굳이 대답해야 할 필요가 있을까요?'

관리자는 직원을 이끌어주는 데 시간을 투자해야 한다

위에 언급한 사항은 특히 공공부문의 문제점이며, 2018년 발표된 공공 관리 위원회의 결론과도 일치한다.

"학교, 요양원, 병원, 경찰서 등의 관리자들은 각각 시청이나 정부 부처에서 일하는 자신들의 상사를 현장으로 불러내는 데 큰 어려움을 겪고 있다. 이 상사들은 아래를 둘러보는 것이 아니라 윗선에 초점을 맞추고 있다. 그들은 정치인에게 성공 사례를 전달하고, 새로운 규칙과 지침을 마련하거나 또는 새로운 평가 방법을 만들거나 문서화 작업 등의 일을 한다. 상사나 경영진과의 커뮤니케이션은 효과적으로 이루어지지 않는다. 우리는 여기서 공공부문의 관리 체제가 서로 잘 맞지 않고 제대로 작동되지 않는 점을 지적한다. 경영 및 관리 사슬은 조직 운영과 정치 사이의 중간쯤에서 '단절'되었다."[87]

경영관리 위원회에서 공공기관의 관리자들을 대상으로 설문조사를 실시한 결과, 그들은 상향 관리 작업에 필요 이상으로 많은 시간을 소비하고 있었다. 이런 이유 때문에 관리자들은 직원들로부터 효과적으로 격리될 수밖에 없다. 직원들은 그들 자신과 관리자들이 한 팀이 아니라 반대자 입장에 있다는 생각을 하게 된다. 관리자들은 더 많은 것을 알고 싶어 하는 경영진의 정치적 수준의 요구를 충족시키느라 바쁘기 때문에, 자신과 직원 사이에 이상한 중개자 역할을 하는 품질 및 노동 컨설턴트들을 배치한다. 이것은 그들이 자신들의 존재를 정당화하고 능력을 입증하는 방편으로 사용되기도 한다.

위원회의 한 멤버이자 전직 CEO였던 이르마 알프레드 요세프센은 나와 함께 이 책의 요점에 관해 논의하는 자리에서, '그들은 이 직업에 적합하지 않습니다. 그들은 단지 자신들의 커리어만 생각할 뿐입니다'라고 말했다. 2019년 죠프Djøf(덴마크의 변호사와 경영인으로 조직된 노동조합—옮긴이)의 연구는 그의 말을 입증해준다. 공공기관의 관리자들 중 단 25%만 직원들을 리드하는 것이 자신의 커리어에 도움이 된다고 생각하는 반면, 60%에 이르는 관리자들은 자신의 고위직 동료나 상사 또는 정치인 들을 향한 상향 업무가 커리어에 더 도움이 된다고 생각하는 것으로 나타났다.[88]

또한 직원들과 함께 성과를 달성한다 하더라도 보상을 받을 수 있는 사람들은 극히 소수라는 생각이 만연했다. 작가이자 전직 시의원인 닉 알렌토프트는 우리의 병들어가는 공공부문에서는 관리자들이 실제 관리 업무보다 더 많은 일을 수행한다는, 우려할 만한 분석을 내놓았다.[89]

모든 관리자는 자신의 업무는 물론 직원들의 업무에 대해 더 잘 알아야 한다. 그렇지 않다면 실질적으로 변화를 가져오기보다는 오히려 직원들의 업무를 측정 가능한 기준에 맞추게 되고 결과적으로 직원들의 업무를 축소시킬 수도 있다. 이들 중에는 마감일과 사용자의 수, 성과와 계획과 정책의 실행, 학습 목표(예: 초등학교에는 3000여 개의 학습 목표가 있다), 회의의 횟수, 예산 준수의 범위에서 벗어나지 않는 사람이 능력 있는 직원이라 생각하는 경우도 많다. 이들은 관리자가 항상 무언가를 측정해야 한다고 생각하기 때문에, 직원들과 그들의 업무에 대한 정보가 없을 경우, 직원의 목표와 조직의 목표를 혼동할 수밖에 없다.

언젠가 지난해보다 사람들이 더 많은 책을 대출하는 것을 목표로 정한 어떤 도서관을 방문해보았다. 도서관 관련자들이 시의회 정치인들에게 자신들의 존재와 역량을 보여주기 위해 그러한 목표를 설정했다는 것은 충분히 이해한다. 하지만 나는 담당 관리자가 사서들과의 대화를 통해 그처럼 어리석고 무관한 목표를 당장 중단하기를 바란다.

도서관의 역량은 8학년 학생 오토가 사회 과목 과제를 해결하기 위해 적합한 책을 찾고 있을 때 이를 도와주는 과정에서 나타난다. 오토뿐 아니라 다른 모든 사용자들에게 이런 방식으로 다가가는 것이 바로 도서관이 해야 할 일이다. 사람들은 도서관이 2021년에 2020년보다 더 많은 책을 대출했다고 해서 도서관의 역량이 더 나아졌다고 생각하지 않을 것이라는 말이다.

공공부문에서는 이러한 분야에 대한 준비가 미흡하다. 그들은 가능한 한 빨리 폐지하는 것이 좋은 성과 계약을 바탕으로 일한다. 민간부문도 상황은 크게 다르지 않다. 민간부문이 기본적으로 공공부문의 성과 계약을 리모델링했기 때문이다. 우리는 이러한 정밀 평가 문화가 어떻게 조직을 파괴하고 가짜 노동의 원천이 되는지 뒷부분에서 더 상세히 알아볼 것이다.

직원들의 관심과 목표에 대해 더 잘 알아야 한다는 점을 관리자들에게 미리 상기시켜주는 것은 매우 중요하다. 직원들의 관심과 목표가 고객과 시민의 서비스 기대치와 일치할 가능성이 높기 때문이다. 직원들의 업무 상황을 파악하는 것은 하향 관리를 유도하는 방법이다. 가짜 노동이 존재하지 않는 직장을 원한다면, 모든 관리자들은 자신들의 직속 상사뿐 아니라 자기에게 속한 직원들과 접촉하는 시간 간의 균형을 살펴봐야 한다. 이 시간의 비율이 어느 정도로 분포되어야 적절한지 정확히 말할 수는 없지만, 적어도 관리자들이 해야 할 구체적인 과제임은 분명하다고 말할 수 있다. 혹시 그들이 회사 업무가 진행되는 현장보다 경영진 사무실 앞 복도에서 서성거리는 시간이 더 많지는 않은가?

코로나 때문에 더 명확해진 관리자들의 업무

모두들 알다시피 긍정적인 위기보다 더 좋은 것은 없다. 코로나 위기 상황이 닥치자 관리자들이 갑자기 구체적인 관리 업무를 하기 시작했다. 그들은 직원들이 업무의 우선순위를 정하는 데 도움을 주었고, 세 명의 어린 자녀가 주변을 기어 다니는 중에 재택근무를 해야 하는 직원이 팀 내에서 그 역할을 할 수 있도록 도와주고 지원해주었다. 이것은 당시의 조사에서뿐만 아니라 관리자들의 증언을 통해서도 밝혀졌다.[90] PFA의 경영관리인인 알란 폴락은 덴마크의 비즈니스 전문 신문인 『뵈르센Børsen』에 다음과 같이 기고했다.

"나는 우리 경영인들이 실질적 운영 현실을 더 많이 접하는 것이 매우 건전하다고 생각합니다. 우리는 일반적으로 재무예측, 리스크 시나리오, 규정 준수 등에 더 초점을 맞추는 경향이 있습니다. 최고경영자들은 직원들의 업무 방향을 조정하는 데 도움을 주기 위해 이전보다 더 직원 친화적인 소통 방법을 찾아냈습니다."[91]

코로나 위기 상황에서 관리자는 직원들에게 의사 결정권과 기회를 더 많이 부여하기 위해 옆으로 물러나 있다가, 직원들이 업무의 중요도를 결정하거나 구체적인 도움을 필요로 할 때는 신속하게 제자리로 돌아가는 모습을 보여주었다. 이것은 계층 구조가 여러 위치에서 매우 효과적으로 끊어졌다는 것을 의미한다. 이로 인해 업무는 더 효율적으로 수행되었고, 관리자는 병목 현상에서 벗어나 직원들의 스파링 파트너 역할을 하게 되었다.

KL(전국 지방자치단체 협회―옮긴이)의 제이콥 번스고르는 코로나 위기 당시를 다음과 같이 특징지었다. "업무 진행 방향을 정할 때 관리 구조의 4개 계층에서 면밀히 검토하지 않은 채 일을 진행해야 할 때도 있었습니다. 왜냐하면 시간이 없었기 때문입니다." 뒤이어 그들은 '획기적으로 새로운 길'을 따르기를 원한다고 발표했다.[92]

바로 그 때문에 가짜 노동을 원하지 않는 관리자들은 자신의 책상을 거쳐야 한다고 생각하는 모든 결정들을 검토해보고 왜 그래야 하는지 자문해봐야 한다.

만약 관리자 또는 상사로써 무엇을 해야 할지 확신이 없다면, 먼저 직원들과 함께 시간을 보내고, 그들의 업무 상황을 파악하고, 그들의 과제를 이해하고, 어떻게 하면 그들에게 필요한 자원을 최선의 방법으로 제공해줄 수 있는지 파악해야 한다. 우리에겐 직원들이 필요로 할 때 업무의 우선순위를 정해주는, 도움을 줄 수 있는 관리자가 필요하다.

복스미터에서는 컨설팅 그룹 발리사게르Ballisager의 의뢰를 받아 덴마크인들이 상사에게서 어떤 점을 가장 중요하게 생각하는지에 관해 조사했다. 여기서 가장 많은 응답률을 기록했던 사항은 직원을 신뢰하고 직원에게 필요한 도움을 줄 수 있어야 한다는 항목이었다.[93] 하지만 설문조사 응답자 중 약 4분의 1은 자신들의 상사가 직원이 실질적으로 무슨 일을 하는지에 관해 관심이 없는 것 같다고 대답했다. 따라서 우리는 리더로써의 새로운 역할을 모색해야 한다. 바로 이것이 가짜 노동을 없앨 수 있는 유일한 방법이기 때문이다.

그 이야기를 하기 전에, 먼저 가짜 노동이 얼마나 만연하고 있는지 개관해보자. 그다음에 어떻게 그런 일이 발생하게 되었는지 살펴보고, 마지막으로 가짜 노동이 다시 발생하지 않도록 더 나은 형태로 협력할 수 있는 방법을 찾아보자.

10장

조직 내의 가짜 노동을 개관하는 법

직원의 업무 상황을 밝혀내면 자연히 해당 직원의 가짜 노동 여부도 밝혀진다. 즉, 직원이 많은 시간을 투자하지만 핵심 업무의 목표를 달성하는 데 도움이 되지 않는 일이 드러난다. 하지만 이 과정만으로는 충분하지 않다.

나는 이 장에서 가짜 노동을 찾아내고 이를 검증해 완전히 없앨 수 있는 방법을 간략하게 설명하려 한다. 이 방법은 지난 몇 년 동안 조직 내의 가짜 노동을 없애는 데 구체적인 도움을 주었거나, 또는 이와 관련된 문제를 어떻게 해결했는지 경청해왔던 나의 경험을 바탕으로 한다.

그저 물어보라. 절대 어려운 일이 아니다

『가짜 노동』 출간 이후, 나 자신이 내가 비판하는 대상이 되어서는 안 된다는 생각을 했다. 그래서 나는 가짜 노동을 없애기 위해 정규직 컨설턴트로 소속되어 자문을 해주는 회사에서 더 일할 수는 없다고 결론을 내렸다. 나의 철칙이기도 했고, 꼭 그럴 필요도 없었기 때문이었다. 내 경험에 비추어보면 가짜 노동을 밝혀내고 조직 내의 문제를 인식하는 것은 그리 어렵지 않다. 문제는 가짜 노동이 다시 발생하지 않도록 하는 것이다. 그러기 위해서는 이 책에서 다루는 몇 가지 사항부터 시작해보는 것이 중요하다.

이 장에서는 이미 만연한 가짜 노동에 대한 개요를 얻는 방법을 주로 다룬다. 일단 조직 내에 가짜 노동이 존재한다는 것을 입증하게 되면, 앞으로도 이를 주시할 동기가 발생한다. 이 과정에서 가장 중요한 것은, 가짜 노동이 우리 회사에 존재한다는 사실을 인정하는 것이다. 이때, 직원들과 업무 상황에 관해 대화를 나누는 것은 매우 바람직한 출발점이라 할 수 있다.

그래서 우리는 가짜 노동 때문에 가장 부정적인 영향을 받는 사람들에게 물어봐야 한다. 일반적으로 회사 업무에 더 깊이 연루될수록 상황은 더 나빠진다. 이것은 경영진과 팀 체제 또한 가짜 노동으로 인해 시간을 낭비하고 있다는 사실을 모른다는 말이 아니라, 가짜 노동 때문에 그들이 정작 해야 하는 '실질적 업무'가 있다는 사실을 잘 모른다는 말이다. 직원들의 실질적 업무는 이미 회의, 계획, 정책 및 관료 구조로 점철되는 소위 백스테이지 기능 때문에 숨겨졌다. 물론, 이러한 기능 때문에 직원들이 중요하지 않은 업무를 일부러 찾아낸다는 말은 아니다. 단지 앞서 언급했듯, 여기에서 발생하는 문제점이 자기 자신은 물론, 조직 내의 다른 사람들에게도 영향을 미칠 가능성이 크다는 것이다.

2017년 『하버드 비즈니스 리뷰』는 약 7,000명의 사람들을 대상으로 조직 내 관료주의에 관한 조사를 실시했다. 그 결과에 따르면 업무가 번거롭고 복잡하다고 느끼는 사람들 대부분은 고객서비스, 판매 및 생산 부서에서 일했다. 즉, 그들은 조직 내에서 핵심 업무를 담당하고 있었다. 반면 전략, 기획, 인사, 프로젝트 관리 업무를 보는 이들은 일상에서 관료주의에 대한 부담을 크게 느끼지 않았다. 따라서 그들은 스스로의 상황을 바탕으로 다른 이들에게 추가 작업을 부여할 위험성이 크다.

자신이 속한 조직이 얼마나 관료주의적인지 가장 잘 모르는 사람은 바로 그 조직의 최고경영자였다. 관료주의 체제가 '조직 내에 깊이 뿌리를 내리고 있어서 매우 익숙'하다고 대답한 CEO는 25% 미만이었지만, 일반 직원들은 50% 이상이 그렇다고 대답했다.[94] 보스턴 컨설팅 그룹의 조사에서는 조직이 더욱 복잡해졌다고 대답한 직원이 같은 대답을 한 관리자들보다 70%나 더 많았다.[95] 이것은 관리자가 직원들의 업무에 대해 실제로 아는 것이 얼마나 적은지를 보여주는 부정적인 예이다.

위에서 언급한 조사 결과와 나의 경험을 토대로 한다면, 누군가가 가짜 노동을 찾아내기를 원한다면 그는 일단 먼저 현장으로 나가야 한다. 그는 조직 내의 전반적인 운영에 질문을 던져야 할 것이다. 이 조사를 실시하기 위해서는 먼저 가짜 노동이 무엇인지 직원들에게 간략히 설명하고, 그들이 자신의 업무를 이러한 관점에서 볼 수 있는지 물어봐야 한다.

가짜 노동이란:

— 하지 않는다 하더라도 그것을 눈치채는 사람이 없다고 생
   각되는 업무

— 다른 사람이 했을 때 돈을 지불하는 것은 말도 안 된다고 생
   각되는 업무

— 다른 사람들에게 업무 내용을 설명하기가 매우 어렵거나,
   종종 그 의미를 확신할 수 없는 매우 고급 용어(헛소리)를 사
   용해야 설명이 가능한 업무

— 가치 창출이 매우 어려운 업무

— 상대방이 읽어보거나 또는 전혀 사용하지 않을 것이라고
   의심되는 보고서나 이메일을 작성하는 업무

— 동료들과 자주 이야기했던 (또는 이야기하고 싶었던) 중복되는
   업무

— 이상하고 터무니없다고 생각되는 업무

— 다른 일 또는 더 중요하다고 생각되는 일 때문에 반복적으
   로 우선순위를 무시하게 되는 업무

— 코로나 봉쇄 기간 등 오랫동안 하지 않고 방치해두어도 눈
   치채는 사람이 없는 업무

위에서 말한 가짜 노동의 다양한 예는 그 어느 것도 자체
적으로 완전한 정의라 할 수 없으며, 위의 사항들을 모두 충족해
야 가짜 노동이라 정의할 수 있는 것도 아니다. 이것은 단지 우리
가 가짜 노동이라 의심되는 업무를 검증하기 위해 필요한 참고

자료일 뿐이다. 이후 과정에서 매우 중요한 것은, '가짜 노동이라 의심되는' 또는 '가짜 노동으로 간주할 수 있는' 등의 말을 사용해야 한다는 것이다.

그 이유는, 우리가 가짜 노동이라 의심하는 각종 업무가 실제로는 가짜 노동이 아닐 수도 있기 때문이다. 우리 중 많은 이들은 가치사슬 내에서 개별적인 기여도를 이해하기가 쉽지 않은 복잡한 조직에서 일하고 있다. 그렇기 때문에 단순히 다른 사람들의 업무 기여도를 알지 못한다는 이유 즉, 우리 스스로의 통찰력 부족으로 그들이 '아무것도 하지 않는 것 같다'고 비난하면 안 된다.

가짜 노동을 명확히 정의한 다음에는 직원들을 통해 이에 대한 예를 수집하면 된다. 이것은 전산화 작업으로 수행해도 좋고, 우편함과 같은 구식적인 방법을 이용해도 좋다. 익명성이 없다면 더 좋겠지만, 익명성을 바탕으로 해도 좋은 결과를 얻을 수도 있다. 흔히 사람들은 자신이 하는 일이 무의미하다고 상사에게 인정하기를 꺼리기 때문이다. 가짜 노동이 지속되는 이유는 바로 이러한 불편한 금기 때문이다.

내 경험에 의하면, 이 일을 성공적으로 수행하기 위해서는 관리자 자신부터 가짜 노동의 예를 수집하는 것이 절대적으로 필요하다. 계획했던 일을 흐지부지 없애버린다거나, 매 분기마다 극도로 상세한 보고서를 요청한다거나, 또는 직원들에게 더 많은 신뢰를 보이는 대신에 조직에 수많은 규칙과 규정을 도입하는 등의 가짜 노동을 관리자들이 스스로 해왔다고 인정하기 전에는 이러한 정리 작업이 이루어질 수 없다.

어느 관리자는 새롭게 도입한 디지털 협력 플랫폼이 직원들에게 추가 업무의 부담만 주었기에 실패로 돌아갔다는 사실을 처음으로 인정했다. 그 말에 모든 직원들은 안도의 한숨을 내쉬었다. 마침내 경영진의 누군가가 책임을 지고 모두가 생각하고 있던 사실을 입 밖에 냈던 것이다! 내가 강연을 했던 덴마크의 한 대규모 회사의 최고경영진은 강의가 끝난 후, 그들이 매주 행했던 '가능성이 낮은 리스크'라는 제목의 회의가 없어도 되었던 것이라고 인정하기도 했다.

누가 무슨 이유로 이것을 주문했는가?

가짜 노동의 예를 수집하는 일이 끝나면, 다음 단계의 작업으로 넘어가야 한다. 즉, 더 자세한 검증 단계다.

누가 이 일을 해야 한다고 결정하고 요청했는가?

가짜 노동은 항상 누군가가 이를 만들었기 때문에 존재한다. 복잡성은 아래서부터만 만들어지고 증폭되는 것이 아니다. 일을 완수하라고 요구한 사람은 분명히 있다. 비록 그 의도는 좋다 할 수 있을지 모르지만, 그것은 중복되는 업무거나 또는 불필요한 업무로 판명이 날 수도 있고, 균형을 벗어나 규모가 비대해졌을 수도 있다. 따라서 우리는 가짜 노동의 출처를 찾아 다음과 같은 질문을 던져봐야 한다.

우리가 얻을 수 있는 핵심적인 이점은 무엇이며,

이것은 현실 세계에서 실질적 변화를 가져올 수 있는가?

일부 가짜 노동은 대부분의 사람들이 따라야만 하는 법률과 규정에 의해 만들어지지만, 이러한 법률과 규정에도 해석의 여지나 때로는 재시행의 가능성이 있을 수 있다. 여기에 대해서는 뒤에서 다시 살펴보겠다. 무의미하다고 인식되는 대부분의 업무는 조직 자체에서 발생하는 경향이 있다. 논의조차 하지 않고 갑자기 가짜 노동을 만들어내는 사람은 거의 없다. 책임자가 구체적이고 현실적인 사고를 바탕으로 해당 작업이 문제 해결을 위해 얼마나 필요한지 설명할 수 있어야 한다는 것이 중요하다. 여기서 충분히 그럴듯한 설명이 나온다면 그것은 그들이 관리 업무를 소홀히 했다는 증거다. 왜냐하면 정작 해당 업무를 수행하는 직원은 그렇게 생각하지 않기 때문이다. 이것은 즉시 고쳐야 한다. 물론, 세 번째 대안도 있다.

해당 업무가 원래 의도에서 벗어났을 가능성은 없는가?

리스크 평가를 한다고 했을 때 세 사람이 할 수 있는 일을 다섯 사람이 하고 있지는 않는가? 원래의 요구사항을 넘어서서 포함 가능한 모든 내용을 적었지는 않았는가? 그래서 반 페이지면 충분한 보고서가 10페이지 이상으로 길어지진 않았는가? 여기서는 업무가 원래의 의도에서 벗어나지 않도록 몇 가지 제한사항을 도입해볼 수 있다.

우리는 이 과정이 진부하고 비확정적인 문장을 써서 플립

차트를 채우는 일로 끝나는 것을 피해야 한다. 사람들은 평소와 같이 플립 차트를 건성으로 읽어본 후 퇴근할 것이다. 따라서 '파워포인트를 조금 덜 화려하게 작성하기'라든가 '무의미한 주제로 진행되는 전체 회의의 횟수 줄이기' 또는 '최고경영진에게 올리는 보고서 수를 제한하기' 등과 같은 말만으로는 충분치 않다. 이처럼 쉽게 다가갈 것이라면 처음부터 아예 시도도 하지 않는 것이 낫다. 왜냐하면, 다음 달이 되면 시작점으로 다시 되돌아가 있는 우리 자신을 발견하게 될 것이기 때문이다. 그러니 구체적으로 설명하는 것은 매우 중요하다.

① '제한' 대신 '제거'나 '삭제'라는 말은 어떤가? 항상 할 수는 없지만 시험 삼아 일정 기간 적용해보는 것이다. 그다음에 눈에 띄는 변화를 경험한 사람이 있는지 평가해보라.

② '줄이다'나 '감소시키다'라는 단어 대신 더 구체적인 말로 설명하라. 우리가 말하려 하는 구체적인 횟수는 얼마인가? 예를 들어, 내부 프레젠테이션 시에는 (이 경우 서로에게 깊은 인상을 주는 것 외에는 아무런 목적도 없는) 이미지나 사운드 클립 없이 최대 20장의 슬라이드만 사용해야 한다는 규칙을 마련하는 것은 어떤가? 전체 회의는 매년 4번을 기본으로 하되, 필요시 추가 회의를 개최하는 것은 어떤가? 보고서는 한 부문에서 6개월에 1번만 작성하되, 업무 상황에 대해 더 자세히 듣고 싶어 하는 경영진은 직접 직원에게 연락할 수 있다는 제안을 해보는 것은 어떤가?

이 합의된 일을 수행하기 위한 일부 책임자가 정해지면, 그는 제한된 기간 내에 후속 조치를 취하고 제거되거나 제한될 사항을 직원들에게 전달해야 한다. 꽤 간단하게 들리지 않는가? 실제로도 그렇다. 예를 들어, 2019년에 바르데^{Varde} 코뮌에서는 무려 59개의 '무의미한 규칙'을 없앴다. 직원들은 지역 정치인들에게 보고할 의무가 있는 사항들에 '무의미한 작업'이라는 필터를 씌웠다. 시험 기간 내에 보고된 무의미한 작업은 무려 102개였고, 결과적으로 그중 절반 이상이 제거되어 시의 책임자를 놀라게 했다.

시의 책임자인 모겐스 페데르센은 TV 쉬드^{Syd} 채널에서 "나는 처음에 30~40여 개의 규칙들이 삭제되리라 예상했습니다. 실제로 삭제된 규칙보다 훨씬 적은 수였지요. 그로 인해, 나는 지역 규모의 규정에서도 국가 규정만큼이나 비판적으로 받아들여지는 것이 있다는 것을 깨달았습니다"라고 인정했다.[96]

흔히 가짜 노동은 계층의 상부에서 만들어진다고 알려져 있지만, 항상 그런 것은 아니다. 여기에 대해서는 뒤에서 다시 설명할 것이다.

내년에 다시 이 일을 할 수 있는가?

이제 우리는 상당한 양의 가짜 노동을 제거했다. 언뜻 듣기에는 간단한 절차 같지만, 항상 그렇지는 않다. 사람들에게 당신이 하는 일은 가치 없으며 동료들에게 부담을 줄 뿐이라고 말하는 것은 고통스럽고 위협적일 수도 있다. 또한 조직 내에서 간단한 정리 작업을 시행했다가 실제로는 일부 업무가 중복되는 결과를 가져올 가능성도 배제할 수 없다. 이런 일을 매년 또는 격년에 한 번씩 반복하고 싶은 사람은 아무도 없을 것이다.

따라서 가짜 노동을 뿌리 뽑겠다는 야심찬 계획을 가지고 있다면, 위와 같은 정리만으로는 충분하지 않다. 즉, 잔디를 깎을 뿐 아니라, 그 자리에 잔디가 다시 자라고 있는지 확인하기 위해서는 직원과 관리자 및 동료들 간의 관계도 함께 살펴봐야 한다. 마르그레테 베스타게르는 이런 상황을 정확하게 설명했다.

"관료주의를 청산할 때 핀셋을 사용하여 기존의 규칙을 하나하나 살펴보는 사람이 있는가 하면, 어떤 이들은 기존의 규칙을 삽으로 모두 퍼낸 후에 새로운 규칙을 적용합니다."[97]

이러한 정리 과정에서 얻을 수 있는 깨달음 중의 하나는 가짜 노동을 호수 속에 던져버리는 대다수의 사람들이 실제로는 자신이 했던 행위의 결과를 인식하지 못한다는 것이다. 어떤 이들은 자신의 자리만 보호하기에 급급한 냉소주의자로 변하기도 한다. 따라서 우리는 가짜 노동을 더 이해하기 위해 어떤 피드백과 협력 메커니즘이 필요한지 살펴봐야 한다.

11장

협업 강요와 동료 사이의
친밀감 유지하기

서로의 일을 방해하길 원하는 사람은 거의 없다. 그럼에도 이런 일이 일어나는 까닭은 우리가 제대로 협력하는 방법을 찾지 못했기 때문이다. 이것은 우리가 업무를 매우 좁은 맥락에서 보기 때문이고, 우리가 속한 전체 조직에 대해 책임감을 가지기보다 아무도 우리를 비난할 수 없도록 하는 데 더 큰 관심을 가지고 있기 때문이다.

이는 카밀라의 경우를 포함해 많은 사람들에게 적용된다. 카밀라의 사례는 자신의 일을 하기 위해 다른 사람들의 업무를 얼마나 방해하는지 입증한 경우다. 그녀는 정부 조달품을 관리하는 공공기관에서 변호사로 일하고 있다. 정부에 조달할 물품을 구매하는 것은 매우 복잡한 일이 될 수 있다. EU 조달법을 포함하여 공공 조달에 관한 다양한 법규와 규칙을 위반해서는 안 되기 때문이다. 따라서 일반정부 공무원들은 무엇을 어디에서 주문해야 하는지 잘 모른다. 불행하게도 이러한 구매 업무는 일반적으로 전혀 적절하지 않은 방식으로 이루어진다.

카밀라는 자신의 업무에 만족할 수 없었다. 그녀는 시간 낭비적인 절차 속에 갇혀 있었다. 그녀는 '변호사로서 전문 직원을 위한 가치를 창출하지 못하는 것은 물론, 아무도 이해하지 못하는 긴 메모로 수많은 학문적 장애를 동료들에게 부담시킨다는 사실 때문에 스트레스를 받고 깊이 절망'한다고 털어놓았다.

카밀라의 업무 중 일부는 소비가 많은 정부 기관이 어떤 물건을 구매할 때 관련 입찰 과정을 생략하면 발생할 수 있는 리스크에 관한 긴 문서를 작성하는 것이다. 이런 일을 하는 사람은 그녀 혼자가 아니다. 정부 기관의 전문직 직원이 자신의 업무를 수행하기 위해 필요한 다양한 물품을 구입하는 데 있어 그 법적 근거를 검토하는 변호사들은 그녀를 포함해 100명이 넘는다. 이 절차와 프로세스는 너무나 복잡해서 아무도 이해하지 못하기 때문에, 카밀라와 그녀의 동료가 하나의 케이스를 마무리하는 데는 반년에서 1년이 걸릴 수도 있다.

"기관 내 법무 부서의 절차와 지침만 하더라도 세 개의 링 바인더를 꽉 채울 수 있을 것이라고 생각해요. 법규 내에 포함되어 있는 세세한 예외 규정을 모두 아는 사람은 아무도 없기 때문에 규칙을 따르지 않는 사람들이 많고, 또 실제로 그 모든 규칙을 따르는 것은 불가능하죠."

나는 뇌레브로Nørrebro의 한 작은 카페에서 카밀라를 만났다. 그녀는 다른 사람들의 업무에 방해가 될 뿐인 학자들에 대해 내가 신문에 기고했던 글을 보았다고 말했다. 누군가는 그 기고문에 반발했을 것이나, 카밀라는 깊이 공감했다는 말을 전하고 싶었다고 했다.

카밀라의 또 다른 업무는 입찰 규정에 따르지 않고 예외적으로 진행된 구매가 있을 경우 그 불법 여부를 평가하는 것이다. 이를 위해 그녀와 동료들은 매우 긴 문서를 작성한다. 자유 경쟁을 보장하기 위해서는 입찰을 통해 구매해야 한다. 그러지 않은 경우, 미디어를 통해 이 사실이 알려진다면 주정부 기관과 관련 장관들은 매우 난감한 상황에 처하게 된다. 카밀라는 입찰 그 자체가 문제가 아니라고 했다. 입찰 규칙에 대한 실질적 조언을 넘어서는 절차와 자원 낭비 및 불필요한 문서 작업, 그리고 이로 인해 각 부서의 관리자들이 수없이 주고받는 메모 등으로 인한 시간 낭비가 문제라고 짚었다.

하지만 해당 부서의 법무 책임자들에게는 그 문서와 서류가 필요하다. 기관의 대표가 법무 부서의 조언과 입찰 과정을 무시한 채 무언가를 구매하기로 결정해버리고, 나중에 이것이 문제가 되었을 때 법무 책임자들은 당시 작성했던 문서를 증거로 내밀 수 있기 때문이다. 이 작업의 가장 큰 목적은 30여 명의 법무 부서 직원들이 이러한 문서를 작성해 자신들이 충분한 법적 조언을 제공했다는 것을 증명하는 데 있다.

"우리는 이 문서와 메모 들을 서랍에 넣어두고 우려할 만한 사안이 대두될지 지켜보기만 하는데, 실제로 그런 일은 거의 일어나지 않아요. 설사 우려할 만한 사건이 발생한다면, 그것은 우리가 위험 평가서를 작성했는지의 여부에 관계없이 어쨌든 일어나야 했을 일이기도 하죠. 따라서 우리가 문서와 메모를 작성하는 주된 목적은 공급업체가 불만을 제기할 때나 문서에 접근 요청을 해오는 언론인이 있을 경우, 우리 부서가 문제를 피해갈 수 있도록 하는 것뿐이에요. 문제라고 한다면, 우리는 위험성이 존재하지 않는다고 평가한 모든 사례에 대해서도 문서와 메모를 작성한다는 점이죠." 카밀라가 못마땅한 듯 눈동자를 굴렸다.

"먼저 매우 상세하고 긴 템플릿에 따라 문서를 작성해야 해요. 그다음에는 동료가 이 문서에 문제점이 없는지 확인하고, 그다음에는 직속 상사가 검토하죠. 그 후, 법무 부서 관리자와 외부 기관의 검토자, 외부 기관의 관리자들이 차례차례 검토해요. 최종 구매는 이 모든 과정을 거쳐야 이루어집니다. 이 절차는 몇 달이나 걸리기도 하는데, 그동안 정작 물품이 필요한 전문직 직원들은 기다리는 것 외에는 아무것도 할 수가 없어요."

그 때문에 그녀의 부서에서는 만약의 경우 발생할지도 모르는 항소에 대비해 모든 가능한 반론이 포함된 긴 문서를 작성해서 보낸다.

여기에 더해 승인 절차도 매우 복잡하다. 그들은 실질적 불만이나 항소가 없음에도 불구하고 스스로를 방어하기 위해 긴 문서와 메모를 작성했다. 즉, 그들은 공공기관의 구매와 조달에 관해 미래에 발생할지도 모르는 우려할 만한 경우에 대비해 불필요하게 긴 문서와 메모를 작성하는데, 이것은 설사 훗날 걱정했던 일이 발생한다 하더라도 정부를 위해 실질적으로 구매 업무를 담당하는 사람들에게는 전혀 도움이 되지 않는다.

업무 효과와 관계없이 어쨌든 그 일을 해야 할 때

카밀라가 하는 일에서 무언가를 얻을 수 있는 사람은 누구일까? 적어도 물품이 공급되기만을 학수고대하며 기다리는 직원들은 아닐 것이다. 카밀라도 마찬가지다. 왜냐하면, 그녀가 작성했던 문서와 메모는 서류함에 보관되어 발생 여부도 확신할 수 없는 불만이나 항소를 기다리고 있기 때문이다.

만약 그런 일이 발생한다 하더라도, 문서를 통해 그들이 위험성 여부를 평가했다고 증명해보이는 일은 그녀의 상사가 할 일이다. 즉, 카밀라가 해야 하는 일을 그녀의 상사가 하는 것이다. 이것은 현실적으로 별 차이가 없다. 어차피 구매자는 1~10 단계의 위험성을 인지하고 그 위험성을 감수하기로 결심하며 구매를 결정했을 수도 있으니까 말이다.

"이 모든 일은 궁극적으로 경영진이 위험성 평가를 했다고 말하기 위한 것에 불과해요. 그들은 공식적으로 해야 할 일을 했고, 그것을 증명하기 위해 모든 고려 사항이 명시되어 있는 문서와 메모가 필요한 것이죠. 하지만 이 문서와 메모는 너무나 길어서 설사 그것을 읽고 싶어 하는 사람이 있다 하더라도 끝까지 읽기 전에 포기하는 것이 일반적이에요."

많은 조직이 이러한 상황을 흔히 경험한다. 앞서 레이프가 경험했던 상황도 이와 다르지 않다. 그도 자신이 속한 조직이 모든 직원들에게 새로운 규정과 안전 규칙에 대한 사항을 전달했다는 것을 보장하기 위해 교육을 실시하고 문서를 배포했다. 조직은 교육과 문서를 통해 명시된 사항이 실제 행동으로 이어지지 않을지도 모른다는 사실에 대해서는 신경을 쓰지 않는다. 조직의 입장에서는 체크리스트를 하나씩 실행하는 것이 가장 중요하다. 그렇게 하면, 이제 그 일은 더 이상 조직의 책임이 아니라 다른 누군가의 책임으로 전환되기 때문이다.

많은 조직들이 이런 식으로 일하며, 이런 방식의 운영은 우리 모두의 숨을 천천히 조여온다. 이것은 문제 해결뿐 아니라, 협력 작업이나 고객 또는 시민에게도 전혀 도움이 되지 않는다.

이브 모리외와 피터 톨만은, 이것이 우리가 자신에게 이상적으로 여겨지는 일을 함으로써 얻을 수 있는 것보다 협력 작업을 통해 얻는 것이 더 적다는 것을 알기 때문에 벌어지는 일이라고 설명한다. 그들은 공저 『여섯 개의 간단한 법칙』에서 '매번 누군가가 협력을 피하기 위해 자신의 자율성을 고수할 때마다 그 비용을 부담하는 다른 사람이 생기기 마련이다'라고 썼다. 한 사람의 행위가 매번 다른 이들에게 제약으로 작용된다면, 우리는 이러한 의존관계를 실질적 협력관계로 전환하기 위해 조치를 취해야 한다. 이는 우리가 협력을 더욱 매력적으로 만드는 경우에만 가능하며, 이를 위해 전반적인 업무 환경을 살펴봐야 한다.

카밀라가 말했듯이, 유치원이나 병원 또는 군 기지에 근무하는 직원 중에는 카밀라 때문에 짜증이 났던 사람이 분명 있었을 것이다. 그들은 필요한 물품을 공급받는 대신, 수많은 질문에 대답해야 했고 몇 달이나 지난 후에야 겨우 요청한 물품을 얻을 수 있었다. 이런 관점에서 카밀라는 그들의 업무에 분명한 제약으로 작용하지만 동시에 그녀는 필요 자원이기도 하다. 해당 분야를 더 큰 맥락에서 본다면, 다른 목적의 업무를 수행하는 직원과 마찬가지로 이 분야의 법률 문제에 대해 더 큰 통찰력을 가진 사람도 있어야 한다는 것이다.

하지만 이러한 관계가 성가신 관료주의를 벗어나 실질적 협력 관계로 바뀐다면 어떻게 될까? 이것은 카밀라의 제안이기도 하다. 그녀의 부서에서는 정부 기관에서 최상의 급여를 받는 변호사들이 일한다. 그들은 사안을 개별적으로 평가할 수 있도록 전문적으로 훈련받은 사람들이다. 카밀라는 정부 기관의 실질적 구매자가 직접 변호사들에게 연락해 법의 테두리 내에서 합법적으로 구매하기 위한 조언을 얻는다면 이 모든 길고 복잡한 문서를 생략할 수 있을 것이라고 말했다. 심지어는 그 결과를 더 빠른 시일 내에 얻을 수도 있고, 복잡성도 감소시킬 수 있으며, 쌍방에게 더 가치 있고 의미 있는 경험이 될 것이다.

레이프도 마찬가지다. 자신이 담당하는 갖가지 직원 규칙과 규정에 관한 교육이 실질적 변화를 가져오지 않는다는 사실에 좌절했던 그는 도움을 주어야 할 사람들에게 더 가까이 다가가야 한다고 주장했다.

"첫 번째 단계는 단순히 직원들 또는 도움이 필요한 사람들 옆에 앉는 것이에요. 그러면 바쁘게 돌아가는 생산 현장에서 무려 45~60분이라는 시간을 소비해가며 문서를 읽어보고, 그 내용을 기억해 실제 작업에 적용하는 사람은 아무도 없다는 것을 알게 될 거예요. 그런 일은 일어나지 않아요. 우리는 직원들이 자신의 업무에 주인의식을 가지고 일할 수 있도록 도와줘야 하고, 그들의 과제가 무엇인지 더 가까이서 살펴봐야 하며, 그들이 문제를 해결할 수 있는 방법을 제시하거나 도구를 제공해야 해요. 예를 들어, 직원이 필요로 하는 정보가 있다면 관련 정보를 찾을 수 있도록 도움을 주는 것이 바로 우리가 할 일이죠."

문제는 사람들이 정말로 필요한 정보를 정리해야 할 때, 그 양이 헤아릴 수 없을 정도로 많다는 것이다. 그 때문에 사람들은 정보를 더 나은 방법으로 분류하는 법을 배워야 하거나, 이를 위해 관리자들이 도움을 주어야 한다.

관리자들은 책임을 회피하기 위해 직원들에게 단순히 '모두 읽어야 한다'라는 지시를 내리는 대신, 이러한 상황에서 이전과는 완전히 다른 방식으로 책임을 져야 한다. 즉, 읽어야 할 내용과 관련이 없는 것들을 식별하고, 필요한 정보의 우선순위를 정해야 한다. 또한 관리자들은 직원들이 업무 우선순위를 정하는 등의 일에서 도움이 필요할 때 즉시 도움을 줄 수 있어야 한다. 이것은 그들에게 부여된 가장 훌륭하고 중요한 임무라 해도 과언이 아니다.

레이프는 "업무에 확신이 없을 때 물어볼 수 있는 사람도 필요해요. 주어진 상황에서 무엇을 해야 하는지 아는 전문가 네트워크와 그들에게 다가갈 수 있는 플랫폼이 중요합니다. 이것은 비실용적이라 할 수도 있지만, 업무를 효율적이고 현명하게 할 수 있는 필수 조건이에요. 사람들은 이러한 방식을 통해 필요한 정보가 포함되어 있지도 않은 수천 장의 문서를 검색하는 대신, 구체적인 조언과 지침을 비교적 빠른 시간 내에 얻을 수 있어요" 라고 말했다.

해결책은 역시 협력이다. 관리자들은 직원들과의 접촉이 주간 규칙에서 얻는 대량 정보를 통해서만 이루어지면 안 된다는 것을 알게 되었다. 관리자들은 직원들이 필요할 때 바로 전화해서 조언을 구할 수 있는 사람이 되어야 한다. 어떤 부서에서 자동 높이 조절 책상을 10개 구매하고자 할 때 카밀라에게 전화를 걸어 지금 당장 가장 가까운 가게에 가서 구매해도 되는지 또는 법률적 자격을 갖춘 입찰을 통해 구매해야 되는지 물어본다면, 카밀라가 바로 조언을 줄 수 있는 것처럼 말이다.

이러한 합리성이 존재하기 위해서는 관리자들이 통제권의 일부를 내려놓고, 직원들에게 자율적 결정권을 줘야 한다. 그러면서도 이 또한 그들의 감독과 책임 하에 있다는 것을 인지해야 한다. 즉, 그들은 지금 당장 책임을 회피하는 것보다 조직 전체를 더 중요하게 받아들여야 한다는 것이다.

우리는 협력 능력을 바탕으로 평가되어야 한다

많은 조직의 문제는 직원 대부분이 그들이 속한 조직이 아니라 그들 자신의 책상만 깨끗하게 유지하는 데 더 큰 관심을 갖는다는 것이다. 그들은 책상 위에 올라온 각종 요구사항, 하위 목표, KPI 또는 특정 업무를 수행하는 데 최선을 다하지만 그 결과가 동료와 조직 전체에 어떤 영향을 미치게 될지는 알지 못한다. 따라서 시민이 불편함을 신고할 때나 고객이 잘못된 배송으로 화를 낼 때처럼 일이 잘못되면, 그들은 자신이 지시받았던 일을 정확히 수행했음을 증명하기 시작하며, 그런 식으로 책임에서 벗어난다.

바로 그 때문에, 사회 곳곳에서 사기와 권리 남용 등의 일이 벌어지지만 담당자들이 처벌을 받는 사례는 극히 드물다. 모두가 책임에서 자유롭기 때문이다. 모두들 해야 할 일을 했을 뿐이다. 그럼에도 이런 일들이 일어나는 것은 그 누구도 자신의 책임 영역을 넘어 울타리 너머의 이웃을 보지 않았기 때문이다.

그렇다면 이러한 협력이 제 기능을 발휘할 수 있도록 이끌어야 하는 관리자들은 어디에 있는가? 그렇다. 그들은 회의를 주재하고, 보고서를 읽거나 쓰고, 상사에게 정보를 전달하고, 수백 통의 이메일에 시간을 소비한다. 따라서 직원들이 어떤 식으로 업무를 수행하는지도 모르고, 직원들이 서로에게 도움을 줄 수 있는 자원이 아니라 방해 요소가 되어버렸음을 관리자들이 전혀 파악하지 못하고 있다는 것은 놀랄 일이 아니다.

하지만 우리가 조직 내의 다른 곳에 초점을 맞춘다면 꼭 이렇게 될 필요는 없다. 프레더릭 랄루가 『미래의 조직』에서 묘사했던 조직에서는 정확한 컨설팅과 조언이 필수 업무의 하나로 등장한다. 지원 기능은 가짜 노동이 아니라 직원들의 업무에 도움을 줄 수 있는 조직 내의 자원을 추려내고 접촉하는 실질적 지원 기능으로 작동한다.

우리는 이 책의 다음 부분에서 이에 대해 더 자세히 살펴볼 것이나, 먼저 이러한 사고방식이 다른 수많은 조직 내에서 볼 수 있는 건강하지 않은 역학과 매우 다르다는 점을 이해해야 한다. 대부분의 조직에서는 이러한 지원 기능이 '포용적인 조직'을 유지한다는 목표 하에, 직원들이 규정을 따르는지, 또는 직원들이 제품의 품질관리를 철저히 하는지, 심지어는 이메일에 사용하는 언어까지 들여다볼 수 있는 일종의 감시 체제로 변질되었다.

조직 내의 협력을 장려하기 위해서는 직원들이 얼마나 잘 협력하는지 판단하고 이를 보상할 수 있는 시스템을 마련해야 한다. 이는 두 가지 방법으로 수행할 수 있다.

① 직원들은 협력, 협의 및 상호 도움을 줄 수 있는 서로의 능력을 판단할 수 있다. 이는 관리자가 핵심 영역에서 동료 관리자들의 의견을 더 경청해야 한다는 것을 의미한다.
② 직원들은 동료들을 위해 업무 방해 요소를 제거할 수 있는 능력을 바탕으로 판단되고 보상을 받아야 한다. 이를 바탕으로 직원들은 조직 내의 복잡성을 제거하고 이를 서로에 대한 신뢰와 협의로 대체할 책임을 지게 된다.

하지만 성가시고 무의미하고 복잡하다고 느낄 수 있는 일들을 직원들에게 요구하지 않으면, 제품의 품질이 떨어지고 고객이 제시간에 물건을 받지 못할 것이라고 주장하는 사람들은 어디에나 있다. 바로 그 때문에, 그들은 서류를 요구하고 확인하는 경찰의 역할이 필요하다고 생각한다.

그러나 서로를 신뢰하고 기본적으로 협력이 잘 이루어지

는 조직에서는 그런 식으로 서로를 감시할 필요가 없다. 규칙은 실질적 협력을 대체할 뿐이다. 관리자들이 항상 업무 상황을 파악하고 있는 것은 아니기 때문이다. 실제로 관리자들은 누가 업무에 방해가 되는지, 또 이 방해 요소를 어떻게 하면 조직에 도움이 되는 자원으로 활용할 수 있는지 파악하지 못하고 있다. 따라서 모든 관리자들은 이 문제부터 해결해야 한다.

그럼에도 여전히 책임을 회피하는 데만 전전긍긍하는 관리자는 여전히 존재할 것이다. 카밀라의 직장을 다시 예로 들어 보자. 여기서 새로운 물품을 구매하려는 조직이 카밀라의 법적 역할을 자원이 아니라 방해 요소로 인식한다는 것은 의심의 여지가 없다. 하지만 이는 그 조직의 상사들과 카밀라의 상사들이 카밀라의 역할(조언자)을 명백히 밝히지 않았기 때문이다. 카밀라의 상사들이나 카밀라가 도움을 줄 것으로 예상되는 상대 조직의 관리자들 중에는 업무 상황에 대해 잘 알고 있는 사람이 거의 없다 해도 과언이 아니다.

공공 조직의 관리자들이 소위 말하는 자신만의 '관리 공간'에 갇혀 있는 경우가 많고, 이 공간와 다른 관리자들의 '관리 공간' 사이에는 서로 충분한 접촉이 없기 때문에 이런 일이 일어날 수 있다. 다시 말하지만 이것은 단지 나의 관찰 결과일 뿐 아니라 관리 위원회에서 지지하는 결론이기도 하다.

개별 관리자는 자신의 영역과 관련된 일련의 목표로 구성된 성과 계약 때문에 업무를 제한받기도 한다. 그래서 그들은 전체를 보지 못한다. 관리 위원회에 따르면 이것은 직원들에 대한 신뢰 부족 때문이며, 신뢰 부족은 여러 가지 세부적인 요구사항을 만들어낸다. 또한 이것은 관리자가 직원들과 조직 전체를 보기보다, 자신의 개인적 커리어에 더 큰 관심을 갖고 있다는 것을 의미한다.

이 문제를 해결할 수 있는 방법은 요구사항을 완화시켜서 관리자가 단순히 직원들을 '관리'하는 것이 아니라 그들을 이끌어주고 도와줄 수 있는, 원래의 길로 돌아갈 수 있도록 하는 것이다. 이렇게 하면, 관리자들이 서로의 '관리 공간'과 그것이 전체 조직에 어떤 영향을 미치는지에 더 큰 관심을 갖게 되는 결과를 가져올 수도 있다.

만약, 카밀라를 자신들의 일에 매일 법적 걸림돌을 설정하는 사람이라고 판단했던 이들이 카밀라의 상사는 일을 신속하고 효율적으로 해내는 사람이라고 판단한다면 어떨까? 닉 알렌토프트는 저서 『복지환상』에서 이 '관리 공간'이 마치 하나의 커다란 이삿짐 박스 같다고 했다. 그는 관리자들이 그 박스 속에 홀로 앉아 역시 같은 박스 속에 있는 목표를 바탕으로 관리 업무를 하는 것과 같다고 설명했다.

"이삿짐 박스는 고층 빌딩처럼 쌓여 있습니다. 각각의 박스 속에는 복지 국가가 고용한 관리자들이 있으며, 그들은 자신의 관리 공간을 채워야 합니다. (……) 하지만 바람이 불어도 이 박스들이 넘어지지 않도록 고정하는 일에 특별히 책임을 지는 사람은 아무도 없습니다."[98]

관리자도 다른 관리자들과의 협력 능력에 대해 구속력을

갖고 판단되고 평가되어야 한다. 다른 모든 직원에게 적용되는 것과 동일한 평가를 받아야 한다는 것이다. 모든 이들은 협력할 수 있는 능력, 서로에게 조언할 수 있는 능력, 그리고 일을 최대한 단순하게 만들 수 있는 능력에 따라 판단되어야 한다.

카밀라의 직장 상사는 책임에서 빠져나갈 수 있기를 보장받고 싶어 한다. 그래서 카밀라는 상사들이 봐야 할 수많은 문서를 작성하고, 이로 인해 그들의 책임은 종이 속으로 자취를 감춘다. 변화는 여기에 필요하다. 관리자들은 카밀라가 자신들의 뒤를 보호하는 기능이 아닌, 실질적인 자문 기능을 가지고 있다는 사실을 인지하고 활용할 수 있어야 한다.

카밀라의 상사들이 (자신들의 공간만 깨끗하게 유지하는 대신) 협력에 더 많은 관심을 기울이고, 카밀라의 업무가 실질적으로 다른 이들에게 가치를 가져다줄 수 있는 일인지 알아보기 위해서는 그들의 윗선에 있는 관리자들이 이를 요구해야 한다. 관리자들은 자신의 조직을 조사하고, 그들 스스로 몸을 담고 있는 기능장애에서 어떻게 벗어날 수 있는지 검토해야 한다. 따라서 상사들이 자신의 업무를 적절하게 수행했는지를 판단하는 근거는, 카밀라에게서 법적 조언을 제공받는 사람들이 카밀라의 업무가 가치 있다고 느꼈는지와 직접적인 관계를 가진다.

직업학교의 예를 다시 살펴보자. 학교의 지도자들은 교사들이 단순히 '전산화 업무가 교육의 질을 향상시키지 못한다는 것을 경험했다'라고 주장하는 대신 교사들에게 끝없는 요구로 부담을 주는 교육 개선 담당자들에게 다른 방법으로 접근했어야 했다. 다음 해에도 여전히 교육 방식이 개선되지 않았다고 생각하는 학생과 교사 들이 있다면, 용기와 책임감을 갖춘 교장은 교육부에 교육의 질을 개선시킬 수 있는 또 다른 부서가 있는지 진지하게 고려해야 한다고 말할 수 있어야 한다. 그렇다면 그들은 더 이상 목표 기준을 설정할 수 없을 것이며, 그들의 지원과 조언이 실제로 가치가 있는 것인지 전반적으로 평가하는 데 도움을 줄 수 있는 현장 전문가들, 즉, 교사들이 그 일을 맡게 될 것이다.

많은 관리자들, 특히 공공부문의 관리자들은 이를 일종의 혁명으로 받아들이겠지만, 다른 방법은 없다.

직원들은 더 많은 지침 대신
자신을 옹호하고 보호해줄 상사를 필요로 한다

나는 회사가 직원들에게 부과하는 모든 규칙과 절차는 사실 따지고 보면 직원 스스로가 요구했던 것이라고 말하는 관리자들을 자주 만나보았다. 이것은 어느 정도 사실일지도 모른다. 하지만 어떤 직원이 자신의 일에 더 많은 규칙과 절차를 요구했다면, 그것은 기본적으로 일이 잘못되었을 때 상사가 등을 돌리지나 않을지 의심하는 데서 시작된다고 봐야 한다.

모리외와 톨만은 이것이 특히 중간관리자가 직원에 대한 통제력을 강화하라는 상부의 압력을 경험한다는 것으로 해석한다. 직원들은 상사가 더 나은 성과를 낼 수 있도록 이끌어주지 못할까 봐 두렵기 때문에 일련의 규칙을 요구해 스스로를 보호한다. 그렇게 하면, 그들은 일이 잘못되었을 때 자신은 지침만 따랐을 뿐이라고 말할 수 있는 정당성을 얻는다.[99] 이것은 결국 아무도 서로를 도울 책임을 지지 않고 회사에 갖가지 규칙을 요구함으로써 스스로의 책임을 회피하게 되는 악순환으로 연결된다. 직원들은 상사가 더 나은 성과를 위해 자신을 도와줄 수도 없고, 도와주려 하지도 않는다고 믿기에 상사들을 신뢰하지 않는다. 그래서 만약을 대비해 스스로를 보호하려는 것뿐이다.

따라서 관리자는 더 많은 지침과 절차와 규칙을 요구하는 직원들의 의견을 단순히 수용하는 대신 질문을 던져야 한다. 왜 그 직원은 이러한 요구를 하는가? 왜 그 직원은 더 많은 지침과 절차와 규칙이 없을 경우 업무를 완수하지 못한다고 생각하는가? 그들이 실패를 두려워하는 것은 아닌가? 그렇다면 그들에게 필요한 것은 더 나은 역량이나 자원이 아닐까? 혹시 그들이 근본적으로 자신의 역량과 상관없는 업무를 맡은 것은 아닐까? 또는 그들이 문제를 해결하는 방법을 너무나 잘 알고 있지만, 실수를 두려워하거나 일이 잘못되었을 경우 상사의 보호와 지원을 받지 못하리라 생각하기에 두려워하는 것은 아닐까?

마지막의 경우는 상사와 직원 간의 신뢰 관계에 관한 것이기에 이를 조정하고 재확인해야 한다. 스스로의 업무 자율성을 포기하고 더 많은 제한을 요구하는 직원의 요구에 단순히 동의하는 것은 해결책이 될 수 없다. 직원의 요구를 받아들일 경우, 잠시 동안은 좋아 보일 수 있지만, 시간이 지나면 조직에 소화불량이 일어날 것이다.

이것은 문제가 발생했을 경우 관리자가 전반적인 수준에

서 더 많은 책임을 져야 한다는 의미이기도 하다. 모든 관리자들이 직원들보다 자신의 급여가 더 높은 이유를 기억해야 하는 것 외에는 다른 해결책이 없다. 관리자들은 아이젠하워 대통령이 재임 기간 중에 했던 '모든 책임은 내가 진다The buck stops here'라는 말을 기억하라.

그러니 카밀라의 경우처럼, 안전 요구사항이나 아무도 읽어보지 않는 복잡한 리스크 평가 보고서를 전자 학습 방식을 통해 직원들에게 전달하는 관리자가 있다면, 이것이 책임을 회피하기 위함인지 조사해봐도 좋을 것이다. 우리가 따르는 규칙 중에서 실질적인 법규를 기반으로 만들어진 것은 무엇인지, 자체적으로 만들었거나 과도하게 해석한 규칙은 어떤 것이 있는지, 그 개요부터 살펴보며 시작할 수 있다. 나는 이에 대한 절차를 336페이지부터 설명해놓았다.

만약 문제가 발생하면 관리자는 여러 절차를 통해 책임을 부인하거나 회피하는 대신, 사고나 품질 저하 법률 위반 등에서 직원들이 실제로 어떤 실수를 했는지 살펴보고 그들에게 구체적인 도움과 조언을 줄 수 있어야 한다. 사람들은 조직에서 습득한 관료주의적 업무 방식이 아닌, 전문가가 되기 위해 거쳐왔던 교육과정에서 습득한 지식을 바탕으로 일을 했을 때 최고의 성과를 낼 수 있다.

실질적으로 작동하는 해결책을 찾고, 직원들을 통합하고 협업을 창출하며, 때로 일이 잘못되면 '신경 쓸 필요 없다'라는 말을 해주고, 인간이 하는 일이기에 실수가 발생할 수도 있다는 태도로 직원을 대하는 것이 바로 관리자의 임무다. 모든 실수나 실패가 반드시 시스템 오류 때문이라고는 할 수 없다. 따라서 새로운 시스템은 유일한 해결책이 될 수 없다. 제대로 작동하는 솔루션의 부재는 궁극적으로 관리자들의 책임이며, 따라서 가끔은 부득이하게 관리자를 제거해야 하는 상황이 발생할 수도 있다.

공공부문에서는 이런 조치를 거의 취하지 않는다. 적어도 관리 위원회에서 조사한 바에 의하면 그렇다. 이 조사에 따르면 공공부문의 작업장에서 업무를 제대로 수행하지 않는 관리자를 해고하는 전통이 있다는 사실에 전적으로 동의하거나 동의한다는 응답자의 비율은 21%에 불과했다.[100]

우리는 한 공공부문의 리더가 덴마크 국영 철도의 악명 높을 정도로 신뢰할 수 없는 해안선의 최고 책임자의 자리에서, 신호 문제를 담당하는 직위와 덴마크 국영 철도의 문제 많은 IC4 열차를 담당하는 직위를 거쳐 마지막에는 오르후스 경전철의 최고 책임자로 취임해 급기야는 운영 실패에 이르는 경우를 보고 놀라움을 금치 못한다. 이 사람은 실제로 존재하고, 독자들은 마음만 먹으면 이 사람이 누구인지 금방 찾아낼 수 있다. 조금의 힌트라고 한다면 그는 경전철 운행이 무려 두 달이나 지연되었지만 그 대가로 14,000,000크로네의 보너스를 받았다.

특권에는 책임이 따르기 마련이다. 공공부문 내의 여러 기관을 전전하며 어떤 나쁜 결과에도 책임을 지지 않는 리더는 사회 전체에 어떤 도움도 되지 않는다. 왜냐하면 그 결과에 책임을 지는 사람이 아무도 없기 때문이다.

사람들은 피드백을 통해 자신의 행위에 대한 결과를 보다 잘 알아볼 수 있다

나는 핀란드의 교육 시스템이 얼마나 훌륭한지 언급될 때마다 덴마크 초등학교 교사들보다 더 짜증을 내는 사람은 이 세상에 없을 것 같다는 생각을 했다. 핀란드 어린이들은 PISA 테스트에서 지속적으로 최고 점수를 받는데, 그 이유는 핀란드의 매우 특별한 교육 시스템에 있다. 핀란드 교사들의 역량이 눈에 띄는 이유 중 하나는, 핀란드의 학교 지도자들이 교실이나 운동장 등 학습 현장에서 보내는 시간이 많고, 교육 발전에 직접적으로 참여하기 때문이다.

반면, 덴마크 학교 지도자 대부분은 그렇게 하지 않는다. 덴마크와 핀란드의 학교를 비교 연구했던 DPU(덴마크 교육학 및 교육기관—옮긴이)의 부교수 프란스 외르스타 안데르센은 핀란드의 학교 지도자들이 교육의 핵심 부문에 직접 참여하기 때문에 학교의 발전과 개선을 위해 직원들을 훨씬 더 잘 도와줄 수 있다고 말했다.

그는 덴마크 일간지 『알팅게Altinget』와의 인터뷰에서 다음과 같이 말했다. "덴마크 학교의 교장들은 핀란드 학교의 교장들보다 행정 업무에 대한 부담이 훨씬 큽니다. 핀란드 학교의 교장들은 직접 교실에 나가서 교사를 지원하는 데 더 많은 시간을 투자하고, 학생들을 직접 가르치기도 합니다. 바로 그 때문에, 그들은 덴마크의 학교 지도자들과는 달리 학습 현장의 문제를 직접 경험할 수 있고 교사들이 직면한 문제를 더 쉽게 이해할 수 있습니다."[101]

덴마크의 학교 지도자들은 새로운 계획을 가지고 지자체와 회의를 진행한다. 핀란드의 학교 지도자들은 직원들의 업무 상황에 대한 심층적인 지식을 가지고 있다. 그들은 완전히 다른 방식으로 가짜 노동과 직원들의 업무에 방해가 되는 기타 제약 사항을 제거하고 학생들이 더 훌륭한 교육을 받을 수 있도록 집중한다. 따라서 모든 시험에서 핀란드 어린이들이 덴마크 어린이들을 앞선다는 결과는 그리 놀랍지 않다.

핀란드의 예는 관리자들이 직원들의 업무 상황을 직접 경험하는 것이 얼마나 중요한지 잘 보여준다. 단지 직원들과 대화를 나누어보는 경험조차 큰 도움이 된다. 하지만 확고한 교육학적 방법 즉, 다른 사람의 입장에서 이해해보려 노력하는 것보다 더 나은 방법은 없다. 이것이 바로 레이프가 말했던 '서로의 경험을 연결'하는 것이다.

이 연결성의 일부는 매우 의미 있다고 알려진 소위 '방문 관리Management by walking around'를 통해 이룰 수 있다. 이것은 오랜 시간에 걸쳐 다수가 언급해왔던, 직원들이 실제로 무엇을 하고 있는지에 대한 정보를 관리자들이 지속적으로 얻을 수 있는 매우 간단한 방법이다. 통제나 감시와는 거리가 멀다.

1970년대 IT 대기업인 휴렛패커드사에서는 관리자가 생산 현장을 돌아다니면서 직원들과 대화를 나누고, 그들의 작업을 살펴보고, 때로는 직원들과 담배 몇 대를 함께 피우기도 했다. 비슷한 방식으로 토요타에서는 겜바 워크Gemba walk(일본어에서 유래했으며, '현장을 걷다'라는 뜻으로써 실제 프로세스를 보러 가고 작업을 이해하고 질문을 던지고 배우는 활동을 의미한다―옮긴이)를 실행했다. 관리자는 직원이 무엇을 하고 있는지, 다음 단계는 무엇인지, 시간은 얼마나 걸리는지, 개선할 수 있는 부분은 무엇인지 등의 간단한 질문을 직원들에게 던졌다.[102] 어떤 이들은 이것을 미시적 관리(사실은 전혀 그렇지 않지만)로 받아들이고, 관리자의 방문을 도움이라기보다는 위협으로 인식하기도 한다.

창업자들처럼 행동하고 더 가까이 다가가라

창업자들이 경영하는 기업이 그렇지 않은 기업보다 훨씬 더 좋은 성과를 내는 이유는 무엇일까? 컨설팅 회사 베인 앤 컴퍼니의 크리스 주크와 제임스 알렌은 미국에서의 예를 바탕으로 수년에 걸쳐 이에 대해 조사했다.[103] 그들은 창업자들이 경영하는 기업에서 지속적으로 유지되는 몇 가지 특정적인 가치를 발견했다. 바로 창업자 자신이 처음부터 직접 고객과 접촉하며 회사의 최전선에서 일을 해왔다는 배경이다.

　　이것은 자율적 결정권이 얼마나 중요한지를 다시 보여주는 예이기도 하다. 그들은 관료주의적 행정과 상아탑 경영진으로부터 내려오는 이해할 수 없는 지시를 기다리는 일이 얼마나 피곤하고 비생산적인지 잘 알고 있었다. 주크와 알렌은 이들 기업들이 성장한 후에도 창업자들이 초심을 잃지 않고 지속시키는 데 집중하여 관료주의와 복잡성을 피할 수 있었다고 말한다.

　　두 사람의 말에 따르면 이케아와 애플 같은 회사는 창업자가 세상을 떠난 후에도 이 정신을 기업 DNA의 일부로 유지했다. 창업자가 직접 경영에 참여하지 않는다 하더라도, 기업의 관리자들은 매일 고객을 상대하고 현장에 더 가까운 실무에 관여함으로써 조직을 발전시킬 수 있다.

가끔은 최전선에서 일해보라

덴마크 일간지 『인포마시온』 편집자들은 1년에 한 번씩 '링 이브닝' 시간을 갖는다. 이 시간에 이 회사의 고위 직원들과 일부 저널리스트들이 신문을 정기 구독하는 고객들과 자리를 바꾼다. 편집장인 루네 뤼케베르그로부터 전화를 받은 사람들이 1년 정기 구독권을 구매하기에 고객 수가 늘어나는 이점도 있지만, 편집부의 입장에서는 판매자의 업무와 고객의 바람, 그리고 쌍방의 관계에 대해 알아볼 수 있는 좋은 기회이기도 하다. 예를 들어, 오랜 고객이 지난 5년 동안 신문을 구입하지 않았다면 편집부는 이 행사를 통해 그 이유를 알아낼 수도 있다.

역사적으로 수많은 사회에서 1년 중 며칠씩 주인과 노예가 그 역할을 바꾸어 생활했던 데에는 이유가 있다. 모든 이들은 항상 조직 내의 다른 이들이 실제로 어떻게 행동하고 느끼는지 이해해야 한다. 옛날에는 이러한 역할 바꿈의 의미가 미래에 발생할지도 모르는 반란을 예방하는 데 있었지만, 다행히 지금은 그렇지 않다. 대신 현대의 우리는 여기에서 얻은 통찰력으로 기업을 개선하고, 관리자가 보지 못하는 절반 이상의 직원들을 이해하는 데 활용할 수 있다.

익숙지 않은 역할 변경이 가짜 노동을 밝혀낼 수 있다는 또 다른 예를 들어보겠다. 2018년 1월 21일 일요일 저녁 9시, 환자 안전 감독기관의 국장 안네 마리에 방스타는 오덴세 대학병원의 외과 수석 전공의, 크리스티안 뢰르베크 마드센의 20시간 교대근무 제안을 받아들였다. 그녀가 이 제안을 수락한 이유는, 마드센을 비롯한 몇 명의 의사들이 스벤보르그 병원에서 한 젊은 의사가 수석 간호사에게 구두로 약물 처방을 내렸다는 이유로 의사직을 박탈당한 일에 큰 불만을 토로했기 때문이었다. 환자 안전 당국의 위원들이 구두 처방은 규정에 어긋난다고 주장해왔기 때문에, 불행하게도 해당 환자가 사망하자 젊은 의사는 규정을 따르지 않았다는 비난을 받았다.

덴마크의 많은 의사들은 그 젊은 의사를 옹호하기 위해 SNS에 해시태그를 사용하여 #내가될수도있었다[#DetKuHaVæreMig] 캠페인을 벌였다. 그들은 이 캠페인을 통해 자신들이 처한 업무 부담 때문에 모든 사항을 기록하고 등록하는 것이 불가능하다는 것을 당국에 알리고자 했다. 그 일환으로 마드센은 감독기관의 국장이 직접 의료 현장을 경험할 수 있도록 초대했다.[104]

이어진 기자회견에서 국장은 '나는 의료진들이 매우 책임감 있고 성실하게 일하는 모습을 직접 확인했고, 매우 중요한 사안은 문서로 남기는 것을 보았다'라고 말했다. 국장은 일선 현장의 의료진들이 여러 다양한 상황에 맞추어 현실에 기반해 적절한 조치를 취할 수 있는 능력이 있음을 발견했고, 때에 따라서는 어쩔 수 없이 예외 규정을 적용해야 함을 깨달았다. 즉, 그녀는 오덴세 대학병원의 야간 교대근무를 통해 의료 업무 현장에서 이상적인 규정만으로는 일이 돌아가지 않는다는 것을 이해했다. 바로 그 때문에 기존의 지침과 규정은 바뀌어야만 했다.

"우리는 이미 그 일에 착수했습니다. 일하기에 적절한 규칙을 마련하기 위해 의사 여러분들도 함께 기여해주시기를 바랍니다."[105]

이 일은 20시간 내에 성사되었다. 그렇다면, 대부분의 다른 관리자들도 달력에 적어둔 회의 약속을 지우고 직접 현장으로 내려가 직원들이 실제로 어떤 일을 하고 있는지 확인할 수 있지 않을까?

일선 현장에 책임을 부여하라

일선 현장에서 일하는 직원들에게 가능한 한 최대한의 결정권을 부여함과 동시에 조직 내의 전반적인 책임은 경영진이 져야 한다. 직원들에게 더 많은 책임을 부여한다고 해서 업무 실수가 많아지지는 않는다. 직원들은 수많은 절차와 지침을 거치지 않고 일을 하는 동시에, 자신의 전문성이 그 일에 충분치 않다고 느낄 때 도움을 얻기 위해 동료 직원 및 상사와 더 잦은 접촉을 할 것이다.

이러기 위해서 그들은 스스로 여러 결정을 내릴 수 있는 권한을 부여받아야 하며, 결정을 내리기 위해 필요한 전문 지식에 접근할 수 있도록 보장받아야 한다. 이것은 우리가 코로나 위기로부터 얻은 깨달음의 일부이기도 하다. 예를 들어, 어느 한 병원장은 사람들이 코로나 위기 이전보다 훨씬 더 효율적으로 일할 수 있었다고 결론을 내리면서 다음과 같이 표현했다. "그것은 우리가 위기 상황에서 결정을 내릴 때는 더 적은 수의 교회에서 기도하기 때문입니다."[106]

랄루가 소개했던 자율적 조직에서는 일선 현장에서 일하는 직원들이 팀 단위로 구성되며 다양한 업무를 서로에게 위임한다. 우리는 네덜란드의 한 민간기업이 이 단순한 조직도를 바탕으로 30명 미만의 관리자만을 고용해 10,000명의 직원을 관리할 수 있었던 사실을 기억해야 한다.

일선 업무 현장을 조직의 영웅으로 대접해주되 승진을 당근으로 이용하지 말라

1969년 캐나다의 교사이자 작가, 로렌스 J. 피터는 유명한 '피터의 법칙'을 공식화했다. 이것은 하나의 위계 조직에서 관리자는 자신의 무능력 수준에 도달할 때까지 승진하려는 경향이 있다는 법칙이다. 일을 잘하는 사람들은 자신의 성실함과 능력을 행정 관리직이라는 직책으로 보상받는 것을 대부분 달갑지 않게 여긴다고 피터는 주장했다. 또한 이런 사람들의 능력은 관리직과는 어울리지 않을 때도 많다. 만약 그들이 행정 관리직에서도 여전히 자신의 능력을 입증하고 좋은 성과를 낸다면 다시 승진할 수 있을 것이다. 하지만 어느 시점이 되어 능력의 한계에 이른다면 영원히 그 자리에 머물 가능성이 크다. 이런 일이 계속된다면 그 조직은 어느새 무능력한 관리자들로 이루어진 지방층을 형성하게 되고 앞으로 더 나아가기는커녕 제자리에 머무는 것조차 힘들어질 수 있다.

일련의 연구자들은 214개의 다양한 기업들을 대상으로 이 피터의 법칙을 테스트하고 그 결과를 2019년 『계간 경제학 저널The Quartely Journal of Economics』에 발표했다. 그들의 결론은 승진이 사람들의 리더십 능력을 평가한 결과라기보다는 그들이 과거에 해낸 훌륭한 업무의 보상에 가깝다는 것이었다. 이로써 피터의 법칙이 입증되었다.[107]

여기서 우리는 두 가지의 중요한 점을 알 수 있다. 첫째로, 너무나 많은 조직에서 일선 현장의 실질적이고 구체적인 업무가 가능한 한 빨리 벗어나고 싶어 하는 업무라고 인식한다. 지금 하고 있는 일을 잘해내면 업무 시간의 대부분을 회의에 참석하는 새로운 직책을 얻을 수 있다는 것이다. 기업이 역량 있는 직원들의 코앞에 승진이라는 선물을 내려놓는다면, 이는 그 기업이 일선 현장의 실질적인 업무를 가치 있다고 간주하지 않는다고 주장하는 것과 같다. 그러니 직원이 하루빨리 그곳을 떠나고 싶어 하는 것도 이상한 일이 아니다.

다른 하나는, 업무에 능숙하기에 공동 결정에 참여하고 더 큰 영향력을 행사했어야 했던 일선 현장의 숙련된 인력을 이런 식으로 일하는 자리에서 제거해버린다는 것이다. 주크와 알렌은 여전히 '창업자의 정신'을 바탕으로 성공의 길을 달리고 있는 기업조직에서는 일선 현장의 직원들을 일상의 영웅으로 대우하는 데 초점을 둔다고 말했다. 이렇게 하면 직원들은 매일 자신이 하는 구체적인 업무에 충실하게 되고, 새로운 기능이나 필요치 않은 역할에 눈을 돌리기를 피할 수 있게 된다.[108] 만약 조직이 지속적으로 능력 있는 직원들을 새롭고 불확실한 분야의 관리자로 승진시킨다면, 이 견해는 한순간에 무너질 것이다.

조직이 관리자를 확보하는 일은 공짜로 이루어지지 않는다. 직원들을 승진시키고 조직의 관리자들을 성장시키려는 야심은 꽤 많은 양의 가짜 노동을 생성해낼 수도 있다. 왜냐하면, 이 관리자들을 보조하고 자문해주는 사람들이 필요하기 때문이다.

『하버드 비즈니스 리뷰』에서 발표한 연구 결과에 의하면 위계 조직의 가장 하층에 있는 관리자는 약 1명의 직원이 하는 작업을 생성해낸다. 1명의 이사는 1.5명의 직원, 부사장은 2명의 직원, 소위 임원이나 수석 부사장은 풀타임으로 일하는 3명의 정규직 직원의 지원을 필요로 한다. 이는 조직이 충분한 관리자를 확보할 수 없을 때 발생할 수 있는 추가 작업의 양이라고도 할 수 있다.

따라서 다음 인사철에는 승진에 관해 신중해지도록 하자. 승진 외에 다른 방법은 없을까? 작업 속도를 높이고 시간 낭비를 줄인 직원에게 여러 크고 작은 결정을 내릴 수 있는 권한을 부여하는 것은 어떨까? 또는 급여를 인상한다거나 휴가를 주는 것은 어떨까? 그들이 주어진 시간의 절반도 안 되는 시간 내에 업무를 완수했다면, 바로 퇴근을 할 수 있도록 도와주는 것은 어떨까?

교육 현장으로 가서 교육 수준이
낮은 사람들을 데려와 직업 훈련을 시켜보라

현대의 교육 수준은 매우 높고, 한편으로 과잉 교육이 이루어지고 있다는 사실에는 의심의 여지가 없다. 덴마크 노동시장도 마찬가지다. 로크울Rockwool 재단은 한 연구에서 석사학위를 소지한 학자들 중 50%가 필요 이상의 자격을 갖추고 있다고 밝혔다.[109] 그들은 석사학위가 없더라도 얼마든지 해낼 수 있는 업무에 종사하고 있다.

미국의 경제학자 브라이언 캐플란은, 우리가 석사학위를 취득한 다른 사람들과 경쟁해야 하기 때문에 결국 우리 자신도 석사 학위를 취득할 수밖에 없는 이상한 능력주의 교육 시스템을 개발했다고 말했다.[110] 따라서 석사학위는 별 차이를 만들어내지 못하지만 일종의 자격 조건이 되어, 대부분의 사람들이 통과해야 하는 바늘구멍처럼 기능한다.

캐플란은 현대 노동시장을 콘서트장에 비유했다. 제일 앞줄에 있는 사람들은 무대 위의 음악가를 보기 위해 발뒤꿈치를 들고 서 있고, 그 때문에 뒷줄에 앉아 있는 사람들도 발뒤꿈치를 들어야 무대 위의 음악가를 볼 수 있다. 만약 우리 모두가 발뒤꿈치를 들고 서 있는 것이 불필요하다는 데 동의한다면 그 누구도 불편하게 서 있지 않으면서 무대 위의 음악가를 똑같이 잘 볼 수 있을 것이다.

신뢰할 수 있는 많은 연구에 따르면 사람들은 학사 학위 또는 그보다 낮은 학력으로도 어렵지 않게 직장 생활을 할 수 있다. 일반적으로 직장에 들어가면 직무를 배우기 때문이다. 실력은 연습을 통해 향상된다. 연습을 하지 않으면 피아노를 잘 칠 수 없는 것과 마찬가지다. 중요한 기능을 배울 수 있는 가장 좋은 방법은 이론이 아니라 실무다. 시간이 지나면 이 방식이 최고의 성과를 낸다는 것을 연구가 증명한다.[111]

연구에 따르면 직장 내의 직업 교육은 직원들에게 업무에 대한 완전히 다르고 구체적인 이해뿐 아니라 장기적으로는 더 큰 창의성까지 제공한다. 하지만 근래에 많은 직장에서 직업 교육과정이 사라지고 있다. 우리가 지식 사회 속에서 살고 있고, 그 사회에는 지식을 학교에서만 얻을 수 있다는 생각이 팽배하기 때문이다.[112]

하지만 이것은 크게 왜곡된 사실이다. 과거 사회의 많은 부문, 예를 들어 은행에서는 사람들이 견습생으로 일을 시작해 수년 동안 학습하며 시스템에 자리를 잡았다.[113] 오늘날에는 사람들이 학교를 졸업한 후 금융 경제학자(또는 이에 상응하는)라는 타이틀을 달고 바로 은행에 들어가, 고객을 만나본 적도 없는데도 관리직을 맡는다. 은행 업계에서 고객과 은행 사이의 신뢰와 만족도가 매우 낮다면, 아마도 은행이 스스로 행정 업무에만 관심을 두었기 때문일 수도 있다. 결과적으로 고객들은 은행을 통해 얻을 수 있는 이점이 거의 없다고 생각할 수도 있다.

지난 15년간 실질적인 금융 자문가가 있는 은행 지점의 수가 절반으로 줄어든 반면, 직원의 수는 거의 변하지 않았다.[114] 이는 은행 업계에서 실제로 고객을 만나기 위해 일하는 사람이 줄었다는 것을 의미한다. 대신 규칙을 설정하고 법규에 따라 후속 조치를 하고 갖가지 프로세스를 담당하는 사람들은 더 많아졌다는 것도 의미한다.

이제 채용에 대해 다시 생각해보자. 직원에게 가장 좋은 학교는 바로 회사일지도 모른다. 자동차 운전을 주 업무로 하는 직장이 있다고 하자. 이 업무는 운전 교습이 아니라, 운전면허증을 취득한 후에야 배울 수 있다. 따라서 고학력자보다는 학력이 낮은 사람들을 채용하되 그들에게 더 많은 기능을 알려주고 훈련시킴과 동시에 업무 경험이 풍부한 동료들과 긴밀하게 협력할 수 있도록 도와주는 방향이 좋다. 그러면 그들은 회사의 일원으로 회사를 존중하게 될 것이다. 그런 다음에 그들은 무엇이 업무에 도움이 되고 무엇이 방해가 되는지 배울 수 있을 것이다.

모두들 사일로를 불평하지만 출처를 묻지 않는다

회의와 갖가지 절차 및 보고 체계에서 직원들의 숨을 조일 수 있는 가장 일반적인 말은, "만약 아무도 '교차적 링크'에 대해 책임을 지지 않을 경우 모두들 사일로silo(곡식이나 사료, 시멘트 등을 저장하는 굴뚝 모양의 창고로, 경영학에서 부서 이기주의를 말할 때 주로 사용하는 용어—옮긴이)에 빠지게 될 것"이다. 책임을 맡은 사람들은 HR 부서의 프로젝트 관리자와 컨설턴트 들로서, 이들은 직원들의 노력을 조정하려 한다.

하지만 이는 직원들의 협력을 이끌어내는 방법 중 가장 비용이 많이 들며 가장 어려운 방법이다. 여러 협력 플랫폼, 인스턴트 메신저, 화상회의, 디지털 상태 업데이트 등의 시스템을 구축하기 위한 투자에는 비용이 많이 들뿐더러 어렵다. 그렇다고 해서 이런 종류의 일이 불필요하다는 의미는 아니다. 하지만 직원들의 협력을 이끌어내는 노력을 하지 않고, 서로 도움과 조언을 주는 직원들에게 보상하지 않는다면, 이러한 디지털 플랫폼은 필요 없다. 돈을 주고 사들인 번지르르한 허울로는 직원들의 협력을 가로막는 장벽을 허물 수 없다는 말이다.

사일로는 자신의 업무에 제약이 있고 스스로 해결해야 할 문제가 매우 많다고 생각할 때 생겨난다. 물론 실제로 그런 업무가 존재하기는 하지만, 복잡한 조직 내에서 그런 식으로 해결할 수 있는 것은 별로 없다.

개인적으로 나는 단지 '피라미드를 붕괴시키고' 가능한 한 적은 수의 관리자만 확보해야 한다고 주장하는 것이 아니다. 조직에는 전반적인 책임을 명확하게 부여할 수 있는 상부 관리자들이 있어야 하고, 그들은 직원들이 전문성과 직관력을 발휘하여 절차와 규칙에서 벗어날 수 있도록 도와주어야 한다. 하지만 현장에서 공동 결정을 내리며, 직원들에게 부여된 일상 업무에 대해 일부 책임을 부여하는 것도 매우 중요하다. 그러면 직원들은 협력을 통해 업무를 수행할 수 있는 더 큰 동기 의식을 가질 수 있다. 이 경우, 작업 성과가 좋지 않다 하더라도 열악한 프로세스나 불충분한 사고방식 또는 조직의 위계 구조를 탓할 수는 없다.

이런 방식으로 직원들은 회사의 표준 작업 지침서나 규정에 특정되어 있는 사항뿐 아니라 이용 가능한 모든 수단을 사용해 문제를 해결하는 데 관심을 가질 수 있다. 사일로를 제거할 수 있는 방법은 바로 이것이다. 인사부나 홍보부에서 제작해 구내식당에 걸어놓는 미소 띤 직원들의 포스터와 '우리는 한 팀으로서 사고한다'라는 표어는 아무 도움이 되지 않는다.

　회사가 직원들에게 웃음거리가 되고 싶지 않다면 직원 기능을 재고해야 한다. 이 책의 다음에서는 이를 다룬다.

4부

실질적인
지원 방법과 그 기능

12장

직원은 왜 관료적으로
일하게 되었는가?

우리는 출근할 때 종종 전쟁터로 나간다는 말을 한다. 실제로 일상 업무와 그 기능에 관한 용어 중 놀라울 정도로 많은 부분이 군대 용어에서 유래했다. 이는 특히 영어에서 많이 볼 수 있는데, 그예는 CEO(Chief Executive Officers, 최고경영자), COO(Chief Operations Officers, 최고 운영 책임자) 등이다. 회사의 지시 체계와 조직도는 군대의 것과 그리 다르지 않다. 전열 장교는 군의 생산물, 즉 나라를 지키고 군사들의 죽음을 처리했고, 참모는 행정 업무를 맡아 군사들에게 음식·의복·의료 지원 등을 담당했다. 이처럼 과거에는 관리자와 직원 들이 함께 참여하는 개선 면담 등이 많지 않았다.

우리의 조직이 운영 절차와 방향 등에서 군대를 모델로 삼고 있으니, 우리가 상부의 지침이나 지시, 허가와 절차 없이 서로 협력하고 문제를 해결하려 시도하는 것이 쉽지 않은 것은 어찌 보면 당연하다. 하지만 이제는 '전쟁'과 목표를 재정의하고 일과 전쟁을 벌이는 새로운 방법을 찾아야 할 때가 아닐까?

그러기 위해서는 우리가 흔히 직원 기능이라 칭하는 단어를 더 자세히 살펴봐야 한다. 여기서 직원이라는 말은 잘못되었다. 나는 직원 기능 대신 '지원 기능'이라는 말을 사용해야 한다고 생각한다. 지원 기능은 동일한 의미로 사용되는 또 다른 말이며 적어도 우리가 행정기능의 핵심 업무인 비즈니스, 생산 및 서비스 지원을 의미하는 말을 할 때는 이 단어를 사용하는 것이 낫다.

토르벤 융은 지난 수년간 인사 부서의 관리자 및 컨설턴트로 일하며 이를 깨달았다. 그는 공공부문은 물론 민간부문에서도 일해보았다. 그는 나와의 대화에서, 그 누구도 비판할 마음은 없지만 회사의 입장에서는 그들이 아무런 의미도 없는 작업에 돈과 시간을 낭비하는 것은 아닌지 재고해봐야 한다고 말했다.

우리는 내가 이사로 재직하고 있는 학교에서 만났고 그는 내 앞 소파에 앉았다. 그는 이전에 나의 강연을 듣고 자신이 HR을 담당하던 시절을 되돌아보게 되었다고 말했다.

"저는 초기 인사 부서의 기능을 조직하고 직원이 서너 명으로 늘어날 때까지 도움을 주었어요. 수천 명의 직원이 일하는 대규모 은행의 인사 부서 관리자로 일한 적도 있고요. 제가 담당했던 인사 부서의 직원만 해도 60여 명이나 되었죠."

토르벤은 은행의 경영 개발을 담당했다. 은행의 모든 계획과 프로그램은 그를 통해 진행되었다. 그는 자신이 일을 꽤 잘 수행했다고 생각하지만 여전히 의구심을 갖고 있다고 말했다.

"대규모 인사 부서의 기능은 어느 시점에 이르면 저절로 돌아가기 마련이에요. 그래서 그때쯤이면 비즈니스 개발에 대한 특별한 생각 없이 많은 것을 개발하기 시작하죠. 하루 일을 마무리하며 오늘 했던 8시간의 일을 만약 다른 사람이 했다면, 그에게도 급여를 줄 만한지 곰곰이 생각해보는 직원은 거의 없지요. 우리 모두는 지금 우리가 하고 있는 일이 실제로 가치 있는 일인지 생각해봐야 해요.”

토르벤은 자신이 했던 작업 중 일부에는 그럴 만한 가치가 없다고 결론을 내렸다.

“개발과 발전에는 시간이 걸립니다. 그런 점에서 개발 작업은 운영 기능과는 달라요. 우리는 언젠가 전체 은행에 대한 ‘관리 기반’에 대해 작업했는데, 이를 준비하고 이사회의 승인을 받기까지 8개월이나 걸렸어요. 우리가 8개월 동안 고안해낸 것들은 실제로는 한두 달 안에 쉽게 해낼 수 있는 일이었지만요.”

‘왜 그렇게 오래 걸렸나요?’라고 묻자 토르벤은 조직 내에 구축된 문화 때문이라고 대답했다. 누구도 일을 더 빨리 끝내야 한다는 압박감을 느끼지 않았다는 것이다.

“그때는 금융위기 전이었고 업계의 전성기였어요. 모든 것이 가능했고 가능성은 무한했습니다. 수입도 좋았기에 그런 종류의 일에는 꼭 정해진 마감일도 없었죠. 물론 우리는 여기저기 개선할 만한 부분을 발견하긴 했지만, 사실 이 세상이 다 그렇지 않나요? 모든 것은 항상 조금 더 좋아질 수 있어요. 하지만 언제 실제로 좋아질 수 있을까요?”

헛소리의 장막 아래서

토르벤 융은 기업의 HR 기능이 비즈니스를 지원하는 수단이 아니라 그 자체가 목적이 되는 경향이 있다고 말했다.

"그들은 자신들이 하는 일이 비즈니스를 지원하는 보조 기능이라는 사실을 인식하지 못해요. 회사의 관리자들에게 급여와 수당을 제공하는 것도 일종의 보조 기능이긴 하지만 이는 일반 인사 부서에서도 할 수 있죠. 비유하자면, 일반적으로 점과 줄 사이에는 긴장 지대가 존재해요. 이 줄을 밟을 때마다 우리는 인사관리부의 직원을 돌아보며 '돈도 못 벌면서 여기서 뭘 하고 있습니까?'라고 묻죠.

바로 그 때문에 우리는 우리가 무슨 일을 하는지 말할 수 있어야 하고 그를 구체적으로 설명할 수 있어야 해요. 이때 '우리는 인재 양성을 지원합니다'라든가 '우리는 혁신적인 개발을 촉진하고 미래의 제품 창출을 지원합니다'와 같은 헛소리는 하지 않아야 하고요. 이런 말은 사내 인트라넷 또는 포스터에만 쓸 수 있어요. 그리고 이런 문구들은 가치 창출을 위한 자신의 기여도를 평가하는 데 방해가 될 뿐이고, 궁극적으로 비즈니스를 이해하려는 노력에도 걸림돌로 작용하죠."

토르벤은 단순히 인사 부서를 인적자원관리[HR] 부서로 변경하는 방안은 아무런 도움이 되지 않았다고 믿었다. 그것은 일을 현실에서 제거했다고 여기면서 현실과 동떨어진 더 높은 공기층으로 옮기는 것일 뿐이었다. 토르벤은 인적자원관리 부서 내에 존재하는 위계 구조에 대해서 설명했다. 그들 사이에는 병가 규칙을 이해하는 것보다 전략을 바탕으로 일하는 것이 더 좋다는 생각이 팽배하다. 인적관리자원 부서의 파트너는 계층구조의 상위에 있다. 그들은 전략적 관리, 채용, MUS 시스템이나 토르벤의 팀처럼 관리 기반을 마련하는 데 8개월이나 사용하는 것이 상사를 도와 APV 작업을 하고, 고용 법규를 검토하고, 급여체계나 고용계약서를 살펴보는 것보다 훨씬 높은 가치를 지녔다고 생각한다.

"현실적으로는 후자가 더 필요할 것 같지만 사실은 그렇지도 않다는 점이 우릴 혼란스럽게 하죠. 만약 우리 부서에 급여를 담당하는 직원이 없었다면 아무도 월급을 받을 수 없을 테니까요."

그런데 어쩌다 그처럼 일이 잘못될 수 있었을까? 실제로 이를 잘 설명해주는, 정립된 경제이론도 있다. 불합리적인 행위에는 반드시 그 이유가 있다는 것이다.

'관료주의'가 생겨나는 이유

이 책에서 내 주장의 요점은 복잡성이 저절로 발생된다고 봐서는 안 된다는 것이다. 바로 이런 조직적 술책 때문에 우리는 일상에서 가짜 노동과 관료주의와 직면해 무력감을 느끼게 된다. 즉, 가짜 노동과 관료주의가 일종의 자연법칙처럼 느껴질 때 말이다. 하지만 그런 자연법칙은 조직 안이 아니라 아마도 우리 안에 있다. 복잡성은 절대 허허벌판에서 저절로 생겨나지 않는다. 이를 생성해내는 주체는 바로 우리다.

따라서 우리는 기본적으로 복잡성과 복잡한 기능을 만들

어내는 개인부터 살펴봐야 한다. 이러한 인식은 미국 경제학자 윌리엄 A. 니스카넨이 공공선택이론이라는 특별한 경제적 사고를 주도한 통찰력이기도 하다.

니스카넨은 1970년대에 관료 기관이 기능 장애를 일으키고, 원 목적인 구제나 지원 기능을 제대로 하지 못하는 이유를 알아보기 위해 선구적인 연구 작업을 시작했다. 이 문제는 관료들이 존재해왔던 기간만큼이나 오래 존속되었다고 잘 알려져 있었다. 니스카넨은 이에 대한 실질적 이론을 최초로 공식화했다.

윌리엄 니스카넨은 우리가 소위 사회학적 헬리콥터에 머물러 있으면, 아래쪽에 보이는 조직은 유기적으로 보이나 매우 비합리적으로 성장하는 것처럼 느껴진다고 주장했다. 그 때문에 우리는 헬리콥터에서 벗어나 소위 미시사회학적 수준으로 내려가 개별 관료를 봐야 한다. 그렇게 한다면 우리의 이해 범위는 급격히 넓어진다.[115] 이러한 맥락에서 관료는 잠재적으로 조직 내부에서 서비스와 관련된 일을 하는 모든 사람이다. 그들은 유용한 사람이 되기 위해 노력하는 사람들이나 또는 유용한 사람인 척하는 이들이다. 이런 사람들은 일반적으로 비용의 효율성이 더 높은 소득의 형태로 자신에게 돌아오는 것을 직접적으로 느끼지 못한다. 왜냐하면, 이들은 조직을 위해 돈을 벌지 않고 대부분 그냥 사용하기 때문이다.

니스카넨은 공공기관의 관료에 주로 초점을 맞췄지만, 민간기업의 지원 기능 또한 본질적으로는 공공 관료제와 비슷한 특성을 많이 가지고 있다. 그는 '한 기업이 이익 창출에 어떻게 기여하는지 정의하는 것이 더 어려워지고 있다면, 그 기업은 점점 관료적으로 변하고 있다는 것을 의미한다'라고 말했다.[116] 그는 또한 공공기관이 '다른 사람들의 돈'을 사용하는 것과 비슷한 방식으로 민간기업의 지원 기능을 한다고 주장했다. 일반적으로 우리는 제공받는 서비스에 그만한 가치가 있다고 생각한다. 그래서 수입(민간부문)과 세금(공공부문)의 형태로 이들의 예산을 뒷받침한다. 하지만 니스카넨은 예상치 않았던 일이 매우 빠르게 발생한다는 사실도 함께 말한다. 즉, 관료적 개체가 자체적인 생명력을 갖추기 시작했다는 것이다.

니스카넨은 이러한 (공공) 서비스 기관에 종사하는 관료들은 가능한 한 상황을 안정적이고 편안하게 만들기 위해 노력하는 합리적인 개인이라고 가정한다. 간단히 말하자면, 관료들은 우리보다 더 나쁜 사람도 더 나은 사람도 아니다. 우리와 똑같은 사람일 뿐이다.

보통 행정기관의 관료들은 정해진 금액을 받는다. 그들은 책정된 예산으로 일하며, 이 예산은 그 기관이 얼마나 일을 잘하는지 또는 얼마나 많은 세금을 거두어들일 수 있는지와 관련이 있다. 해당 기관이 직접 돈을 벌지 못할 때는 자금 조달을 결정하는 사람들(일반적으로 공공부문에서는 정치인으로 구성된 이사회)과 좋은 관계를 유지하는 것이 매우 중요하다.

공공기관의 인적자원 관리자나 사무 책임자는 다른 이들에게 자금을 요청할 수 없기 때문에, '관료들'은 예산을 결정하는 이들과 항상 관계를 긍정적으로 유지하고 그들에게 실제로 무슨 일을 하고 있는지 설명할 수 있어야 한다. 니스카넨에 따르면, 관료는 예산을 유지하기 위해 자신들의 기관에서 산출되는 서비스나 제품에 대해 지속적으로 설명해야 한다. 관료의 서비스는 단가로 지불받거나 다른 시장에서 구입할 수 있는 종류가 아니다. 즉, 관료는 이를 제공할 독점권을 갖고 있으며, 이에 대한 비용을 지불받을 권리가 있다.

토르벤이 일했던 은행을 예로 들어보자. 은행의 관리자들이 직접 토르벤의 HR 부서로 가서 경영 및 관리 기반을 구매하는 경우는 일반적으로 없다. 종종 경영컨설팅은 고정된 예산 항목에 포함되며, 컨설턴트들은 매년 새로운 경영 및 관리 기반이 될 수 있는 '결과물'을 제시한다. 토르벤의 부서에서는 이 일을 하면서 경영진의 관심을 끌기 위해 많은 시간을 보냈다.

니스카넨은 이러한 관료 기구가 전체 '패키지'를 제공하는 근거를 매우 능숙하게 설명할 수 있어야 한다고 말했다. 그들은 서비스를 단가로 책정해 시장에 판매하지 않으므로, 확고한 지원을 받기 위해서는 반드시 근거가 예산 항목에 포함되어 있어야 한다. 물론, 이러한 서비스 제공시 다른 기관과의 경쟁이 아예 없는 것은 아니지만, 기본적으로는 그렇지 않다.

니스카넨은 이 경우에는 실질적인 결과가 거의 언급되지 않는다는 점이 문제라고 했다. 반면, 무엇을 평가할 수 있는지에 대해서는 상당히 많이 언급된다. 그들은 얼마나 많은 캠페인을 실행했는지, 얼마나 많은 디지털 교육 프로그램을 실행했는지, 또는 얼마나 많은 프로세스 보고서를 작성했는지에 대해서는 수 없이 이야기한다. 그러나 경영진은 이러한 서비스를 외부 시장에서도 구매할 수 있는지, 또는 단지 이런 것들을 다루는 부서가 있기 때문에 예산을 책정했는지 검토하는 것을 잊어버리는 경우가 많다. 어쨌든 그들은 이미 비용을 지불했으니 말이다.

니스카넨에 따르면, 이 경우 해당 기관(공공부문의 기관, HR 부서, 커뮤니케이션 부서, 법무 무서, 또는 품질·재무·내부감사 등을 담당하는 부서나 이와 비슷한 기관)은 그들이 실질적으로 '지원'해야 하는 사람들인 생산직 직원, 일반 운영 기능 또는 지방자치단체에 속하는 시민 들과의 연계성을 잃어버릴 수도 있다고 한다. 이는 토르벤이 자신이 일하던 은행의 HR 부서에서 보았던 것과 동일하다.

"HR 부서의 모든 직원은 가능한 한 경영진과 가까워지기를 원하며, 특히 그룹 경영진과 관계된 업무를 하기를 원합니다. 왜냐하면, 그들 입장에서는 일반 직원들로부터 올라온 상향식 문제를 해결할 때보다 경영진으로부터 내려오는 하향식 문제를 해결하기가 더 쉽기 때문입니다."

인생의 다른 많은 부분과 마찬가지로, 직원 직무의 우선순위가 결정되는 배경을 이해하기 위해서는 결국 돈을 따라가야 한다. HR 부서는 지속적으로 이사회의 결정에 개입하고, 업무를 창안하고 장려하는 일에 분명한 인센티브를 가지고 있다. 하지만 토르벤이 경험한 바에 의하면 불행하게도 회사의 관리자가 휴가나 연차 규정을 이해하기 위해 도움을 필요로 할 때는 이를 당연하게 받아들이지 않는다.

지금껏 그 누구도 하지 않은 말
"나는 직원 수와 예산을 줄이고 싶습니다"

앞서도 언급했듯, 직원 기능의 주축이 되는 이들은 결코 다른 사람들보다 더 나쁘거나 더 좋은 사람들로 이루어져 있지 않다. 그들은 단지 시스템 속에서 살아남기를 원하는 합리적인 사람들이며, 자신들을 후원하고 지원해주는 사람들에게 자신의 가치를 대변함으로써 생존할 수 있다고 믿는다. 그러기 위해 그들은 실질적으로 인력과 비용을 줄이거나, 또는 쉽게 생략할 수 있는 업무를 수행하는 수밖에 없다.

이는 합리적인 행위자는 조직 내에서 자신의 위치를 확보하기 위해 항상 예산과 인력을 증가시키려 한다는 '예산 극대화 이론'과 맥락을 같이한다. 이성적인 배우가 자신의 후원자에게 많은 시간을 투자해 자신의 장점 어필과 함께 관련성이 없는 리스크까지 설명하는 것과도 비슷하다. HR 직원들은 온갖 파워포인트 프레젠테이션을 통해 경영진이 참석하는 수많은 교육 및 연수 프로그램과 직원 개발 면담이 전산화되어야 한다고 주장한다. 커뮤니케이션 직원들은 경영진보다 커뮤니케이션에 대해 능숙하기 때문에, 자신들의 논점과 숫자와 각종 조사를 바탕으로 새로운 사내 인트라넷이나 회사 로고가 필요하다고 경영진을 쉽게 설득할 수 있다.

토르벤은 시간이 흐르면서 이러한 추세가 더욱 강해지는 것을 경험했다.

"저는 그 일을 너무나 오래 해왔어요. 그리고 1980년대 후반에 우리 부서가 인정을 받고 조직의 전략과 중요한 사항이 결정되는 핵심적인 곳에서 역할을 맡기 위해 어떻게 투쟁했는지도 기억해요. 그 일은 성공적으로 이루어냈지만, 시간이 지나면서 HR 부서는 존재 자체가 목적이 되어버릴 정도로 상황이 악화되었어요. 우리가 개발했던 MUS 시스템은 시간이 흐르면서 너무나 많은 기능을 장착하고 확장되었기 때문에 더는 운영 관리자가 사용할 수 없게 되었지요."

문제는 MUS 시스템이 모든 관리자의 실수와 단점을 수정하고 개선을 지원할 수 있도록 설계되어 있었다는 것이다. 자연히 시간이 지나면서 MUS 시스템의 최소 공통분모라고 할 수 있는 것이 너무나 복잡해졌다.

"저는 컨설턴트로 일하며 많은 회사의 MUS 시스템을 구축하는 데 도움을 주었어요. 하지만 시대의 주요 트렌드가 변하면서 MUS 시스템도 그에 따라 조정되어야 했어요. 어떤 기간에는 단순한 시스템이 선호되었고, 또 다른 기간에는 복잡한 시스템이 주류를 이루었습니다. 뿐만 아니라, 어떤 기간에는 개발에 초점을 맞춰야 했고, 또 다른 기간에는 평가에 초점을 맞춰야 했으며, 나중에는 직원과 관리자 모두를 평가할 수 있어야 했어요. 이는 매우 그럴듯하게 들리지만, 결국 그 기능이 겹치고 교차되어 개별 관리자가 사용할 수 없을 지경에 이르렀지요."

니스카넨은 경영진과 직원 기능과의 관계는 그다지 건강하지 않다고 했는데, 직원 기능 측에서는 결과가 아닌 행위를 바탕으로 평가를 받고 싶어 하기 때문에, 정확히 무엇을 생산하는지에 대해 가능한 한 불명확하게 이야기하기 때문이라고 했다.

관료들은 기업에 대한 실제 기여도를 바탕으로 자신의 능력이 평가되는 것을 피하고 싶어 한다. 그렇기 때문에 그들은 자신이 기여할 수 있는 종류로 평가받기 위해서 계속 그 기준을 변경한다. 이때, 그들이 확실히 기여할 수 있는 것은 대부분 실제 목표와는 무관하고 가치도 없다. 물론 관료가 정치인이나 후원자를 위해 상향적 업무를 하는 대신, 직원과 기업을 위한 하향적 업무를 한다면 상황은 바뀔 수도 있다. 우리는 여기에서 문제의 해결책을 찾을 수 있다.

경제이론은 인간이 자신에게 가장 유용하고 이익이 되는 것을 추구하는 합리적인 개체라고 했을 때 대부분의 사람들이 무엇을 선택할 것인지 설명한다. 물론 우리는 이론과 현실을 혼동하지 않도록 조심해야 한다. 그러나 현실에서 실제로 일어나는 대부분의 일을 살펴보면 이론이 확고한 경험적 기반을 바탕으로 생성되었다는 것을 알 수 있다. 책의 도입부에서 들었던 예를 생각해보라. 코펜하겐대학교에서는 3명의 관리 직원이 단 33년 만에 무려 400명으로 늘어났다.

덴마크의 또 다른 대학 중 하나인 오르후스대학교에서는 실제로 어떤 일이 일어났는지 살펴보자.

"우리는 그들과 대화를 나눌 수조차 없습니다"

오르후스대학교는 코펜하겐대학교와 마찬가지로 약 10년에 걸쳐 지원 기능, 행정 부서 및 컨설턴트의 수가 폭발적으로 증가했다. 1부에서 이야기했던 것처럼 관료의 수도 늘어나고 구성도 변경되었다. 하지만 직원들에게 꼭 필요한 특정 행정 업무를 담당하는 사람들의 수는 오히려 줄었다. 반면, 대학의 연구원 및 강사들과는 거의 만날 일이 없는 관리자 및 행정직의 수는 크게 늘었다. 이들의 업무는 이전의 HR 직원들과 다르지 않았지만 급여는 훨씬 높았다.

오르후스대학교의 경제학 교수 마틴 팔담은 행정 부서와의 관계가 이전과 현저히 달라졌다고 말한다. 팔담은 이 문제를 체계적으로 조사하기 시작했고, 그 연구 결과를 2015년『헌법 정치 경제Constitutional Political Economy』에 발표했다.[117]

팔담은 과거의 대학교 조직은 지금과는 전혀 다른 방식으로 운영되었다고 설명한다. 2003년까지만 하더라도 대학교의 경영진은 대학교 직원들이 선출했으나, 대학교 개혁 이후에는 총장을 임명하는 집행위원회가 출범되었고 이 조직은 위계적 경영진으로 대체되었다. 이 모든 것은 덴마크 대학교의 소위 '전문화'로 이어졌다. 대학교를 중심으로 일련의 개혁이 시작된 것이다. 이 변화는 '대학교 간 학문 연구 교류 및 글로벌 목표'와 같은 긍정적인 슬로건과 함께 마케팅되었다.

팔담의 시각에서 보았을 때, 새로운 관리자들은 무엇이 부족한지 정확하게 지적하는 것을 어려워했으나 그들이 원하는 것에는 큰 열정을 보였다.

"경제학은 항상 타 학문과 협력하여 교차 연구를 해왔어요. 우리는 해외 대학의 동료들과 함께 지속적으로 대화를 나누고, 국제 학술지에 연구 결과를 발표했지요. 우리는 대학 개혁이 일어나기 전에도 이 일을 해왔어요." 팔담이 자신의 집무실에서 이런 이야기를 하는 동안, 그의 뒤에서 프린터가 연구 결과를 뽑아내고 있었다.

"새로운 조치들로 인해 과거에 비해 실질적으로 어떤 점이 개선되었는지 확인하기란 매우 어려워요. 적어도 저는 이런 조치들이 필요하다고 생각한 적이 없어요."

마틴 팔담과 그의 동료에게 필요했던 행정 직원들의 수는 시간이 흐르면서 오히려 줄어들었다. 팔담은 이것이 내가 앞서 언급했던 공공 선택 이론의 매우 훌륭한 예라고 말했다.

과거의 시스템에서는 연구원과 강사 들이 요구해오는 사항들과 그들이 필요로 하는 내용을 바탕으로 행정 업무를 보는 직원을 고용했지만, 개혁 이후 이들은 갑자기 사라졌다. 지금은 연구원과 강사가 아닌, 경영진이 어떤 행정적 기능을 필요로 하느냐에 따라 직원을 고용하고 있다. 경영진은 홍보, 커뮤니케이션, 경영 컨설턴트 그리고 '생산'과 관련해 어떤 업무가 진행되고 있는지 감시하고 기록할 수 있는 사람을 원한다. 정치인들에게 보여줄 무언가가 필요하기 때문이다. 따라서 행정기능은 직원을 위한 지원 기능에서 경영진을 위한 관료진으로 바뀌었다.

팔담은, "그들은 그들만을 위한 건물에서 일을 하고, 우리는 그들에게 말을 걸거나 아무것도 요구해서는 안 된다는 말을 들었다"라고 기억을 더듬었다.

그는 자신의 글에서 이를 다음과 같이 요약했다.

"과거에 우리는 과학적 근거를 바탕으로 결론을 내리도록 지시를 받았지만, 대학의 새로운 경영진은 우리에게 이런 요청을 하지 않았습니다. 그들은 컨설팅 보고서, 비전, 유행과 트렌드를 바탕으로 자신들만의 결론을 내렸습니다."

결론부터 말하자면, 오르후스대학교는 10여 년의 세월이 흐른 뒤 내외부적으로 가혹한 비난을 받게 되었다. 컨설턴트의 수는 폭발적으로 늘어났고, 한 APV(직장 평가—옮긴이)에 따르면 학자와 강사 들은 이 새로운 기능을 담당하는 부서가 들어선 후 소속감은커녕 소외감을 느꼈다. 실제로 협력과 소통이 잘 이루어지고 있는지에 관해서도 대학의 행정 담당 직원들과 학자들 간에 커다란 이견이 있었다.

APV의 결과는 팔담의 의견을 뒷받침해준다. 즉, 행정 및 경영진은 연구원 및 강사 들과는 다른 별에 살고 있다고 해도 과언이 아니다. 내부 조사에 의하면 행정 관리자들의 수가 늘어나도 정작 직원들은 행정과 관련된 사안에 대해 도움을 받을 수가 없어 오히려 행정 업무에 대한 부담이 점점 늘어나기만 했다. 다른 말로 하자면, 행정 관리자들을 더 많이 고용할수록 관리 부담도 커진다는 것이다. 이것은 관료들은 자신들의 이익에 부합하지 않는다는 이유만으로 관료 체제를 해제할 수 없다는 니스카넨의 이론을 확증하는 또 다른 사례다.

하지만 이는 겉으로 보기에 매우 그럴듯하다. 경영진과 행정 관리자들이 — 역시 니스카넨이 예측했던 것과 마찬가지로 — 성공을 목표로 한 그들만의 방식을 찾기 시작했기 때문이다. 그 목표는 바로 그들이 달성할 수 있다고 생각하는 범위에 있다. 반면, 그들의 목표는 대학 연구의 수준이나 학생들이 수업을 통해 무엇을 얻었는지 또는 그들이 얼마나 큰 역량을 갖추게 되었는지와는 전혀 상관이 없다.

학생들에게 전달되는 정보의 양을 측정하거나 소위 대학의 '브랜딩' 작업이 어떻게 진행되고 있는지를 알기 위해서는 미디어에 얼마나 많은 사람들이 등장했는지 등의 '전략적 시선'을 통해야 한다. 팔담은 이런 식으로 경영진과 지원 기능 사이에는 이상한 순환 기류가 조성되며, 이들은 상대방에게 작업을 제공한다고 믿지만 실제로 이러한 작업은 대부분 아무런 의미가 없다고 주장한다.

나 또한 2000년대 전후에 오르후스대학교에 근무했었다. 당시 나는 중앙 교육 및 학습 센터로부터 강의와 교육 지원을 제공해주겠다는 메일을 수도 없이 받았다. 하지만 나는 그런 도움이 필요하지 않았고, 아는 한 나의 동료들 중에도 그러한 도움을 필요로 하거나 받아들인 사람은 없었다. 즉, 일의 필요성은 우리에게서 비롯된 것이 아니었다. 다시 말하자면, 무언가를 제공할 필요성은 바로 그들이 가지고 있었으며 정작 우리는 별로 신경 쓰지 않았다.

마틴 팔담은 당시 학장이 강사와 교수 들을 직접 만나는 횟수가 점점 줄어들었는데, 어느 날 갑자기 학장이 그들을 방문해서 연설을 하고 질문에 답하는 시간을 가졌다고 기억했다. 그는 그 상황이 매우 당황스러웠다고 고백했다. 그때 직원들이 학장에게 던졌던 질문 중 하나는 대학 개혁 이후 직원들을 위해 개선한 점을 구체적으로 하나만 생각해보라는 것이었다. 학장은 긴 침묵으로 일관했고, 결국 대답을 포기하고 말았다.

지원 기능의 긍지를 되찾아야 하지 않을까?

왜 HR 부서는 농담 주제로 전락하고 말았는가? 나는 HR 직원들과 대화할 때 자주 이 질문을 던지곤 한다. 그들은 내가 무슨 말을 하는지 정확하게 알고 있었다. 『포브스』에서는 「사람들이 HR을 싫어하는 10가지 이유」와 같은 기사나, 최근 HR 부서에서 진행했던 작업이나 조치에는 많은 시간과 비용이 투입되었지만 실제로는 직원 업무에 방해만 되는 일이라는 등, HR이 일종의 헛소리 생성기라는 아이러니한 코멘트를 읽을 수 있다.

　나는 솔직히 이 점이 매우 안타깝다. HR 부서에 근무하는 직원들 중 기업을 위해 더 많은 가치를 창출하는 것에 반대하는 사람을 거의 만나보지 못했기 때문이다. 이들은 HR 부서에 대해 만연한 부정적 평판에 피곤해하고 있다. 그 때문에 내가 가짜 노동을 주제로 강연을 할 때 의자에 앉아 초조한 몸짓을 하는가 하면, 혼자 키득키득 웃기도 한다. 때로는 누군가가 웃음을 터뜨리면 누가 자신을 비웃는 건 아닌지 확인하기 위해 긴장한 채 주위를 둘러보기도 한다.

　아네르스 포그 옌센과 나는 HR, 커뮤니케이션, 품질 및 규정 준수와 같은 직원 기능을 공격하기 위해 『가짜 노동』을 쓴 것이 아니다. 비록 종종 그렇게 보이기는 하지만 말이다. 우리가 말하고자 하는 바는, 조직 내의 다른 어떤 곳보다 이들 부서가 가짜 노동을 발생시키는 데 적합한 환경을 갖추고 있다는 것이다. 나는 이미 이 장에서 그 이유에 대해 대략적으로 설명했다.

하지만 이들 부서가 꼭 그렇게 될 필요는 없다. 그 누구도 자신이 속한 조직의 많은 지원 기능이 웃음거리로 전락하는 것을 바라지 않는다. 우리는 근본적 기능에 접근하는 방식을 바꾸어 가짜 노동에서 벗어날 수 있다. 가짜 노동을 파헤쳐 그것이 지원 기능의 적이 아니라 오히려 그들의 가장 가까운 친구가 될 수 있다는 것을 알아보자.

지원 기능의 업무는 조직의 요구사항이나 법적 요구사항이 되어야 한다

지원 기능이 가짜 노동을 발생시키는 데 주로 기여하는 이유는 그들이 엉뚱한 사람들로부터 업무 요청을 받기 때문이다. 바로 그 때문에 우리는 지원 기능과 경영진과의 건강하지 못한 연결고리를 끊어야 한다. 수십 년 동안 이사회 내에 한자리를 차지하기 위해 노력했는데, 결론적으로는 그런 일이 일어나지 않을 수도 있다는 말을 듣는다면 누구나 낙담하기 쉽다. 그러나 나는 그들이나 다른 지원 기능을 대표하는 사람들이 이사회에서 영구적으로 자리를 차지하는 것은 좋지 않다고 생각한다. 물론 내 의견에 반대하는 사람들도 여러 지엽적인 이유를 가지고 있다.

하지만 앞서 언급한 건강하지 못한 연결고리를 끊고자 한다면 지원 기능의 업무는 상향식이 아닌 하향식으로 이루어져야 한다. 공공부문에서는 더욱더 그렇다. 관리위원회에 따르면 공공부문의 관리자들은 ─ 물론, 여러 가지 이유가 있겠지만 ─ 조직 내의 실질적 업무를 관리하기보다 상향적 관리에 너무나 많은 시간을 소비한다고 한다.

이를 수행하기 위해서는 목표가 구체적이어야 한다. 즉, 지원 기능에서 매년 제출할 수 있는 아이디어 수에 제한을 두어야 한다. 헬리콥터에 앉아 자신의 전문성을 활용해 일부 영역에서 더 많은 것을 보는 것도 좋지만, 이는 연간 몇 가지 제안으로 제한되어야 한다. 나머지 시간에는 조직이나 기업 내의 요청에 응답하기만 하면 된다.

경영진과 지원 기능을 담당하는 부서가 도시 외곽 한적한 곳에 모여 사흘 동안 브레인스토밍을 거쳐 새로운 계획이나 제안 및 프로젝트를 만드는 것도 중단해야 한다. 실제로 이를 요구한 직원은 아무도 없다. 오히려 직원들은 이 뜬금없는 제안에 매우 흥미 있는 척해야 한다. 그들은 새로운 '웰빙 프로젝트'보다 일부 프로젝트 관리를 위해 더 나은 IT 시스템을 얻거나 한두 명의 직원을 더 고용하는 데 비용을 투자하는 것을 선호한다. 그것들이 업무에 실질적으로 필요하기 때문이다.

미국에서 약 1,000명의 HR 전문가들을 대상으로 실시한 대규모 연구에서는 HR 분야 최고 인력 중 상당수가 경영, 성과, 인재 개발 등에 대한 아이디어를 가지고 있지만, 이 아이디어들을 실제 현장 조사를 통해 얻은 결과와는 직접적으로 반대된다고 나타났다. 실제로 응답자의 절반가량이 질문에 잘못 대답했다.[118]

이들이 자신의 아이디어로 경영진을 설득할 수 있다는 사실에는 의심의 여지가 없지만, 이들의 아이디어들 중 상당수는 불행하게 도 기업에 잠재적 해를 끼칠 수 있었다. 관련 연구에 의하면 현실 을 인지하지 못하고 거품 속에 앉아 있는 사람들은 대부분 연구 조사 결과와는 상관없이 자신이 보고 듣는 것을 바탕으로 결정을 내리는 경우가 많다. 그러니 HR 부서가 조직에 득보다 해를 더 많이 끼친다는 부정적인 평판을 얻는 것도 그리 이상한 일은 아 니다.

부정적인 연결고리를 끊기 위해서 향후 지원 기능 관리자 들이 라인 책임자와 다른 주요 인력을 만나 그들이 무엇을 필요 로 하는지 들어야 한다. 그러면 인트라넷에서 더 많은 문서를 요 구하는 사람도 없고, 개인 관리 기반을 개발시키고자 하는 사람 도 거의 없으며, '적극적인 경청'을 요구하는 강연과 성과 시스템 에서 더 많은 목표를 원하는 사람도 없다는 사실을 알게 될 것이 다. 그들은 필요한 경우 스스로 목소리를 낼 것이다. 그리고 HR, 커뮤니케이션, IT 부서 등 모든 지원 기능의 업무에는 전화를 통 해 직원들에게 조언과 자문을 줄 수 있는 시간이 포함되어야 한 다. 그러면 수많은 회의에 참석하지 않고도 특정한 문제를 해결 하고자 하는 직원들에게 실질적인 대답을 줄 수 있다.

불가피한 경우에는 지원 기능이 제공하는 서비스에 대한 만족도를 측정하면 된다. 그러면 운영진은 더 이상 그들이 무엇 을 하는지 이해하지 못한다고 말할 수 없다. 만약 운영진이 이해 하지 못한다면, 그것은 그들의 문제가 아니라 지원 기능의 문제다. 여기서 지원 기능이 처리해야 하는 법적 요구사항은 예외다.

공공부문의 경우 품질 개발, 지원 등 폭발적으로 증가한 일부 센터와 부서의 규모가 상당히 줄어들 수 있을 것이다. 예를 들어, 유치원과 어린이집 등을 위해 새로운 교육 아이디어를 제안해야 하는 주체는 지방자치단체의 교육 개발 컨설턴트가 아니라는 말이다.[119] 이들은 현장 교육자들의 문의에 응답하는 사람들이다. 그러므로 능동적 역할보다는 반응적 역할을 담당하는 주체라 할 수 있다.

주정부 및 지방자치단체에서는 이러한 후원기관을 자주 찾아볼 수 있는데, 이들은 종종 운영 직원들이 요청하지도 않은 새로운 평가 방법이나 문서 및 캠페인을 생성해내는 온상으로 간주된다. 이제는 정부 지도자들이 나서 인센티브 구조를 완전히 바꿈으로써, 이처럼 쓸모 없는 부서들이 자신들의 성공을 측정하는 기준이나 매개 변수를 스스로 설정할 수 없도록 해야 한다. 또, 운영 직원들이 그들에게 얼마나 많은 것을 요구했고 이에 그들이 실질적으로 얼마나 도움을 주었는지를 바탕으로 성공을 측정해야 한다. 대학의 중앙 교육 센터가 전화를 해서 지원을 제안하는 것이 아니라, 강사나 교수 들이 이들에게 연락해 지원을 요청해야 한다는 말이다. 이는 비교적 단순한 조치이지만 공공부문 관리 방식에 혁명을 가져오리라 확신한다.

이처럼 무게중심을 통제적인 기능에서 자문적으로 기능하도록 전환했더라면 카밀라의 업무도 더욱 의미 있게 여겨졌을 것이다. 앞서 언급했듯, 카밀라는 공공기관의 구매와 조달에 관런된 위험평가를 서면으로 작성하는 업무를 했던 법조인이었다.

"현실적으로는 실질적인 상담과 자문에 시간을 투자해야 해요." 카밀라는 이 세상에서 그보다 더 자연스러운 일은 없다는 것처럼 내게 말했다.

모든 사건에 대해 긴 문서를 작성하는 대신, 구매담당자가 카밀라에게 연락해 어떤 품목을 구매할 때 공개입찰을 해야 하는지, 또는 자체적으로 공개입찰을 실행할 때는 어떤 방법을 써야 하는지, 계약서를 체결하기 전에 공급업체에게 CRS 자료를 요구해야 하는지 등을 물어본다면 일은 더욱 신속하게 진행될 수 있을 것이다. 카밀라는 이러한 개별적인 사안을 해결하기 위해 조사를 한 다음 전문적인 평가를 내릴 수 있다. 여기서 무언가가 잘못되었다고 판명될 경우, 그녀의 상사는 사과하고 그러한 질문에 답하기에 충분하다고 생각되는 전문가를 고용했다고 말해야 하며, 이는 여전히 상사가 기본적으로 책임져야 하는 부분이다.

안타깝게도 대부분의 공공부문 관리자들은 직원에게 책임을 전가하고 복잡한 절차 뒤에 자신을 숨기고 싶다는 유혹을 이겨내기가 쉽지 않은 듯하다. 그러나 관리자가 직원의 판단을 신뢰하고 이에 대한 전반적인 책임을 지지 않으면, 실제로 필요한 서비스를 제공하기는커녕 도움이 필요한 사람들에게 끝을 볼 수 없는 문서만 넘기게 될 것이다.

가장 아래에서부터 시작한 다음, 한계를 설정하라

"올해 안에는 그 혜택을 사용할 수 없지만, 인보이스는 바로 보내

주실 수 있나요?"

이런 전화를 받은 사람은 나뿐만이 아닐 것이다. 여기서 찾아볼 수 있는 조직의 문제점은 내년에도 그만큼의 예산을 확보하기 위해 미리 돈을 '배출'한다는 점이다. 이것은 '관료 기관'의 존재 목표가 바로 자기 자신이 되어버리는 한 예이다. 하지만 '제로 기반 예산 책정'을 적용한다면 이러한 폐해는 없어질 수 있다. 이 경우 그들은 돈을 버는 것이 아니라 사용할 수밖에 없게 되며, 기본적으로 매년 얼마만큼의 예산을 어디에 무슨 목적으로 사용할지 논쟁을 벌여야 한다. 즉, 해마다 '혁신'이나 '경영 발전'을 위해 책정된 고정 금액을 받는 대신, 실제로 그 돈을 어디에 어떻게 썼고, 또 써야 하는지 밝힐 수 있어야 한다. 매년 이런 프로세스가 진행되면, 가장 무관심한 신기루 같은 집단에 자연스러운 압력을 가할 수 있을 것이다.

또한 최고경영진은 프론트오피스(일선 사무)와 백오피스(행정 사무)와의 관계를 비율적으로 설정할 수도 있다. 예를 들어 10명의 직원당 지원 기능 부서의 직원은 몇 명이 있어야 하는지 지원 기능별로 최대 인원 수를 정하는 것이다. 이 비율은 업종과 기업의 규모에 따라 다르기 때문에 고정된 기준을 정하는 것은 불가능하다. 하지만 비율을 정한 다음 이를 준수하라고 요구하는 것은 충분히 가능하다.

독점적 후원 관계에서 벗어나 외부에서 인력을 확충하라

나는 지원 기능을 제공하는 이들이 절대 무능하거나 사악한 사람들이 아니라고 강조한다. 그들은 이성적인 일반인과 다르지 않다. 우리가 비판해야 할 대상은 그들이 아니라 시스템이며, 이 시스템은 다른 종류의 인센티브를 창출할 수 있도록 바꾸어야 한다.

윌리엄 니스카넨은 만약 관료 기관이 자신들의 서비스를 구체적인 개별 사안에 따라 판매한다면 상황이 달라지리라고 말한다. 흔히 관료 기관에서 판매하는 서비스는 일반적으로 모호하고 부정확한 표현, 때로는 명백한 헛소리로 포장한 정의되지 않은 패키지 서비스이다. 예를 들어, '다양한 유형의 프로세스를 촉진하고 공동 창작에 대한 감독, 즉, 가치사슬과 네트워크 간의 더 나은 공동 창작을 보장함으로써 프로세스를 지원하는' 서비스가 있다.

따라서 지원 기능은 자신들의 작업을 구체적이고 특정한 개별 작업으로 나누는 일부터 시작해야 한다. '촉진'이라는 모호한 단어는 일반적으로 워크숍, 회의, 실행계획 또는 업무 보고서 등으로 해석할 수 있다. 기본적으로 이러한 일은 그 누구에게도 돈을 지불해가며 의뢰하지 않는다.

그러므로 그룹 경영진이 새로운 '경영기반'을 원하거나 '전략적 역량 개발'을 원한다면 이러한 서비스를 조직 외부에서 조달받는 것도 고려해볼 수 있다. 그러면 이런 일에 실제로 얼마만큼의 비용을 투자해야 하는지 완전히 다른 방식으로 볼 수 있을 것이다. 그런 다음 작업을 서로 다른 부분으로 나누어, 각 부분에 대한 비용을 쉽게 산출해낼 수 있으며, 경영기반 또는 전략적 역량 등의 훌륭한 말들이 실제로 무엇을 의미하는지 쉽게 이해할 수 있다.

다만 이렇게 하더라도 가짜 노동이 발생하지 않는다는 보장은 없다. 예를 들어, 그룹 경영진이 실제로 필요로 하는 것에 대해 매우 비현실적인 아이디어를 가지고 있을 수도 있다. 이는 과거 HR 부서에서 일했던 한 직원의 경험을 통해 입증된다. 욘 세르 닐센은 덴마크의 한 대형 은행에서 오랫동안 일하면서, 자신의 업무가 스스로의 시간뿐 아니라 동료 직원들의 시간도 낭비하는 쓸모없는 일이라고 생각했다.

"저는 HR 부서에서 일하며 전략적 역량 개발 프로그램을 담당한 적이 있었어요. 우리는 커다란 엑셀 시트를 통해 개별 직원들의 역량을 한눈에 볼 수 있었어요. 직원들은 중앙에서 정의한 요구사항 목록을 기반으로 자신들의 역량을 스스로 평가할 수 있었고요. 그것은 그룹 경영진이 '이러이러한 직원 개요가 있으면 좋겠다'라고 말했기 때문이었죠. 그들은 직원들이 업계에서 '동급 최고' 또는 다른 기업의 역량 있는 직원들만큼 훌륭해지기를 원했어요. 즉, 그들은 TDC 증권과 덴마크 우체국과 같은 기관에서 이러한 접근방식을 사용하는 것을 보았고 그것이 매우 좋아 보였기에 따라 했어요.

하지만 이것은 일선 직원과 관리자 들에게 폐해만 가져다주었어요. 백오피스에는 저를 포함해 이 프로그램의 관리 및 개발을 담당하는 4명의 정규 직원이 있었습니다. 그 외의 직원들은 이 프로그램에 익숙해지고, 자체평가를 수행하고, 자신의 역량에 대해 상사와 대화를 나누는 데 시간을 투자해야만 했습니다. 저는 이 모든 것이 우리 은행의 핵심 사업과는 전혀 상관없다고 생각했어요. 직원들의 역량을 개발시키지도 못했고, 심지어는 그들의 업무와도 동떨어진 것이었기 때문이에요. 저는 그 프로그램을 개발하고 관리하기 위해 오랜 기간 동안 업무 시간을 전부 사용했는데, 결국 시간 낭비였죠."

기업이 필요한 서비스를 외부에서 구매할 수 있다면 같은 일을 위해 30명 규모의 HR 부서를 운영하는 것을 그룹 경영진이 원하지 않으리라고는 확신할 수 없다. 하지만 이미 팽창된 HR 예산 속에 흡수되어 개별 서비스가 거의 '공짜'처럼 보였던 HR 업무가, 더 이상 그렇게 보이지 않는다면, 경영진이 비용과 이익 사이의 관계에 대해 새로운 인식을 가지게 될 수도 있다.

어쨌거나 우리가 사는 현대는 관료적 업무에 대한 단가가 이전과는 완전히 다른 방식으로 산출되는 시대다. 이제 기업들은 그들이 원하는 구체적인 서비스를 프리랜서와 개인 사업자 들을 통해 구매할 수 있다. 그리고 이들은 해마다 더 큰 예산을 확보하기 위해 전전긍긍하지 않아도 된다.

앞서 설명했듯, 컨설턴트를 활용하는 데에는 나름의 함정이 있지만, 외부에서 지원 기능을 구매할 경우 특정 문제나 요구에 개별적으로 대응할 수 있고 가격 측면에서도 투명도가 높다는 이점이 있다. 컨설턴트를 통해 서비스를 구매할 때는 진부하고 공허한 헛소리에 속아 넘어가지 않도록 앞서 언급한 지침을 사용하고, 작업을 현실적 행위에 영향을 미칠 수 있는 구체적인 개별 업무로 나누는 것이 좋다.

효용성을 바탕으로 한 인센티브 구조를 만들어라

위의 과정을 거친다면 이제 공공부문과 민간부문의 생산 라인 관리자와 현지 운영 관리자 들은 무의미한 작업과 가짜 노동으로부터 직원들을 보호하는 일종의 용감하고 현명한 전사라는 낭만적인 개념을 얻을 수 있을 것이다. 왜냐하면, 그들은 생산 과정에 직접 참여하고 오직 생산성 증가와 생산품 관리 및 인보이스를 청구하는 데만 집중했기 때문이다. 여기에서도 경기 침체기에 실제로는 집으로 보내야 하거나, 개발하거나 발견할 수 있는 더 큰 자유를 주어야 했던 직원들을 도울 수 있는 아이디어를 얻을 수 있다.

그러나 현실이 항상 그렇게 흘러가지는 않는다. 실제로 경기 침체기에, 직원들에게 자기 개발의 기회와 더 많은 개인 시간을 주기 위해 집으로 보내는 대신 또 다른 아이디어를 내 그들을 오히려 귀찮게 만들 수도 있었다. 이때 관리자는 자금 조달을 위해 아무도 요구하지 않는 교육이나 연수 과정에 직원들을 참가시키거나, HR 부서를 통해 아무도 그 효용성을 느끼지 못하는 비전 작업이나 워크숍을 개최한다. 이것은 필요하진 않지만 단지 존재하기 때문에 사용 가능한 자금을 쓰는 행위이다.

이런 종류의 일을 피할 수 있는 한 가지 방법은 서비스를 이용하는 사람들에게 실질적 비용을 부과하는 것이다. 그렇게 할 경우 서비스 이용자 수가 조금 줄어들 수도 있다. 예를 들어, 의사와의 상담과 같은 특정 서비스에 사용자 요금을 부과하면, 이를 찾는 사람의 수는 자연적으로 줄어든다. 그렇다고 해서 이와 같은 의료 제도를 수십 년 동안 실시해왔던 스웨덴 등 국가의 사람들이 길거리에서 죽어간다는 의미는 아니다. 실질적 비용이 발생하게 되면 사람들은 시간이 흐르며 이에 적응하게 된다. 이를 통해 그리 중요하지 않은 일로 서로의 시간을 낭비하는 사람들도 줄어든다.

　　마찬가지로 수년 동안 조직 내부에 인보이스를 발행하는 것은 활동 수준을 합리적인 수준으로 낮추는 데 도움이 되었다. 이것은 일반적으로 다른 비즈니스 라인을 별도의 회사로 유지하고 싶은 대기업에서 행한 일이다. 하지만 이는 지시에 따른 수행 모델로써 더욱 광범위한 범위에서 사용될 수도 있다. 관리자는 예산을 직원 연수나 비전 워크숍에 사용하겠다고 결정하고, 기업 내의 지원 기능에 이 일을 투명하고 개방적으로 수행하라고 지시한 후에 그 비용을 지불할 수 있다. 관리자가 정말로 필요하다고 생각할 경우에는 자신의 조직에서 서비스를 구매하고 그 비용을 지불하기 위해 예산을 확보할 수 있다. 물론, 이때 반드시 거대한 관료주의를 창출할 필요는 없다.

　　관리자가 조직 내의 문제를 해결하기 위해 외부에서 서비스를 구매하고 비용을 지불하는 것도 바람직하다. 이러한 방식을 통해 회사의 지원 기능은 외부 컨설턴트와 경쟁해야 한다는 사실을 인지하게 되고, 그러면 실제로 비즈니스와 관련된 업무를 자체적으로 한 단계 더 발전시키고 제공하는 방법을 배울 수 있게 된다. 이 경우, 지원 기능은 업무를 지시하는 사업장의 관리자나 직원 들로부터 급여를 받기 때문에 그 규모를 실제로 요구되는 수준으로 줄일 수도 있다. 지원 기능을 더 나은 서비스 제공자로 만드는 데 핵심적인 지점은 그들 자신이 직원들로부터의 요구에 더욱 민첩하게 반응하고, 기업이 주도하고 평가할 수 있는 구체적 조언과 도움을 줘야 한다는 것이다. 이것은 내부 인보이스 발행을 통해 직접적으로 수행될 수도 있고, 지원 기능의 성공과 보상이 모기업에 의해 어떻게 평가되는지에 달라지기에 간접적으로 수행될 수도 있다.

많은 조직에서 이 방법은 내부 라인의 급격한 변화를 가져올 것이다. 하지만 나는 장기적으로 볼 때 이 방법이 지원 기능 부서가 자기 인식과 자긍심을 가지는 데 도움을 줄 것이며, 궁극적으로는 기업과 더 조화로운 관계를 창출할 수 있다고 확신한다. 앞에서 예로 들었던 욘의 경우, 그는 자신이 '직원들을 괴롭히는' 부서에서 일한다는 생각에 자기가 하는 일을 그다지 자랑스러워하지 않았다. 그도 다른 모든 사람과 마찬가지로 유용한 사람이 되고 싶었던 것이다.

우리는 건강하지 못한 시스템과 구조를 만들어냈고, 그 때문에 건강하지 못한 의존관계 및 열악한 인센티브 구조에서 헤어나지 못하게 되었다. 이제 관점을 180도 바꾸어 필요와 요구가 아래에서부터 올라오도록 만들어보자. 그러면 실제로 '관료'와 시민, '행정 지식인'과 실제로 일을 수행하는 사람들의 관계가 의미 있게 발전할 수 있을 것이다.

고장 나지 않았는데
왜 고치는가?

13장

조직 구성원의 재능이 충분하지 않다고 생각된다면 무엇을 할 것
인가? 인재 양성 프로그램을 만들 것이다. 품질이 떨어질 경우엔
무엇을 할 것인가? 품질개선 부서를 만들 것이다.

　피터 톨만과 이브 모리외는 조직은 내부의 결함을 원인으
로 간주하는 데 매우 익숙해져 있다고 주장한다. 무엇인가가 제
대로 작동하지 않으면 놓친 것이 있다고 생각하기 마련이다. 하
지만 조직은 이미 가진 것을 활용하고 이를 작동하는 데 더욱 능
숙해져야 한다. 이는 직원들이 해결책을 찾을 수 있도록 인센티
브를 제공함으로써 이룰 수 있다.

　몇 명의 유능한 직원이 사표를 냈다면, 그것은 그들이 속
한 개별 부서의 특정 상황이 아니라 조직 전체가 인재를 제대로
지원하지 못해 벌어진 사건이라고 생각하기 쉽다. 이 경우, HR
컨설턴트들은 기업의 관리자들과 함께 정밀한 인재 양성 프로그

282　4부 실질적인 지원 방법과 그 기능

램을 고안하기 시작한다. 즉, 그들은 조직이 새롭게 창안한 인재의 개념을 완성하고 후속 평가를 위한 다양한 모듈, 로고, 벤치마킹, 측정 및 기준을 설정한다. 하지만 조금만 더 깊이 살펴본다면, 이러한 인재 프로그램이 궁극적으로 아무런 변화도 가져오지 않는다는 사실을 알게 될 것이다. 그럼에도 무언가를 시작하고 수행하고자 하는 유혹은 너무나 크다. 이런 프로그램이 난무하는 이유는 사람들이 유혹에 저항하는 데 어려움을 겪기 때문이다.[120]

톨만과 모리외는 관리자들이 인재를 개발하는 방법을 더욱 매력적으로 만들면 문제를 해결할 수 있다고 한다. 예를 들어, 기업은 자격을 갖춘 후임자를 찾고 개발하는 데 성공한 관리자들에게 승진으로 보상할 수 있다. 마찬가지로 기업은 경쟁과 협력 가능성을 타협하는 엄격한 인재 프로그램보다 직업 교육을 실행해 더 많은 것을 얻어낼 수 있다.

실질적 문제를 해결하고 상상에 기초한 복잡한 솔루션을 피하기 위해서는 문제에 직면했을 때 프로그램, 프로젝트, 부서나 직책 등의 측면에서 해결점을 찾으려 하지 말고, 이미 조직이 보유하고 있는 자원에 의지하는 편이 좋다.

기능 없는 기능

수년 전 나는 여러 기업의 다양성 최고 책임자Chief Diversity Officer 자리에 지원했다. 이 직책은 시간이 흐르면서 주로 미국 대기업 사이에 널리 퍼졌다. 나는 덴마크 기업에 이 직책을 다양성, 혁신적인 이점, 레버리지, 고용주 브랜딩 등 신기루 같은 개념의 배경으로써 설명했다. 다음은 그 예이다.

"기업의 다양성 전략 개발은 기업의 상태 진단, 구체적 목표 설정, 방해와 장벽 요소 분석, 업무 실행계획, 교육, 인식 창출, 내부 커뮤니케이션 및 가치 고정 등과 함께 이루어질 수 있습니다. 이와 함께 지속적인 측정과 평가, 조정 및 전략적 후속 조치도 이루어져야 합니다."

나는 오늘날 이 순진한 단어들 뒤에 가짜 노동에 소비한 수많은 시간과는 다른, 순전한 시간 낭비가 존재한다는 사실을 깨달았다. 만약 이전의 내게 한 조직 내의 무가치한 일을 없앨 수 있는 힘이 있었다면, 나는 기업의 가장 근본이라 할 수 있는 판매와 발전을 단지 방해 요소로만 생각하는 경영진 대열에 자발적으로 뛰어들었을 것이다. 그리고 그 자리에서 파워포인트 프리젠테이션과 보고서를 한꺼번에 주문하고 한 무리의 내부 및 외부 컨설턴트 들을 모아 '열린 마음'을 유지하기 위해 사내 인트라넷에 포스터와 슬로건과 알림 기능을 도입했을 것이다. 또한 모든 직원의 KPI에 '관용적인 행위'를 측정할 수 있는 방법을 개발 및 도입하라고 관리자에게 부담을 안겨줬을 것이다. 왜냐하면, 나는 '보다 관용적인 조직'처럼 측정 불가능한 것이 조직의 '전략 목표'에 포함되어야 한다고 주장했었기 때문이다. 즉, 나는 아무도 기억하거나 사용하지 않는 운영 지침, 정책, 불필요한 회의 등을 관장하는 새로운 형태의 관리자가 되었을 것이다.

나는 면접 요청을 받았지만 그 직책을 얻진 못했다. 직원들의 다양한 성별, 민족, 인종 등을 다룰 수 있는 기업은 확실히 중요하다. 기업 환경이 개방적이고 관용적일 때 더 큰 혁신과 이익을 창출한다는 매우 당연하고 확고한 주장은 여기저기에 넘쳐난다. 이것은 다양성 최고 책임자를 통하지 않고 달성할 수 있는 또 다른 방법이기도 하다.

나는 약 15년의 현장 경험을 통해 관용과 개방성을 보여주는 리더 아래에서 일하는 것이 매우 중요하다는 사실을 배웠다. 직원들에게 개방적이고 편견이 없다고 인식되는 관리자는 인기가 있고 성공할 수 있다. 반대로 직원들에게 불필요한 성차별적 발언이나 인종차별적 농담을 건네는 관리자는 어느 조직에서나 벽에 부딪히게 될 것이다. 만약 직원들이 자신의 관리자를 평가하고 검토할 경우, 어느 시점에 이르면 어떤 관리자가 조직의 다양한 직원 그룹을 이끌기에 부적합한지 드러난다.

여기에는 시험이나 교육, 규정이나 감시 등은 전혀 필요 없다. 서로 다른 피부색을 지닌 전 세계의 동료들이 함께 모여 미소를 짓는 베네통 광고 포스터를 구내식당에 붙여놓을 필요도 없다. 관련 예를 몇 가지 더 들어보도록 하겠다.

왜 전문 교육기관이 있어야 하는가?

조직 내에서 부족한 점을 발견할 때마다 필요하지 않은 부서를 만들고 점점 더 많은 지원 기능을 도입하여 조직을 복잡하게 만들 때, 우리는 실제 해결책이 매우 간단할 수 있다는 사실을 종종 간과한다. 다양한 과정의 강사이자 트레이너로 일하면서 내가 왜 어떤 조직의 복잡한 내부 아카데미의 일원이 되어야 하는지 궁금

할 때가 많았다. 이들은 외부에서 얼마든지 같은 종류의 서비스를 구매할 수 있음에도 불구하고 조직에 3~4명의 HR 파트너와 교육 전문가 및 학습 담당자 들을 두고 있다. 직원들이 교육과정에 등록할 수 있는 확정된 연간 날짜가 적혀 있고, 후에 누가 언제 어떤 과정에 참석했는지 알아볼 수 있는 공식 카탈로그에 몇몇 트레이너들과 나의 이름을 올려야 하는 이유는 무엇인가? 이 또한 복잡한 문서 관료주의의 한 예가 아닌가?

어떤 조직에서는 출근해서 직원들을 교육하는 일 외에는 아무것도 하지 않았던 적도 있었다. 하지만 내가 조직 내부의 '교육과정 제안'을 관리하는 많은 사람들을 만날 수 있었던 유일한 기회는, 사용하던 파워포인트의 템플릿이 잘 보이지 않는다는 이유로 디자인을 다시 해야 할 때뿐이었다.

나는 이러한 사내 교육제도를 분기별 또는 반년 단위로 구성할 수 있다고 주장한다. 교육과정에 대한 파일을 가지고 있는 직원과 수년 동안 좋은 평가를 받아왔던 강사만 있으면 된다. 그리고 조직의 관리자가 직원 교육이 필요하다고 생각한다면, 그는 동료 직원에게서 필요한 조언을 얻을 수 있다.

모든 자원은 이미 존재한다. 이때 조직이 해야 할 것은 자체적 로고와 학습 플랫폼, 코스 템플릿 그리고 내부 회의 등 모든 것을 갖춘 하나의 부서를 만드는 대신, 이를 진행할 컨설팅 회사를 결정하는 것이다.

CSR? 이제는 단순하게 만들어보라!

최근 몇 년간 폭발적으로 증가한 영역의 또 다른 예는 바로 기업의 사회적 책임^{Corporate Social Responsibility}이다. 주의를 기울이지 않으면 CSR은 자칫 가짜 노동으로 인한 번거로운 관리 업무를 발생시킬 수도 있다. CSR이란 말 그대로 기업이 환경과 조직 외부의 사람들에 대한 책임을 보여주는 것이다. 이것은 기업이 사회의 한 부분으로써 지속 가능한 목표를 세우겠다는 약속이다. CSR은 많은 기업에서 대외 커뮤니케이션의 한 부분으로 발전했고, 기업은 이를 자신들의 올바른 도덕성과 책임감을 외부에 알리는 채널로 사용할 수 있게 되었다. 이는 매우 그럴듯하게 들리지만, 여기에서도 복잡하고 불필요한 일이 빠르게 생겨날 수 있다.

기업이 아동을 착취하지 않고 생물학적 다양성에 긍정적 영향을 미쳤다는 것을 스스로 입증하기란 쉽지 않기 때문에, 측정 및 평가 측면에서 보았을 때 CSR은 함정에 빠질 위험이 크다. 만약 이것이 기업 스스로 설정한 일반적이고 상대적으로 모호한 목표라고 한다면, 그 기업은 그 목표에 도달하기 위해 번거롭고 돌아가는 경로를 통해야 할 수도 있다.

어떤 기업이 지속 가능한 특정 사항에 대해 인증서를 보유한 업체와 가능한 한 많이 관계를 맺는 것을 목표로 설정한다고 해보자. 이때, 공급업체들은 광범위한 계산 작업을 시작하고 민간 회사에서 판매하는 의심스러운 인증서를 취득할 수 있다. 이처럼 민간 인증 산업이 두각되고 유지되는 이유는 여기서 발생하는 불투명한 인센티브 구조와 실질적으로는 자선단체에 기부

되어야 하는 이익의 일부를 함께 취하려는 수많은 컨설턴트 그리고 행정 관리자 때문이다.[121]

이러한 조치가 실질적인 변화를 가져오는지 알아내기는 기본적으로 매우 어렵다. 뿐만 아니라 이를 바탕으로 연례보고서나 중간보고서를 작성하는 데에는 매우 오랜 시간이 걸릴 수 있다. 예를 들어, UN의 17개 글로벌 목표에 관심이 있다면 이미 하고 있던 일을 UN 목표 사항 4·9·12에 끼워 맞추려 노력할 수도 있다. 이 경우, 이미 오래전부터 하고 있던 일이 왜 갑자기 '모든 이의 평생 교육 기회 증진'을 위한 일이 되어야 하는지 공식화하는 데 꽤 시간이 걸릴 수도 있다.

기업은 시설 관리인에게 1년 동안 구내식당에서 버려지는 음식물 쓰레기의 양을 측정하고 그다음 해와 비교해달라고 요청할 수 있다. 여기에는 매일 이루어지는 계량 작업과 등록 작업 그리고 보고(최소 1개의 보고서와 4번의 회의와 1번의 파워포인트 프리젠테이션으로 구성되는) 작업이 요구된다. 그러나 음식물 쓰레기의 양이 측정되는 것을 알고 있는 직원들 중 누군가는 접시에 치킨 샐러드를 평소보다 적게 담아갈 수도 있다. 다시 말하지만, 어린이 병원에 기부하는 것보다 이러한 조치에 자원을 사용하는 것이 더 큰 가치일지를 검토해보는 것도 괜찮다.

현대의 많은 기업들은 CSR을 위해 컨설턴트를 고용하고 이들에게 값비싼 비용을 지불한다. 이들 기업은 자신들이 사회와 환경 문제에 관심이 있고 이를 위해 자원을 이용한다는 것을 보여주기 위해 CSR 전략을 수립하고 후속 조치를 위해 비용을 지불한다. 이와 관련해, 회계 회사와 컨설턴트들은 그 누구도 읽지 않는 연례보고서에 표준 문구를 삽입하는 데 엄청난 시간당 비용을 청구할 수 있다. 그 때문에 기업 사회의 여러 부분에서 다소 황당한 모습이 연출되기도 한다. 특히 대규모 기업의 경우 CSR 정책과 그 목표 수치에 대한 법적 요구사항을 충족해야 하기 때문에 이런 황당한 상황을 거의 피할 수 없다. 게다가 기업 내에 스스로를 돋보이려 과장하는 문화가 있다면, 법률적으로 요구되는 것보다 더 많은 KPI를 설정하게 될 가능성도 있다.

이것은 GDPR(유럽연합 일반 데이터 보호 규칙─옮긴이) 영역에서도 똑같이 나타난다. 제한적이고 까다로운 과잉 구현만이 옳다고 강하게 주장하는 숙련된 컨설턴트 때문에 기존보다 10배나 많은 조치를 취하는 조직이 나타나게 되는 것이다. 어쩌면 그 조직은 더 많은 법률 전문가의 조언이 필요할지도 모른다. 그렇게 하면 여전히 법이 규정하는 최소한의 틀 안에서 가장 쉬운 방법으로 일할 수 있을 것이다.[122]

CSR 정책은 이 책에서 제시한 다른 여러 사례와 마찬가지로, 지엽적인 문제에 대한 체계적인 해결책이 될 수 있다. 만약 직원을 무례하게 대하는 공급업체가 있다면, 그 업체와 바로 협력을 종료하고 경계해야 한다. 이때 절대 해서는 안 되는 일은 앞으로는 올바르게 행동한다는 긴 문서에 서명하도록 공급업체에게 요청하는 것이다. 이는 기업으로써 책임을 회피하는 수단이 될 뿐이며, 앞으로 그런 일이 다시 일어나지 않으리라 보장하지도 않는다.

국제적 브랜딩 전문 그룹인 신디 갤럽Cindy Gallop은 CSR이 모호한 효과에 대해 아무도 읽지 않는 두꺼운 보고서를 작성하게 하는 등 전형적인 자원 낭비라고 주장했다.[123] 기업은 CSR을 사용하는 대신 기업의 핵심 사업과 관련된 실질적이고 구체적인 일을 할 수 있어야 한다.

예를 들어, 어떤 기업에서 방글라데시 현지 인력을 사용하여 저렴한 옷을 제조한다면, 자사의 공장이 다른 회사의 공장보다 더 인간적인 대우를 한다는 것을 세상에 보여줄 수 있다. 사람들은 이런 데 더 관심을 보인다. 어떤 회사의 구내식당 테이블과 의자가 친환경 재질로 만들어졌다거나, 회사의 '행동 강령 교육' 시간에 인권에 대한 슬라이드 두 개가 포함되었다는 사실, 또는 회사의 핵심 가치에 '다양성'이 포함되어 있다는 사실에 관심을 가지는 사람은 없다. 모든 중요한 것은 말해지고 보여야 하며, 그래야 존재성을 가질 수 있다.

자신이 생산하는 제품이 사회적 또는 환경적 조건에 어떤 식으로 직접적이며 부정적인 영향을 미치는지 살펴보고 이를 개선하기 위해 세심한 노력을 기울이는 것 외에도, 모든 사람이 인정하는 구체적으로 좋은 일을 할 수도 있다. 예를 들어, 덴마크의 프로숍 대표이사 이반 예거 크리스티안센은 덴마크 일간지 『베를링스케 티엔데Berlingske Tidende』에 「암담한 가짜 사회적 책임에서 벗어나 무언가 실질적인 일을 해보십시오」라는 도발적인 글을 기고했다.[124] 크리스티안센은 다음과 같이 글을 이었다.

"우리가 CSR 논쟁을 사회적 책임에 대한 문제에서 전환하는 것은 절대적으로 필요하다(CSR 정책은 재무 보고서에 포함되도록 강요받는 경우도 많지만, 감사원에서 만들어내는 경우도 많다). 예를 들어, 기업이 노동시장의 외곽에서 인력을 고용한다면 경제성은 물론 CSR 정책에도 부합한다."

프로숍에서는 자폐증이나 아스퍼거 증후군을 가진 청소년 등 다양한 고기능 장애인을 고용했다. 또 전체 인력의 10%를 사회에서 소외된 사람들로 구성한다는 목표를 가지고 있다. 크리스티안센은 직장에서 루카스, 피터, 라시드와 같은 장애인 직원과 매일 마주치는 경험이 다른 직원들에게 자부심을 심어주고, 그들이 사회적 책임을 매우 중요하게 생각하는 기업에서 일하고 있다는 사실을 일깨워준다고 말했다.

이러한 접근방식을 가진 회사와, CSR을 직원들이 업무 계약에 대해 공급업체에 질문하고, 구내식당의 플라스틱 식기류 수를 세고, 인증 전문가와 회의를 하고, 직장 내의 무의식적인 차별과 편견을 방지하기 위한 교육에 참가하는 것이라고 이해하는 회사에는 큰 차이가 있다.

소규모 기업의 경우

: 전원을 연결하고 간편함을 유지하라

"제가요? 네, 아무래도 저 같군요."

덴마크 환경자문기관의 IT 및 회계 부서 책임자인 티네는 이렇게 말했다. 이 회사는 덴마크와 노르웨이에 걸쳐 약 170명의 직원과 사무실을 보유하고 있으며, 최근 들어 눈에 띄게 성장했

는데, 그녀는 '회사가 현대적 경영을 유지하는 데 성공했기 때문'이라고 이유를 말했다.[125]

나는 2019년에 그 회사에서 강연을 의뢰받았다. 그 회사가 나를 찾았던 이유는 가짜 노동을 없애고 싶어서가 아니라, 현재는 찾아볼 수 없지만 앞으로 발생할 수도 있는 가짜 노동을 피하고 싶어서였다. 나는 그들의 상황이 절박하지 않다고 생각했다. 왜냐하면 그들은 일부 지원 기능과 관련 부서를 확보할 필요가 없기 때문이었다. 그들에게 필요한 대부분의 기능은 외부에서 서비스를 구매하는 티네가 관리하고 있었다.

하지만 그 회사는 외부로부터 계속해서 커뮤니케이션이나 IT 시스템을 개산하고 직원과 인재 개발을 보장해야 한다는 말을 들어왔다. 이런 말은 컨설턴트뿐 아니라 구직자들도 했지만, 회사 측의 대답은 항상 NO였다. 그들에겐 이러한 기능이 없어도 회사 운영과 비즈니스에 지장이 없으리라는 믿음이 있었기 때문이었다.

소규모 회사라 하더라도 지원 기능을 과대하게 부풀릴 수 있다. 이는 적절하게 과장되고 그럴듯하게 보이는 추가기능이 존재해야만 회사다운 회사가 될 수 있다는 오해에서 비롯되었다. 이러한 불필요한 추가기능은 표면적 훌륭함과 이익을 상징하는, 일종의 공작새 깃털 같은 장식일 뿐이다.

회사가 그처럼 비합리적으로 운영될 수 있다는 사실은 기업 이코노믹E-conomic의 창업자 야콥 반트가 가짜 노동에 관한 책을 읽고 나서 내게 연락해왔을 때 확인할 수 있었다. 2015년, 이코노믹이 노르웨이의 비스마^{Visma} 그룹에 약 761,000,000덴마크 크로네에 매각된 이후, 반트는 소규모 기업의 고문으로 일해왔다. 그는 이미 효율적으로 운영되고 있는 소규모 기업들이 실제 비즈니스에는 아무런 기여도 하지 못하는 갖가지 새로운 역할과 기능을 왜 도입하려 하는지 궁금해했다.

현재 야콥 반트는 프랑스에서 종마 사육장을 운영하고 있다. 시골 농부의 삶은 그에게 IT 분야의 업무를 제3자의 관점으로 볼 수 있도록 도와주었던 것 같다. 그는 내게 이런 이메일을 보냈다.

"신생 테크놀로지 회사에서 인기를 얻었던 새로운 직책의 한 예는 바로 '그로스해커^{growth-hacker}'예요. 가짜 노동을 수행하기에 매우 적합한 직책이죠. 먼 시골로 이사해 일상 수준의 문제를 다루기 시작하니 이것이 너무나 실용적이고 현실적인 작업이라 거의 코믹하게 느껴지는군요. 사실, 그로스해커라고 이름 붙일 수 있는 사람들은 바로 농부들입니다."

야콥 반트는 심지어 매우 유망한 회사라도 초기 단계에는 회사의 규모가 충분하지 않다고 생각하는 경향을 우려했다. 그는 특히 벤처캐피털을 유치하기를 원하는 회사들이 자신들의 규모가 작아 보이는 것을 두려워하기 때문이라고 그 원인을 추측했다.

"창업 단계에서 이미 가짜 노동을 생성하고 있다는 사실은 기괴하기까지 한 일이죠. 그들은 투자가들을 만족시키고 겉으로 보기에 성공한 회사로 보이기 위해서 합리성과 상식적인 방법으로 회사를 운영하는 대신, 수행 방법에 대한 불확실성을 은폐

할 수 있는 가짜 직위를 만들어내요."

3부에서 언급한 것처럼, 스스로의 말과 사업을 허풍과 공허한 헛소리로 채우려는 욕구는 바로 불안감과 자신감 부족 때문이다. 그렇다면 다른 사람이나 회사를 베끼기보다는 먼저 자기 자신의 능력을 키워야 한다.

나는 업무상 많은 회사와 접촉했는데, 그중에는 가짜 노동으로 인한 피해를 거의 보지 않았던 회사들도 많았다. 그들은 경쟁사를 살펴보고 다른 이들이 무엇을 하는지 알아내기보다, 자신들이 하는 일에 대한 신념을 바탕으로 자유롭고 독립적이며 차분한 태도로 일을 했다. 그들은 사업 성공의 비결이 바로 숙련된 일선 직원들에 달려 있다는 것도 잘 알고 있었다.

행정, 예산 관리, 회계사, IT 시스템 등을 비롯해 비즈니스를 지원하는 여러 기능이 없다면 회사를 운영할 수 없다. 하지만 개별적인 업무와 지엽적 문제는 얼마든지 스스로 해결할 수 있다. 즉, 어느 시점부터 시간을 보내기 위해 업무가 필요하고, 그 업무를 완수하면 다시 할 일 없이 37시간을 어떻게든 보내야 하는 정규직 직원이 있는 곳으로 그 문제를 보낼 필요가 없다는 말이다.

다른 회사들이 가진 모든 것을 구비해야 비로소 규모 있고 전문적인 회사가 될 수 있다는 잘못된 생각을 가지고 있는 소규모 회사가 여전히 행정 문제를 해결해야 할 경우가 있다. 이때에는 소위 '그로스 해커' '마케팅 닌자' 또는 '성공 스토리텔러' 등의 어리석은 직책을 채울 사람들을 고용하는 대신 다음과 같은 몇 가지 대안을 살펴볼 수 있다.

프리랜서를 고용하라

기업은 프리랜서를 고용해 엄청난 양의 일을 할 수 있다. 앞서 언급했듯 우리가 핵심 설명을 듣기 위해 HR 기관에 전화를 걸 가능성은 거의 없다. 이러한 일은 해야 할 업무가 거의 없는 정규직 직원을 이미 고용했기 때문에 생긴다. 하지만 외부에서 쉽게 구할 수 있는 구체적인 서비스는 많이 있다. 취업, 구인 광고 작성, 계약서 검토, 또는 출산 또는 육아휴가 관리에 대한 도움 등이다. 최근 프리랜서 시장은 전 세계적으로 호황을 누리고 있지만, 일각에서는 프리랜서를 두고 언젠가는 정규직을 얻을 수 있을 것이라는 희망으로 비참한 삶을 살아가고 있는 저임금 임시직 노동자라고 말하기도 한다.

하지만 프리랜서에 대한 이러한 생각이 잘못된 것이라고 말해주는 예는 매우 많다. 덴마크 고용주 협회, 크라카Kraka(덴마크의 분석 및 컨설턴트 회사―옮긴이), 엔지니어 협회, 주간신문 A4 및 프리랜서 포털 워크섬Worksome이 공동으로 실시한 설문조사에 따르면, 프리랜서들은 임시 고용 환경에 상당히 만족하며 정규직으로 취업하고 싶어 하는 사람은 거의 없었다. 실제로 워크섬의 전무이사인 마티아스 린네만은 주간신문 『만다그 모르겐Mandag Morgen』에 기고한 글을 통해, 자신의 회사에서 일하던 직원 몇몇이 직장을 그만두고 프리랜서로 전향했던 원인은 정규직 직원으로써 수행해야 했던 광범위한 가짜 노동 때문이라고 밝혔다.[126]

1,200명 이상의 워크섬 사용자를 대상으로 실시한 한 내부 조사에 따르면, 프리랜서의 88% 이상이 이전에 정규직으로 일하며 가짜 노동을 경험했다.[127] 그랬기 때문에 그들에게 구체적인 업무를 완수해 그 결과를 회사에 전달하는 방식은 매우 유혹적이었을 것이다. 게다가 구체적인 가치를 가진 업무를 완수하면 지루하기 짝이 없는 회의에 소환될 필요도 없이 바로 개인 시간을 즐기면 된다. 따라서 스스로 이런 삶을 선택한 프리랜서들을 안타까운 눈으로 바라볼 이유는 없다.

　　하지만 프리랜서는 정규직 직원과 비교했을 때 기업에 동일한 권한과 영향을 미칠 수 없는 것이 사실이다. 이는 일부 관리자가 개별 업무에 맞추어 프리랜서를 고용할 수 있음에도 불구하고, 할 일 없이 시간만 보내는 내부 정규직 직원을 고용하는 것이 더 합리적이라고 생각하는 불행한 이유 때문이다. 이때 경영진의 입장에서는 더 많은 업무를 외부 인력을 통해 해결해야 한다는 요구로 이에 맞서야 한다.

　　덴마크의 상황이 주변의 다른 주요 국가들처럼 진행된다면 시간이 흐름에 따라 행정 기능직으로 채워졌을 수많은 일자리에 적합하고 충분한 자격을 갖춘 프리랜서들이 더 많아질 것이다. 그렇다면 회사 측에서는 외부 제안을 잘 살펴보고 급여 자금의 일부를 프리랜서 고용을 위해 할당하면 된다. 이것은 한 직원이 퇴직했을 때 새로운 구인 광고를 만들어야 한다는 직관적인 충동을 피하면 얼마든지 가능한 일이다.

관리 업무를 서로 나누어 해보라

여러 번 언급했던 혁신적 조직 틸에는 자체 관리, 컨설팅, 분업 등 제한된 효용가치와 넘쳐나는 규칙 및 절차로 무장한 강력한 지원 기능을 피할 수 있는 다양한 모델이 존재한다. 예를 들어, 1,000명 의 직원이 근무하는 네덜란드의 뷔르트조르흐에는 HR 부서가 없다. 이것이 가능한 이유는 지원 기능 부서가 자신들의 업무를 말 그대로 직원들에게 조언과 지원을 해주는 것으로 생각하기 때문이다. 그들은 서로 만나 회의를 하는 대신 전화를 받고 단 몇 초 만에 이메일에 응답한다. 도로에 돌을 쌓는 것이 아니라 쌓인 돌을 치우는 것이다.[128]

또 다른 비결은 관리 업무를 직원들에게 분배하거나 위임 하는 것이다. 신규 직원을 채용할 경우, 그 임무는 해당 업무와 관련된 부서에 위임된다. 그들은 채용에서 전문가라고 할 수 없기 때문에 본사로부터 도움과 전문 지식을 얻을 수 있다. 하지만 그들은 해당 직무 및 지원자에게 무엇을 요구해야 하는지 가장 잘 아는 사람이기 때문에 위임된 업무를 쉽게 처리할 수 있다.

같은 방식으로 중소기업 또한 업무의 분배를 통해 업무 해결을 실험해봐야 한다. 사무실 직원들의 점심을 교대로 주문하는 일 또한 이러한 업무 분배 및 위임의 예라고 할 수 있다. 직원 수가 늘어난다 하더라도 이 작업은 여러 해 동안 교대로 이루어질 수 있다. 구내식당에 (관련 위생 과정, 주방 시설 및 친절 교육 및 행정적 번거로움을 포함한) 새로운 요리사를 구하기 전까지는 말이다.

불행하게도 이러한 유형의 유연성 창출에 가장 핵심적인

반대자들 중 하나는 바로 덴마크 노동조합이다. 덴마크 노동조합은 고용주와 부딪치는 일이 거의 없고, 직장 협의회와 작업장 관리자 모두가 만족할 수 있는 해결책을 찾는 데 매우 능숙한 것으로 알려져 있다. 그러나 나는 여기서도 일부 가짜 노동으로 인해 엄격하고 꽉 막힌 방식으로 업무가 이루어지는 것을 보았다. 노동조합은 초과근무 수당을 요구하고 전문 분야를 방어하며 시간에 대해 엄격한 틀을 잘 고수할 줄 안다. 사람들은 노동조합으로부터 말도 안 되는 소리를 듣고 싶은 마음이 없기 때문에 업무에 있어서도 미리 모든 모델에 들어맞는 단일 사이즈 모델One size fits all-model을 선택하게 된다.

내가 자유대학교의 이사장으로 재직했을 당시 가장 만족스러웠던 일 중 하나는 직원들과 함께 업무를 계획하고 조직했기에 노동조합과 싸울 필요가 없었다는 것이었다. 강사들은 얼마나 많은 시간을 수업 준비로 사용해야 하는지에 대해 엄격한 기준을 가지고 다투지 않았다. 본래 업무의 양에 따라 다르겠지만, 교수들이 야간 근무, 수학여행, 과외 및 조언 등 추가적으로 하는 업무의 양에 따라 시간당 비용이 늘어나서도 안 됐다. 우리는 함께 학교를 운영하기 때문에 서로 간에 업무를 적절하게 분배하여 모두가 이익을 얻을 수 있다는 사실을 함께 알아냈다.

수년 동안 고등교육 분야에서 교사, 교장, 학교는 모두 한 협회에 회원으로 가입되어 있었다. 덕분에 개별 학교에서는 '그들'과 '우리'는 대척 관계에 있다고 끊임없이 말하는 노동조합의 입김 없이 자체적으로 학교를 운영할 수 있었다.

지난 수십 년 동안 덴마크의 초등학교에서는 경영진과 직원들 간에 대립이 있었고, 그 때문에 일하는 즐거움이 억압당했으며 당사자들 사이에는 불신이 생겨났다. 노동조합이 회원들이 자기 자신과 조직의 공동선을 위해 투쟁하는 것이 아니라, 오직 합의과 계약에 의해 명시된 사항을 위해 투쟁하도록 요구하여 회원들을 경직된 상황 속으로 밀어넣었음을 이해해야 한다.

5부

상식과 진짜 가치의
재정립

14장

가짜 노동과 진짜 노동을 분리하기 위한 비판적 태도와 새로운 가치 개념

작가이자 강사인 페르 헬게 쇠렌센은 저서 『초보자를 위한 온풍 전략』에서 가짜 노동의 개념에 대해 회의를 표명했다.

"나는 자신이 중요한 일을 하고 있다는 인상을 주기 위해 무의미한 계획을 세우는 직원을 본 적이 없습니다. 그런 직원이 있을 것이라고도 생각하지 않습니다. 생각해보십시오. 누가 금요일 오후에 퇴근해서 고급 피노누아 한 병을 따고 아내에게 '잘 지냈어? 난 매우 좋은 한 주를 보냈어. 500여 명의 간호사들에게 일 같지도 않은 바보 같은 일을 하도록 강요했거든. 이제 우리도 호른베크에 여름 별장을 마련할 수 있게 되었어'라고 말하겠습니까."[129]

물론 나도 그렇게 생각하지 않는다. 하지만 가짜 노동은 쇠렌센이 묘사했듯 계획적으로 생겨나지는 않는다. 가짜 노동은 사람들이 최선의 계획과 의도를 바탕으로 무가치한 일에 뛰어들기 때문에 발생한다. 즉, 현실적으로 시간만 채우는 작업이 되지는 않을지에 관한 검토와 숙고를 해보지 않았기 때문이다.

그럼에도 많은 이들은 자신들이 하고 있는 업무가 무의미하다고 의심한다. 그리고 이 의심은 어느 시점이 되면 사실로 입증되기 마련이다.

일을 어떻게 발명해낼 수 있단 말인가?

내가 이 책과 『가짜 노동』에서 '발명된' 업무 할당에 관한 글을 썼을 때, 쇠렌센과 같은 완고한 사람들은 이런 종류의 일이 실제로 일어나는지 의심했다. 사람들은 중요하지 않다고 판명된 업무나 이와 관련된 비효율적인 관행이 계속된다는 느낌을 가질 때가 있지만, 자신의 업무가 갑자기 유용한 가치를 만들어냈다는 느낌은 가지지 못할 때가 있다.

그렇다면 처음으로 돌아가서 '발명된' 작업의 의미를 좀 더 명확하게 파악하고 그 작업이 가짜 노동으로 발전하기 전에, 작업의 근거와 설명을 다시 살펴보도록 하자. 아네르스 포그 옌센과 내가 함께했던 프로젝트의 원래 목적은 겉으로는 매우 편리하고 합리적으로 보이는 다양한 근거가 실제로는 사람들이 무의미한 일을 만들어내는 데 기여한다는 사실을 드러내는 것이었다. 이것이 바로 '자체 발명된' 작업이 조직 내에서 옳고 현명하고 중요하며 합리적으로 보이는 것을 경계해야 하고, 동시에 그 작업이 실제로 그런지에 대해 비판적인 태도를 취해야 하는 이유다.

우리의 주장은, 직원이 시간을 낭비할 때(업무를 완료한 후에도 집에 가지 않거나, 고용주가 실제적인 업무를 부여하지 않기 때문에)와 같이 매우 미미한 이유 때문에도 가짜 노동이 생겨날 수 있다는 것이다.

내가 대화를 나누어보았던 대부분의 사람들은 자신의 일이 그 어떤 영향력도 가지지 않는다는 사실을 우연히 발견한 후에야 자신이 가짜 노동을 하고 있었다는 것을 깨달았다. 예를 들어, 1년 동안 작성한 보고서를 아무도 다운로드하지 않았다는 사실을 발견했을 때, '전략적 벤치마킹'에 대한 자신의 아이디어가 경영진의 칭찬을 받긴 했지만 다시는 언급되지 않았을 때, 1년 내내 시민 참여 프로젝트를 진행했지만 아무도 홈페이지를 찾지 않았기 때문에 프로젝트를 없애야 하는 경우 등이다. 그들은 바쁘게 보이기 위해 일부러 일을 '만든' 것이 아니라, 단지 보고서와 전략 회의, 시민 참여에 대한 근거를 무비판적으로 채택했을 뿐이다.

이런 일을 경험하고 나면 그들은 이전보다 좀 더 풍부한 경험으로 무장할 수 있다. 그리고 내부 시스템을 변경하려고 시도하거나(이것은 매우 어려운 일이다), 사표를 내고 다른 일을 찾아보거나, 또는 이전과 같은 작업을 냉소적으로 계속할 (이런 경우는 거의 없다) 것이다.

하지만 자신이 그 일을 할 필요가 없다는 것을 깨닫는다 하더라도 어쩔 수 없이 일을 계속해야만 하는 환경에 직면할 수도 있다.

공공부문에서 일하는 산네의 경험을 예로 들어보자. 그녀는 새로운 IT 프로젝트에 참여해달라는 요청을 받아 프로젝트 그룹 회의에 참석했다. 회의 주도자는 관련 프로젝트의 책임을 맡은 관리자였다. 그는 회의에 참석한 모든 이들에게 자신을 간단히 소개한 다음 프로젝트에서 본인의 역할을 어떻게 전망하고 있는지 말해보라고 했다.

"제 차례가 되었을 때 저는 '이 프로젝트에서 제가 해야 할 일이 무엇인지 전혀 모르고, 제가 무엇을 기여할 수 있는지에 대해서는 더욱 전망하기 힘듭니다. 게다가 저는 도구를 디지털화하는 내부 작업 흐름에 대해서 전혀 모르고, 코딩이나 IT 개발 전반에 대해서도 아는 것이 없다'고 말했어요. 고백하건대, 그때는 솔직하게 말하는 것이 좋은 줄로만 알았거든요. 왜냐하면 제 업무 시간을 낭비하고 싶지 않았기 때문이에요. 하지만 말이 끝나자 분위기는 싸해졌어요. 그럼에도 동료들은 제가 프로젝트에 참여해야 한다고 주장했고요. 어떤 사람은 제게 '프로젝트를 위한 고객과의 만남'을 계획하고 그 책임을 맡는 것이 좋겠다고도 했어요. 하지만 일대일 시뮬레이션을 통한 내부 디지털 도구와 관련된 프로젝트에서 모든 업무는 디지털로 이루어지는데 제가 굳이 고객을 만나기 위해 돌아다녀야 할 이유가 있을까요?" 산네는 내게 되물은 후 말을 이었다.

"어떤 이들은 다른 직원들에게도 이 부분을 알려야 한다고 말했어요. 그건 사실일 수도 있죠. 하지만 저의 일이 그에 대한 문서를 작성하는 것이라면 개발 단계부터 참여할 필요는 없지 않나요? 관리자 한 명은 그런 제게 '당신은 종종 사물을 다른 관점으로 보는군요'라고 말했어요. 하지만 저는 이 모든 것이 단지 겉으로만 보기에 그럴듯한 프로젝트가 되어서는 안 된다고 생각했어요. 중요한 것은 시스템이 제대로 작동하는 것이니까요." 산네는 전체 프로세스가 무의미했다고 결론을 내렸다.

"저는 그 프로젝트에서 제가 할 합리적인 일이 없다는 사실이 동료에게도 영향을 미친다는 것을 깨달았어요."

산네는 그 후에도 거의 1년간 프로젝트 그룹 회의에 4주에 한 번씩 참석했다.

"저는 일을 해야 하고, 비록 아무것도 하고 있지 않아도 경영진이 제가 프로젝트에 기여하고 있다고 생각한다면 계속 그 일을 해야 한다고 여겼어요. 하지만 어느 시점이 되자 직속 상사가 묻더군요. '당신은 왜 회의에 참석하나요? 당신이 프로젝트에서 하는 일은 무엇인가요?' 저는 그녀와 경영진이 저를 프로젝트 그룹에 넣었기 때문에 회의에 갔다는 말을 되풀이해야 했어요. 실제로 제가 해야 하는 일은 아무것도 없고, 프로젝트 관리자와 동료에게 제가 무엇을 기여할 수 있을지 모른다고 이미 말했다는 사실도 알려주었고요. 그 후에도 회의에 참석했습니다. 그러던 어느 날, 더 이상 회의에 참석하지 않아도 좋다는 통보를 받았어요. 물론 그 프로젝트 그룹은 공식적으로 해체되지 않았지요."

산네의 이야기는 매우 흥미로웠다. 그녀의 역할을 '만들어 낸' 사람은 그녀 자신이 아니었기 때문이다. 그녀와 전혀 관련 없는 프로젝트에서 무의미한 틈새시장을 찾도록 압력을 가했던 것은 바로 그녀의 동료였다. 하지만 산네는 그것이 가짜 노동에 불과하며 이것은 자신의 시간을 낭비할 뿐 아니라 시민의 세금까지 낭비한다는 것을 잘 알고 있었다.

그럼에도 불구하고 동료의 개별 제안은 꽤 그럴듯하게 들린다. 왜냐하면 그들은 조직 내에서 찾아볼 수 있는 수많은 근거를 계속해서 만들어내기 때문이다. 하지만 산네는 현실에 초점을 맞추려고 애썼다. 그녀는 정직하기를 원했지만, 대부분의 조직원은 어떤 불편한 사실을 밝힌다 할지라도 이익을 얻지 못하기 때문에 이를 암묵적으로 수용하며, 오히려 정직하게 이를 폭로하는 사람은 조직의 배신자로 간주되기 쉽다.

산네의 직장에서 무의미한 업무를 하는 대신 업무에 실질적인 내용이 있어야 한다고 주장하는 것은 거의 불법이나 마찬가지였다. 회의에 참석했던 사람들 중 스스로를 속임수를 쓴다거나 사기꾼이라 생각하는 사람은 없었을 것이다. 하지만 불행하게도 그들은 자기들이 할 수 있는 일을 찾는 데 매우 능숙하고, 심지어는 서로를 돕고 있다고 생각하는 시점에 이르렀다. 이러한 과정을 거쳐오는 동안 그들은 이유를 따져 묻는 능력을 상실해버렸다. 이것은 가짜 노동이 성장하고 번성할 수 있는 매우 좋은 환경이다. 비록 초기의 의도는 좋다 할지라도 말이다.

강제된 풀타임 업무

가짜 노동은 조직의 금기 사항이다. 왜냐하면 가짜 노동은 직원과 관리자 사이에 공동의 불편함과 당혹감을 조성하기 때문이다. 따라서 고용주를 찾아가, 가짜 노동에 관해 논의하기란 단순히 말처럼 쉽지 않다. 관리자들은 가짜 노동에서 벗어날 수 있는 가능성을 입에 올리면 항상 이에 반대하거나 아예 그런 이야기를 듣고 싶어 하지도 않는다. 그들의 관점에선 가짜 노동이 존재하지 않기 때문이다.

불행히도 여기에는 어느 정도 진실이 내포되어 있다. 나는 니나를 통해 이것을 확인할 수 있었다. 나는 한 대학교수와 함께 그가 개최한 노동조합과의 토론회에 참석한 적이 있다. 주제는 가짜 노동이었다.

니나는 자신의 경험담으로 토론회의 문을 열었다. 그녀의 이야기는 스트레스, 무의미한 업무 그리고 그녀가 직장에서 거의 아무 일도 하지 않는다는 사실을 잘 알면서도 아무런 관심을 보이지 않았던 상사에 관한 것이었다. 자신의 이야기를 솔직하게 털어놓는다는 것은 매우 용감한 일이다. 니나는 직장에서 가짜 노동을 없애기로 결심했고, 바로 그 때문에 자신이 속해 있던 노동조합에 이 문제를 거론했다. 나중에 우리는 그녀의 집에서 만났고, 차와 케이크를 앞에 두고 노동조합에서의 토론회를 돌아보는 시간을 가졌다.

"그때 당신은 물론 함께 참석했던 교수님까지도 제게 상사를 찾아가서 말하라고 했어요." 니나는 교수의 이름을 기억하지 못한다고 사과하며 말을 이었다.

"스트레스 때문에 종종 기억력이 좋지 않을 때가 있어요."

나는 무의미한 직장 업무 때문에 스트레스를 받는 사람들과 대화를 나누는 데 매우 익숙하다며 그녀를 안심시켰다.

"그날 저녁 당신은, 관리자들은 가짜 노동을 찾아내는 데 관심을 가지고 있다고 말했어요. 하지만 제 경험에 의하면 절대 그렇지 않아요. 한번은 제 경험이나 능력보다 조금 낮은 수준의 직책을 담당했어요. 그 직책을 받아들인 이유는 오랜 업무 스트레스에서 벗어나 좀 더 조용하고 차분한 환경에서 일하기를 원했기 때문이었어요. 저의 업무는 사실 주 30시간이면 충분히 처리할 수 있는 일이었기 때문에 기꺼이 급여 삭감을 감수했고요.

하지만 상사는 그렇게 하길 원하지 않았어요. 그는 제가 항상 자리에 있기를 원했고, 종종 제 사무실에 들르기도 했어요. 상사의 선의를 이해할 수 있었지만, 제겐 그렇게 많은 시간을 쓸 만한 일이 없었어요. 저는 자신이 너무나 중요한 영역을 담당하고 있어서, 오직 정규직 직원만이 그것을 처리할 수 있다고 생각하는 상사들을 많이 보았어요. 하지만 제가 그 입장에 서 보니 그 생각이 환상에 불과하다는 걸 확인할 수 있었어요."

니나의 말은 옳았다. 관리자들이 시간과 비용을 절약하고 직위를 합리적으로 이용하기를 원한다는 인식에 도전했던 사람은 그녀뿐만이 아니다. 내 이메일 수신함에는 자신이 주 30시간 내에 맡은 일을 쉽게 완수할 수 있다며 상사에게 업무 시간을 줄여달라고 요청하는 직원의 편지도 들어 있다. 하지만 상사는 '올해 남은 기간 동안 일이 많아질 테니 두고봐야 한다'라는 말로 직원의 요청을 거절했다.

물론 얼마든지 그럴 수 있다. 하지만 직원의 요청에 응답하지 않는 것은 상사로써 합리적인 태도가 아니다. 게다가 이것은 직원이 구체적인 비용 절감을 제안해왔을 때 모든 상사가 기뻐할 것이라 생각했던 나의 원래 생각과도 거리가 멀다. 어쩌면 니나가 암시하는 것 이상으로, 상사의 허영심이 진짜 노동을 하는 데 큰 방해 요소가 될 수 있을지도 모른다.

가치 개념을 도입하라

이 딜레마를 해결할 수 있는 한 가지 방법은 고용계약서에서 시간에 대한 사항을 완전히 없애버리는 것이다. 앞서 언급한 바와 같이 산업혁명 시대의 가치 개념을 후기산업사회에서 재사용하는 것은 바로 백스테이지 기능의 비극적인 딜레마로 귀결된다. 여기서 우리가 얻을 수 있는 유일한 것은 파킨슨의 법칙의 효과뿐이다. 즉, 주 37시간이라는 틀 안에서 실질적 업무를 해낸 직원은, 그 업무를 완료한 후에는 가짜 노동을 할 수밖에 없다.

그 때문에 우리는 업무의 가치 측면에 초점을 맞춰야 한다. 여기서 가치 있는 일에 대한 정의를 제시해보겠다. 가치 있는 업무 과제는 다음과 같은 특성을 동반한다.

① 해야 할 일이 정말 중요하거나 필요하다는 것.
② 해야 할 일은 반드시 해야 하며, 그 결과는 고객, 시민 또는 다른 직원들에게 변화를 가져올 수 있어야 한다는 것.
③ 해당 업무가 합리적인 범위 내에서 조직의 주요 목적에 구체적 영향을 미치는 데 도움이 되어야 한다는 것.
④ 업무가 정확히 이런 방식으로 수행되지 않을 경우 주요 목

표를 달성하는 것이 더 어려워질 가능성이 압도적으로 크 다는 것.

당신은 상사와 함께 이 가치들을 명확히 논의하고 이에 대한 충분한 목표를 설정할 수 있다. 이는 필요나 상황에 따라 조 정할 수 있는 정의지만, 나는 여기서 사용한 단어를 매우 신중하 게 선택했다. 기본적으로는 어떤 업무를 할 때 그 업무를 정의하 는 개념 외에 다른 일도 수행해야 하는지 살펴봄으로써 노동의 범위를 입증하고 한정할 수 있는 느낌이라 할 수 있다.

나는 '합리적인 범위' 또는 '가능성이 압도적으로 크다'와 같은 말을 사용했다. 여기에는 목적을 달성하기 위해 해당 업무 가 '정확히 이런 방식으로' 수행되어야 하는지 실제로 질문해보 며 필요 없는 업무를 제거할 수 있는 가능성이 포함되어 있다. 그 렇다면 어쩌면 우리는 훨씬 더 적은 일을 하면서도 비슷한 결과 를 얻을 수 있을지도 모른다. 한번쯤은 시간을 내서 업무의 정의 를 찬찬히 살펴보고 그것이 자신에게 적합한지 확인해보는 것은 어떤가?

직무의 가치 개념을 테스트해보라

앞서 구인 광고 및 고용주 브랜딩과 관련한 진부한 표현에 언급 했듯이, 나쁜 업무는 모호한 단어와 그런 단어로 설명된 무의미 한 직책에서 생겨난다. 그러므로 좋은 업무는 그 사람이 무엇을 해야 하는지 정확하게 설명하는 구인 광고에서부터 시작된다 해도 과언이 아니다. 그렇게 하면 누구도 하기 싫어하는 무작위적이고 지루한 직업을 피할 수 있다. 마틴 엘러만이 설명했듯이 구인 광고에 쓰인 '시간에 따라 달라지는 다양한 업무'라는 문구는 '당신은 주어진 업무는 무엇이든 해낼 수 있어야 한다'라는 의미다. 하지만 이런 식으로 설명된 업무를 누가 원할까? 누구도 그렇지 않다. 설사 그 일을 맡게 되었다 하더라도 오래가기는 어렵다. 즉, 기업이 구직자들에게 솔직하지 않다면 그 누구도 이익을 볼 수 없다.

따라서 직업을 올바르고 정직하게 설명하는 것이 중요하다. 그리고 적합한 지원자를 찾으면 고용계약서에 서명을 하기 전에 그가 해야 할 업무에 대해 자세하게 설명해줘야 한다.

하지만 그 단계에 도달하기 전에 경영진은 필수적인 질문을 스스로에게 던져봐야 한다. 즉, 구인 광고에 어떤 내용이 들어가야 하는지, 구직자가 무엇을 찾아볼 것인지를 검토해야 한다. 하지만 그전에 답해야 할 더 본질적인 질문이 있다. 바로, '우리 회사에 실질적인 일자리가 있는가'라는 질문이다.

나는 아래에 새 직원을 채용할 필요가 있다고 생각하는 순간 무엇을 검토해야 하는지 단계별로 설명해놓았다. 다음 문장들은 인터넷에서 찾은 실제 구인 광고 문구로써 내가 조금 손을 보았다.

① 재고용에 관한 문제라면, 왜 재고용을 해야 하는가?
② 우리는 무슨 일을 해야 하며, 그 일은 어떤 가치를 창출하

는가?

③ 무엇을 해야 하는가? 역할은 잊되 임무가 무엇인지 생각해

　보라. 그것을 시간 단위로 측정하는 것이 바람직한가?

④ 단순함을 유지하고 자신감을 가질 수 있도록 노력하라.

이제 위의 항목들을 하나하나 다시 살펴보자.

① 재고용에 관한 문제라면, 왜 재고용을 해야 하는가?

　글쎄, 모든 사람이 그렇게 생각하지 않는가? 물론 확신할 수는 없다. 대규모 조직에서는 자주 채용을 동결하고 직원 수의 '자연적 감소'를 통해 해고를 피한다. 이는 그 자체로 매우 흥미롭다. 이것은 직원들이 개인적인 이유로 퇴직했을 때, 그 직위들이 다시 채워질 필요가 없다는 사실을 증명한다.

　대부분이 이 점을 고려하지 않는다는 것은 매우 놀랍다. 사람들은 어떤 직위가 공석이 되면 대부분 그 자리를 채워야 한다고 자동적으로 생각한다. '닐스가 일을 그만두었기 때문에 이제 우리는 새로운 닐스를 찾아야 합니다.' 많은 관리자들이 인건비와 급여를 위한 예산을 이미 확보해놓았으며 그 직위를 공석으로 놓아두어도 된다는 생각은 아예 하지 않기 때문이다. 물론 전 직원이 매우 훌륭하게 업무를 수행했기 때문일 수도 있다. 그런가? 아니, 그렇지 않을 수도 있다.

　가끔은 직장 내에 얼마나 많은 업무가 있는지 직원과 함께 검토해보라. 그 직원이 없어도 되는 업무는 얼마나 있는가? 신

입 사원에게 업무 인계를 할 때 중복되는 사항은 없는가?

곧 퇴사를 앞둔 직원이 무의미한 업무 때문에 그간 시간을 얼마나 낭비했는지 이야기하리라 기대하는 것은 지나친 일이 될지도 모르지만, 고려해볼 가치가 아예 없지는 않다. 마지막 작별 인사 겸 조금 솔직하게 그 직원이 실제로 했던 일은 무엇인지 물어볼 수도 있다.

때로는 직원에게 모든 업무를 기록한 리스트를 요구해보자. 이 경우 나중에 해당 직원의 동료나 다른 관리자들과 함께 이를 비판적으로 검토해야 한다. 그중에는 남은 직원들에게 실제로 분배할 수 있는 업무도 많을 것이다. 업무를 나눠받은 직원들은 자신이 담당하는 일 중에 무의미하다고 생각되는 업무 일부를 제거하면 된다.

한 직원이 조직을 떠날 때는 '업무 정리'를 할 수 있는 좋은 기회다. 어쩌면 조직에 새로운 닐스가 필요하지 않다는 결론에 도달할 수도 있다. 그렇다고 해서 닐스가 지난 15년 동안 해왔던 일이 전적으로 무의미하다는 뜻은 아니다. 그것은 그가 주 37시간 동안 일을 할 때, 가짜 노동과 시간 낭비적인 업무가 보이지 않는 틈새를 통해 서서히 자라났을 수도 있다는 의미다. 닐스의 업무는 지난 15년 동안 확실히 효율적이었을 수도 있다. 하지만 과거에는 의미가 있었지만 이제는 거의 무의미하게 변해버린 업무도 꽤 많다. 이때 닐스가 하던 '실질적' 작업은 남은 닐스의 동료에게 분배하면 된다.

이제 관리자들은 자신의 책임 하에 있는 인력이 점점 줄어들고 있다는 사실을 받아들여야 한다. 그리고 그는 자신이 책임지고 있는 직원이 줄어들었다는 사실 때문에 자기 인식이나 자긍심에 상처를 받은 것은 아닌지 자문해야 한다. 니나가 말했던 것처럼, 그는 자신의 권력이 줄어들었다는 사실을 쉽게 받아들이지 못할 수도 있다. 하지만 직원이 자발적으로 업무 시간과 급여 삭감을 제안해온다면, 상사는 그 직원을 칭찬해줘야 한다. 조직의 효율성을 높이고 비용을 절감시킬 수 있기 때문이다.

② 우리는 무슨 일을 해야 하며, 그 일은 어떤 가치를 창출하는가?

이전에 설명했듯 일이 정말 까다로워지면, 사람들은 매우 쉽게 무의미한 헛소리에 빠져든다. 스스로 '핵심 가치와 전략적 메시지를 서면과 구두로 전달'해야 한다고 쓰는 순간[130] 자연스럽게 그를 멈추고, 다음과 같은 비판적인 질문을 던져보라.

— 그 일을 누가, 왜 요구하는가?
— 우리가 수행하는 핵심 서비스에 대해 자신이 썼던 내용의 결과를 어떤 방식으로 설명할 수 있는가? 필요한 경우 위의 내용의 가치 정의도 고려해야 한다.
— 그 일은 누구나 할 수 있을 만큼 광범위하게 정의되어 있으며, 이미 누군가 하고 있는 일은 아닌가?

오직 이러한 유형의 비판적인 질문을 통해서, 언뜻 듣기에 훌륭한 업무가 실제로도 실질적으로 훌륭한 업무인지 알아볼 수 있다. 이것의 목표는 우리가 '업무' 자체를 생각하기 전에 '역할'부터 먼저 생각하는 것에서 벗어나려는 데 있다. 코디네이터, 프로젝트 매니저, 연결고리, 그로스 해커, 조력자 등의 직책을 떠올리면 흔히 그 역할부터 먼저 생각한다. 그러나 우리는 그 역할 뒤에 있는 중요한 점, 실질적인 가치의 창출이 무엇인지 잊어버리기 일쑤다. 물론 그 역할 뒤에 존재하는 일부 업무는 누군가가 시간의 흐름에 따라 만들어냈던 가짜 노동일지도 모른다. 이런 업무는 처음에는 좋은 의도로 시작되었다 할지라도 현실적으로는 무의미하다.

이를 이해하기 위해서는 우선 자기 자신에게 다음과 같은 질문을 던져봐야 한다.

— 그 직책이 원래 존재하지 않았다면 누가 그 직책을 필요로 했을까?
— 만약 그 직책이 존재하지 않았다면 할 수 없었던 일은 무엇일까?
— 그 직책이 창출하는 모든 긍정적인 가치를 목표로 했을 때, 그 안에 있는 자원만으로도 목표를 달성할 수 있는가?

이제는 조직의 더 깊은 부분을 살펴봐야 할 때다. 그리고 상사나 동료의 입장에서, 주변에 실제로 무슨 일이 일어나고 있는지 살펴봐야 한다. 어떤 공석을 채우기 위해 직원을 고용할 때는 현실에 기초해 모든 근거를 찾아야 한다.

바로 그 때문에 이 인력의 수요를 예상하는 사람들에게 물어봐야 한다. 예를 들어, 만약 '지방 도시의 부동산 거래에서부터 비전 작업에 이르기까지 공동의 서사를 뒷받침하고 강화'시켜줄 사람이 없다면, 실제로 무슨 일이 발생하는지 알아보려면, 그것을 분석하는 것 외에는 다른 방법이 없다.[131] 누가 그 이야기를 듣고 싶어 하는가? 공동의 서사를 강화함으로써 달성하고자 하는 것은 무엇인가? 지방자치도시나 시민들 사이에서 이를 요구한 사람들에게 줄 수 있는 구체적 제안을 가지고 있는가?

그를 실제로 알아내기 위해서는 실질적인 수요가 존재하는지 비판적인 눈으로 살펴봐야 한다. 어떤 경우에는 그것이 단지 지방자치단체의 혁신을 위한 내부 워크숍 이후 플립차트에 소개되었던 내용일 수도 있다. 그 내용을 자세히 살펴보면 단지 상상을 바탕으로 한 가짜 필요성에 불과하며, 실질적 필요성을 말하는 문구는 거의 없을지도 모른다. 그 내용은 그런 것들이 생략되어야 한다. 왜냐하면 어떤 실질적 업무를 표현하지도 않았고 따라서 그 업무가 창출해내는 실질적 가치도 없기 때문이다. 이제는 다음 단계로 넘어가 '구체적 작업'을 해야 할 때다.

이런 식으로 직위에 대한 '관계 지도'를 만들 수 있다. 즉, 해당 직위에서는 어떤 일을 해야 하며, 그 일은 조직의 다른 부분과 잘 어울리는가? 이 직위가 만들어지지 않았다면 어떻게 되었을까? 이 직위가 없다면 가치사슬의 중요한 연결고리를 잃어버리게 될까, 아니면 비즈니스는 아무 일도 없었다는 듯 이전과 마찬가지로 돌아갈까? 어쩌면 관리자가 일상적으로 사용하는 경영 정보 개발에 아무도 참여하지 않는다면 상황은 이전보다 더 좋아질 수 있을지도 모른다.[132] 실제로 그 정보를 읽거나 회의와 정보 제공에 참여하는 일로 무언가를 얻을 수 있다고 생각하는 사람은 아무도 없기 때문이다.

이런 방식으로, 겉으로는 매우 그럴듯하게 들리지만 완전히 비현실적인 직위를 스스로 원하는지의 여부를 알아볼 수도 있다. 앞서 언급한 리케의 경우다. 그녀는 구인 광고를 통해 고용되었지만 그녀의 일은 대략 화요일 12시 경이면 일주일 치를 마무리할 수 있는 양이었다. 그 직위를 설명하는 구인 광고의 문구는 '외부인 유입을 통해 도시 인구 수를 증가시키려는 시의회의 비전을 지원'하고, '도시를 교육 도시로 개발'한다는 것이었다. 하지만 그녀의 말에 따르면, 그 직위에서 사용할 수 있는 자원은 매우 제한되어 있어서 현실적으로 업무를 실행하기가 어려웠다. 이 구인 광고의 문구는 해당 도시를 위해 실질적 가치를 창출할 수 있을 듯하고, 실제로 이루어졌다면 매우 좋았을 것이다. 하지만 그것은 현실적으로 실현 불가능한 가치에 불과했다.

우리는, 이러한 직위들은 결국 서류 안에서만 가치를 발휘하게 될 수도 있다. 예를 들어, 외부인 유입을 통해 도시 인구 수를 증가시키려 할 때 그것은 큰 강물로 이어지는 수많은 작은 시냇물이 될 수도 있고, 또는 부부와 두 자녀 그리고 고양이 한 마리로 이루어진 한 가족이 될 수도 있다. 다시 말해, 새로운 도시 인구와 새로운 교육 환경을 바탕으로 한 도시의 부흥에 영향을 미치는 요소들은 너무나 많고 복잡하기 때문에, 해당 수준의 어떤 직위가 어떤 의미 있는 근거를 형성할 수 없다는 점이 너무나 분명하다. 즉, 그것은 명백히 무의미한 문장이며, 현실적인 가치를 창출할 수 있는 업무와는 거리가 멀다.

시냇물에 대한 비유 자체가 틀린 것은 아니지만, 해당 직책을 통해서만 가치를 창출할 수 있다고 생각한다면 그것은 잘못된 전제가 될 수밖에 없다.

더 많은 사람들이 이주하기를 원하도록 하는 작은 흐름은 바로 더 많은 환경미화원, 더 많은 요양사, 그리고 시민을 대상으로 하는 서비스 업종에 종사하는 사람들이다. 이들이 하는 구체적이고 가치 있는 일은 그 도시를 더욱 매력적으로 만들며 외부인의 유입을 촉진한다.

정치 및 커뮤니케이션 분야의 개발 컨설턴트 혼자서는 이 작업을 수행할 수 없다. 왜냐하면 누구도 (그녀가 일하는 폐쇄적인 환경의 시청을 제외한다면) 그녀가 하는 일을 실제로 요구하지 않기 때문이다. 나는 그녀와 직접 대화를 나누어보았기 때문에 이 사실을 잘 알고 있다. 이제 앞의 질문들을 사용하여 해당 직책을 파악했다면, 그 직책에 따르는 업무를 처리할 사람이 여전히 필요한지도 검토해봐야 한다.

③ 무엇을 해야 하는가? 역할은 잊되 임무가 무엇인지 생각해보라.
그를 시간 단위로 측정하는 것이 바람직한가?

여기까지 왔다면 이제 해당 직위에 실제 업무가 존재한다는 것을 확인한 셈이다. 이때 중요한 일은 바로 이 업무가 얼마나 시간에 의존하는지 알아내는 것이다. 앞서 말했듯, 가짜 노동은 현대 노동의 가치를 측정하는 방법이 없어서 산업사회의 측정 단위를 모방한 결과다. 시간은 여전히 일부 업무에서는 적절한 측정 단위이지만 이전에 비해 중요도가 떨어진다.

흔히 시간으로 측정 가능한 업무를 이야기할 때 우리는 일반적으로 수산물 가공 공장에서 생선을 손질하거나, 시내버스를 운전하거나, 학교에서 아이들을 가르치거나, 환자를 수술하는 등 일선 현장의 고전적인 업무를 언급한다. 이것들은 시간적 기준 외에 다른 방식의 틀 속에 넣어 고려하는 것이 불가능하다고 여겨지는 작업들이다. 하지만 지금도 그럴까?

옛날에는 시급 외에 성과급도 있었는데, 이를 통해 성취한 작업량을 알 수 있었다. 수산물 공장에서는 흔히 도급 계약을 바탕으로 작업을 했으나, 이러한 계약은 서서히 사라졌고 이는 노동조합의 독자적 승리로 인식된다. 하지만 영업 판매와 관련된 직업군에서 도급 작업은 여전히 존재한다. 예를 들어, 신문 배달원은 배달 양에 따라 급여를 받는다. 과거에 우편배달원은 운전한 경로에 따라 급여를 받았다. 따라서 매일 급여가 달라질 수 있었다. 어떤 날은 운이 좋고 어떤 날은 그렇지 않았다. 그러나 고정된 경로에 대해 고정된 대가를 지불받을 경우 일의 양을 스스로 조절할 수 있다는 이점도 있다. 이 경우, 어떤 날은 다른 날보다 일하는 데 더 많은 시간을 사용하지만 급여는 동일하다.

도급 계약을 어린이집이나 보육원에 적용하는 것은 어려워졌다. 하지만 버스 운전사는 노선 수를 바탕으로 고정된 급여를 받을 수 있고, 의사들은 진료한 환자 수에 따라 일부 급여를 받는다. 외과의사들이 정해진 휴가나 휴식 시간을 제외하고, 1년간 수술한 환자 수에 따라 돈을 버는 것도 가능하다.

그렇지 않다면 중국의 예도 들어보겠다. 중국의 의사들은 환자들이 건강할 때 돈을 받고 환자들이 아플 때는 돈을 받지 않는다. 이는 언뜻 매우 이상하게 들리지만, 오히려 합리적일 수도 있다. 이렇게 하면, 의사는 환자가 건강할 때 인센티브를 받을 수 있기 때문에 환자가 건강을 유지할 수 있도록 노력하게 된다. 하지만 의사가 환자를 정기적으로 진료하는 일을 소홀히 하거나 환자가 아플 때 후속 조치를 신속하게 하지 않는 일이 장기적으로 지속된다면 어떻게 될까?

그렇게 할 수 없다고 생각하는 유일한 이유는 단지 우리에게 그런 사고가 익숙하지 않기 때문이다. 그래서 우리는 그렇게 하는 것이 이상하고 어색하다고 생각한다. 하지만 파킨슨의 법칙에 따라 업무량에 관계없이 조직이 비대해지는 결과가 생길 수도 있다. 즉, 우리는 시간에 따라 급여를 지불받기 때문에 실질적인 가치도 별로 없는 소모적인 시스템 속에서 시간을 뱉어내고 서로를 속이게 된다.

그렇다면 지금부터 노력해보자. 만약 신입 직원이 새로운 가구 디자인을 돕게 될 경우, 그녀가 몇 개의 식탁 의자를 담당해야 올해 생산에 도움이 되는지 검토해봐야 한다. 그다음, 새 의자의 가치를 검토한 후 의자를 가게에 팔 수 있다. 그러면 신입 디자이너는 최소한의 의자를 만드는 대가로 급여를 받을 수 있다. 직원이 제품의 품질을 보장하기 위해 관리자 입장에서는 어느 정도까지의 실수를 용납할 수 있는지, 또는 어느 정도의 만족감을 원하는지 파악해야 한다. 직원이 매년 그렇게 할 수 있다면 그녀는 자신의 일을 만족스럽게 수행했다고 말할 수 있다. 더 확실한 품질은 보장하나 만족도를 달성하는 것은 항상 가능하다. 하지만 여기에 따른 다른 번거로움과 필요한 추가적 테스트와 감사 작업을 생각했을 때 이것이 정말 필요할까? 거의 그렇지 않다. 따라서 어디까지 하면 충분한지 검토해본 후 불필요한 것은 그만두자.

위에 언급한 예들은 모두 구체적인 작업과 관련이 있다. 하지만 만약 어떤 작업이 구체적이지 않을 때는 어떻게 해야 할까? 나는 '구체적이지 않은' 작업을 측정하기 위한 요청이 들어오는 경우를 제외한다면, 행정 및 경영진이 나서야 한다는 데 동의한다. 그들은 작업이 시간 내에 완수될 수 있도록 도와주거나 또는 문제 해결을 위한 도구를 지원해야 한다. 즉, 관리는 정해진 규칙 내에서 '구체적인' 작업을 지원하는 것을 의미한다.

그렇다고 해서 이것이 꼭 가짜 노동으로 발전한다는 근거는 없다. 하지만 그럴 위험성은 여전히 있다. 나는 2부에서 미래의 지원 기능은 비즈니스와 생산 분야에 얼마만큼의 가치와 조언을 제공하는지에 따라 보상을 받아야 한다고 설명했다. 아무것도 생산해내지 않는데도 현대 조직에서 없어서는 안 될 사람들은 자신들이 하는 일을 평가하고 측정하는 데 있어, 직속 상사가 아닌 다른 사람들을 필요로 한다. 이때 내부 인보이스 발행을 통해 우리는 누가 가장 큰 가치를 제공하는지 알아낼 수 있다. 마치 한 숙련된 목수의 능력이 입소문을 타고 지역사회에 알려지면 그에게 더 많은 일이 들어오는 경우와 비슷하다.

나는 업무 측정 단위로 시간을 사용하는 관례가 완전히 사라질 것이라는 환상은 가지고 있지 않다. 적어도 몇몇 유형의 직업에서는 시간이 업무의 측정 단위로 계속 사용될 것이다. 하지만 관리자의 경우에는 일반적인 틀에서 벗어나 실질적인 계약을 체결할 수 있다는 사실을 받아들여야 한다. 그러한 합의가 이루어지려면 직원과 상사 사이에 탄탄한 신뢰가 필요하다. 만약 직원이 업무에 적합하지 않다고 생각되거나 게으르다고 의심되는 경우라면, 직업적 신념을 바탕으로 하여 최선의 방식으로 문제를 해결하기 위해 폭넓은 합의를 이끌어내기가 쉽지 않다.

이를 충분히 이해할 수 있지만 대안은 없을까? 성인을 어린아이처럼 대하고 통제하는 것은 일의 즐거움뿐 아니라 상호간에 남아 있는 신뢰도 말살하는 것이다. 강요된 근무시간을 채워야 한다면 무의미한 가짜 노동이 발생할 수도 있고 직원이 부당한 대우를 받을 위험도 있다. 이 경우에는 할 일이 없을 때도 일하는 척하는, 즉 본질적인 일을 처리하는 대신 코미디를 연기할 수 있는 직원을 확보하는 것이 대안처럼 느껴진다.

하지만 모두가 직원을 위한 새로운 유형의 프레임을 원하지는 않는다. 여러 이유가 있지만, 대개는 계약 관계에서 정확한 목표나 일정한 기대치를 원하기 때문이다. 반면 단지 일하는 것을 싫어하기 때문에 문제가 발생할 경우 최소한의 요구사항을 참고하기를 원하는 사람도 있다. 또한, 모든 업무에 대해 명확하고 상세한 계획이 있을 경우 일을 더 잘하는 사람들도 많다.

문제는 직원이 명확하고 이해 가능한 업무를 할 수 있도록 자신감을 심어주는 대신 세세한 요구사항을 추가하기가 더 쉬운 때에 발생한다. 만약 직원에게 업무의 목표를 이해시키고 이를 수행할 수 있는 열정을 가지도록 동기를 부여할 수 없다면, 실제로 그런 조건으로 일하고 싶어 하는 사람을 다시 찾아야 하는지 자문해봐야 한다. 때로는 쉽지 않은 상황을 받아들이고 개별적인 업무를 어떻게 설명할 수 있는지 노력해야 한다. 특히 직원이 업무와 관련된 정해진 규칙과 틀에서 벗어나 이것저것 불필요하게 많은 일을 할 때는 더욱 그렇다.

정해진 것은 아무것도 없다. 나는 스스로에게 도전하며, 관리자와 직원들이 업무를 통해 반드시 형성되어야 하는 구체적인 가치를 처리할 수 있도록 힘을 쏟는 데 관심을 가져야 한다고 생각한다. 업무를 완수하고 남은 시간에는 무엇을 할 것인가? 퇴근을 해야 할까? 아니면 자리에 앉아 창밖을 내다보거나 (다른 이들을 방해하지 않는 한) 소규모 개발 프로젝트를 진행해야 할까? 그것이 무엇이든 일주일에 37시간 동안 일을 해야 한다는 이 이상한 환상에서 벗어나는 것이 가장 중요하다.

④ 단순함을 유지하고 자신감을 가질 수 있도록 노력하라

국회의원을 떠올려보라. 내가 아는 한 그들은 자신을 뽑아준 사람들과 어떠한 계약도 체결하지 않는다. 의회 정치인들은 그들만의 프로그램이 있고 그를 위해 일한다. 그리고 4년이 지나면 그들에게 판단이 내려진다.

성직자를 예로 들어보자. 그는 교회에서 정한 날에 예배를 드려야 하고, 교구민들을 위한 영적 도움을 제공해야 하며, 장례식과 결혼식 그리고 세례식을 거행한다. 이러한 일들은 고용계약서에는 기록되어 있지 않지만 당연히 성직자가 해야 할 일이다. 고용계약서에 성직자가 신도들의 일요일 출석률을 매년 20%씩 늘려야 한다는 내용이 포함될 수도 있지만, 이 요구사항은 성직자의 일이 신도들의 출석률과는 무관하다는 것을 기본 전제로 한다. 하지만 신도들의 출석률에 무관심한 성직자는 그리 많지 않을 것이다. 대부분의 목회자는 더 많은 신도들이 예배에 참여하기를 바란다. 하지만 그 바람을 이루기 위해서는 어떤 목표도 필요하지 않다.

다시 말하자면, 누군가가 수행해야 할 업무가 있다는 것을 알게 되었을 때, 그리고 그 업무가 실제로 수행되어야 할 때, 업무에 대해 설명하면 된다. 나머지는 신뢰에 관한 문제다.

일은 찾으려면 얼마든지 찾을 수 있다

니나는 다시 한번 강조했다.

"아무에게도 필요하지 않는 무의미한 일을 하다 보면 지치기 마련이에요. 그래서 저는 일주일에 30시간만 일할 수 있다면 좋겠다고 생각했어요."

니나는 현재 업무량의 변동이 상당히 많은 편이다. 하지만 다행히도 그녀가 일하는 기관에서는 시간 등록 제도를 적용하지 않았다.

"『가짜 노동』을 읽은 후부터 좀 더 편한 마음으로 일할 수 있었어요. 우리는 출퇴근 때 시간을 기록하지 않아도 되어서 할 일이 없을 때는 바로 퇴근할 수 있거든요. 가끔 정말로 의미가 있는 업무가 있을 때는 30분 정도 더 앉아 있기도 하고요."

그럼에도 니나는 자신이 회사를 이용한다는 느낌에서 벗어나고 싶었다. 그녀는 자신의 직위를 시간제로 전용한다면 월급으로 사용되는 회사의 경비를 절약할 수 있으리라 생각했다. 하지만 직원의 급여는 예산이 따로 책정되어 있기 때문에, 니나와 같은 경우에 그녀의 요구를 받아들여 현명하고 합리적으로 임금을 절약하고자 노력하는 관리자는 많지 않다. 그들은 업무량이 때에 따라 많아질 수도 있고 적어질 수도 있다는 말로 이 상황을 무마하는 관행에 익숙해져 있다.

만약 니나가 좀 더 규정에 얽매인 관료였다면, 퇴근하는 대신 누구에게도 필요하지 않지만 조직 시스템 내에서 정당화될 수 있는 일을 찾아 했을 것이다. 쇠렌센이 말했던 것처럼, 니나는 다른 이들의 시간을 낭비하고 싶기 때문이 아니라, 자신의 일이 주 30시간 내에 완료 가능하다고 말해도 상사가 들어주지 않기 때문에, 자신에게 주어진 시간을 무언가로 채워야 한다는 강박감을 가지게 되었다.

가짜 노동을 어떻게 차단할 수 있었는지에 관한 질문에 니나가 대답을 생각해내기까지는 1분도 채 걸리지 않았다.

"그건 매우 쉬웠어요. 일단 개인의 노력에 따라 달라지겠지요. 예를 들어, 어느 시점에서 조직 업무에 상당한 혼란이 있었고 내부감사를 통해 몇 가지 누락된 점이 발견되었다고 했을 때, 우리는 과거의 업무일지를 검토해볼 거예요."

니나의 말에 따르면 그런 일은 과거의 회의록과 메모가 포함된 수많은 바인더를 1970년대까지 거슬러 올라가 살펴봐야 하기 때문에 여러 해석의 여지를 남길 수 있다고 한다.

"솔직히 10년 전의 업무일지를 검토하는 일이 얼마나 필요할까요? 아무도 그런 일을 요구하지 않을 거예요. 하지만 공식적으로는 우리가 업무 저널링을 해야 한다고 명시되어 있지요."

이것은 조직 내에 올바른 업무 기록이 '부족'하다는 그럴듯한 말 때문에 가짜 노동이 생성되는 예이다. 과거의 일은 이미 지나간 일이고, 1971년의 경영보고서가 제대로 문서화되어 있지 않다는 사실 때문에 조직을 비난하는 사람은 없을 것이다. 하지만 이는 합리적 감사 업무를 위해서는 꼭 필요한 일이라 할 수 있다.

이처럼 가짜 노동은 이성과 합리성 사이에서 발생한다. 어떤 업무는 매우 합리적이지만 상식과는 동떨어질 때도 있다. 이때 이 업무는 훌륭한 형태의 가짜 노동이 될 가능성이 크다. 즉, 가짜 노동은 합리적인 핑계를 찾을 수 있지만 그 누구에게도 필요하지 않은 무의미한 작업이다.

『가짜 노동』에서 밝혔듯, 감사, 품질보증, 인증 및 회계 분야는 지난 수십 년간 전 세계적으로 엄청난 성장을 이루었다. 그들이 하는 최고의 임무는 바로 실수와 단점을 지적하는 것이다. 그리고 그들은 이를 정확하고 훌륭하게 해냈다. 사람들이 일하는 곳이라면 더 나아질 수 있는 점을 어디서든 발견할 수 있고, 이는 매우 자연스럽다. 문제는 이러한 일을 불필요할 정도로 세세하게 하여 자신의 가치를 증명하려는 사람이나 행정기관이 있을 때 발생한다.

나는 덴마크 라디오 경영진에 몸을 담았던 수년 동안, 감사원에서 모든 것이 괜찮다고 말하는 경우를 단 한 번도 경험하지 못했다. 그들은 항상 작고 세세한 무언가를 찾아내곤 했다. 하지만 그들이 지적했던 사항은 덴마크 라디오의 근간을 붕괴시킬 정도로 심각한 사유는 아니었고, 단지 '개선의 여지가 있는' 사항으로써 실질적인 결과를 가져오지 못하는 것들이었다. 그 때문에 우리는 그들의 지적 사항을 쉽게 무시하거나 또는 책임감으로 무장해 그 일에 뛰어드는 것 중에서 방법을 선택할 수 있었다.

우리는 '가치·비용 효율성·합법성이라는 세 가지 핵심 사항을 통합하고, 외부 컨설턴트 조달과 관련한 덴마크 라디오의 내부 지침과 그 후속 조치에 좀 더 명백한 책임이 따라야 한다'는 제안에 더 많은 시간을 할애할 수도 있었지만, 우리는 그렇게 하지 않았고 또 아무 일도 일어나지 않았다.

대신 우리는 더 좋은 라디오 및 TV 프로그램을 제작하고 싶다는 바람을 피력하고, 실제로 그들이 제안한 작은 모서리를 개선한다 하더라도 우리의 가장 중요한 핵심 사업을 1밀리미터라도 더 성장시키는 데는 도움이 되지 않는다는 말을 할 수 있다.

순진무구한 관료에 대한 신화

공공이나 민간을 막론한 대부분의 조직에는 최고경영자가 손을 씻을 수 있는 세면대가 있다. 세면대 위에는 '정치적으로 결정된 것'이라고 적혀 있다.

『복지환상』의 저자 및 편집자이자 시의회 의원이었던 닉 알렌토프트는 공공부문의 관료들과 관리자 사이에 만연하는 '상상 속의 순수함'에 대한 신화가 어떻게 생겨났는지 잘 설명했다.

"정치적으로 통제되고 지배되는 조직에서 일할 때, 사람들은 정치적 세부 사항 뒤에 숨고 싶은 유혹을 느끼게 됩니다. 모든 나쁜 것은 정치인의 잘못 때문이고, 이런저런 일을 할 수 없는 것은 법률 사항 때문이며, 이런 통제와 틀에 박힌 문서화 작업이 혁신적인 사고와 행동을 방해한다는 생각이 팽배합니다."[133]

문제는 이 말이 완전히 틀리지도 않았지만, 완전히 맞지도 않다는 데 있다. 앞의 예를 다시 들어보자. 그 어떤 입법 의원도 1970년대의 경영보고서가 누락되었다 해서 그 회사에 법적인 조치를 취하지는 않을 것이다. 스웨덴 감사원의 부드러운 권고를 따르지 않는다고 해서 감옥에 가지 않는 경우와 같다. 그와 같은 요구사항에 대해 얼마나 많은 시간과 비용을 투자해 일을 할 것인지는 스스로 선택할 수 있다. 그리고 이것은 생각만큼 특별하지 않다.

어떤 법적 조항도 요구하지 않는 긴 문서와 메모를 작성했던 카밀라를 기억하는가? 그녀의 경우에는 발생 가능한 크고 작은 문제를 철저하게 처리하기 위해 조직에서 자체적으로 만들어놓은 규칙을 따랐다. 공공 행정기관에는 맡은 업무를 200% 수행함으로써 자신이 얼마나 능력 있고 훌륭한 관료인지 보여주고 싶은 사람들이 가득 차 있다. 그들은 맡은 일을 정확하게 수행하고 약간의 추가 업무를 해서 승진하고 인정을 받는다.

아무에게도 필요하지 않았던 포트폴리오 관리 작업을 시작했던 라세의 경우는 어떠한가? 그가 했던 일 또한 어떤 법률 조항에도 명시되어 있지 않다. 또, 자체적으로 59개의 불필요한 규정과 규칙을 제거했던 바르데 자치구의 탈관료화 프로젝트는 어떠한가? 내무부는 이 일이 진행되는 동안 바르데 자치구에 전혀 개입하지 않았다.

이 책에서 내가 예로 들었던 사례 외에 다른 사례를 찾아보고자 한다면, 2015년 국립 지방자치단체 및 지역분석 연구소가 「의료 분야의 관리 리뷰 및 절차와 규제의 단순화를 위한 제안」이라는 이름으로 발표한 보고서를 들 수 있다.[134] 연구팀의 결론 중 하나는 병원 운영을 어렵게 만드는 번거로움과 관료주의는 해당 지역의 법률 조항으로 정당화될 수 없으며, 이는 단순히 병원의 자체적 관리 및 운영 방식에서 비롯된다는 것이었다. 병원 내의 '품질관리 및 이를 위한 IT 지원, 그리고 다른 몇몇 사항이 너무나 많은 문서 작업을 발생'시키고 있었다.

연구보고서의 익명의 한 병원장 인터뷰를 보자.

"우리는 국가나 정부의 요구 때문이 아니라 스스로 자체적인 관료제를 만들고 있습니다. 자연히 되는 경우가 일반적인데, 우리에게 매우 불행한 일입니다."

익명으로 행동할 수 있다면 당연히 세면대를 사용할 이유도 없다.

다른 곳에서도 이러한 방식으로 관료제가 발생한다는 예시는 인류학자이자 오르후스대학교의 강사, 니나 흘름 본센의 「국가 고용 센터의 관료제 이해에 대한 연구」에서도 볼 수 있다.[135] 그녀는 현장 사회복지사들을 위한 규칙과 조례가 관료제를 발생시키는 이유를 세 가지로 나누어 설명했다. 하나는 국내법과 관련 부서의 장관이 법률 조항을 시행하는 데서 발생한다는 것, 다른 하나는 지방자치단체의 정치적 결정권 때문에 발생한다는 것, 마지막으로 개별 직장 내에서 발생하는 조직적 목표와 관행 때문에 발생한다는 것이다.

대부분의 요구사항은 서로 간에 직접적인 충돌을 일으키기 마련이고 이때 해당 관리자는 모두를 만족시키기 위해 최선을 다한다. 이는 결국 실질적으로는 기능 장애가 있고 자체적인 모순을 발생시키는 시스템을 법의 테두리 내에서 충실하게 관리할 수밖에 없는 결과를 가져오게 된다.

본센은 관리자들이 합리적으로 일하기 위해 자주 '규칙을 어기거나' '법의 허점을 찾아야만' 했다고 말했다. 해당 관리자들은 대부분 법률에 따라 행동해야 한다. 어기거나 무시할 수 있는 규칙은 일반적으로 지역 지침에 해당한다. 규칙을 어긴다는 생각은 관리자들 사이에 법적 틀과 법적 조항의 현실적 적용에 대한 이해가 부족하기 때문에 생겨난다. (미래에 있을지도 모르는) 걸림돌을 미리 상사와 의논하고 이에 대해 조사해달라고 요구했다면 그런 상황은 발생하지 않았을 것이다. 즉, 업무의 목표와 자원 및 한계에 대해 잘 알고 있다면 그런 일이 발생할 가능성은 낮아졌을 것이다.

신뢰도 조사에서 정치인은 흔히 은행가와 중고차 딜러 사이 그 어디쯤에 해당하는 낮은 순위를 차지한다. 따라서 시민이나 직원이 번거로움과 관료주의의 벽에 부딪혔을 때 정치인은 유용한 희생양이 된다. 대부분의 사람들은 정치인이 무능하며 새로운 사람들이 정치계에 합류할 때까지는 그들의 쓸모없는 임무를 폐지할 수 없다는 데 동의한다. 그러나 이 일에는 시간이 걸리며 그 누구도 이익을 얻을 수 없다. 고도로 규제된 금융계나 의료계가 아닌 공공 및 민간부문에서는 문제가 발생했을 때 이것이 규제와 법률 때문이라 말하는 사람은 없다. 이는 어느 정도 사실이다. 아니, 대부분 사실일 수도 있다. 하지만 항상 그럴까?

제약산업계에서는 내부감사에 대한 요구사항을 자체적으로 설정하는 경우가 많고, 전통적으로 해당 분야의 공개적 요구사항보다 훨씬 높은 기준을 설정한다. 그 이유는 무엇일까? 스스로 만족하기 위해서일까? 그렇다면 다음 해에는 스스로 부과한 벤치마크를 기반으로 훨씬 더 높은 성과를 달성해야 할까? 어쩌면 정부 기관에서도 자신들의 능력을 과시하기 위해 다음 해에는 더 높은 요구사항을 설정할 수도 있지 않을까?

다음 장에서 정상을 향한 경쟁에 대해 더 자세히 살펴볼 것이다. 그러므로 여기서는 일단 업무에 충실한 관료가 스스로의 능력을 과시하기 위해 불필요한 업무를 만들기보다는 자신이 맡은 본연의 업무, 즉 고객과 시민들에게 좀 더 의미 있는 일에 조금 더 집중하기를 바라는 마음에서 몇 가지 가이드를 제시하는 것으로 마무리하겠다.

일처럼 들리고 일처럼 보이지만, 일이 아닌 일들

나는 여러 연구 조사를 통해 앞에 설명한 이유 때문에 가짜 노동이 발생하는 것을 여러 번 보았다. 순수한 의도로 시작된 의견이나 보고서가 왜 갑자기 아무에게도 필요하지 않는 업무로 바뀌게 되는가?

　모든 조직들은 늘 수없이 쏟아져 들어오는 제안과 평가, 전략, 발표 및 권장 사항 속에서 움직이고 있다. 이를 위해 그들은 무언가를 원하거나 어딘가에 부족한 점이 있다고 말하는 위원회, 프로젝트 그룹, 이사회 등을 구성한다. 실제로 무언가 부족해서가 아니라 부족하다고 주장할 수 있기 때문이다. 그들의 주장은 구체적인 사례 보고서, 권장 사항, 조사 또는 결론이 있는 분석 작업이나 어떤 지역에 대한 검토로 이어질 수도 있다. 검토 및 보고서는 항상 다음과 같이 시작되는 권장 사항으로 마무리된다.

(무언가에 대한) 가시성 향상

(무언가에 대한) 더 많은 지식

(무언가에 대한) 더 나은 문서 작업

(무언가에 대한) 더 많은 집중

(무언가에 대한) 더 나은 개관

(무언가에 대한) 전산화 작업

(무언가에 대한) 더 상세한 작업 프로세스

(무언가에 대한) 더 명백한 목표

(무언가에 대한) 더 나은 업데이트

나열한 문장 속에는 항상 어떤 업무가 숨겨져 있다. 수년을 요구하는 풀타임 업무가 아닐 수도 있지만, 확실히 매우 중요해 보이기는 하다. 어떤 조직도 완벽할 수는 없다. 그리고 질문을 하면 대답을 얻을 수 있다.

만약 사람들에게 개선할 만한 것을 찾아보라고 요구한다면, 그들은 찾아낼 것이다. 문제는 그것이 실질적으로 중요한 것인지 아니면 기본적으로 무시되어야 하는 것인지의 여부다.

특히 책임감이 강한 성실한 공무원이 일하는 공공기관에서는 '조직 내 역할 설명에 대한 업데이트'라는 작은 문장 하나 때문에 팀을 구성하고 두 달이라는 시간을 투자해 새로운 직책의 초안을 마련하기도 한다. 하지만 이 새로운 직책을 맡은 사람들이 하는 일이란 이전에 했던 일들과 그리 다르지 않다(이것은 실제 사례다).

가짜 노동을 멈추는 방법을 배우기 위해서는 가짜 노동이 나타날 때마다 압력 테스트를 수행해야 한다. 아래에 그 가이드를 마련해보았다.

가이드
: 현재 진행하는 작업이 중복되거나 불필요한 작업인지 확인하는 방법

다음의 원칙은 내가 이 책의 2장에서 제시한 접근방식과 관련이 있지만, 여기서는 자신이 직접 만들어낸 업무나 요청받은 업무가 가짜 노동일 경우 이를 수행하지 않고, 방지하는 법을 말하고자 한다. 이것은 실행계획, 업데이트 또는 문서 일지 등의 형태가 될 수 있다.

다음의 몇 가지 질문을 스스로에게 던져보라. 그러면 해당 업무가 실질적 업무인지 알아볼 수 있을 것이다.

① 해당 업무가 불필요하거나 중복 업무라는 의심이 드는가?

② 비슷한 업무를 수행하는 다른 사람이 있는가?

③ 같은 업무가 다른 버전으로 이미 존재하는가? 그렇다면 기존 버전이 충분하지 않다고 보고한 사람이 있는가? 이때 의심스러운 것은 관리 및 지원 기능인가, 아니면 회사와 전문가 측인가? 이것을 알아낸 후에는 업무를 의뢰한 당사자들을 만나보라.

④ 회사와 전문가 측이 업무를 요청한 경우: 업무의 필요성을 평가하는 그들의 말을 주의 깊게 듣고 스스로 평가하라. 만약 그들이 이 업무로 인해 일상이 더 쉬워지고 제품의 품질도 향상시킬 수 있다고 평가한다면, 이 업무를 계속해야 할 타당한 이유가 될 수 있다는 것을 기억하라.

⑤ 스스로 업무를 만들어낸 경우: 만약 해당 업무를 진행해야

겠다고 직접 아이디어를 냈지만 여전히 가짜 노동이라고 의심된다면 ④번의 예를 적용하고 비즈니스와 직접 관련 있는 매장이나 일선 현장에 문의하라. 이때, 관리직 직원이나 상사에게 물어보면 절대 안 된다.

⑥ 상사나 관리직 직원이 업무를 지시한 경우: 그들이 업무를 의뢰했을 때는 타당한 이유가 있을 것이나, 해당 업무가 실제 핵심 사업에서 멀어질수록 가짜 노동이 발생할 위험성은 더 커지기 때문에 좀 더 자세한 정보가 필요하다. 따라서 다음과 같은 질문을 던져보는 것이 좋다.

⑦ 그 업무가 중요한 까닭은 무엇이며, 무엇 때문에 필요한가? 만약 업무를 지시한 사람들이 이 질문에 특정한 필요성을 꼭 댈 수는 없지만 만약을 위한 대비 차원에서 업무를 진행해야 한다고 대답한다면, 그것이 무의미한 작업이 될 듯한 의심이 생긴다고 언급해야 한다. 그러면 그들은 아래와 같은 말들을 늘어놓을 것이다.

⑧ 관리자나 상사는 그 업무가 필요하다는 것을 어디선가 들었거나 읽었다고 할지도 모른다. 그 필요성을 주장한 사람들이 더 높은 직위에 있는 사람이라고 말할지도 모른다. 이때, 그가 이것을 어디서 들었거나 읽었는지 알아내는 것은 관리자의 일이다. 회사 내에 이를 요청했던 사람이 없고, 관리자 또한 그것이 불필요한 중복된 업무라고 의심할 경우에는, 더 높은 직위에 있는 사람이 그 업무를 의뢰했음이 틀림없다.

이 경우 관리자는 직원의 변호사가 되어줘야 한다. 그는 직원의 의심을 바탕으로 해당 업무의 실질적 요구가 어디에서 파생했는지, 또는 그것이 단지 선한 의도, 추천, 희망 사항에 불과한 것인지 조사해야 한다. 그리고 누군가가 이 업무를 하는 것이 좋을 것이라고 생각했지만, 그것이 실질적 사업에 어떤 도움을 줄 수 있는지를 파악하는 데 여전히 어려움을 겪는다면, 다음 질문으로 넘어가야 한다.

⑨ 직원이 간과한 효용가치가 있는가? 시민이나 고객이 그 차이점을 알 수 있는가, 아니면 이것을 무시할 경우 불법으로 간주될 것인가? 만약 무시했을 경우 어떤 결과가 발생하는가? 벌금을 물거나 감옥에 가야 할 경우도 생각해야 하는가? 물론, 더 높은 직책에 있는 사람들이 그 일을 원했을 수도 있지만, 어느 정도 시간이 지났을 경우엔 그들조차 잊어버렸을 가능성이 있다.

만약 그들이 잊지 않았다면 이제는 관리자가 나서서 총대를 메야 한다. 관리자는 직원이 해당 업무를 수행하지 않아도 될 권리가 있다는 것을 피력하며 직원을 옹호해야 한다. 그것이 이사회 회의록이나 기타 일지에 적힌 사항이라면, 그 사람이 실제로 깊이 생각하지 않고 요청했을 가능성이 압도적으로 크다. 그렇다면 그 사람을 찾으면 된다.

이때 전체 그룹에 문서를 돌리는 것을 경계하라. 그 사람은 체면을 잃게 되기 때문이다. 대신 그 사람을 직접 찾아가 그가 제안했던 업무의 실행계획이나 개요 또는 다른 무엇이 필요하다고 생각하는지 조용히 물어보라. 그리고 그 업무를 맡아서 수행해야 할 직원이 현재로서는 처리할 사항이 많기 때문에, 그 일이 그다지 중요하지 않다면 없던 것으로 하자고 제안해보라.

⑩ 만약 누구의 요청 사항인지 아무도 기억하지 못한다면, 이제 그것을 잠시 묻어두고 무슨 일이 일어나는지 두고 보라. 아마 그렇게 하더라도 아무 일이 일어나지 않을 가능성이 높다. 내 경험에 따르면 무언가를 요청한 고위 경영진과 이사회는 그들이 요청 사항을 잊어버리는 경우가 많았다. 1년 후 회의에서 갑자기 그 사항이 문서의 한 항목으로 부각되기 전까지는 말이다. 그렇기 때문에 묻어버리고 기다려야 할 것들은 생각보다 많다.

이사회와 경영진이 더 적은 아이디어를 내게 하는 방법

"지난 직장에는 새로 임명된 젊은 이사와 매우 유능한 직원들이 있었습니다. 그 이사는 수많은 작업을 직원들에게 위임했으나 단 한 번도 후속 조치를 하지 않았습니다. 회의에서 이사는 항상 새로운 안건을 제시했지만 위임했던 업무에 대한 후속 조치는 전혀 없었습니다. 나는 이사가 혁신적이고 항상 '무언가를 하는' 사람으로 보이기 위해 그런다고 생각했습니다. 그것은 많은 이사진과 소유주 들이 듣고 싶어 하는 말이기도 합니다. 한번은 그 이사에게 왜 그 모든 업무에 관한 보고를 듣거나 후속 조치를 하지 않는지 물어보았습니다. 그는 자신이 '총체적 경영'을 한다고 일축했습니다. 그 말은 '구식 경영'에 익숙한 호텔 매니저인 내게는 상당히 낯선 말이었습니다."

— 필립(호텔 매니저)

나 또한 여러 이사회에 참석해 오래전에 의뢰했다가 잊고 있었던 작업 문서나 메모를 받고 놀란 적이 여러 번 있었다. 이런 경험을 했던 사람은 나 혼자가 아니다.

어떻게 이런 일이 일어나게 되었는지 이해하기 위해서는 이사회에 앉아 있는 숙련되고 유능한 사람들 또한 결국은 한 인간에 불과하다는 것을 기억해야 한다. 인간은 허영심과 자존심을 가지고 있는 존재다. 즉, 자신이 타인에게 도움을 줄 수 있으며 통찰력이 있는 존재라는 것을 보여줘야 하는 사람인 것이다. 이는 그들이 선한 의도를 바탕으로 회사 일에 관심을 가지고 있고, 또 회사 일에 기여할 수 있다는 것을 보여주기 위해 단순히 무언가를 요구할 수도 있다는 의미다.

내가 보기에, 이사회 구성원과 다른 최고경영진은 누가 무슨 말을 했고 누가 무엇을 요청했는지 기억함과 동시에 이를 평준화하려는 경향이 있는 것 같다. 그들은 만약 누군가가 매우 오랜 기간 동안 아무 말도 하지 않았다면, 이를 비판하거나 언급하고자 한다. 이러한 관찰은 전적으로 개인적이긴 하지만, 이 상황에 익숙한 몇몇 사람들을 만나보고 여기에 대해 논의도 해보았다. 비록 최고경영진의 심리적 메커니즘에 대한 구체적 연구 결과를 본 적은 없지만 말이다. 반면 몇몇 숙련된 이사회 의장들이 모든 의제에 대해 모든 이들이 반드시 무언가를 말하는 것이 회의의 목표가 아니라고 권고하는 모습도 여러 번 보았다.

이사회에서 느슨한 토론을 하는 것은 매우 바람직하며, 항상 이를 위한 여유가 있어야 한다. 또한 이처럼 느슨한 토론이 이루어질 때는 당연히 프로토콜에 구애받지 않아야 한다. 나는 매우 철저한 회의록이 순수한 의사결정 회의록으로 전환됨에 따라 불필요한 요구가 크게 감소하는 것을 보았다. 사람들은 이 자신의 이름과 존재 가치를 내세우는 대신 (모든 이사회가 그래야 하는 것처럼) 집단의 일원으로써 기능할 때, 자신을 내세우고자 하는 개인적 욕구를 바탕으로 한 새로운 요구나 발언을 하게 될 동기가 줄어든다.

이사회에서 나의 가장 중요한 역할은 새로운 아이디어를 내고 계획을 세우는 것이 아니라, 이러한 과정이 벌어지지 않게 뿌리를 뽑아버리는 것이었다. 최고경영진은 거울을 통해 자신을 바라보고 시간이 지남에 따라 자신이 얼마나 많은 것을 요구하고 제시했는지, 그리고 그중 어느 정도가 실질적으로 필요했는지를 성찰해봄으로써 좋은 결과를 얻을 수 있다. 이사회의 총무가 1년에 한 번씩 모든 회원들에게 회의의 개요를 보내면 그 범위를 살펴보는 좋은 성찰이 이루어질 수 있다. 회의 리더의 임무에는 회의를 종료할 때 질문으로 나온 모든 내용을 요약하고, 정말 필요한 것과 있으면 좋은 것들을 구별해 우선순위를 정하는 일이 포함되어야 한다. 이때 약간의 행운과 전문적인 관리가 따라준다면 좀 더 좋은 결과를 얻을 수도 있다.

이사회 의장은 그 구성원이 알고 싶어 하는 사항이 있을 경우, 운영 부서에 직접 문의하도록 권장할 수도 있다. 물론, 공식 지휘 계통을 거치는 방법이 가장 편한 경우에는 먼저 지엽적인 부서의 책임자를 거치도록 하자. 이때 이사회가 HR 영역에서 상황이 어떻게 진행되고 있는지에 대한 보고서를 제출받는 대신, HR 책임자의 직통번호를 얻어 직접 대화를 나눌 수도 있다. 무언가 잘못되었다는 근거 있는 의심이 없다면 말이다. 즉, 조직의 자원을 고갈시키는 '처리' 및 '정리' 작업은 간단한 전화 통화로 해결할 수 있다. 또한 이사회 구성원들이 수시로 간단한 '순회 경영' 방식을 활용해보는 것도 좋다.

가장 큰 어려움은 정치 관련 위원회에서 발견된다. 이곳의 구성원은 조직의 이익이 아닌 다른 이익을 대표하는 경우가 많다. 모르텐 시의원의 표현을 빌리자면 특히, 선출된 정치인들이 모인 경우에는 '무의미한 논평, 조사 및 보고 요구, 이미 15분 전에 합의에 의해 결정된 안건에 대해 누군가가 한마디만 더하면 다시 끝없이 이어지는 긴 회의'가 일반적으로 벌어진다.

이는 정치인이 1년 내내 발언한 모든 계획과 질문 및 요구 사항 등이 일련의 성과로 간주되기 때문이다. 그들에겐 이것이 재선출을 위한 자산이 된다. 여기서 자신의 존재를 알리기 위해 기업이나 조직에 장애물과 어려움을 설정하는 대신, 조직을 위해 일하고 지원하는 정치인을 선택하는 것은 우리 모두의 몫이다.

매우 적은 일, 최소한의 일을 약속하는 정치인을 선택하라.

사안을 위로 올려보내지 말라

: 개별 케이스를 상부에서 처리해서는 안 된다

관료주의, 지나친 신중함, 궁극적인 가짜 노동의 또 다른 유해 원인은 조직의 최고위층이 절대 자신의 책상에 올라서는 안 되는 개별 안건에 간섭하는 경우다. 특히 앞서 모르텐이 언급했던 지방의회는 이런 일에 상당히 서툴다. 정치인은 시민이 요구해오는 개별 사안을 거부하기가 매우 어렵기 때문이다.

"우리는 행정부의 브리핑 등 개별 사안에 대해 필요 이상의 에너지를 소비합니다. 게다가 문제 해결을 위해 도움을 자청하고 나서는 사람들 중에는 스스로가 지방자치단체의 직원이나 전문가보다 더 많은 지식을 가지고 있다고 주장하는 이도 있습니다. 내 관점에서는 이러한 사람들의 개입은 해당 직원들에게 추가 작업을 촉발하는 경우가 많고, 해당 사안을 더 많은 조사하거나 계산을 수행하도록 요청받기도 합니다." 모르텐은 말했다.

민간기업의 최고경영자들은 제품의 결함, 부당한 대우를 고발한 고객, 또는 직장 내의 성희롱 사건이 지역신문 1면에 실리는 등의 사안과 접할 때도 있다. 하지만 이런 종류의 문제들은 원칙적인 성격을 띠고 있거나 자주 발생하지 않는 한, 보통은 최고경영자들의 책상에 오르지 않아야 한다. 앞서 언급했듯, 어떤 문제가 발생했을 때는 새로운 문제를 파생시키기보다는 이미 존재하는 자원을 활용해 해결해보려 노력해야 한다.

개별 사안을 다루기란 그리 어렵지 않다. 그래서 매우 유혹적이다. 상한 음식 때문에 요양원 거주자들이 식중독에 걸렸을 때나 직장 내 성희롱 사건이 발생했을 때 도덕적 분노를 표출하는 것은 매우 쉽다. 숫자와 그래프는 추상적이지만 이런 일들은 매우 구체적인 일이기 때문이다.

문제는 최고경영진과 일선 관리자가 문제를 처리할 때, 서로 다른 방법을 사용한다는 점이다. 일선 관리자는 문제의 원인이 되는 개별 직원이나 제품을 살펴본다. 그들은 그것이 우발적인 사고인지, 아니면 독특한 성격을 띠고 있는지, 또 그것이 개별 직원에게 영향을 미치는지 등의 여부를 결정할 수 있다. 반면 최고경영진의 문제해결 방식은 체계적이고 조직적이다. 일반적으로 이들은 문제 발생 시 새로운 절차 및 규칙, 더 엄격한 감독, 더 많은 문서 요구사항 및 주어진 사례에 대한 지침과 '문화적 변화'를 요구하거나 해당 영역에 대해 더 자세한 설명을 요구한다.

개별적인 사안이 이와 같은 수준에서 다루어질 때는 일반적이라고 인식되기 쉬우며, 이는 결과적으로 모든 사람에게 요구되는 변화로 이어진다. 이는 최고경영자와 경영진이 자신의 위치를 인지해 책임을 분배하고, 이러한 사안들이 기본적으로 가장 낮은 수준에서 다루어지기를 요구하며 스스로 해당 사안에 개입하지 않는 자제력을 가지고 있었다면 얼마든지 피할 수 있는 일이다.

오늘날 우리가 알고 있는 수많은 법률과 규정은 이러한 개별적 문제들이 미디어에 표출되어 상부의 개입이 이루어졌고 그 결과로 일반화가 되어버린 사례들이다.

15장

프로젝트 문화 없애기

"우리는 수많은 프로젝트에 뛰어들고 있습니다. '친절 프로젝트' '의사에게 연락하기' '플레인트리' '이사회 관리(이로 인해 많은 병원에는 사용하지 않는 수많은 보드가 있다)' '공동 위원회' '덴마크 품질 모델' '국가 지표 프로젝트'뿐 아니라 무수히 변화하는 비전과 임무를 바탕으로 하는 프로젝트는 수없이 많습니다. 이들 프로젝트는 모두 훌륭한 아이디어와 좋은 의도에서 시작되었을 겁니다. 하지만 프로젝트들에는 거의 이러한 특징이 있습니다. 바로 프로젝트가 일련의 회의와 큰 열정으로 시작되었다는 것입니다(때때로 그들은 훌륭한 아이디어의 실행계획이 마련되었다는 것을 축하하기 위해 케이크를 먹고 샴페인을 마시기도 한다). 하지만 시간이 지날수록 프로젝트에 대한 관심이 (종종 놀랄 만큼 빠르게) 줄어들고, 결국은 완전히 잊히게 됩니다."

— 닐스 오벨(덴마크 국립 병원 교수 겸 수석 주치의)

"나는 이 업계에서 14년 동안 일해왔지만 목표를 달성하지 않은 프로젝트에 대한 이야기는 거의 들어보지 못했습니다. 모든 프로젝트는 정말 훌륭하게 기적적으로 결실을 맺었습니다. 프로젝트 관리자는 환호하고, 자금 후원자도 환호하고, 정치인도 환호하고, 프로젝트의 내용을 정확히 알지 못하는 타깃 그룹의 소속자들도 어쨌든 환호합니다. 일반적으로 프로젝트의 약 10%만이 의도했던 변화를 창출해낸다는 것을 모두들 잘 알고 있지만, 실질적으로 무언가를 변화시키는 데 관심을 가지고 있는 사람은 없습니다. 그래서 우리는 가짜 노동을 지속하게 되는 것입니다."

— 알란(프로젝트 및 캠페인 관리자)

위의 인용문을 통해 우리는 가짜 노동을 통해서는 아무것도 이룰 수 없다는 사실을 알 수 있다. 타인에게 가짜 노동을 요구하는 사람도, 가짜 노동을 직접 수행하는 사람도 마찬가지다. 프로젝트 관리자는 그것이 무의미하고 아무런 실질적 결과물을 가져오지 못한다는 것을 알고 있고, 실무자들은 그로 인해 또다시 자신의 업무에 방해를 받아야 하기에 더욱 좌절감을 느끼게 된다. 하지만 적절한 시기에 이것을 멈추라고 말하는 사람은 아무도 없다. 우리는 변화 요구에 항상 '예스'라고 대답하고 긍정적인 태도를 가져야 한다는 말을 듣기 때문에 스스로 무의미한 코미디 게임에서 헤어나지 못하는 것이다.

이러한 프로젝트 중 일부는 내가 이 책에서 앞서 말했던 이유에서 시작되었다. 하지만 모든 프로젝트가 엉뚱한 곳으로 초점을 옮긴 지원 기능이나, 새로운 트렌드에 사로잡혀 무언가를 요구하고 열정적인 모습을 보여주고 싶어 하는 최고경영인 또는 정치인 때문에 생겨나는 것은 아니다. 가끔은 업무에 지친 직원들이 불필요한 프로젝트를 만들어낼 때도 있다. 예를 들어, 오르후스의 공립학교 교사였던 카트리네 빈테르 닐센은 차가운 도시락과 옷에 묻는 분필 가루를 해결하는 대신 다른 일에 몸을 던져보았지만 결국은 후회했다.

"수년 전, 저는 근무 환경에 대한 컨설팅 업무를 수행하기 위해 근무시간의 일부를 썼습니다. 우리의 임무는 직장 내 복지 홍보대사로 활동하는 것이었어요. 우리는 유치한 이름으로 그룹을 만들고 이 프로젝트를 지원하기 위해 2인 1조로 움직였어요. (……) 여러 강좌를 통해 다양한 지원 도구를 확보했고요. 저는 더 현명해질 수 있었지만, 그것이 우리의 일을 더 가치 있게 만들었을까요?

저는 그렇게 생각하지 않습니다. 왜냐하면 신속하게 프로세스를 진행시킬 수 있었지만, 프로세스는 프로세스 그 자체일 뿐이라는 것을 깨달았기 때문이에요. 프로젝트를 위해 확보해야 했던 근무시간과 프로젝트에 참여한 인원을 바탕으로 계산을 해보았더니, 그것은 한 명의 정규직 교사를 고용하는 것과 같았습니다. 솔직히 그처럼 절망적인 프로젝트를 실행하기보다 오히려 한 명의 정규직 교사를 더 고용하는 것이 훨씬 낫다는 생각이 들었어요. 그 말을 하니 모두들 조용해지더군요."[136]

늘 그렇듯이 가짜 노동이 폭로되면 주변은 조용해지기 마련이다. 그러나 카트리네는 더 이상 코미디 연기를 하고 싶지 않았다. 몇 년 동안 열정적으로 활동하면서 강좌 참여자들에게 '오늘 무엇을 배웠는지' 말할 수 있도록 강요 아닌 강요를 해왔던 그녀는 어느 시점에 실질적인 업무가 다른 곳에 있다는 것을 깨달았다.

마지막 수단으로 프로젝트 문화에 뛰어든다는 것은 이미 하고 있던 업무가 지루하게 느껴졌기 때문이거나 업무를 통해 도전하거나 인정을 받는 상황이 별로 없기 때문일 수 있다. 하지만 프로젝트 세계는 초점 없는 유리 캐비닛 속에 스스로를 던지는 일과 마찬가지다.

알란이 말했던 것처럼, 실패한 프로젝트는 거의 찾아볼 수 없다. 거의 모든 프로젝트는 그 요구사항이 너무나 모호하며, 관련된 사람들은 실제적 효과를 측정하는 데 관심이 없기 때문이다. 그 계획이 시간 낭비였다고 감히 말하는 사람은 없다. 좋은 분위기를 망치고 싶지 않기 때문이다. 모두들 박수를 치며 축하하고, 이의를 제기하지 않는다.

조직이 실제적인 업무로 되돌아오기 위해 절망적인 프로젝트를 없애려면, 쓰레기와 보석을 더 잘 분리할 수 있는 방법을 찾아야 한다. 왜냐하면 모든 프로젝트가 순수한 직업 요법일 수는 없기 때문이다. 나는 이 장에서 프로젝트의 수준과 품질을 보장하는 데 도움이 될 수 있는 몇 가지 주의 사항을 제시하려 한다.

보조 자금 신청에 숨겨진 함정

일련의 프로젝트, 특히 공공부문 프로젝트에서는 운영자금의 일부가 다양한 펀드 및 단체의 후원을 통해 충당된다. 덴마크에만 정부, 지방자치단체 및 코뮌에 재단 및 기부 단체가 약 3,500개 있고, 민간부문에는 약 12,500개가 있다.[137] 이것은 꽤 많은 수이며, 각각의 단체 뒤에는 신청, 발행, 검토 및 평가를 요구하는 수많은 사람들이 있다. 마찬가지로 비슷한 수의 사람들은 자금이나 보조금 신청서를 작성하고 나중에 예산, 소비, 결과 및 목표 달성을 보고하는 일을 한다.

자금과 관련된 보고 요구는 합리적인 듯하지만, 시간이 흐르면서 이 일이 사람들의 작업 시간에서 너무나 큰 부분을 차지하기 때문에 그들이 작업에 투자하는 시간과 노력은 결과적으로 창출되는 이익과 비례하지 않는 것으로 나타났다. 단순한 계산으로도, 신청 절차와 관련한 순수한 행정 업무는 할당되는 자금의 약 30%를 갉아먹는 것으로 나타났다.[138] 이것은 신청자 측의 비율에 불과할 뿐이다. 우리는 아직 신청 서류를 받은 사람의 입장에선 계산조차 하지 않았다.

예를 들어, 로실데Roskilde의 시장이었던 조이 모겐센은 요양원의 주방을 개조하기 위해 자금을 신청하기 위해 지방자치단체의 직원들이 200시간을 일해야 했다고 밝혔다. 그들이 했던 일은 부엌의 목적과 사용을 문서로 설명하고, 관련 프로젝트를 조직하는 것과 중간보고서 작성 및 현재의 자금 사정과 분할 지불에 대한 서면 요청을 하는 것 등이었다. 이와 관련해 그는 TV2에서 다음과 같이 말했다.

"그래서 우리는 노인들을 위해 부엌을 개조하거나 좋은 음식을 요리하는 것과는 아무런 관련도 없는 일을 몇 달 동안이나 해야만 했습니다."[139]

반면, 레쇠Læsø의 시장 토비아스 비르흐 요한센은 자신의 코뮌에서 노인들이 목욕을 더 자주 할 수 있도록 요양원의 욕실을 개조할 목적으로 지급되는 외부 자금을 거부했다고 밝혔다. 그는 『베를링스케 티엔데』 인터뷰에서 다음과 같이 말했다.

"목욕을 자주 하게 되면 몸이 허약해지기 때문에 목욕을 거부하는 노인들이 있습니다. 그런데도 우리는 거기에 더 많은 돈을 사용해야 합니다. 이건 말도 안 되는 소리입니다. 우리가 자금을 원하는 대로 관리할 수 있다면 훨씬 큰 이익을 얻을 수 있을 것입니다."

많은 이들에게 보조 자금의 유혹은 매우 크게 다가온다. 하지만 어느 대규모 자원봉사 단체의 전무이사는 내게 다음과 같이 말했다.

"접수되는 신청서를 살펴보면 자신의 직책에 해당하는 급여를 감당하기 위해 보조금을 신청하는 사람들도 있습니다. 이것이 얼마나 현명한 일인지는 생각해봐야겠지만, 조직의 입장에서는 직원에게 급여를 지불하기 위해 외부에서 자금을 확보하는 것이 매우 유혹적일 수 있습니다."

나도 언젠가 활동적인 시민에 관한 프로젝트를 수행하기 위해 몇 달 동안 직장에서의 근무시간 일부를 확보하는 조건으로

EU 보조금(희망 없는 갖가지 프로젝트에 자금을 지원해주는 무한한 자금 보유고)을 받은 적이 있다. 하지만 그 프로젝트로 인해 그 누구도 변화를 느꼈다는 말은 들어본 적이 없다. 내 직장에서도 일정 기간 동안 내 급여에 해당하는 자금 지원을 일부 받은 것을 제외한다면 그 어떤 이익도 보지 못했다.

누군가 커다란 돈 자루를 흔들어 보인다는 사실 때문에 우리가 반드시 그것을 받아들여야 하는가? 이때 우리가 던질 수 있는 본질적이고 간단한 질문은 다음과 같다. 이 작업을 수행하면 조직이 어떤 이익을 얻을 수 있는가? 이 프로젝트에 자기 자신의 돈을 투자할 의향이 있는가? 이때 그 대답이 'NO'라고 나온다면 그 프로젝트가 추구하는 가치는 매우 제한적일 것이다.

보조금을 신청하고 이에 대한 보고서를 작성하는 데 직원이 소비하는 시간을 생각한다면 그 어떤 자금 지원도 완전히 공짜 돈은 아니라는 점을 기억해야 한다. 거기에는 아무런 가치도 생성되지 않는다. 더욱이 조직의 다른 나머지 업무 중에는 그 직원이 참여할 인센티브가 없는 것도 있다. 그 업무가 해당 직원의 보조금 지원 프로젝트로 전환될 경우는 예외라 할 수 있겠지만 말이다.

가짜 노동은 전염된다. 게다가 조직 구성원들은 카스텐이 회사를 위해 '새로운 대화 프레임워크'를 만들기 위해 개발했던 새로운 도구들이나 '인정받는 커뮤니케이션'을 위해 동료들에게 부담을 주었던 워크숍 등, 그가 1년 동안 이 일을 위해 고생한 이야기를 듣는 것을 피할 수 없다는 사실도 기억해야 한다. 왜냐하면 카스텐은 '직장 환경 개선을 위한 보조금 센터'(그렇다, 정말 이런 보조금 센터가 존재한다)에 지원받은 보조금을 어떻게 사용했는지 보고를 해야 한다. 그는 이 보고서를 작성하기 위해 처음부터 성공을 예견했던 일부 참가자들의 호의적이고 긍정적인 발언을 의무적으로 수집할 수밖에 없다.

우리와 우리가 속한 조직이 그런 일에 소비되는 모든 시간을 감수하고 싶은지의 여부는 신중하게 고려해야 할 사항이다. 왜냐하면 그러한 보조금을 받기보다 거절하기가 더 나은 경우도 있기 때문이다. 이때 우리는 이것이 '공짜'가 아니어도 우리가 진정으로 원하는 것인지 다시 한번 자문해봐야 한다.

프로젝트가 실패할 수 있도록 설정하라

알란의 말에서 볼 수 있듯이, 프로젝트의 성공은 자기실현적 예언이 되는 경향이 있다. 프로젝트가 완료되었을 때 모두가 박수를 치며 환호하는 일이 없도록 하려면 프로젝트에 대해 야심찬 목표를 설정하고, 프로젝트가 현실 세계에서 요구되는 변화를 어떻게 논리적으로 이끌어낼 것인지 명확하게 밝혀야 한다. 즉, 고정된 아이디어와 추세 그리고 애자일에 관해 설명했던 5장에서 예로 들었던 논리를 사용해야 한다. 원인과 결과에 대한 현실적인 검토를 하다 보면 신기루처럼 증발되는 프로젝트도 많다는 것을 깨닫게 된다.

설문조사, 워크숍, 또는 인터뷰 그 자체는 어떤 목표도 될 수 없으며, 단지 목표 달성을 위해 해야 하는 일일 뿐이다. 프로젝트가 실질적인 결과를 내려면 실패로 이어질 수도 있어야 한다. 프로젝트가 어떤 것에 대한 지식을 늘리거나 중요한 통찰력을 제공하는 것이라면 개선하려는 사항에 대한 사전 및 사후 평가를 수행해야 한다. 스스로 목표를 설정하고 그 목표를 달성하지 못했을 때는 프로젝트 실패를 인정하고 받아들여야 한다.

프로젝트에 대해 비판하는 문화가 없다면, 미켈과 같은 직장에서 일하게 될 것이다. 미켈은 덴마크의 대규모 자치단체에서 일한다. 그는 커뮤니케이션과 관련된 일을 하면서 같은 분야에서 일하던 수많은 사람들이 그가 일하는 곳이나 또는 그가 잘 아는 공공부문의 직장으로 옮겨가는 것을 보고 자못 놀랐다. 미켈은 여러 직장을 거치면서 일이 얼마나 잘 진행되고 있는지 보여주는 보고서를 작성하는 능력을 얻었다. 시간이 흐르면서, 미켈은 보고서를 통해 보여주고자 하는 것이 무엇인지 스스로 아는 한, 숫자가 매우 유용하다는 것을 깨달았다.

"예를 들어, 이러한 보고서는 홈페이지를 방문한 사람들이 얼마나 많은지 보여줄 수 있고, 우리는 그것을 매우 멋지게 만들 수 있어요. 하지만 어쩌다 실수로 우리 홈페이지를 방문한 사람은 몇 명인지, 아니면 다른 곳에서도 읽을 수 있는 특정한 내용에 대한 글을 읽고 싶어서 우리 홈페이지에 접속했는지는 아무도 알 수 없지요."

미켈은 만약 잘못된 지점이 무엇인지 묻기만 한다면 내부 커뮤니케이션에 관한 프로젝트가 영원히 유지될 수 있다고 말했다. 미켈은 언젠가 직장의 인트라넷 사용자들에게 인트라넷에 만족하는지 물었고, 그들에게서 매우 만족한다는 대답을 얻을 수 있었다. 이를 바탕으로 인트라넷은 성공했고 더 많은 자원을 활용해야 한다는 결론을 얻게 되었다.

하지만 미켈은 인트라넷을 전혀 사용하지 않는 다른 수천 명의 직원들에게는 아무도 그 질문을 던지지 않았다는 점을 지적했다. 사실, 소수의 사용자가 그 내용에 호의를 보이는 것은 그리 이상하지 않다. 따라서 모든 직원에게 인트라넷을 사용한 적이 있는지 또는 인트라넷이 그들이 업무에서 얼마나 중요한지 묻는다면 결과값은 지금과 많이 다를 것이다.

개별 프로젝트에 대한 비즈니스 사례 만들기

이는 이미 있던 일에 번거롭게 일을 더하는 것처럼 들릴 수도 있다. 하지만 나는 이에 대해 좀 더 설명해보고자 한다. 새로운 프로젝트가 실질적인 가치 창출을 보장하기 위해서는, 해당 계획이 어떤 결과를 이끌어낼 수 있는지 논리적으로 설명하기 위해 노력해야 한다(3부 참조). 프로젝트 개시자가 새로운 혁신 프로젝트를 통해 실제로 사람들을 혁신적으로 변화시킬 수 있다는 것을 보장하기 위해서다.

그러나 원하는 변화를 만들어내기 위한 메커니즘을 찾아냈다 하더라도 비용을 분석하고 현실적 결과를 창출해내기위해서는 지속적으로 노력해야 한다. 이것은 프로젝트에 대한 매우 일반적인 비즈니스 사례라 할 수 있다.

물론, 프로젝트를 비즈니스처럼 진행하는 경우는 빈번하

며 그 결과 또한 상당한 불확실성을 내포하는 것이 사실이다. 그럼에도 지속적인 결과 지향적인 노력은 가장 절망적인 프로젝트를 제거할 수 있는 연습이 될 수 있다.

『시간, 재능, 에너지Time, Talent, Energy』라는 책에서 저자인 마이클 맨킨스와 에릭 가튼은 한 대규모 광산 회사에 새롭게 취임한 CEO가 당시 진행되는 프로젝트가 총 87개라는 것을 알게 된 이야기를 예로 들었다. 그는 수많은 프로젝트가 시간은 물론 모든 에너지와 인력을 소비하리라는 것을 금방 알았기에, 각각의 프로젝트에 대한 비즈니스 사례를 요청했다. 즉, 개별 프로젝트에 얼마나 많은 자원과 시간이 소요될지, 그리고 이를 통해 얻을 수 있는 것을 자세히 설명해달라고 요구했다.

그들은 이런 방식으로 프로젝트에 대한 압박 테스트를 거친 후 약 3분의 1에 해당하는 프로젝트를 없앨 수 있었다. 자연히 본사의 관리 직원도 30% 줄어들었기에 더 많은 책임과 결정권이 일선 생산 현장의 개별 라인으로 돌아갈 수 있었다.[140]

누구를 위해 수행한 프로젝트인가?
누가 요청한 프로젝트인가?

미켈은 그들이 다루는 프로젝트 중 다수가 시민들의 요구 때문에 시작되지 않는다는 것을 발견했다. 그것은 바로 미켈 자신과 같은 커뮤니케이션 담당자나 정치인 또는 '고용 프로젝트와 같은 일 때문에 바쁘다는 것을 알리고 싶어 하는 조직 주변의 학자들'이 시작한 프로젝트였다.

예를 들면 주의를 끌어야 하는 일들, 자체적인 미니 페스티벌을 실행하고자 하는 의제, 열정적인 직원들이 거의 1년 내내 특별한 주제 하에 처리하고, 알리고, 포스터를 인쇄하는 캠페인 등이다.

4월만 해도 투표일, 세계 자폐인의 날, 세계 광산 및 지뢰의 날, 양의 날, 로마의 날, 덴마크 직업의 날, 신장의 날, 음악의 날, 연구의 날, 지구의 날, 세계 도서와 저작권의 날, 환경보호의 날, 말라리아의 날, 세계 지적재산권의 날, 국제 노동환경의 날, 역사의 날, 숲의 날, 댄스의 날, 산탄총의 날 등이 있고, 마지막 세 기념일은 같은 날이다. 따라서 어떤 날을 기념하고 싶은가는 스스로 결정하면 된다.[141]

1월 21일 국제 허깅 데이에는 공공 도서관이나 스트뢰에 Strøget(코펜하겐의 쇼핑 거리―옮긴이)에서 기념행사를 벌일 수 있을 것이고, 6월 1일 우유의 날에는 아를라Arla(덴마크의 식품 기업―옮긴이)와 협력해서 행사를 마련할 수도 있을 것이며, 1월 17일 곡물의 날에는 코베르그Kohberg(덴마크의 베이커리 회사―옮긴이)의 협찬을 받을 수도 있을 것이다.

미켈과 그의 동료들은 그저 이런 기념일들을 달력에 끼워넣어서, 할 일이 별로 없다 싶은 시기에 계획을 수립하고 일을 만들어낼 수 있었다.

"행사 당일에 아무도 오지 않거나, 그 어디에서도 눈길을 끌지 못했다면, 그날 흥미로운 국제 경기가 있었기 때문이거나 날씨가 좋지 않았기 때문이라고 말할 수 있어요. 날씨가 좋아서 사람들이 많이 찾아왔다면, 모두들 행사를 잘 치렀다고 서로 격려하고 칭찬해줄 수 있고요. 하지만 누구도 그 행사가 왜 개최되어야 했는지 의문을 제기하지 않지요. 시민 참여와 관련해 진행되고 있는 모든 계획을 한번 살펴보세요. 기본적으로 시민들의 아이디어를 받아들이거나, 또는 그들이 이해하지 못하는 것에 대한 의견 수렴이죠. 바로 웹사이트 구축 방법 등이에요. 여기에 관해 크고 작은 조사를 실시한다면 그 누구도 당장은 반대하지 않을 거예요. 그리고 우리는 이런 일들은 반드시 해야 한다는 말을 자주 듣죠. 하지만 우리의 질문을 이루는 근거는 너무나 빈약해서, 통계적으로 타당하다는 말을 할 수 없어요. 부분적으로는 우리가 시민들 중 표본 그룹을 선택해 질문하지 않기 때문이고, 시민들의 답변이나 아이디어가 결국에는 아무 곳에도 사용되지 않기 때문이에요. 하지만 누가 묻는다면 우리는 시민들의 의견을 듣고 참고했다는 말을 당당하게 할 수 있어요."

"하지만 정말 그들도 이것의 효과를 예상하나요?" 나는 미켈에게 급여를 지불하는 지자체에서 수행했던 시민 참여 계획의 예가 빽빽하게 적힌 종이를 내려다보며 물었다. 그 계획의 대부분은 시민들이 한 번도 들어보지 못한 것들이다.

"제 생각에는 죠프와 AC 분야에 종사하는 사람들은 이런 것들에 대해 오랫동안 교육을 받아왔기 때문에 점점 그게 말이 된다고 생각하는 것 같아요. 하지만 가장 합리적인 방법은 역시 시민들에게 직접 물어보는 거예요. 장기적으로 보았을 때 어떤 일이 발생한다면 그것은 결국 다른 사람이 처리해야 되는 일이기 때문이죠."

요약하자면, 여기에는 전체적인 이해가 부족하다. 모든 이들은 각각의 공간에 앉아 혼자서는 그럴듯한 일을 하지만 전체적으로 봤을 때는 별 차이가 없다.

문제는 누군가가 그럴듯한 아이디어를 제안하자마자 중요한 프로세스가 중단된다는 데 있다. 아무도 그것이 무엇에 사용될 수 있는지, 투자할 가치가 있는지 묻지 않는다. 왜냐하면 그들에게는 고정된 예산과 직원이 있고, 직원들은 무언가를 해야 하기 때문이다. 이러한 아이디어는 조직 자체나 조직 내의 많은 학자들, 또는 상부의 정치인들에 의해 지속적으로 만들어진다. 반면, 미켈은 시민들이 요구했던 프로젝트를 시행한 기억은 없다고 말했다. 적어도 그의 부서에서는 말이다.

다시 말하지만 프로젝트가 불필요한지 알아보기 위해서는 누가 그 프로젝트를 수행하라고 요구했는지 조사해봐야 한다. 미켈의 지방자치단체에서처럼 시민들의 요구 여부도 알아보지 않은 채 직원들끼리 서로 업무를 주고받는 것은 아닌가? 또는 프로젝트의 성공 여부를 요구사항 충족이 아닌 인지도나 방문율 또는 시민이나 고객이 단순히 '좋아하는지'에 따라 판단하지는 않는가?

만약 어떤 조직이나 지방자치단체 또는 병원에서 가짜 노동을 없애고 싶어 한다면 모든 직원에게 프로젝트에 대해 보고하도록 압박 테스트를 실행해야 한다. 만약 단 한 명의 직원이라도 새로운 프로젝트의 유용성에 대해 의문을 제기하는 경우(실제 프로젝트를 수행하는 직원일 경우)에는 해당 프로젝트를 추가로 조사해야 한다. 프로젝트의 필요성은 어디에서 발생했으며, 누가 그 프로젝트를 요구했는가? 만약 프로젝트의 필요성을 외부에서 찾는 것도 불가능하다면 그것은 자체적으로 만들어진 의미 없는 프로젝트일 가능성이 높다. 즉, 좋은 의도와 취지와 매우 그럴듯한 말을 바탕으로 만들어졌지만, 현실 세계에서는 실질적 수요가 없는 프로젝트라는 말이다.

반대의 심리

절망적인 프로젝트가 우리의 많은 시간을 쓰는데도 아무런 손을 쓰지 않는 이유 중 하나는, 대부분의 사람들이 너무 착해서 이 말도 안 되는 일에 반대하지 않기 때문이다. 이들은 갈등을 원하지 않는다.

앙드레 스파이서는 『비즈니스 헛소리』에서 무의미하고 공허한 말이나 진부함, 불필요함 등을 꼬집어 드러내는 사람들은 자주 사회적 비주류로 간주된다고 말했다. 한마디로 그들은 박수치지 않는 사람들, 무례한 말을 하는 사람들로 받아들여진다. 스파이서는 우리 중 많은 사람들이 무의미하고 진부한 헛소리를 긍정적으로 받아들이도록 사회화되어 있기 때문에, 어떤 사람이 비판적인 질문을 던져 근거 없는 열정을 조롱할 경우 좋은 분위기가 금방 파괴된다고 말했다. 대부분은 문제를 일으키지 않기가 더 쉽다고 생각한다. 즉, 다른 사람들이 모두 뛰어내릴 때 함께 뛰어내리지 않기란 어렵다.

관리자들은 긍정적인 대답을 하는 직원을 양성하려는 경향이 크다. 맞바람보다는 순풍이 훨씬 기분 좋기 때문이다. 거의 모든 일에 확신이 부족하고 취약한 관리자들은 (대부분의 관리자들이 그렇다) 새로운 프로젝트에 대해 짧고 비판적인 '아니오'라는 말, 또는 단순히 '왜?'라는 합리적인 질문을 다루는 데 익숙하지 않다. 연구 조사에 의하면 '아니오'와 '왜'는 가장 적게 등장하는 단어이다.[142] 대부분의 사람들은 '어떻게'와 '언제?'라는 말을 더 자주 한다.

하지만 조직이 무의미하고 절망적인 프로젝트를 중단하고 싶다면 반대자를 수용할 수 있어야 한다. 실제로 가짜 노동이 증대하는 이유에는 조직의 성격도 큰 몫을 차지한다. 가짜 노동에 반대하는 사람들과의 인터뷰에서, 상당수가 '옳지 않은 일 앞에서는 침묵할 수가 없다' '나 자신의 커리어에 대해 전략적으로 생각하는 데 그다지 능숙하지 않다' 또는 '가끔은 좀 무감각할 때도 있다'는 말로 스스로를 표현했다.

이러한 표현들 뒤에는 반권위주의 유형의 심리가 자리하고 있는데, 이는 심리학에서도 자주 다루는 내용이다. 조직에서 사용되는 심리적 프로필은 그 자체로 신중하게 다루어야 하는 영역이다. 이러한 심리는 현명하게 사용될 수도 있지만, 누군가가 자기중심적 환상에 빠져 '빨간불' 또는 '녹색불' 게임을 하게 될 경우 전체 팀이 며칠 또는 수년간 시간을 허비할 수도 있다.

끝없는 일련의 문자 조합과 성격 특성을 기반으로 개별 그룹 대부분의 역학을 분석하면 가짜 노동을 떨쳐버릴 수 있을 것이다. 하지만 우리의 행동에 영향을 미치는 성격 유형은 일부 선천적이라는 확실한 증거도 있다. 경험적으로 가장 잘 뒷받침되는 모델 중 하나는 소위 빅 파이브 모델The Big Five이다. 이것은 외향성, 신경성, 개방성, 성실성 및 우호성Extroversion, Neurotism, Openness, Conscentiousness, Agreeableness을 말한다.

영어의 우호성Agreeableness으로 표현되는 마지막 요소는 매우 흥미롭다. 이 성격 특성은 심리학의 순응 개념과도 관련된다. 연구에 따르면 이러한 성격 특성을 가진 사람들은 권위를 가진 사람들의 의견에 반대하는 데 큰 어려움을 겪는 것으로 나타났으며, 그 때문에 종종 자신의 양심에 어긋나는 반응을 보일 때도 있다. 왜냐하면, 지시받은 대로 행동하고 순응해야 한다는 생각이 스스로의 도덕적 판단과 대치되기 때문이다.

현대 기업 용어에서 규정 준수라는 단어가 실제로는 규정 준수를 보장하는 주요 업무를 대표하는 이름이 되었다는 점은 시사하는 바가 크다. 도전하고 질문하는 것 그리고 규정을 따르지 않는 것이 잘못되었다고 직원들에게 반복적으로 강조하는 조직이 있다는 것을 고려해보자. 그렇다면 일부 조직이 권위에 대한 맹목적인 신뢰를 요구하고, 지나친 친절함을 보여야 하며, 무모한 제안에도 무조건 따라야 한다는 환경을 조성하는 것이 그리 놀랍지 않다.

관련 연구에 따르면 '순응'하는 경향이 있는 사람들은 단지 권위를 가진 자가 눈앞에 있을 때만 그렇게 굴지는 않는다. 그들은 다른 사람들과 비슷하게 행동하고 직장이나 조직 내에서 암묵적으로 존재하는 규범을 따르는 것을 좋아한다. 목표와 계획에 따라 일하는 것을 좋아하지만 매우 순응적이고 기회를 잡으려는 욕구가 없는 '성실한' 직원도 마찬가지다. 이러한 성격 특성은 순응성과 관련이 있으며, 이런 성격 특성을 가지고 있는 직원들은 비판적 질문을 던지는 일에 매우 취약하다.[143]

여기서 하고 싶은 말은 모든 조직이 성격 테스트 모델을 구입해서 친화성 및 순응성과 같은 특성을 보이는 직원들을 모두 해고해야 한다는 것이 아니다. 오히려 조직은 모든 일에 순응하고 박수를 보내는 사람들과, 항상 팔짱을 끼고서 '이게 왜 필요한 거죠?'라고 묻는 사람 모두에게 열려 있어야 한다.

하지만 우리는 왜 위에 언급한 후자의 사람들을 수용하는 데 그토록 서투를까?

문제는 지난 수년간 많은 조직들에 긍정심리학, 인정받는 경영진 등이 넘쳐났다는 데서 발생했다. 이 트렌드는 '우리는 여기서 문제가 아니라 도전을 본다'라는 슬로건과 같은 전형적인 환경을 만들어냄과 동시에 매우 큰 영향력을 발휘해왔다. 긍정주의에 반대하기란 쉽지 않아서, 이 또한 특별한 반대 기류 없이 전개되었다. 적어도 2014년 덴마크의 심리학 교수 스벤 브링크만이 『굳건하라Stå fast』를 출간하기 전까지는 그랬다. 이 책은 부정적인 태도를 견지하는 것을 부정적으로 보지 말라는 내용 때문에 전국적으로 유명해졌다.[144] 책은 엄청난 성공을 거두었고 브링크만은 현대의 부정-선지자로 간주되었다. 아마도 너무나 많은 사람들이 긍정주의가 비판적 인지력을 죽이고 직장에서 진부한 헛소리가 난무함에도, 항상 긍정적인 태도로 박수를 보내도록 요구하는 상황에 진저리가 났기 때문일 것이다.

하지만 사람들에게 단지 부정적인 태도를 견지하라고 말하는 것은 너무 단순하다. 게다가 브링크만의 의도도 아니다. 이는 조직이 팔짱을 끼고 불평하는 사람을 수용할 수 있는 능력과 관련되어 있다. 즉, 열정적으로 긍정적인 태도만 보이는 사람으로 팀을 구성하는 것(이것은 사실 너무나 순조롭게 진행된다) 대신, 조직 내의 팀과 경영진에 때때로 약간 '뾰족한' 태도를 보이기도 하는 사람들과 다른 사람들에게 '우호적'으로 인식될 수 없는 '부적절한' 말도 할 수 있는 사람들을 합류시켜야 한다.

관리자들은 투덜거리고 불평을 늘어놓는다고 알려진 직원들의 행동이나 말을 쉽게 질책하고 문제 삼는 경우가 많다. 그들은 직원이 불평하는 이유가 직원 개인의 태도와 사고방식에 결함이 있기 때문이라고 생각하고, 그 직원의 성격이 바람직하지 않다는 결론을 내린다. 이때는 개별 직원의 존재와 그들의 경험을 다시 존중하도록 노력해야 한다. 불평을 진지하게 받아들이고 그 원인이 무엇인지 알아보는 것은 어떨까? 직원이 불평을 가졌을 때는 그 불평과 비판이 정당한지 살펴봐야 한다. 직원의 불평과 불만이 때때로 상황에 맞지 않거나 노골적 또는 공격적인 방식으로 표현되었는지의 여부에 관계없이 말이다.

누구에게나 화를 내고 불만을 표시할 만한 일이 있을 수 있다. 그것은 무의미한 업무나 절망적인 프로젝트 때문일 수도 있다. 긍정적인 태도를 보이지 않으면 자신의 커리어 발전에 걸림돌이 되리라는 두려움 때문에 다른 사람들은 감히 비판하지 못하는 것이다. 이때, 리더라면 중요한 상황이 닥쳤을 때 가장 필요한 사람은 누구인지 알아야 한다.

수년 전 거대 기업 노키아가 심각한 경영 위기에 빠졌던 이유 중 하나는 바로 비판과 의문에 대한 두려움이었다. 당시 스마트폰 개발에 회의적이었던 경영진의 의견에 직원 대부분은 순응적이고 긍정적인 태도를 보였다. 경영진의 의견에 반대하거나 비판하는 목소리가 나오지 못했기 때문에 노키아는 스마트폰 시장에서 자리를 잡지 못했다.[145] 이 경험으로 노키아는 값비싼 비용을 치렀다. 두 가지 서로 다른 태도를 지닌 사람들을 모두 수용할 수 있는 관용적인 기업을 만들지 않는다면, 애초에 존재하지 않았어야 할 것들을 제때에 없애버리기가 매우 어려워진다.

16장 디지털화라는 답을 요구하는 질문은 무엇인가?

"오늘날 우리는 신문을 펼쳐볼 때마다 로봇의 등장, 인공지능, 기계학습 등 뭐라고 이름 붙여야 할지도 모르는 것들에 대한 기사를 볼 수 있죠. 저는 이런 로봇을 만들어요. 더 정확하게 말하자면 물리적인 형체를 지닌 로봇이 아니라 그 안에 장착되는 소프트웨어를 만드는 일이에요. 이 소프트웨어를 바탕으로 퓐Fyn에서는 실제 로봇을 제작하죠."

옌스는 그의 직장 내 회의실에서 나를 맞았다. 그는 우리가 만나기 전에 내게 다음과 같은 편지를 보냈다.

"저는 인공지능, 기계학습, 소프트웨어 로봇과 같은 소위 신기술 도구를 사용하여 업무를 보는 회사에서 일하고 있는데, 이러한 업무들의 의도는 수동 작업을 더욱 원활하게 하기 위한 것이나 불행하게도 이런 작업들은 종종 가짜 노동일 때가 있습니다. 그 때문에 우리는 결과적으로 더 많은 가짜 노동을 만들어내기도 합니다. 이에 대해 조언을 듣고 싶습니다."

옌스는 최근 덴마크 자동화의 역사에 대해 간략하게 설명하는 것으로 대화를 시작했다. 그는 작업 프로세스에 스마트 머신을 쏟아 붓고 많은 수동 작업을 자동화하기 시작했던 덴마크의 컨설팅 회사의 예를 들었다.

"그들은 이 작업이 매우 단순하고 간단하게 들리게 말했지만, 실제 수행은 훨씬 더 어려웠어요."

옌스는 미소를 지으며 어깨를 으쓱 추켜보였다. 그는 이들 회사의 컨설턴트로 수년간 일해왔다. 그리고 이들 회사가 디지털 서비스와 컨설팅을 기반으로 구조를 주축하는 것, 특히 어떤 문제가 발생했을 때 핫라인으로써 그 역할을 하는 것을 보아왔다.

"오늘날 모든 이들은 로봇이 있어야 한다고 생각해요. 사람들은 반드시 로봇이 있어야 한다는 말을 컨퍼런스 등을 통해 지속적으로 듣기 때문에 디지털 솔루션을 요청하죠. 그들은 스스로 무엇을 원하는지 잘 모르지만 그것이 디지털이어야 한다고 생각하며 가능하면 인공지능이 바람직하다고 여기죠. 그들의 문제는 때로 너무 많은 수동 프로세스 때문에 자동화하지 않으면 안 되는 막다른 길에 있다는 것이고, 이 문제는 충분히 현실적입니다. 그래서 그들은 우리에게 와서 그들이 무엇을 하고 있는지 밝혀달라고 요청해요. 문제는, 문제가 거의 프로세스 그 자체에서 발생한다는 것이에요. 그들의 프로세스는 그것이 자동이든 수동이든 간에 무의미하고 불필요해요. 사람들은 서로 무엇을 하는지 모르기 때문에 전체적 개요를 잊어버리죠."

"업무 현장에서 그런 것을 어떻게 발견할 수 있나요?" 내가 물었다.

"장부 관리가 좋은 예가 되겠어요. 그것은 정말 '로봇 친화적인 작업'이라 해도 과언이 아니에요." 옌스가 말을 이었다.

"그다음에는 인보이스 처리 방법을 물어보고 대답을 들어보죠. 왜 그런 식으로 인보이스를 처리하는지 물어보면 흔히 누구누구에게 이렇게 배웠다고 말하거나 보통 다 그렇게 한다고 대답해요. 그런 식으로 사람들의 업무를 하나씩 파고들어가다 보면 점점 흐릿해지기 시작합니다. 이때 사람들은 자신이 해왔던 일이 무의미한 것이었다는 느낌에 충격을 받아요. 예를 들어, 버튼을 누르면 다른 부서로 이메일이 전송되는데, 문제는 그 누구도 이 이메일 시스템을 사용하지 않는다는 것이죠."

옌스는 이제 과거와 다른 새로운 통찰력을 적용할 수 있게 되었지만, 안타깝게도 그런 일은 거의 일어나지 않는다는 것을 잘 알고 있었다. 왜냐하면, 그들은 로봇에 대한 꿈에 부풀어 있어서 프로세스와의 관련성에는 관심을 두지 않기 때문이다. 옌스가 요청받은 로봇과 관련된 업무를 조명하는 프로세스는 매우 명백한 결과를 보여준다. 그들은 '많은 프로세스와 지루한 업무들은 단지 시간을 채우기 위한 것이었습니다'라고 말하지만 이러한 통찰력은 아무 데도 사용되지 않는다. 그래서 그들은 결국 '똑같이 무의미한 프로세스를 자동화하고 그 대가로 컨설턴트들에게 값비싼 비용을 지불'하게 된다.

옌스는 자동화로 인해 급여 시간을 절약할 수 있다는 생각은 오해라고 말한다. 업무의 자동화는 때로 완전히 다른 방향으로 발전될 수도 있기 때문이다.

"새로운 소프트웨어를 구입하고 나면 이 도구의 사용법을 배울 수 있는 개발자를 고용해야 한다는 것을 깨닫게 되지요. 그다음에는 이 개발자들이 무엇을 개발하는지 설명하기 위해 프로세스 담당자를 고용해야 하고, 해당 작업을 조직화하기 위해 관리자들도 고용해야 해요. 이렇게 회사 내에 가상 인력 로봇을 구성한 후에는 회사의 누가 그 비용을 지불할지 알아내고 내부 인보이스를 발행해야 하고요. 이렇게 하다 보면 어느새 로봇이 대체할 수 있다고 생각했던 업무들을 실제 사람들이 하게 되고 이 사람들은 자체 부서를 구성하게 돼요. 그리고 이전 직원들이 하던 만큼 어리석은 일을 다시 하게 되는 셈이죠. 로봇은 벤테의 업무를 대체했지만, 그녀는 다른 곳에서 업무를 보고 있죠."

옌스는 계속 말을 이었다.

"애초에 하지 말았어야 할 일을 로봇에게 떠맡기는 것은 매우 쉬운 일이며 갈등을 조장하지도 않아요. 게다가 문제를 해결하려 조치를 취한 것처럼 보이려고 컨설턴트들에게 엄청난 돈을 지불하는 것은 훨씬 더 쉽고요. 하지만 능력 있고 양심 있는 컨설턴트라면 로봇을 도입하는 대신 기존의 프로세스를 중단하거나 업무 환경을 바꾸라고 권할 거예요. 반면, 대부분의 컨설턴트들은 이런 기업들을 놓치고 싶지 않겠죠. 스스로 알지도 못하는 사이에 유지 관리가 전혀 불가능한 거대한 로봇 인프라를 구축한 기업들 말이에요."

옌스는 잠시 말을 멈추었다가 결론을 내렸다.

"문제를 해결하는 데 있어 로봇은 임시 반창고가 되었고, 우리는 계속 눈가리개를 하고 있어요."

옌스는 기업이 중요하지 않은 프로젝트에 돈을 덜 쓰고, 대신 그들이 무엇을 하고 있는지 근본적인 질문을 스스로 던져본다면 실질적인 디지털 솔루션에 더 많은 비용을 투자할 수 있다고 주장했다. 디지털 솔루션은 계시록에 등장하는 새로운 짐승이 되었고 오늘날 크고 작은 문제들의 해결책으로 인식된다. 이것이 바로 사람들이 최대 100명까지의 인력을 필요로 하는 비싸고 까다로운 IT 프로젝트에 너도나도 뛰어드는 이유다.

옌스는 사람들이 감당할 수 없는 일에 뛰어들기 시작했다고 믿었다. 자동화를 생산 라인 또는 필요한 곳에 적용하려면, 그 전에 다양한 환경에서 많은 시간을 필요로 하는 여러 가지 테스트를 거쳐야 한다. 이때, 처음 의도했던 디지털 솔루션이 실제로 작동하지 않아 처음부터 다시 수행해야 할 때도 있을 것이다.

"그 시점에서는 매일 스크럼 회의를 하고 모든 사람들에게 상황 보고를 하는 등 개발에 5~6주가 걸립니다. 그 대신 좀 더 스마트한 작업을 필요로 하는 직원을 찾아 그 직원만을 위한 로봇을 만드는 것은 어떨까요? 그렇게 한다면 우리는 그가 하던 모든 일을 정확히 자동화할 수 있을 거예요. 아마 하루 만에도 가능할걸요."

옌스의 메시지는 일을 복잡하게 하는 대신 더 단순하게 하라는 것이다.

디지털 고객 및 직원 만족도를 분석하는 기술 회사 릴레이션와이즈Relationwise의 이사 외르겐 크리스티안 안데르센과의 대화에서도 마찬가지였다.

"문제는 디지털 솔루션의 전체적 개념이라고 할 수 있을 것 같네요. 저는 디지털 솔루션이라는 말 대신 단순하게 도구라는 말을 사용해야 한다고 생각합니다. 그렇게 하면 사람들은 우리가 그들을 위해 무엇을 할 수 있을지 훨씬 현실적으로 생각할 수 있겠죠."

우리는 레프살뢰엔Refshaleøen에 자리한 외르겐의 집무실에 앉아 있었다. 외르겐은 그로부터 몇 주 전, 스스로 '성인을 위한 이상한 책'이라고 부르는 책을 출간했다. 54페이지밖에 안 되는 『조심하라 SE OP』에서, 외르겐은 자신이 지금까지 '내 둥지에 직접 똥을 쌌다'라고 말하면서 그가 사용자들에게 '낮은 기술은 좋은 기술로 대체하면 된다'라는 거짓말을 해왔다고 고백했다.[146]

외르겐은 사람들이 디지털 기술 그 자체로 현실적 문제를 해결할 수 있을 것인지 그 여부조차도 고려하지 않는 데 문제가 있다고 말했다. 꼭 디지털화를 해야 하는가, 혹은 아날로그 버전도 제대로 작동하는가? 사람들은 문제의 해결책으로 디지털 솔루션을 받았을 때 그것이 실질적으로 쓸모없다고 판단되어도 그를 사용하지 않겠다고 말하는 대신 다른 기술로 대체하곤 한다.

외르겐은 자신의 책에서, 사람들이 너무 많은 기술은 아예 없는 것보다 못하다는 사실을 감히 입 밖에 내지 않는 것이 문제라고 지적했다. 그렇다, 그 또한 비인간적이다. 기술 세계에서는 문제의 원인이 인간이라고 간주하는 경향이 있기 때문이다. 무언가가 작동하지 않거나 누군가가 디지털 기술에 대해 반발한다면, 사람들은 대부분 기술의 편에 선다. 인간의 편을 들어주는 경우는 거의 없다. 이것이 바로 사람들이 '솔루션'을 만들어간다고 생각하는 이유다. 기술은 인간과 인간 간의 상호작용을 고려하지 않으며 모든 것이 블랙박스에 의해 관리된다. 그러나 옌스의 사례에서도 알 수 있듯, 이 블랙박스가 제 역할을 하고 있다는 환상을 계속 유지하기 위해 고용된 사람들이 매우 많다. 그들 없이는 거의 일할 수 없으며, 기술을 사용해 달성할 수 있는 것도 거의 없다.

　최근 몇 년 동안, 현대 기술에 비판적인 책이 점점 더 많아졌다. 이 책들은 단순히 우리가 컴퓨터와 로봇과 스마트폰 시대 이전으로 돌아가야 한다고 주장하지 않는다. 다만 기계가 실제로 무엇을 할 수 있는지, 기계가 얼마나 스마트한지에 관한 이야기를 하며, 궁극적으로 실용적이고 합리적이며 현실적인 아이디어를 활용하려는 욕구를 피력한다. 옌스와 외르겐은 둘 다 현대 기술에 긍정적이고 그것으로 생계를 유지하지만 신기술에 대한 무분별한 열정이 얼마나 많은 가짜 노동을 생성해내는지 업계의 맨 앞줄에서 지켜보아왔다.

　이 장에서는 우리가 왜 그런 일을 하고 있는지 자문하지 않고 무비판적으로 시류에 편승하기 때문에 현실감을 잃으며, 더 많은 가짜 노동을 만들어낸다는 것을 보려 한다. 동시에, 디지털 세계에 합리적으로 접근할 수 있는 방법을 보여줄 것이다. 우리는 디지털화가 모든 질문의 대답이 된다고 들어왔다. 하지만 그 질문이 무엇인지 생각해보지도 않고 이렇게 말하는 것은 어불성설이다.

다음 부분에서는 가짜 노동으로 이어질 수 있는 현대 기술에 대한 몇 가지 일반적인 오해를 검토해볼 것이며, 마지막으로는 피해갈 수 없다면 현명하게 사용해야 할 신기술에 좀 더 합리적이고 현실적으로 접근할 수 있는 방법을 살펴볼 계획이다.

기술은 멈출 수 없는 기차가 아니다

약 1년 전 나는 여러 HR 매니저들로 구성된 한 네트워크에 초대받아 가짜 노동에 관해 이야기했다. 우리는 테이블에 둘러앉았고, 사람들은 현재 자신의 상황에 대해 이야기하며 회의를 시작했다. 그 모임을 주최한 프로그램 담당자의 차례가 되자, 그녀는 직원 개발 면담 시스템을 디지털화했다고 자랑스레 말했다. 나는 왜 그렇게 해야만 했는지 물어보지 않고는 견딜 수가 없었다. 직원 개발 면담을 위한 디지털 작업에 관해 수없이 들어보았고, 경험 사례를 모을 때마다 매번 아무도 작성하지 않는 혼란스러운 질문지와 결국에는 컴퓨터를 꺼버리고 평소와 마찬가지로 기술 개입 없이 두 사람이 대화를 나누게 된다는 이야기를 들어왔기 때문이다. 덴마크의 대규모 은행의 이사였던 토르벤의 말도 바로 그런 내용이었다.

내 질문에 그녀는 마치 내가 달에서 툭 떨어진 사람인 양 쳐다보았다. 그녀는 직원들의 역량 개요와 벤치마킹은 물론 그 모든 발전을 가능하게 만드는 것이 기술이라고 말했다.

"그건 나도 잘 압니다. 그런데, 그전에 놓치고 있었던 것은 없었나요? 직원 개발 면담 시스템을 디지털화해서 해결할 수 있었던 문제는 무엇이었나요?"

그녀에게선 더 이상 아무 말도 들을 수 없었다. 그녀는 한참을 생각하더니 이러한 질문에 대해 흔히 들을 수 있는 마법의 대답을 돌려주었다.

"시대가 시대니만큼 이젠 이런 방향으로 나가야 하지 않겠습니까."

그 대답은 우리가 살고 있는 이 시대에 대해 많은 것을 말해준다. 기술과 디지털화는 이제 선택이 아니라 강제 사항으로 인식되고 있다. 기술은 종종 움직이는 '기차'로 묘사된다. 이미 철로가 깔려 있고 그 누구도 맞설 수 없으며, 오직 달려가기만 할 수 있는 기계 말이다.

주말 신문의 기술 분야 저널리스트인 마르쿠스 베른센은 그의 저서 『붕괴된 덴마크Danmark disrupted』에서 우리가 현대 기술에 관해 이야기하는 방식이 제안과 약속의 개념에서 불가피성의 개념으로 바뀌어가고 있다고 말했다. 우리는 현재 심연을 바라보고 있으며, 현대 기술을 터득한 자만이 미래에 살아남을 수 있다. 모든 것이 변형되거나 붕괴되고 있다. 이 같은 경향은 2016년에 출간된 『공유 경제에 베팅하지 않으면 살아남지 못한다』 『디지털 반군이 되거나 강물에 뛰어들어라』 『스스로를 파괴하라: 디지털 세계에 무심한 자는 죽어가는 종족이다』 또는 단순히 『파괴하지 않으면 죽는다』와 같은 책 제목들에서도 볼 수 있다.[147]

지난 몇 년간 수많은 박람회와 컨퍼런스의 주제는 디지털화와 이 피할 수 없는 변화에 기업이 대처하는 방법이었다. 그 와중에 나는 회의 진행자가 이미 모든 상황이 희망적으로 진행되고 있다는 암묵적으로 합의된 전제 하에 '디지털 변화에 어떻게 대응하고 있습니까?'라는 질문을 던진다는 것을 목격했다.

그것은 '아직도 아내를 구타합니까?'라는 말처럼 이미 대답에 대한 전제를 포함하고 있는 질문을 연상시킨다. 즉, 아내에 대한 학대가 실제로 발생했는지 여부를 논할 수는 없고, 단지 학대 행위가 끝났는지만의 여부만 논할 수 있듯 말이다. 디지털화가 어떻게 진행되고 있는지에 대한 질문은 우리가 더 이상 질문할 수 없는 그 무언가를 강조할 뿐이다. 이와 관련해 변화는 반드시 필요하다.

전직 덴마크 디지털 분야 개척자이자 컨설턴트로 일했던 페터 스바레가 저서 『사람들로 무엇을 할 수 있나?$^{Hvad\ skal\ vi\ med}$ ^{mennesker}』에서 밝혔던 것처럼, 불가피성에 대한 생각은 근본적인 오해에서 비롯되었다.

"이보다 더 잘못된 것은 없습니다." 그는 자신의 책에서 말했다. "현대 기술은 우리와 상관없는 먼 미지의 세계에서 생겨난 것도 아니고, 매우 구체적이고 예측 가능한 방식으로 우리 인간들에게 영향을 미치는 독립적인 힘으로 존재하는 것도 아닙니다. 현대 기술은 특정한 의제와 견해를 가진 사람들에 의해 발명되었으며, 이는 특정한 목표와 특별한 관심을 촉진하기 위한 목적을 가진 사람들에 의해 사용됩니다."[148]

스바레는 현대 '기술 우월주의'에 비판적인 시각을 가지고 있는 베른센 및 다른 사람들과 마찬가지로, 어느 시점에 이르러서는 인공지능이 로봇을 만들기 시작하는, 피할 수 없는 특이점에 이를 것이라는 인식이 실리콘밸리에서부터 어떻게 시작되었는지를 설명한다. 그리고 이것이 이후 구글, 애플, 마이크로소프트 등 거대 기업의 제품과 마케팅을 통해 일종의 종교처럼 확산된 예도 설명한다.

우리가 그 배경에 자리 잡은 철학 전체를 받아들일 필요는 없지만, 일종의 기술적 불가피성이 효과적으로 마케팅되었다는 기본적인 생각은 얼마든지 가질 수 있다. 이는 종종 디지털 시대에 적응하지 못하고 역사의 쓰레기통에 버려진 아날로그 공룡으로 전락한 블록버스터, 코닥 등 거대 기업의 예와 함께 언급되기도 한다.

이런 사례는 매우 효과적이지만 생각보다 훨씬 드물다. 실제로 지난 50년 동안 지구상에서 사라진 대기업의 수는 일정했다. 가끔 우버나 에어비앤비처럼 시장을 급변시키는 기업도 등장한다. 하지만 우리 주변에는 여전히 일반 택시가 운행되고 있으며, 에어비앤비는 전체 호텔 객실 시장의 단 1~2%만 차지할 뿐이다.[149] 그런데도 일부 사람들이 이를 감히 업계의 비즈니스 붕괴라고 부르는 것은 수수께끼가 아닐 수 없다. 전자상거래는 지난 수년 동안 폭발적으로 성장했지만, 전체 상거래의 단 6%에 지나지 않는다. 오히려 전 세계의 생산성과 발전 속도는 감소하고 있다. 따라서 이 모든 디지털화가 정말 필요하고 피할 수 없다면

그것이 우리가 실제로 하는 일에 거의 아무런 영향을 미치지 않는다는 것이 이상하지 않은가.[150]

예를 들어, 지난 40년 동안 영국 공공부문을 조사해온 연구원 크리스토퍼 후드와 루스 딕슨은 1970년대 세금 징수 기관에서는 단 4대의 컴퓨터밖에 사용하지 않았지만, 2000년에는 그 수가 100,000개 이상으로 늘어났다고 밝혔다. 천문학적인 수의 계산을 수행할 수 있는 컴퓨터를 사용해 사람들은 전보다 일을 훨씬 효율적으로 할 수 있었다. 그럼에도 불구하고 관련 행정 직원 수는 다른 공공부문과 동일한 성장률을 보였다. 세금 징수는 확실히 더 효율적으로 할 수 있었으나, 인적자원은 예전과 마찬가지라는 의미다.[151] 덴마크에서도 같은 사례를 찾아볼 수 있을까? 컴퓨터는 어디에서나 찾아볼 수 있다. 하지만 컴퓨터를 작동하고 관련된 일을 하는 사람들은 더 많다.

게다가 지난 40년 동안 기술의 변화로 일자리를 잃는 사람들의 수가 더 많아지지도 않았다.[152] 따라서 기술 발전에 따른 두려움은 여러 면에서 크게 과장되어 있으며, 이 두려움은 주로 그 치료법을 판매해 생계를 유지하는 컨설턴트들이 조장해내는 것이라 해도 과언이 아니다.

그러니 이제는 모두 일상으로 돌아가 내면의 중요한 질문을 들추어봐야 한다. 다음에 누가 다시 한번 근무시간과 1년 전체의 작업량을 디지털화하거나 앱으로 전환해야 한다고 제안해오면, 그것은 시간 낭비라고 말하면 된다.

나는 우리가 학교 교육의 디지털화에 엄청난 비용을 들였지만, 궁극적으로는 아이들의 문해력에 오히려 부정적인 결과를 가져왔다는 사실을 언급했다. 하지만 전국의 모든 학교 지도자와 지방자치단체장 들은 '그 또한 피할 수 없는 일'이라 믿고, 자신들의 공통된 경험을 무비판적으로 무시했으며, 이전의 교육 운영 방식에서 벌어진 근본적인 문제는 무엇이었는지 자문하지 않았다. 사실, 디지털화 이전의 교육 방식은 수천 년 동안 작동해왔다. 그런데 누가 갑자기 그것이 구식이라고 말하기 시작했는가? 그리고 주장에 대한 증거와 그를 주장하는 동기는 무엇인가?

만약 그것이 불가피하다고 생각한다면 비판적인 질문을 하는 능력을 잃고 결국은 엄청난 비용을 쏟아부어야 하는 노동 집약적인 가짜 노동 프로젝트에 빠지게 된다. 옌스의 말처럼, 어떤 집단에서든 IT 프로젝트에 실패했거나, 사용하기가 너무나 번거롭거나 불필요하기 때문에 그 누구도 사용하지 않는 새로운 프로그램웨어를 소개했거나, 인력을 절약하기 위해 디지털화를 시도했지만 결국에는 동일한 인력이 조직의 다른 위치로 옮겨가는 경우가 있었다.

따라서 변화와 디지털화의 파도에 몸을 싣기 전에 먼저 문제를 식별해내고 디지털 솔루션이 그 문제를 해결할 수 있는지 검토해봐야 한다. 단순히 기차가 다가오고 있기 때문에 다른 길은 없다고 생각해서는 안 된다. 기차가 오고 있다 하더라도, 기차에 올라타 종착역까지 갈 것인지 아니면 지금 있는 곳이 정말 좋기 때문에 머무를 것인지의 결정은 스스로에게 달려 있다. 만약 기차에 타고 있는 사람들이 얼른 합류하지 않으면 심연에 빠질 것이라고 소리친다면, 그것은 당신을 생각해서 하는 소리가 아니라 그들만의 계획이 있기 때문이라는 것을 기억하라. 우리는 먼저 자신의 말에 귀를 기울이고 실질적 요구사항부터 파악해야 한다.

디지털 작업에 소요되는 시간들

외르겐 크리스티안 안데르센의 회사인 릴레이션와이즈는 주로 고객의 디지털 만족도를 조사한다. 그는 자신의 집무실에서 나와 함께 크루아상을 나누어 먹으며 이와 관련해 매우 흥미로운 사실을 발견했다고 말했다.

"우리 고객은 만족도 조사에 단 몇 가지 질문만 필요하다는 것을 잘 알고 있지만, 단지 우리가 제공할 수도 있다는 이유만으로 100개의 질문을 요구하기도 하죠."

안데르센은 사람들이 디지털이 어떤 면에서는 무료라는 생각을 가지고 있다고 말했다. 물론, 더 좋은 결과를 얻기 위해 설문조사에 50배가량 더 많은 질문을 쏟아붓는 것도 나쁘지 않다. 하지만 그렇게 할 경우 사용자와 분석가 그리고 조사를 의뢰한 경영진 모두 쓸모없는 정보에 빠지게 될 위험성도 크다.

덴마크의 운송 회사 모비아Movia는 한때 디지털 버스 시간표를 도입했지만 얼마 가지 않아 중단했다. 코펜하겐 시민들은 6A 노선에 언제 다음 버스가 운행되는지 알아보기 위해 스마트폰을 꺼내드는 것으로 시간을 절약할 수 있다고 생각하지 않았기 때문이다.

덴마크의 한 대규모 자치단체의 기술 및 환경청의 어느

고위 직원은 자신의 직원들에게 자치단체 내의 벤치와 쓰레기통의 상태(나사가 빠진 곳은 없는지, 페인트칠이 벗겨진 곳은 없는지 등)를 기록할 수 있는 새로운 앱을 제공했다고 말했다. 그러나 그는 이 앱을 이용한다고 해서 벤치와 쓰레기통을 유지하고 관리하는 것이 이전보다 훨씬 나아질지 확신할 수가 없다고도 말했다. 과거에는 직원들이 벤치에 페인트칠을 해야 할 필요가 있을 때만 페인트를 칠했고, 새로운 나사가 필요할 때만 나사를 제공받았다.

"지금 앱에 접속하면 다양한 작업 옵션을 볼 수 있습니다. 자치단체 내의 쓰레기통과 벤치의 현황을 알 수 있죠. 이는 스스로 돌아다니면서 자잘한 문제점을 해결할 수 있기 때문에 매우 유용해요. 이전에는 손을 봐야 할 곳이 있으면 급히 현장으로 달려가곤 했어요. 우리는 이런 경험을 바탕으로 앱을 만들었어요. 우리는 경기장에서 경기가 끝난 후에는 비워야 할 쓰레기통이 있다는 것을 알고 있었죠. 지금은 앱이 있어요. 하지만 이 앱을 활용하기 위한 수많은 선제 작업이 필요해요. 즉, 부족한 것이 있으면 직원이 그것을 먼저 정확하게 앱에 등록해야 하고 많은 기능을 거친 후에, 또 다른 직원이 카트에 있는 버킷을 집어 새것으로 교체해야 해요."

문제는 등록 작업을 할 때 이런저런 오류가 발생할 수도 있다는 것이다. 이 경우, 상황은 갑작스런 오해를 불러일으키고 사람들은 시스템에 의존할 수밖에 없기 때문에 업무가 중복되기도 한다. 예전에는 앱이 없어도 잘 관리되었던 일들이 이제는 시스템에 의존된다.

디지털 솔루션을 사용하고 새로운 소프트웨어를 사용하거나 내용을 입력하는 것은 사람들의 시간을 요구하는 작업이며, 이것은 절대 무료가 아니다. 시간은 다시 돌아오지 않는다. 시간은 디지털의 심연으로 사라진다. 디지털 솔루션은 공원 벤치와 쓰레기통을 위한 관리 앱처럼 그 자체로 목적이 되는 경향이 있다. 우리는 기록할 곳을 부여받았기에 거기에 기록을 한다. 그리고 우리는 여기에 모든 데이터가 있다고 자랑스레 말한다.

하지만 저장된 데이터를 언제 다시 검색할지는 고려하지 않는다. 우리는 저장공간이 무한해 보이기 때문에 더 많은 정보를 저장한다. 즉, 우리에게 부족한 것은 정보가 아니라 적절한 분류와 정리 메커니즘이다. 우리가 저장하는 (쓸모없는) 정보가 많을수록 이를 정리하는 데 점점 더 많은 시간이 걸릴 것이다. 데이터 수집이 공짜라는 것은 명백한 거짓말이다. 우리는 근무시간에 적합한 비용을 책정해두었지만 데이터 수집 작업에 관한 비용은 옆으로 제쳐두고 간과하곤 한다.

환경 기술청에서 앱 개발의 책임을 맡았던 사람들 중에는 덴마크 디지털화 기관에서 수년간 근무했던 라세도 있었다.

"디지털화 기관은 KL 및 덴마크 지역 단체와 함께 디지털 전략을 수립했는데, 그것은 지방자치단체가 개별 코뮌에 소속된 인력을 줄여야 한다는 것을 의미했어요. 이때 전략의 일부 부분에서는 이것을 공식적으로 코뮌의 '목표' 또는 '방향'이라는 말로 훨씬 부드럽게 표현하기도 했죠." 라세가 말을 이었다.

"전략 수행 기간 동안 우리는 목표나 목표를 달성하기 위한 작업 방향을 지원하기 위한 계획을 수립했어요. 이는 우리 디지털화 기관이 10% 성장할 수 있다는 것을 의미했어요. 우리는 지방자치단체의 인력 감소 계획을 상세하게 문서에 담았습니다. 우리에게는 이 일을 진행하기 위한 통제 절차와 이를 검토할 일부 직원이 필요했고요. 그리고 우리가 고안해낸 일들을 관리하고 수행하기 위해 추가로 직원을 고용했는데 이것은 정규직 직원의 반년 정도의 작업량과 맞먹었어요. 여기에 더해 작업 구현, 지원, 후속 조치 등 다른 기타 업무를 수행하기 위한 또 다른 반년짜리 작업량을 해낼 정규직 직원이 필요했습니다. 어느 시점에 이르러서는 결과에 대한 후속 조치를 수행할 직원도 필요하게 되었죠. 자, 이제 내가 무슨 말을 하려 하는지 이해하시겠나요?"

나는 그의 말을 쉽게 이해할 수 있었다. 좋은 의도를 가진 소수의 공무원들이 지방자치단체의 어딘가에서 일부 고용을 줄이는 훌륭한 목표를 달성하기 위해 이 과정에 참여할 사람들을 고용해야 한다고 설명하는 보고서를 작성하곤 한다.

"우리는 원하는 결과를 얻기 위해 중앙행정부의 몇몇 직원들과 논쟁을 벌여야만 했어요. 그래서 결국 우리는 다른 곳의 인력을 감소시키려 우리 직장 내의 인력을 증원할 수 있게 되었어요. 생각해보면 참으로 터무니없는 일이지요. 우리는 풀타임 직원들을 여기저기로 이동시켰습니다. 우리 기관 내의 많은 직원들은 유용하고 구체적인 프로젝트와 제품을 생산해냈어요. NemID, NemKonto, Borger.dk 등이요. 하지만 이처럼 공공 디지털화 전략의 산물인 '제품'들을 관리하기 위해 많은 인력이 고용되었던 것은 사실이에요."

　디지털화가 인력의 단순한 '이동'을 가져왔던 또 다른 좋은 예로 수도권에 도입되어 100억 크로네가 넘는 수익을 창출할 것으로 예상되었지만, 끝내 실현되지 않았던 의료 플랫폼을 들 수 있다.[153] 그들은 비용을 절약하기 위해 비서를 고용하는 대신 더 비싼 솔루션인 디지털화를 계획함으로써 결과적으로 의사들은 컴퓨터에 내용을 입력하는 데 더 많은 시간을 쓰게 되었고, 지원 기능은 수백 명의 IT 컨설턴트로 비대해졌다.[154] 의사들의 근무시간은 이전과 달라지지 않았지만, 디지털화 이후 그 시간은 환자들이 아니라 IT 시스템을 들여다보는 데 사용되었다.

　하지만 누군가는 또 이렇게 말할 것이다. 시대가 시대니만큼 어쨌든 이젠 이런 방향으로 나가야 하지 않겠습니까, 라고.

누가 '잠재력'이라는 말을 하면 경고등을 켜라

IT 컨설턴트들이 가장 좋아하는 말은 바로 이것이다. "만약 19세기에 누군가가 무엇을 원하느냐고 물었다면 그들은 더 빨리 달리는 말이라고 대답했을 것이다." 이것은 만약 자동차가 발명되지 않았더라면 사람들이 계속 말만 타고 다녔을 것이라는 의미일까? 정말 아무런 중단도, 발전도 없었을까? 물론 자동차가 발명되지 않았더라면 이것은 사실로 나타났을지도 모른다. 하지만 이것이 모든 면에서 사실일까?

　디지털화가 진보가 아니라 퇴보를 의미한다는 몇 가지 예는 더 있다. 그중 하나는 다양한 상황에서 대화 수단으로써 전화를 대체하는 이메일과 문자메시지가 급증한다는 것이다. 이는 기술적 진보처럼 보이지만 실제로는 한 발 뒷걸음질에 가깝다. 수많은 이메일을 주고받다가 단 15초 만의 전화 통화로 문제를 해결해본 사람은 적지 않을 것이다. 이메일은 직접 대화할 때 경험할 수 있는 명확성이 가지는 명백한 이점에서 기술적으로 한 단계 뒤떨어져 있다. 하지만 우리는 그것이 훨씬 스마트하다고 생각하기 때문에 전화 대신 이메일이나 문자메시지를 사용한다. 이메일과 문자메시지는 새로운 기술의 산물인 반면 전화는 1876년에 발명된 구식 물건이다. 하지만 구식 물건이라 하더라도 대부분의 의사소통에서 종종 더 잘 작동하고 시간을 절약하는 데 도움을 준다. 항상은 아니지만 이런 이점을 생각보다 자주 경험할 수 있다.

사람들이 현대 기술을 선택하는 이유 중 하나는 미래 잠재력에 대한 약속 때문이다. 코펜하겐대학교의 클라우스 회이에르 교수는 현대 데이터 기반 의료 시스템에 대한 인터뷰에서 다음과 같이 말했다.

"정치인, 전략 문서 그리고 각종 위원회에서는 데이터를 기반으로 한 사회의 무한한 잠재력에 대해 종종 이야기합니다. 즉, 우리가 그 잠재력을 일깨우기만 한다면 모든 것이 더 효율적이고, 더 쉽고, 더 저렴해지고 더 좋아질 것이라 합니다. (……) 잠재력은 어떻게 보면 매우 우스꽝스럽습니다. 왜냐하면 그것은 구체적으로 존재하지 않는데다 너무나 부드럽고 좋아 보여서 아무도 진지하게 반대할 수 없기 때문입니다."

회이에르는 의료 시스템이, 무엇이 언제 나타날지 모르는 잠재력이 있다는 가정 하에서 생명을 디지털화하고 모든 것을 등록한다고 말한다. 이는 종종 제대로 수집되지 않은 엄청난 양의 데이터를 의미한다. 내가 HR 네트워크의 한 이사에게 직원 개발 면담 시스템의 디지털화에 대한 의미를 물었을 때 그가 내게 했던 말은 다음과 같다. "많은 양의 데이터를 수집할 수 있기 때문에 무한한 잠재력을 가지고 있습니다. 우리는 이 데이터를 통해 여기저기 검색하고 측정할 수 있습니다."

하지만 여기에서 우리는 다시 한번 빠진 질문을 발견할 수 있다. "혹시 이전 시스템에서 놓친 것이 있습니까? 이전 시스템에서 해당 사항이 부족해 해결하지 못했던 문제점이 있었습니까?"

따라서 직장에서 누군가가 잠재력에 대해 말한다면 머릿속에 경종을 울려야 한다. 잠재력이라는 것은 회이에르 교수의 말처럼 무엇도 의미할 수 있고, 동시에 아무것도 의미하지 않는 다소 뜬구름 같은 말이기 때문이다. 잠재력은 우리가 전혀 모르는 먼 미래의 허상적인 필요성이 아니라 현재의 문제와 관계를 맺어야 한다.

한 예로, 주정부는 세금 징수 시스템인 EFI 시스템에 7억 덴마크 크로네를 투자했다. 이것은 매우 나쁜 비즈니스 사례다. 주정부는 이 시스템을 통해 지금까지 지불받지 못한 1,200억 덴마크 크로네를 회수해야 한다. 라디오 진행자이자 저널리스트인 안더스 셰룰프는 동일한 금액으로 연봉 500,000덴마크 크로네의 직원 238,000명을 고용하고 이들에게 개별 시민들에게 전화를 걸어 세금을 징수하도록 요청할 수 있다고 말했다(1876년에 발명된 구식 기술을 사용해서 말이다.).[155]

눈부신 잠재력을 지닌 기술은 많이 있지만, 누군가가 값비싼 비용과 노동 집약적인 IT 프로젝트를 언급하며 이 단어를 사용한다면 여러 중요한 질문을 던져야 한다. 그 잠재력은 얼마나 확실하며, 언제 발생할 수 있으며, 어떤 용도로 사용되는가?

인공지능은 해결책이 아니라 도구에 불과하다

인공지능은 엄밀히 말해서 지능이 아니다. 기계학습과 다른 기타 형태의 인공지능 작업을 해봤던 사람이라면 이를 잘 알 것이다. 하지만 기계는 우리 인간이 경쟁할 수 없을 정도로 놀라운 계산 능력을 가지고 있다. 따라서 우리는 기계에 많은 양의 데이터를 주입할 수 있고, 그 결과로 인간이 볼 수 있는 것보다 더 깊은 수준에서 사물을 이해할 수도 있다.

그렇다고 해서 기계가 우리보다 더 현명하다는 의미는 아니다.[156] 아이폰의 시리와 대화를 나누어본 사람들이라면 시리에게서 얻을 수 있는 정보가 그리 많지 않다는 것을 금방 깨달았을 것이다. 컴퓨터는 쉽게 현실을 오해한다. 컴퓨터는 사진에 조명 조정이 있는지도 감지하지 못한다. 이것이 바로 웹사이트를 방문하는 사람이 로봇인지 실제 사람인지 테스트할 때 이미지를 사용하는 이유다.

타이타닉 호가 침몰했을 때의 데이터를 기반으로 로봇에

게 난파선에서 살아남을 수 있는 최선의 방법을 찾아내라는 임무를 준다면, 그 로봇은 남자일 경우 짝수 번호의 구명정을 선택해야 한다고 말할 것이다. 이상한 결과다.[157] 이를 설명하자면, 타이타닉 호의 우현에 있는 모든 구명보트에는 홀수 번호가 붙어 있었고, 그 운명적인 밤에 우현 쪽에서 사람들을 배치하는 임무를 맡았던 장교는 '여자와 어린이 먼저'라는 규칙을 따랐다. 반면, 짝수의 구명보트가 배치되어 있던 선박의 좌현 쪽에서는 이 작업이 수행되지 않았다. 인간이라면 그 상황을 스스로 알았거나 정보를 얻을 수 있었을 것이다. 하지만 숫자로만 작동하는 컴퓨터는 이 상황을 인지하지 못하기에 잘못된 결론에 도달할 수밖에 없으며 앞으로도 그럴 것이다.

인공지능과 관련된 전망 중 하나는 계산 작업에서 인간이 제외되고 로봇이 모든 것을 스스로 처리하게 된다는 것이다. 이것은 '잠재적'일지도 모르지만 우리가 거기에 도달하기까지는 아직 멀었다. 외르겐 크리스티안 안데르센이 '솔루션'을 선뜻 받아들이는 데 주의해야 하고 IT를 도구로 봐야 한다고 말했던 것도 바로 이런 이유 때문이다.

인공지능을 솔루션 대신 도구로 다루게 된다면 그 초점은 다시 사용자인 인간에게로 옮겨진다. 누가 이 도구를 사용할 것이며, 무엇에 이 도구가 사용되는가? 우리는 어떤 도구가 작업을 이전보다 더 어렵게 만든다면 그 도구를 받아들이지 않을 것이다. 또한 우리가 현재 도구에 만족한다고 해서, 요청한 적도 없는 새로운 10가지 기능을 위해 도구가 스스로 업데이트하는 것을 받아들이지도 않을 것이다.

즉, 우리는 종종 기계보다 더 빠른 말이 필요할 때도 있다.

좋은 기술은 가짜 노동을 쉽게 제거할 수 있다

만약 현대 기술 세계에 깊이 관련된 일을 하는 사람이 있다면, (앞에서 표현한 것과 같이) 가볍게 짚고 넘어갈 수 있는 회의론조차도 일종의 중상모략으로 받아들일 수 있다. 해당 업계에서는 기술에 대한 불안감이나 향수를 거의 찾아볼 수 없다. 나는 단지 우리가 직장에서 다른 많은 문제를 해결할 때 사용하는 동일한 상식과 합리성을 디지털화로 인한 문제를 해결할 때도 적용해야 한다고 말하고 싶다.

디지털 세계에는 헛소리가 만연한다. 우리는 이 세계에 발을 들일 때 인간적 불안감을 가지기 마련이다. 그래서 우리는 그들이 말하는 대로 하지 않거나 그들의 제품을 구매하지 않는다면 즉시 도태될 것이라 주장하는 사람들의 손쉬운 먹잇감이 되기 쉽다. 우리는 기술자들의 말을 이해하지 못하기 때문에 우리 스스로가 바보라고 생각하고, 그들의 말에 더욱 쉽게 설득당한다. 결국 갖가지 프로그램, 디지털 플랫폼 및 앱에 시간과 비용을 투자하지만 우리가 얻는 혜택은 이전과 다르지 않다.

그러나 우리가 감명을 받거나 또는 불안해하지 않고 계속해서 적절하고 합리적인 질문을 던진다면, 우리의 일상을 실질적으로 더 쉽게 만들어주고 업무를 더 스마트한 방식으로 할 수 있는 올바른 디지털 솔루션을 선택할 수 있다. 만약 우리가 진부한 제품 홍보(예를 들어, '잠재력'에 대한 맹목적인 약속이나 '피할 수 없는' 디지털화에 대한 절대적 믿음, 또는 컴퓨터가 인간보다 '더 똑똑하다'는 말 등)에 넘어가지 않는다면 사기꾼과 조언자도 쉽게 구별 가능하다.

만약 우리가 도구가 아닌 해결책을 구매할 경우, 디지털화되기 전에 이미 절망적이었던 것을 디지털화하게 될 뿐이다. 옌스가 '동력'을 위해 참여했다고 말한 그 프로세스의 주요 업무는 1과 0으로 이루어진 디지털 세계에서 만들어진 멍청한 말을 복사하는 것이었다. 이때 누군가가 직원들에게 실제로 무엇이 필요한지 물어보고 그들의 실질적 요구를 분석했다면, 직원들의 원하는 바는 디지털화가 아님을 발견할 수도 있었을 것이다. 직원들은 어떤 일을 더 간단하고 쉽게 할 수 있는 도구를 요청했을 뿐이니까 말이다.

덴마크가 1948년에 철자법을 개정하면서 aa를 å로 바꾸어 표기한다는 결정을 내렸을 때, 수도전화국^{KTAS}에서 몇몇 직원이 모든 시민들의 색인 카드를 조사했다. 그들은 aa와 å가 실질적으로 거의 차이가 없었음에도 불구하고 모든 카드에서 철자를 수정했다. 오늘날, 나를 비롯한 모든 덴마크 사람들은 aa가 무엇을 의미하는지 알고 있기 때문에 å로 수정되지 않은 문서를 읽을 때도 아무런 문제가 없다.

말도 안 되는 가짜 노동에 대한 이야기를 들을 때, 사람들은 그런 일이 오늘날에는 전산화로 인해 단 몇 초 만에 수행될 수 있다는 사실에 안도한다. 코멘테이터^{Commentator}의 CEO인 미카엘 호베는 『뵈르센』에 「디지털화로 가짜 노동과 맞서 싸워라」는 글을 기고했다. 여기에서 그는 오늘날 복잡하게 뒤얽힌 시스템의 많은 루틴 작업을 자동화시킴으로써 많은 직원들이 시간을 낭비하지 않고 다른 실질적인 일에 집중할 수 있다고 말했다. 그는 이와 관련된 예로 공공부문의 관리 체제를 언급했다.

"이것은 대부분 IT 솔루션을 통해 수행될 수 있는 작업이며, IT 솔루션은 우리 인간들보다 훨씬 나은 결정을 더욱 신속하게 내릴 수 있습니다. 실제로 공공부문의 모든 사안들 중 컴퓨터로 처리할 수 있는 것은 최대 75%로써, 울타리 점검에서부터 시작해 유치원 배정, 특수 구역 과세에 이르기까지 매우 다양하고 그 가능성 또한 매우 큽니다."[158]

한때 주택 매매 등록이 얼마나 까다롭고 어려웠는지 기억하는 사람이라면 적어도 몇 년간의 초기 문제점을 거쳐 오늘날에는 실제로 매우 잘 운영되고 있는 전산화 시스템이 있다는 사실에 매우 기뻐할 것이다. 토지 등록은 컴퓨터 작업에 매우 적절하다. 왜냐하면 그것은 특정 유형의 규칙과 데이터 작업을 기반으로 수행되어야 하는데, 이는 인간보다 컴퓨터가 훨씬 더 잘할 수 있는 작업 영역이기 때문이다. 컴퓨터는 인간보다 더 신속하게 작업을 수행하고 오류도 훨씬 적다. 따라서 이런 일들은 인간의 감독 하에 컴퓨터에게 작업을 맡기는 것이 합리적이다.

반면, 직원 개발 면담 시스템의 디지털화는 근본적으로 다르다. 이것은 인간관계에 관한 내용이며, 문자 그대로 해석하는 것이 아니라 행간의 의미를 살펴봐야 하는 작업이다. 인간의 욕구와 동기 및 심리를 읽고 이해해야 하는 작업인 것이다. 이는 호

모사피엔스 종의 두 구성원 사이에 현재 여기에서 무슨 일이 일어나고 있는지에 관한 것이다. 따라서 굳이 연례 직원 개발 면담을 디지털화할 필요는 없다. 디지털화를 해야 하는 것은 공장 기계의 최대 부하 등록 작업이다.

이처럼 약간의 상식과 합리적인 질문을 통해 우리는 어떤 디지털 솔루션이 가짜 노동을 제거하는 데 적합한지 또는 그 반대인지 쉽게 식별할 수 있다.

6부

충분히 좋았던 상황의
개요를 복구하라

자신의 업무에
한계 설정하기

17장

프론트 스테이지, 즉 일선 현장에서 일하는 사람들은 그날의 할 일이 언제 끝나는지 잘 알고 있다. 더 이상 손질해야 할 생선이 없을 때, 버스 운전사가 종점에 도착했을 때, 농부가 밭을 갈고 건초를 수확했을 때처럼 우리는 그날의 일을 마쳤다는 확신을 가지고 집에 갈 수 있다. 하지만 시간이 지나면서 우리 중 더 많은 사람들이 백스테이지에서 일하게 되어, 일이 언제 끝났는지 확신하기가 다소 어려워졌다.

더 많은 숫자를 다루어야 하고, 더 많이 소통해야 하고, 더 많은 정보 메일과 뉴스레터를 보내야 하는 것은 어떤 면에서 현대 업무의 비극이라 할 수도 있다. 우리는 더 많은 문서를 확보하고, 더 나은 프로세스를 다루고, 더 철저하게 평가하고, 설문조사에서 더 많은 질문을 하고, 또 좋은 결과를 창출해낼 수 있는 우리의 능력에 대해 합리적으로 설명하는 데 시간을 소비해야 한다.

또한 더 높은 수준의 보안장치를 마련하고, 더 많은 회의를 개최하고 더 많은 가상 상황에 대해 연설문을 작성할 수 있어야 한다. 한 커뮤니케이션 담당 직원은 언젠가 나와 아네르스 포그 옌센에게 이런 말을 했다. "우리는 소통한 적이 없는 사람들과도 이해관계를 만들어낼 수 있습니다." 그것은 당연한 일이다. 이해관계 분석을 통해 40명의 이해관계자를 얻을 수 있는데 20명의 이해관계자로 만족할 수 있겠는가?

어느 시점에 이르면 노력과 그 대가로 돌아오는 보상이 비례하지 않는 때가 온다. 그 시점은 우리가 생각하는 것보다 더 빨리 올 수도 있다. 하지만 의견에 감히 반대하는 것을 두려워하는 긍정적인 조직, 필요로 하는 것보다 더 많은 시간을 사용하는 것이 관행이 되어버린 조직에서는 그 시점에서 선을 긋는 것이 쉽지 않다. 언젠가는 추가 노동의 한계효용이 상당히 낮아지는 임계점이 온다는 것을 잘 알고 있는데도 불구하고 우리는 왜 이런 일을 계속하는 것일까?

이러한 한계는 객관적인 기준으로 도출해내기가 쉽지 않다. 그렇기 때문에 우리는 상식과 이성을 활용해 목표를 달성했는지의 여부나 인스타그램, X, 링크드인, 페이스북과 같은 SNS 모두를 사용할 것인지 또는 그중 하나만 사용할 것인지 지속적으로 평가해야 한다. 굳이 SNS가 필요하다면 말이다.

최근 몇 년 간의 추세를 살펴보면 소위 승계계획Succession Planning을 수행하는 것이 독립적인 HR 업무로 자리 잡았다. 이 업무의 요지는 조직 내 어떤 직위가 공석이 될 경우 다음에 그 자리를 누가 맡을지 계획하는 것이다.

가족 소유 기업의 경우, 나이 많은 소유주가 자리를 뜰 때가 되면 투자자나 기타 이해관계자들은 그 자리를 누가 맡을 것인지 알아야 시기적절한 관리가 가능하다. 하지만 그 뒤를 잇는 사람이 관리자가 되든 또는 계층구조의 하부에 있던 중요한 핵심 직원이 되든 여기에 대해 세부 계획을 세우는 것은 가상의 상황을 바탕으로 불확실한 시나리오를 구축하는 데 불과하다. 그럼에도 어떤 이들은 갑자기 놀라는 불쾌함을 경험하기보다는 미리 준비하는 것이 더 낫다고 주장한다. 이 말은 상당히 합리적으로 들린다. 하지만 정말 그럴까?

취업 분야도 철저하게 관리되기 시작한 영역이다. 2005년에는 관리자의 5%가 채용 절차의 일부로써 테스트를 받았고, 2018년에는 50%가 넘었다.[159] 그러나 나는 20년 전에 비해 오늘날의 채용이 실패로 귀결되는 경우가 더 적다는 연구를 어디서도 본 적이 없다. 실제로 오늘날 관리직의 50%가 채용 2년 이내에 잘못된 채용을 한 것임이 드러나고 있다.[160] 수많은 자원과 시간을 투자해 채용 테스트를 하더라도 그것이 실질적으로는 제대로 작동하지 않는다면, 그 비슷한 조치들이 왜 더 나은 결과를 가져오리라 여기는가?

하나의 규칙이 도입되면 두 개의 규칙이 제외되는 방식 그리고 일몰조항

유리잔이 반쯤 차 있는지 또는 반쯤 비어 있는지는 개인적 판단의 문제다. 업무에서도 어떤 사람은 충분하다고 생각하지만 어떤 사람은 그렇지 않다고 생각할 수 있다. 그럼에도 가짜 노동이 많이 발생하는 이유가 반드시 개별 노동의 특성 때문이라고는 할 수 없다. 문제는 가짜 노동의 양이다. 예를 들어, 우리는 한 달에 몇 번은 무의미한 회의가 열리는 것을 참을 수 있지만, 무의미한 회의가 일주일에 여러 번 개최되는 것은 참기 어렵다.

행정관리가 필요하지 않다는 말이 아니다. 하지만 행정관리가 내가 2장에서 언급했던 성장률을 바탕으로 점점 커진다면 그 시스템에는 비상 브레이크를 걸어야 한다. 가짜 노동은 그저 좋은 의도의 산물인 경우가 많다. 그래서 우리는 단지 좋은 의도에서 만들어지는 좋은 아이디어라 할지라도 이를 얼마나 허용할 수 있는지 제한을 설정할 수 있는 규칙을 도입해야 한다.

2011년의 덴마크 실업급여 규정을 모으면 무려 23,675페이지에 이르렀다. 몇 년 전 덴마크 실업보험기금이 그 범위를 설명하기 위해 해당 사항에 대한 모든 문서를 한 권의 책으로 모았는데, 이 책은 세계에서 가장 긴 책으로 기네스북에 등재되었다.[161] 50년 전 해당 법의 분량은 421페이지에 불과했지만, 2000년에는 17,000페이지로 늘어났고, 2011년 이후에는 더 많은 페이지가 추가되어 현재 29,231페이지에 달한다.

만약 여기서 누구도 적극적으로 무언가를 하지 않으면 이 일은 계속될 것이다. 이런 예는 여러 국가에서 자국 입법기관의 끊임없는 되돌이표 업무와 관련 자주 발견할 수 있다. 관료주의, 가짜 노동 및 규정과 규칙은 자체적으로 강화되는 경향이 있다.

이를 멈출 수 있는 유일하고 확실한 방법은 여기에 대한 일종의 역규제뿐이다. 관료 및 행정을 감소시키려는 의도로 방책을 마련하겠다는 표명은, 거기에 따르는 구체적인 책임과 의무를 누군가에게 부과하지 않는다면 결국 좋은 의도만 남게 되는 헛소리에 불과할 뿐이다. 우리는 여기서 마르그레테 베스타게르의 시스템 검토 방법으로 다시 돌아가볼 것이다.

영국 정부는 2011년에 기존 법률이나 규칙을 폐지하지 않고서는 새로운 법률이나 규정을 도입하지 않겠다고 발표했다.[162] 일명 '원 인, 원 아웃One in, one out'으로 불리는 이 제도는 2012년까지 큰 성공을 거두었다. 그 후에 '원 인, 투 아웃One in, two out'규칙이 뒤따랐는데, 이는 영국의 규제완화에 추가적 압력을 가하리라 예상되었다.[163]

이 새로운 규칙에 대한 모라토리엄도 도입되었는데, 이는 어떤 법률 조항이 특정 날짜 이후 무효화되는 것으로 덴마크에서는 일몰조항이라고 부른다. 좋은 의도에서 출발했지만 장기적으로는 우리에게 걸림돌이 되고 조직 내에 소화불량을 유발시키는 사안들을 억제하는 데 도움이 되는 상당히 단순한 규칙이라 할 수 있다. 그도 그럴 것이, 대부분의 법률 조항이나 규칙은 한 번 도입되면 자동 만료 일자가 없는 한 삭제되는 경우가 매우 드물다.

영국에서 성공을 거두었던 이 규칙을 덴마크 법무 분야와 개별 조직 및 회사에 간단한 형식으로 바꾸어 도입할 수 있다. 필요한 것은 경영진이나 관리자들이 관료주의로 인한 조직의 소화불량을 피하기 위해 기존의 조항을 없애기 전에는 새로운 절차나 새로운 규칙 또는 새로운 복잡한 '표준운영절차SOP'를 도입하지 않겠다고 합의하는 것이다. 가능하다면 도입하려는 새로운 조항보다 더 많은 조항을 제거하자. 이때 새로운 규칙을 도입하는 일은, 더 이상 누구도 유지하기를 원하지 않는 과거의 규칙을 도입했던 바로 그 사람이 담당하는 것이 좋다. 이런 식으로 탈관료주의에 대한 책임을 지고 있는 사람은 새로운 규칙을 추가하는 것을 자제할 수 있고, 그 결과 조직은 자연스러운 인센티브를 얻을 수 있다.

몇 년이 지나면 규칙을 무효화하는 실험도 해볼 수 있다. 아무도 적극적으로 요청해오지 않을 때 중복되는 업무와 규칙이 자동으로 없어지도록 말이다. 이 실험을 하기 위해서는 만료일에 도달한 규정이나 관련 항목을 주기적으로 보고하고, 이것이 유지되기를 원하는 직원이 여전히 존재하는지 또는 비즈니스를 전혀 창출하지 않는 고객이지만 9개월 동안 정기적으로 그에게 전화를 해야 한다고 주장하는 직원이 있는지 확인해야 한다. 이런 일들은 대개 어느 시점에 누군가가 무언가를 개선할 수 있다고 생각했기 때문에 도입했던 불필요한 업무다.

자신의 작업에 제한을 설정하라

: 이것은 나중에 언제든 변경할 수 있다

같은 일을 할 수 있는 또 다른 방법은 통제에서 벗어나기 쉬운 다른 사안에 대해 자연스러운 제한을 설정하는 것이다. 나는 언젠가 수많은 부서에 정보 전달이 필수불가결하다고 믿는 한 회사에서 일하는 여성을 만났다. 그녀가 하는 일은 주간 뉴스레터를 작성하는 것이었다. 시간이 지나자 자신도 모르는 사이에 뉴스레터의 양이 늘어나 인쇄를 할 경우 80여 페이지에 달하게 되었다.

만약 이 회사에서 뉴스레터가 주당 15페이지를 넘기면 안된다는 규칙을 정했다면 어떻게 되었을까? 예외적인 상황에서는 얼마든지 페이지 수를 초과할 수 있지만(그것이 무엇이 될지는 판단의 문제다), 그런 예외적인 일이 1년 중 52주 내내 발생하는 경우는 거의 없을 것이다.

같은 방식으로, 직원 대상으로 설문조사를 할 때는 질문 수를 처음부터 20개 이하로 제한한다든지, 재해 계획을 세울 때 잠재적 위험 시나리오를 한 번에 20개 이하로 만들도록 제한할 수 있다. 콘셉트 메모, 작업 문서 그리고 실행계획 등은 개별 이사 또는 경영진 한 명당 연간 2개만 주문할 수 있다고 제한하는 것이다. HR 부서에서는 새로운 핵심 프로젝트나 계획 등을 실행할 때 관련 워크숍은 격년에 한 번만 마련한다거나, 아무에게도 영감을 주지 않는 진부한 슬로건을 굳이 직원들의 마우스 패드에 인쇄해 넣는 일이 정말로 가치가 있다고 여긴다면 이 일을 실행하되 적어도 15년은 사용하도록 제한할 수 있다.

애플의 스티브 잡스는 1년에 한 번씩 최고경영진 100명을 회의에 초대해 회사의 상위 10가지 우선 사안에 관해 논의했다. 이때, 그는 회의에 참석한 사람들에게 각각의 사안에 순위를 매기라고 요청한 다음 하위 7가지 사안을 직접 삭제하곤 했다. 그는

왜 그렇게 하느냐는 질문에 '우리는 최대 3개의 사안밖에 달성할 수 없습니다'라고 대답했다.[164]

모든 조직은 개별적 특성을 가지고 있고 그들만의 고유한 계획이 있기 때문에 한계를 설정해야 하는 일반적 목록을 작성하는 것은 거의 불가능하다. 가장 쉬운 방법은, 9장에서 제안했던 가짜 노동을 밝혀내기 위한 점진적 단계를 밟으면서 그 개요를 얻는 것이다. 대부분의 가짜 노동은 이미 통제에서 벗어나버린 뉴스레터 전송, 회의 또는 프로세스 등의 성격을 띤다.

뉴스레터나 회의 등을 전면 폐지할 필요는 없다. 대신 기존에 밝혀낸 구체적인 가짜 노동을 바탕으로 뉴스레터의 페이지 수를 줄이거나, 회의와 보고 사항의 수 또는 각종 지침의 수를 줄일 수 있다. 나는 이미 같은 장에서 이를 다루었는데, 덴마크의 한 대규모 생명공학 회사의 워크숍에서 강의한, 과장된 파워포인트 프레젠테이션이 그 예이다.

당시 과장되고 불필요한 업무를 중단시켰던 사람들은 바로 커뮤니케이션 부서의 직원들이었다. 그들은 내부 프레젠테이션을 세세하게 다듬는 데 소비하는 시간을 실질적이고 대외적인 업무에 사용해야 한다고 생각했다. 100개의 슬라이드를 하나하나 살펴보고, 아름다운 색상과 애니메이션 이미지를 첨부함으로써 깊은 인상을 심어주어야 할 사람은 (같은 회사의 동료들을 제외하고선) 아무도 없었다.

우리는 내부 프레젠테이션에 포함할 수 있는 슬라이드 수를 제한하기로 합의했다. 새로운 형식은 불필요한 이미지나 사운드 또는 애니메이션이 없는 일반 텍스트로 제작하되 배경은 흰색으로 정했다. 물론, 새롭고 중요한 제품을 출시할 때나 몇몇 특별한 경우에는 이 형식에서 벗어날 수 있을 것이다.

한계를 설정할 때 좋은 점은 한계점이 고정되어 있지 않다는 것이다. 새로운 요구사항이 언제든 발생할 수 있고, 어떤 프로젝트는 연간 검토만으로 충분하지 않을 때도 있다. 이때 그 한계는 이전의 관례에 따라 무의식적으로 반복했기에 습관처럼 변해버린 관행에 따라 설정하지 않고, 필요에 따라 변경될 수 있다.

많은 경우 가짜 노동은 옹호된다. 그 이유는 개별 보고서, 회의 또는 KPI가 충분히 타당해 보이기 때문이다. 하지만 여기서 우리는 종종 이 일들의 양이 가짜 노동을 발생시킨다는 것을 기억해야 한다. 가짜 노동을 피할 수 있는 가장 단순한 방법은 어떤 일에 주어진 최대치에 대한 동의를 끌어냄으로써 가짜 노동의 양을 줄이고, 원래의 구체적 기능을 수행할 수 있는 수준으로 되돌리는 것이다.

회의, 회의, 회의

어떤 가치 있는 작업이 단지 과장해서 자주 행해지기 때문에 가짜 노동으로 변하는 경우도 자주 있다. 바로 회의다. 수많은 회의가 시간 낭비라는 연구 결과를 여기서 일일이 나열할 필요는 없을 것이다. 문제는 회의의 횟수를 어떻게 줄일 수 있는가이다.

베인 앤 컴퍼니의 컨설턴트인 마이클 맨킨스와 에릭 가튼은 『시간, 재능, 에너지』에서 회의를 최소화하고 효과를 가져왔던 기업 사안을 백업하기 위해 몇 가지 간단한 방법을 선보였다. 여기에는 우리가 이미 알고 있는 일반적이고 효과가 있는 방법―즉, 뚜렷한 의제와 회의를 이끄는 리더, 그리고 회의의 명확한 목표(회의에 참석하기 전 사람들이 미리 준비할 수 있도록 유도하기) 외에도 더 깊고 공격적인 일련의 방법들이 포함되었다.

회의에 사용하는 예산을 고정해두라

일부 조직에서는 회의를 원할 때 이에 활용할 수 있는 예산을 확보하려 한다. 그렇게 하면 매달 책상 앞에서 모일 필요가 없는 회의는 다른 방식으로 진행할 수 있을 것이고, 참석자들에게서 긍정적인 관심을 받을 수 있을 것이다.

최대 회의 시간을 정하라

파킨슨의 법칙은 양방향으로 작용한다. 시간을 최소화하면 작업이 더 빨리 완료되는 경우가 많다. 회의는 더더욱 그렇다. 필요한 경우에는 시간을 늘릴 수도 있지만, 회의를 시작한 시점으로부터 최대 20~30분 정도로 시간을 한정하는 실험도 해볼 수 있다.

회의 일정을 정하는 권한을 제한하라

우리가 수많은 회의에 소집되는 이유 중 하나는 그것이 (너무) 쉽기 때문이다. 특히 서로의 일정에 접근할 수 있고, 사전에 의제가 확인되지 않았음에도 불구하고 단지 다음 주에 그 직원이 바쁘지 않다는 이유로 서로의 일정에 회의 시간을 끼워 넣을 수 있는 조직에서는 더더욱 그렇다. 서로를 귀찮게 하기 위해 회의 시간을 예약할 만한 무언가 중요하지 않은 일을 찾아냈다는 것이다.

따라서 개인 비서 외에는 누구도 다른 사람의 회의 일정 달력에 접근할 수 있는 권한을 가져서는 안 된다. 회의를 할 때는 소집 요청을 보내고, 수신자는 이를 수락하거나 거부할 수 있도록 해야 한다. 또한 기본 회의 시간은 아웃룩의 표준 시간인 20분, 또는 이와 비슷한 수준으로 변경할 수 있다. 이 간단하고 쉬운 방법은 덴마크 회사인 IIH 노르딕이 직원들에게 더 많은 시간을 확보해주고 주 4일 근무제로 전환할 수 있었던 요인 중 하나였다.

회의를 소집할 수 있는 사람을 제한하라

불행히도 다른 사람을 회의에 초대하는 것이 모든 이들의 특권으로 여겨지는 경우가 많다. 이것은 가장 무의미한 일을 하는 사람들에게도 적용되는데, 이때 그들은 자신의 무의미한 프로젝트로 다른 사람들에게 부담을 주게 된다. 실질적인 업무를 성실히 하는 사람들은 조용하고 평화로운 시간을 원하지만 가짜 노동을 하는 사람들은 자신들의 쓸모없는 일을 위해 청중들을 필요로 한다. 가짜 노동의 결과는 자주 눈에 띄지 않거나 아예 부재하는 경우가 많기 때문에, 그 과정 자체 외에는 아무것도 감탄할 만한 것이 없다. 가짜 노동을 하는 사람들은 아무도 관심을 두지 않는 프로젝트에 눈길을 끌기 위해서 사람들을 초대해 자신을 드러내려 한다.

이를 피할 수 있는 방법 중 하나는, 회의 소집 결정을 내릴 수 있는 사람을 관리자 또는 팀 구성원 중 단 한 명으로 제한하는 것이다. 말하자면 회의를 하기 위해서는 회의 개최 허가를 '신청' 해야 하며, 이를 위해 회의의 의제와 목표에 대해 구체적으로 설명할 수 있어야 한다. 이를 위해서는 시간이 걸리지만 7명이 중복된 주제에 대해 각각 45분씩 회의를 하는 것보다 시간이 훨씬 적게 든다. 회의의 주제는 직원들이 시간을 최대한 현명하게 사용하는 것에 관심을 가지고 있는 팀 리더가 정해야 한다.

디지털 회의로 짧게 진행하라

코로나 위기 동안 많은 사람들이 경험했듯이, 디지털 회의와 전화 회의는 매우 효과적일 수 있다. 디지털 회의는—서서 하는 회의처럼—꽤 불편하기 때문에 대부분의 사람들이 빨리 끝내고 싶어 한다. 디지털 회의를 옹호하는 사람들이 이를 홍보 요소로 사용할 수는 없겠지만, 현실은 그렇다. 디지털 회의에서는 평균적으로 23분이 지나면 사람들의 주의력이 떨어지므로 회의의 최대 시간을 이 시간대로 설정하는 것이 적절할 수 있다.[165]

회의 참가자 수를 제한하라

우리는 뇌과학 분야의 연구 결과를 통해 인간의 단기기억 용량에는 한 번에 8가지 정도만 기억할 수 있는 용량 제한이 있다는 사실을 오래전부터 알고 있었다. 기억해야 할 숫자가 9개일 때 우리의 뇌는 헤매기 시작한다. 이와 관련해, 스탠포드대학교의 연구원들은 회의 참가자의 수가 8명을 기준으로 발생되는 상황의 전환점을 발견했다. 참가자의 수가 8명을 초과하면 회의에서 올바른 결정을 내리는 능력이 크게 떨어지고 참여도도 떨어진다는 것이다.[166]

여기에서 명백하게 도출할 수 있는 점은, 한 테이블에 8명 이상이 둘러앉을 경우 그 회의는 가짜 노동으로 변질될 위험성이 크다는 것이다. 그렇다면 회의를 개최할 수 있는 최대 인원은 8명이라는 간단한 규칙을 도입하는 것도 좋다. 모든 회의실을 돌아다니면서 불필요한 의자를 제거하거나 회의실을 더 작은 크기로 분할하는 것도 가능하다. 예외가 있을 수 있겠지만, 일반적으로 회의 참가자의 최대 인원수는 8명이 좋다. 물론 5명이라면 더 좋을 것이다.

회의 소집자들에게 패널티를 가하라

여기서부터는 좀 더 공격적으로 가보려 한다. 만약 정말로 회의 때문에 고통받는 직원들이 있다면 매달 가장 많은 회의를 소집한 사람들을 대상으로 공식 리스트를 만들 수 있다. 그렇게 한다면 회의를 소집하고자 하는 사람은 소집 요청 버튼을 누르기 전에 한 번 더 생각하게 될 것이다.

회의 비용을 계산해보라

보다 책임감 있는 회의 문화를 유도하는 또 다른 방법은 회의를 하기 전에 회의에 드는 비용을 계산해보는 것이다. 참가자 수와 회의에 할당된 시간을 곱하고, 여기에 시간당 임금을 곱하면 순식간에 계산해낼 수 있다. 이때 계산되는 비용은 위에서 설명한 한 달에 개최할 수 있는 회의를 위한 예산 대신 사용해도 좋고, 둘을 병행해서 사용할 수도 있다.

회의 없는 날 또는 시간을 정하라

최근 점점 더 퍼지고 있는 관행은 매주 하루 또는 매달 한 주를 단순히 회의 없는 날로 정하는 것이다. 이것을 앞에서 말한 일부 방법과 병행하지 않을 경우, 회의가 허용된 날에는 모든 회의가 한꺼번에 소집될 위험성도 있다. 하지만 회의가 없는 날에는 방해받지 않고 심도 있는 작업을 수행할 수 있기에 긍정적이다. 재택근무일과 같이 직원들에게 집중적으로 업무를 볼 수 있는 시간을 주고 싶다면 이 회의 없는 날과 병행해서 이용할 수도 있다.

예의 바른 회의 문화에서 벗어나자

테슬라 그룹의 CEO인 일론 머스크의 내부 이메일이 유출된 적이 있다. 그 이메일에는 직원들에게 회의 횟수를 줄이라고 요구하는 것 외에, 할 일도 없고 기여할 것이 전혀 없음에도 불구하고 예의상 회의 장소에 앉아 있는 태도에 대해서도 언급되어 있었다.

　"대화를 하면서 어떠한 가치도 찾을 수 없다고 깨닫는 즉시 회의 장소를 떠나거나 전화 통화를 종료하십시오. 이때 자리를 떠나는 것은 무례하지 않습니다. 오히려 남아서 다른 사람의 귀중한 시간을 낭비하는 것이 무례합니다."[167]

　나는 우리가 현실에서 갈등을 기피하기 때문에 가짜 노동이 발생할 수 있다는 것을 깨닫게 되었다. 갈등을 싫어하는 사람들은 감히 '헛소리!'라고 말할 수도 없고, 다른 사람의 계획을 비판할 수도 없으며, 다른 사람이 개최하는 회의에 (적어도 내가) 참여하는 것이 시간 낭비라는 말도 하지 못한다.

　　나는 앞서 긍정적인 태도를 유지하고 동료들을 기쁘게 해주려는 의도 때문에 명백히 시간 낭비적인 일에 무비판적으로 참여하는 사례를 언급했다. 마찬가지로 회의에도 이와 동일한 역학이 존재한다. 만약 우리가 회의에 더 이상 기여할 것이 없다고 공손하게 말할 수 있다면 그것은 부끄러워할 일이 아니라 칭찬받을 일이다. 회의 자체에 대해 무례한 것이 아니라, 단지 '나는 종착역까지 가지 않기에 이 역에서 내리겠다'는 표현이기 때문이다.

이메일, 이메일, 이메일

우리가 이메일 때문에 질식하고 있으며 이로 인한 문제점이 점점 증가하고 있다는 것은 수많은 연구 결과에서 찾아볼 수 있다. 앞서 보스턴 컨설팅 그룹이 15년에 걸쳐 1,000개 기업을 대상으로 실시한 복잡성 증가에 대한 조사 결과를 언급했었다. 그들은 조사 기간 내에 수신된 이메일의 수가 3배로 늘었다고 했다.

　　많은 기업들은 이 문제를 해결하기 위해 지침을 마련했는데, 이는 우리가 이미 적용하고 있는 다른 모든 규칙과 중복되기도 하며, 좋은 의도를 내보이기 위한 목적 외에는 별다른 의미를 지니지 않는 경우가 많았다. 즉, 우리는 평행 세상에서 서로에게 약속을 하고 그 약속을 지키겠다고 말하지만 평행 세상에서 나와 현실 세계에 들어오게 되면 그와는 정반대의 말과 행동을 한다. 그러므로 이제 우리는 여기에 제동을 걸어야 한다. 다음은 그에 대한 몇 가지 제안 사항이다.

이메일 패널티

회의의 경우와 마찬가지로 회사 내에서 이메일을 가장 많이 보내는 사람이나 부서를 공개할 수 있다. 이메일 전송은 디지털 세계에서 일어나기 때문에 매우 정확하게 측정할 수 있다. 이메일을 통해 정보를 전달하는 것이 업무의 특정 부분일 경우는 제외할 수 있지만, 다른 경우에는 발신 및 수신되는 이메일의 양을 쉽게 알 수 있다. 많은 사람들은 한 주 동안 집계된 핸드폰 사용 시간을 접한 후 자신이 핸드폰에 얼마나 많은 시간을 소비했는지 반성하기 시작한 것과 마찬가지로 이해할 수 있다.

어쩌면 이메일 발송인을 공개할 필요조차 없을지도 모른다. 보잉사의 관리자들은 매일 얼마나 많은 이메일, 메모 및 계획 등을 실행했는지 직원들로부터 업데이트를 받는다. 동일한 수준의 다른 기업들과 비교되는 지점으로, 이는 관리자들이 이메일을 보내고 일을 만들어내는 데 있어 눈에 띄는 영향을 미쳤다.[168]

전체 답장 버튼을 삭제하라

전체 답장 버튼은 흔히 책임 회피 버튼이라고도 한다. 이것은 내가 한 일에 대해 다른 모든 사람들과 공동책임을 지는 궁극적인 방법이다. 그 결과, 모든 사람은 아무도 읽지 않는 정보에 빠져 허우적거리게 된다. 더 현명해지지도 않는데다가 정보를 전달받았기 때문에 원칙적으로 그 책임은 집단화된다. 전체 답장 버튼의 원래 목적은 이것이 아니었지만, 시간이 흐르면서 변질되었다.

우리가 이 버튼을 삭제한다 하더라도, 직원이 원본 메일의 모든 수신자를 수신자 란에 수동으로 기록하는 것은 방지할 수가 없다. 하지만 이것은 동료가 보내는 불필요한 스팸메일의 양을 의심의 여지없이 줄일 수 있는 매우 효과적인 방법이다.[169] 전체 답장 버튼은 사람들이 서로서로를 방해하기가 너무 쉽다. 대부분의 메일 프로그램에는 설정에 '사용자 정의' 기능이 포함되어 있으므로 이를 이용해 폐해를 복구할 수 있다.[170]

정보 공유를 거절하라

우리가 회의를 거부하거나 또는 회의장을 박차고 나가기에는 너무 정중하고 예의 바른 것처럼, 필요하지 않은 정보를 거부하는 것도 쉽지 않다. 하지만 매번 예의를 갖출 필요는 없다. 필요 없는 이메일을 받거나 아무런 의미도 없는 수신자 목록에 내 이름이 보인다면 즉시 이를 발신자에게 알리고, 아무 이유 없이 계속 참조로 내 이름이 추가되는 경우에도 이메일을 발송한 사람에게 이를 즉시 중단하라고 요청하라.

일을 무시하는 데 능숙해져라

나는 언젠가 여름휴가 동안 자신의 이메일 계정에 간단한 자동 회신을 설정한 한 남자를 만났다. 그의 자동 회신 메일 내용은 다음과 같았다.

"안녕하세요, 나는 8월 5일까지 휴가입니다. 휴가에서 돌아오면 그 기간 동안 내가 받은 이메일은 모두 삭제될 것입니다. 8월 5일 이후에도 여전히 관련이 있다면 이메일을 다시 보내주시기 바랍니다."

그리고 그는 휴가에서 돌아오자마자 휴가 때 받았던 수백 통의 메일을 모두 삭제했다. 하지만 그에게 답장을 재요청하는 사람은 단 한 명도 없었다.

또 어떤 이는 단순한 실수로 받은 편지함 전체를 삭제한 적이 있지만 아무 일도 일어나지 않았다. 나는 코펜하겐 시청의 행정 부서에서 일했던 한 여성이 했던 말에서 그 해답을 찾을 수 있다고 생각한다. 그녀는 이메일을 받으면 항상 48시간이 지난 후에 답장을 보냈다. 그녀는 '대부분의 일은 그 48시간 내에 저절로 해결되는 경향'이 있기 때문이라고 이유를 설명했다.

앞에 언급한 사람들처럼 똑같이 해야 할 필요는 없지만, 적어도 우리는 어떤 일이 특별히 중요하지 않을 경우에는 잠시의 '기다림'을 실천하거나 '무시'해도 나쁘지 않을 것이다. 실제로 매우 중요한 일일 경우엔 우리 모두 무엇을 해야 할지 잘 알고 있기 때문이다. 바로 전화다.

18장
평가 문화에서 벗어나
더 많은 위험을 함께 감수하라

모르텐은 윌란^{Jylland} 경찰서의 경찰 국장이다. 경찰은 보건당국과
마찬가지로 국민의 관심이 집중되는 곳이기 때문에 늘 정치인들
이 관심을 가지는 영역이다. 보안 구축은 정치적 희망 사항 목록
에서는 최상위에 자리한다. 여기서는 행동과 결과를 모두 보여줘
야 한다. 모르텐은 일상에서 이것을 매일 실현하는 책임을 담당
하고 있으며, 그 자신도 정치인이기 때문에 양쪽의 사정을 잘 알
고 있다.

"지역 게토에 불안감이 조성되고 있다고 가정해보십시오.
시민들은 불안해하고 정치인들은 얼른 이 불안감이 해소되기를
원합니다. 그래서 경찰은 교대근무를 하며 각각 4차례씩 현장을
조사합니다. 경찰은 그저 순찰차를 타고 그 지역을 지나칩니다.
당연히 경찰이 그곳을 지나갈 때는 아무런 문제도 발생하지 않습
니다. 경찰이 행하는 모든 순찰 및 조사 작업은 문서화되고 보고

된 후 국가치안본부에 의해 처리됩니다.

하지만 불안은 여전히 계속되고 정치인은 경찰에게 왜 아무 조치도 취하지 않는지 묻습니다. 경찰은 하루에 12번 순찰을 돌았다는 기록을 보여주지만 아무런 도움이 되지 않습니다. 더 많은 순찰이 해결책으로 등장하고 경찰은 같은 일을 계속합니다. 하지만 그들이 순찰을 돌고 보고서를 만들고 그 시간을 엑셀 문서에 기입하고 계산하는 대신, 거리에 나가 시민들과 대화를 나누고 거리의 안전을 확보하는 데 시간을 보내는 것이 더 좋지 않을까요."

이 이상한 논리는 HBO가 제작한 경찰 시리즈물 〈더 와이어The Wire〉(2002~2008)에서도 찾아볼 수 있다. 여기서 경찰 상부 행정진은 '측정 가능한 결과'를 만드는 데 필요 이상으로 집중한다. 그들은 무의미하고 하찮은 마약 밀매자를 체포하고 마약을 압수하는 데 대부분의 자원을 사용한다. 하지만 이 체포 작업은 주모자가 사전에 계획한 것이었기에 전체 마약 공급망에는 아무런 영향을 미치지 않았다. 경찰의 성과는 범인 검거 횟수로 평가되기 때문에 조직적인 마약 밀수범을 뿌리 뽑는 데 자원을 쏟는 대신, 실질적으로는 아무런 도움이 되지 않지만 성과 판에만 그럴듯하게 나타나는 관행을 계속하게 된다. 이 시리즈는 경찰과 마약 밀수단의 이상한 동맹 관계를 보여줌으로써, 그들이 실질적 문제를 해결하는 데는 전혀 관심이 없다는 것을 보여주었다.

굿하트의 법칙

경찰 시리즈물 〈더 와이어〉의 예는 제리 멀러의 저서 『성과지표의 배신^{The Tyranny of Metrics}』에서 그 설명을 찾아볼 수 있다. 이 책에서는 우리가 어떻게 측정 및 결과, 데이터 및 숫자에 집착하게 되었는지, 어떻게 그 뒤에 숨은 현실을 점차 간과하게 되었는지 살펴본다.[171] 우리 모두는 KPI를 통한 소위 '결과 지표'만 쫓아왔고, 다른 지표에 대해서는 전혀 생각하지 않게 되었다. 우리는 왜 우리가 그런 일을 하는지 잊어버리고 있다. 그 때문에 그들의 목표는 그들이 해야 하는 일(예를 들어, 게토의 안전을 확보하는 일)에서 측정될 수 있는 일, 즉 순찰 빈도로 바뀌어버렸다.

이 문제는 영국의 경제학자 찰스 굿하트에 의해 가장 잘 분석되고 입증되었고, 오늘날 굿하트의 법칙으로 알려졌다. 이 법칙은 시간이 지남에 따라 측정 그 자체가 목적이 되어버리기 때문에, 측정이 더 이상 어떤 것에 대한 좋은 척도가 될 수 없음을 말한다.[172] 굿하트는 사람들이 특정 측정 결과를 목표로 하기 시작할 때, 그 측정이 현실의 합리적인 지점을 보여줄 가능성이 무너진다고 주장한다.

조직을 예로 들자면, 직원들은 단순히 어떤 목표를 달성하기로 상사와 합의했기 때문에 실질적으로는 비효율적인 일을 하게 될 수도 있다. 이 합의는 생산 또는 성과에 관한 그 무언가를 말해줄 수 있다는 개념에 기반을 둔다. 하지만 굿하트의 법칙에 따르면 사람들이 측정을 시작하는 순간 의도했던 목적을 달성할 수 있는 가능성이 거의 없다.

현대 경영이 불균형적인 모습을 보이는 것은, 많은 이들이 이러한 성과 목표를 중단하는 것이 실제로 매우 긍정적일 수 있다고 주장하는데도 불구하고, 여전히 목표를 설정하는 데 중점을 두기 때문이다. 코로나 위기 동안 우리는 현재 자신의 자리에서 많은 업무에 집중할 수 있다는 것을 경험했다.

예를 들어, 폐쇄된 고용 센터에서는 많은 프로세스 요구사항과 회의가 보류되었고, 꼭 필요한 일은 전화 통화로 해결했다. KL(전국 지방자치단체 협회―옮긴이)과 고용부 장관이 주고받은 공개적인 문서에서 KL은 '의미 있는 사안에 자원을 사용'할 수 있도록 '인터뷰와 각종 제안에 관한 중점 목표와 프로세스 요구는 일정 기간 중단'시켜달라고 요청했다.[173] 이것은 이전에는 고용 센터의 자원이 잘못 사용되고 있었다는 사실을 잘 알고 있고, 이제는 그 때문에 압박을 받고 있다는 KL측의 순수한 자백이라고 해도 과언이 아니다. 그들은 이제 아무런 효과도 없는 목표 대신 실제로 작동하는 것에 집중하기를 원했던 것이다.

코로나 위기가 끝난 후 지방자치단체의 고용 센터가 다시 문을 열자, 불행하게도 정치인들은 회의를 개최해야 한다고 단호하게 주장했다. 그래서 고용 센터 측은 약 50만 건의 실업 면접을 실시해야 하는 '고비'를 맞게 되었다. 왜냐하면 코로나 위기 상황에서 진행되었던 화상 및 전화를 통한 회의와 대화는 통계에 포함되지 않았기 때문에 정치인들은 그것이 무의미하다고 해석했던 것이다.[174]

상부의 행정 및 경영진이 그처럼 어리석게 행동하는 이유는 무엇일까? 직원들이 실질적 효과를 가져오는 일 대신 측정 가능한 일만 하는 평가 문화가 만연하는 이유는 무엇일까? 우리는 어떻게 하면 핵심 성과와는 관련 없는 점수 판에서 벗어나 조직이 합리적인 목표를 추구하는 데 초점을 맞출 수 있을까?

전문성이 숫자로 대체되었을 때

기록하고 잊혀진다 — 이것이 바로 오늘날 연구자들이 하는 일이다. 매년 전 세계적으로 12,400,000개의 학술논문이 출판된다. 이 중 32%는 전혀 인용되지 않는다. 인문학 논문만 보면 인용되지 않는 비율은 82%로 상황이 더욱 심각하다.[175] 연구는 여러 페이지에 걸쳐 '확산'되어야 하기 때문에 논문의 질이 점점 낮아지는 악순환도 생겨난다. 그럼에도 학자들은 논문을 집필하라는 압력을 받는다. 왜 그럴까? 그것은 바로 연구자들이 논문에 따라 평가를 받고 포인트 제도로 보상받기 때문이다. 그들이 아무도 읽지 않는 논문을 쓰는 이유는 바로 이것이다.

이러한 측정과 평가 뒤에 나쁜 의도가 있는 것은 아니다. 오히려 그 반대이다. 이 책에서 다룬 다른 부분과 마찬가지로, 문제는 현상 그 자체가 아니라 엄청난 양이다. 우리는 어떤 일을 할 때 어디까지가 충분한지 알지 못하기 때문이다.

평가 문화에서도 합리적인 목표가 통제를 벗어난 것을 볼 수 있다. 역사적으로 측정과 평가를 말할 때는 투명성과 영어의 Accountability 즉, 책임성이 항상 뒤따랐다. 이것은 책임성 외에 예측 가능한 성과로 번역할 수 있다. 이렇게 우리는 시간이 지남에 따라 경찰이 하는 일을 측정하고 평가할 수 있게 된다. 이때 병원을 비교 대상으로 사용할 수도 있고, 업계의 마케팅 선두 업체를 벤치마킹할 수도 있으며, 객관적이고 공정한 기준을 기반으로 직원에게 보상과 패널티를 부여할 수도 있다.

측정과 평가는 부분적으로는 업무에 전문적 직관을 사용하고, 최선의 결과를 위해 노력하는 전문가들이 특정 지침과 예산의 테두리 안에서 일을 할 수 있도록 보장한다. 개발자, 간호사, 연구자, 경찰 등이 제한된 시간과 비용 내에서 전체적 업무에 대해 책임을 지는 것과 마찬가지다. 하지만 언제 제품의 품질 향상 목표에 도달했는지, 또는 언제 제품의 재활이 가능한 수준에 도달했는지 확신하기는 그리 쉽지 않다.

이처럼 성과지표는 표면적으로는 매우 훌륭하지만 의도하지 않은 결과를 가져올 때도 있다. 따라서 아예 등록을 하지 않기보다 등록할 수 있는 수를 제한하고, 동시에 고용한 직원들에 대한 신뢰를 회복하는 것이 급선무라고 할 수 있다.

제리 멀러가 설명했듯이, 평가 문화는 자체적 합리성을 바탕으로 발전되기 때문에 자체적 사각지대도 만들어낸다. 즉, 가진 도구가 망치뿐이기 때문에 문제 해결을 위해선 못을 박는 수밖에 없다고 생각하게 된다는 것이다.[176]

모든 문제는 더 많은 감시 감독, 더 나은 통제, 더 많은 품질 기준, 더 많은 핵심 성과지표, 더 많은 점수와 더 많은 절차에 대한 질문을 낳는다. 측정 및 평가 업무를 수행하는 직원은 품질 및 행정 부서에 고립되며, 앞서 말했던 최고경영진과 자기 자신

사이에 생성되는 건강하지 못한 순환 고리에 빠져들게 된다. 최고경영진은 무슨 일이 일어나고 있는지 알고 싶어 한다. 왜냐하면 오늘날의 공공 및 민간부문의 '전문' 경영인은 관련 전문가가 아닌 경우가 많기 때문이다. 그래서 그들은 직원들이 실제로 무엇을 하는지 거의 이해하지 못한다. 그 때문에 좋은 품질이 무엇을 의미하는지, 효율성과 성능은 무엇인지 다른 이들에게 '번역'을 맡기고 싶은 유혹을 크게 느낀다. 이때 가장 분명한 공통분모는 숫자다.

직원들이 회사의 전자 학습 프로그램을 이수했는지의 여부에 대해 이야기했던 8장의 예를 생각해보라. 그들은 직원들이 프로그램의 내용을 이해했는지, 그것이 직원들의 업무에 도움이 되었는지에 대해서는 관심이 없었다.

멀러의 요점은 평가 문화가 만들어낸 맹점과 다음 세 가지로 입증할 수 있는 소위 '신뢰 시스템'에 조직의 도전이 필요하다는 것이다.

① 우리는 경험과 재능을 바탕으로 한 전문적 평가 및 비교를 위해 표준화된 수적 지표를 사용하는 것이 가능하고 또 바람직하다고 믿는다.
② 우리는 이러한 측정을 통해 조직이 목적을 달성했음을 증명할 수 있다고 믿는다.
③ 우리는 직원에게 동기부여를 할 수 있는 가장 좋은 방법이, 측정 가능한 결과에 따라 직원에게 상을 주거나 처벌하는

것이라고 믿는다.

조직이 멀러가 말하는 '고정된 목표'를 피하기 위해서는
해당 조직이 위의 세 가지 사고방식에 대해 얼마나 많은 생각을
갖고 있는지에 따라 달라진다. 측정이 기본적으로 가져야 할 신
뢰를 뒷받침하는 도구일 뿐이라는 생각이나, 무언가가 제대로 작
동하지 않을 때 근거 있는 의심을 피력할 수 있다는 생각을 가지
고 있는 사람은 얼마나 많을까?

예를 들어, 고객은 비용을 지불했지만 검시관은 모습을 드
러내지 않았다는 보고를 받았다면 그의 업무를 평가할 수 있는
방법을 찾아야 한다. 이 경우 발생할 수 있는 문제는, 자신이 하는
일을 모두 기록하고 얼마나 현장에 머물렀으며 무엇을 관찰했는
지에 관해 긴 보고서를 작성하는 이들이 잠재적인 사기꾼으로 간
주될 수 있다는 것이다.

조직은 숫자를 보충 자료로만 사용하고 측정값을 제한해
야 한다. 즉, 작업관리 방식에서 숫자를 '기본값'으로 사용해서는
안 된다는 말이다.

측정 요소를 소수의 항목으로 제한하라

불행하게도 나는 측정 항목이나 그 횟수를 어느 정도로 줄여야
하는지 정확한 수치를 제시할 수 없다. 일주일에 얼마나 많은 이
메일을 보내는지나 회의 진행 빈도가 적절한지 말할 수 없는 것
과 마찬가지다. 그러한 황금률의 수는 존재하지 않고, 존재한다

는 가정 또한 무성의한 일이다. 대신 나는 조직 운영에서 모든 측정값, KPI 및 벤치마킹 등을 비판적인 시각으로 살펴보기를 제안한다. 아마도 그 수를 반으로 줄일 수 있거나, 경우에 따라서는 더 크게 감소시킬 수 있을지도 모른다.

하지만 어떤 경우가 되었든 측정값을 얼마나 신뢰할 수 있고, 그 근거는 얼마나 충분한지에 비판적으로 검토해야 한다. 우리는 관련 연구를 통해 일반적으로 신뢰성을 지닌 측정 방식의 상당 부분은 좋지 않은 방식으로 자료를 수집했기에, 이를 바탕으로 결론을 내리는 것은 정당화될 수 없다는 것을 알게 되었다. 잘못된 데이터 수집은 잘못된 결론을 가져온다. 쓰레기가 들어가면 쓰레기가 나올 수밖에 없다는 말이다. 하지만 우리는 일단 무언가가 그래프나 숫자로 변환되어 표시되면 다소 뻔뻔스러울 정도로 그것이 과학적이고 객관적이라고 믿는 경향이 있다.

여기서 재활 노력이 스스로 목욕할 수 있는 능력에 미치는 영향을 판단해야 하는 지자체 직원과 발터 사이의 대화[177]를 예로 들어보자.

> 직원: 다음 척도를 바탕으로 현재 얼마나 잘 지내고 있는지 말씀해주시겠습니까?
> 발터: 10.
> 직원: (회의적으로) 하지만 방금 잘 지내지 못한다고 말씀하시지 않았습니까?
> 발터: 나는 이 병원에 오기 전에는 잘 지냈어요.

직원: 하지만 중요한 것은 바로 지금 현재입니다. 과거에 어떻
게 지냈는지는 상관없습니다.

발터: 지금은 전혀 그렇지 않습니다. 내가 직접 해야 할 일을
누군가가 대신해주는데도 불구하고 말입니다.

직원: 맞는 말씀입니다. 하지만 만약 당신이 직접 이 일을 해야
할 경우 얼마나 잘해낼 수 있다고 생각하는지요?

(발터는 혼란스럽다는 표정으로 침묵을 지켰다)

직원: 7이라고 할까요?

발터: 네, 그러세요.

이 경우, 그 숫자는 무작위로 뽑은 것과 다르지 않다. 불행
하게도 이는 특별한 일이 아니다. 설문조사 전화를 받는 경우를
예로 들어보자. 설문조사에 5분 정도 걸릴 것이라는 말을 들었으
나, 얼마 후 이미 10분이 흘렀고 아이들을 재울 시간이 지났다는
생각에 마음이 조급해지는 경우를 경험해본 사람도 있을 것이다.
이때, 질문자가 답해야 하는 범위인 1부터 10까지가 얼마나 정확
하고 포괄적인 답변이 될 수 있는지 생각해보라. 대개 설문조사
를 얼른 끝내고 싶은 마음에 깊은 생각 없이 대답을 할 것이다. 이
것은 나쁜 질문에 대한 나쁜 대답이다. 나쁜 질문은 우리가 어떤
중요한 결정이나 판단을 할 때 통찰력과 전문성을 바탕으로 한
평가보다 숫자와 그래프를 더 신뢰하기 때문에 만들어진다.

또 다른 좋은 예는 시간 기록이다. 우리에게 익숙한 시간
기록은 여러 연구를 통해 심각한 결함이 있다는 것이 드러났다.

사람들은 금요일 오후 퇴근을 하려고 문을 반쯤 나갔다가 다시 들어와, 주중에 개별 프로젝트에 얼마나 많은 시간을 소비했는지 서둘러 확인하곤 한다.[178] 많은 크고 중요한 결정들이 바로 이처럼 잘못된 측정 방식을 통해 내려지는데, 이것은 명백한 시간 낭비다.

앞서 언급했듯 시간은 오늘날 소위 백스테이지 업무를 판단하기 위한 좋은 측정 방법이라 할 수 없다. 만약 시간이 업무의 측정 수단이 된다면 사람들은 계속 직장에 머물러 시간을 사용할 수 있는 프로젝트를 찾게 될 것이다.

내가 대화를 나누었던 라세는 한때 자신의 회사에 '이사회 관리'가 도입되었던 적이 있었다고 말했다. 이사회 관리란 매일 아침 부서장이 각각의 직원에게 앞으로 무슨 일을 할지 최소 사흘간의 계획을 듣는 것이었다. 이런 회의보다 파킨슨의 법칙을 더 잘 설명하는 것은 없다. 사무실에 있는 화이트보드에는 각 프로젝트에 소요될 정확한 시간을 예측하는 작은 메모가 가득 채워졌고, 그를 보면 직원들은 일로 가득 찬 생산적인 한 주를 보낸 것 같았다.

라세는 내게 말했다.

"우리는 일련의 작업을 앞에 두고, 각각의 시간을 늘려 일정을 채웠어요. 어떤 직원도 그 시스템이 생산적이거나 건설적이라고 생각하지 않았죠."

라세는 이 모든 것이 공공부문을 위한 측정 시스템에서 생겨났다고 주장했다. 같은 사람들이 자신의 직장에서 그 시스템에 노출되었을 때, 아무도 그 가치를 볼 수 없었던 것은 매우 아이러니하다.

오직 시간으로만 작업을 평가할 수 있다는 산업사회의 고정관념에서 벗어나고자 할 때, 시간 측정은 자연스럽게 중단될 수 있다. 직원과 관리자 사이에 불신을 조성하고 할당된 시간을 채우기 위해 작업을 늘이는 일은 중단해야만 한다. 시간으로 작업을 측정하는 것은 생산성과는 아무런 관련이 없다.

하지만 오늘날의 생산 형태와 일치하지 않는 측정 체제는 시간에 관한 문제뿐만이 아니라, 우리에게 동기를 부여하는 것은 무엇인지에 관한 문제이기도 하다. 관련 연구자들의 조사에 따르면 우리는 아무 결과도 얻지 못하거나 실제로 결과에 직접적으로 부정적인 영향을 미치는 측정 항목과 그 계산에 엄청난 시간을 소비한다.

성과지표는 창의성을 짓누르고 동기를 짓밟으며 시간을 훔쳐간다

앞서 언급한 마리안네는 프로세스를 따르고 결코 필요하지 않은 영역에 대한 지침을 읽는 데 엄청난 시간을 소비했다. 그러나 그녀에게 회사의 가장 나쁜 점은 이것이 아니었다. 그녀가 '비인간적이고 굴욕적인 과정'이라고 표현했던 것은 바로 연간 성과 측정이었다. 그녀와 그녀의 상사는 1년의 목표, 결과 및 지표를 설정해야 했고, 그 작업에는 엄청난 시간이 걸렸다.

"우리는 1년에 3번씩 시스템에 접근해서 요구하는 항목을 직접 채워 넣어야만 했어요. 올해 목표를 적는 것부터 시작되죠. 여기에서는 고용계약서에 적힌 직무 설명만으로는 부족합니다. 공식적으로 고용된 업무 범위를 넘어서는 내용이어야만 했어요. 새로운 프로세스를 생성하는 경우가 있겠죠. 그건 정말 좋은 예가 될 수 있었어요. 회사의 특허 정책 업데이트도 좋은 예에 속하고요. 그 외에 경영진이 제시한 갖가지 목표들을 바탕으로 직원들이 자진해서 하게 되는 업무도 많았어요."

마리안네가 직면했던 문제는 그 목표가 합리적이냐 아니냐의 여부가 아니었다. 그녀는 종종 상사가 단지 무언가를 만들어내기 위해 프로세스를 만들어내는 것을 보았고, 마리안네는 그중에서 그다지 절망적으로 보이지 않는 목표를 선택했다. 이러한 절차는 직원들을 헛소리가 난무하는 코미디 무대로 밀어 넣는 것과 다르지 않았다.

"그냥 과제를 해결할 계획이라고 쓰면 안 됐어요. 매우 중요한 목표부터 먼저 설정해야만 했지요. 예를 들어, 국제 지수 지표에서 회사가 더 나은 등급을 확보한다는 것 등입니다."

확실히 그것은 매우 훌륭한 목표처럼 들린다.

마리안네의 다음 작업은, 그녀의 작은 노력을 바탕으로 회사에 재직하는 수만 명의 직원이 해당 목표에 조금 더 가까워질 수 있다는 것을 증명할 수 있도록 무언가를 공식화하는 일이었다. 이처럼 '많은 작은 시냇물이 모이면 큰 강이 된다'라는 논리를 바탕으로 생성된 목표는 '특허 정책을 개선하기'였다.

다음 항목은 다양한 분기에 걸쳐 각각 다른 여러 이정표를 수립하는 것이었다. 마리안네는 이를 위해 듣기에 매우 인상적인 말을 사용해야 했다고 말했다. 정확한 개념의 용어를 사용해 스스로를 돋보이게 하는 것도 매우 중요했다. 여기에 대해 상사는 언급을 하고 마리안네는 답변을 했다. 그 뒤에는 이 모든 것을 디지털 서랍 속에 넣어두고 다음 중간평가 시기가 올 때까지 잊어버리고 있으면 되었다. 마리안네는 그 일을 하면서 고통스러워했고 의욕을 완전히 잃었다.

"거기 앉아서 스스로를 평가하고 헛소리를 써야만 했어요. 제가 결국 무엇을 썼는지 기억나지 않지만, 단지 상황을 끝내기 위해 무언가를 적었어요. 동료들이 조금도 감탄하지 않으리라는 것을 잘 알면서도 적절한 전문용어를 사용하기도 했어요. 그것은 시스템을 위해서 했던 일이고 상사들도 분명히 그렇게 느꼈겠지요. 언젠가 직속 상사는 부사장들이 모인 자리에서 셀프 평가를 통해 무엇을 얻었는지 물어보았어요. 그곳에 모인 사람들은 모두 하나같이 없다고 답했죠. 즉, 모두들 그것이 중요하지 않다는 것을 너무나 잘 알고 있지만 어쨌든 해야 하는 일로 인식하고 있었다는 의미예요."

이처럼 코미디 같은 일은 마커스 버킹엄과 애슐리 구달이 공저 『일에 관한 9가지 거짓말Nine Lies About Work』에서 매우 잘 요약했다.

"목표에 대한 셀프 평가는 실제 자기 자신의 업무를 평가하는 것과는 상관없다. 그것은 자기 홍보와 정치적 입지를 확보하기 위해 사전에 잘 계획된 일에 불과하다. (……) 회사는 우리에게 일련의 추상적인 목표를 바탕으로 스스로를 평가해보라고 요청하지만 그 평가서는 단 몇 주 후에 아무런 상관도 없는 휴지 조각으로 변하기 일쑤다. 우리는 무의미한 일을 매우 의미 있는 것처럼 하라고 요구받는데, 이것은 우리를 미치기 일보 직전으로 만들기에 충분하다."[179]

그리고 그것은 실제로 무의미하다. 성과 검토와 정교한 측정 프로세스는 대체로 비효율적이고 시간 낭비다. 우리는 이를 오래전부터 알고 있었지만, 아무도 어떤 조치조차 취하지 않았다. 2000년에 한 연구자 팀이 약 5,000명의 관리자를 대상으로 성과 검토에 대한 사항을 주의 깊게 조사한 결과, 성과 결과의 62%가 관련 업무를 직접 수행한 사람이 아니라 목표를 설정한 사람에게 돌아간다는 것을 발견했다. 반면, 실제로 업무를 수행했던 사람에 대해 실질적 성과가 귀속된다는 데이터는 21%를 넘지 않았다. 직원 평가에 있어서는 누가 평가를 받았는가보다 누가 평가를 했는지 확인하는 것이 더 쉬웠다.[180]

세계 최고의 경영대학원 인시아드INSEAD(프랑스의 비영리 경영대학원—옮긴이)의 데이비드 영과 케빈 카이저 교수는 2013년 출간한 공저 『블루 라인의 중요성The Blue Line Imperative』을 통해 KPI가 회사 가치를 파괴시키는 데 직접적인 책임이 있다고 주장했다. 왜냐하면 현실 세계에서는 거짓말과 조작이 실질적인 업무를 통해 가치를 창출해내는 것보다 더 큰 보상을 받을 수 있기 때문이다.[181]

이러한 인식은 최근 어도비, 액센츄어, 딜로이트와 같은 중요하고 성과지향적인 기업에도 확산되었다. 이 기업들은 관리자들에게 수백 명의 직원을 다양한 매개변수로 평가하는 것이 유용하고 합리적인가, 라는 질문을 던졌을 때, 58%나 되는 응답자가 그렇지 않다고 대답했고 결국 대부분 쓸모없는 도구에 불과한 것으로 나타난 열정의 거품 속에서 벗어날 수 있었다.[182]

십슨 컨설팅Sibson Consulting 그룹의 조사에 따르면 기업 관리자들의 66%는 누가 보너스를 얼마나 받아야 하는지 파악할 때만 이러한 시스템을 사용했다.[183] 이 시스템은 직원들이 얼마나 효율적으로 일하는지를 측정하기 위해서가 아니라 어떻게 보너스를 분배해야 하는지 근거를 찾기 위해 사용되고 있다. 여기에 대해, 일부 사람들은 보너스가 업무에 동기를 부여하기 때문에 성과 평가 시스템이 합리적인 도구가 될 수 있다고 주장한다.

그러나 이 가정 또한 잘못되었다. 불행하게도 대부분의 관리자들은 보너스가 동기와 혁신을 저하시킨다는 연구 결과가 1940년대부터 있었다는 것을 모른다. 다니엘 핑크는『동기: 우리에게 동기를 부여하는 것에 대한 놀라운 진실』이라는 저서에서 '과학이 말하는 것과 기업들이 실제로 하는 일에는 엄청난 차이가 있다'라고 말했다.[184]

많은 동기심리학자들이 여러 해에 걸쳐『숨겨진 보상 비용The Hidden Cost of Rewards』(1978) 및 『보상에 의한 처벌Punished by Rewards』(1993)과 같은 책을 쏟아냈음에도 불구하고 비즈니스 세계에서는 사람들이 어떤 복잡한 작업을 수행하는 데 보상이 있을 경우, 보상이 없을 때보다 훨씬 더 빨리 관심을 잃는다는 사실을 증명하는 수많은 연구에 관심을 보이지 않았다.[185] 실제 실험을 통해서도 어떤 작업을 수행하는 사람들이 그에 대한 대가를 지불받기 시작하자마자 그들의 작업 수행 태도가 달라진다는 것이 밝혀졌다.

학자들에 의하면 사람들은 일에 대한 내적 욕구를 잃어버릴 때 일종의 '터널 비전'을 갖게 된다. 외부적 보상에 초점을 맞추면 더 빨리 작업하려는 욕구를 잃게 되며, 문제 해결 방식 또한 고루해진다. 우리 대부분은 업무에 대한 기본적인 보상을 기대한다. 하지만 직원의 코앞에서 보너스를 흔들면 오히려 업무 결과의 품질이나 수준이 낮아졌다. 이때 반복적이고 일상적인 작업은 예외였다. 일선 현장인 프론트스테이지에서 일하는 사람들에게 재정적 보상을 약속했을 때는 일부 초기 작업이 확연히 개선되는 것을 볼 수 있었다. 그들은 더 많은 급여를 받기 위해 생산 라인의 업무 속도를 높일 수 있었다.

반면 백스테이지 업무, 즉 지식 및 혁신과 관련된 작업들은 보상이 약속될 경우 오히려 품질이 떨어졌다. 성과에 따른 급여, 성과 계약 및 기타 관련 사항들은 여전히 우리가 산업사회적 마인드에서 벗어나지 못하고 있다는 사실을 보여준다. 결과적으로는 좋지 않은 작업이지만 더 많은 시간을 투자했다는 이유로 큰 보상을 받는 직원들도 있다. 심지어 그들은 그 시간을 측정하고 기록하고 공식화하는 데 많은 시간을 투자하기도 한다. 그리고 관리자들은 이것을 조정하고 정규화하고 서로 토론한 후, 직원들을 유능하게 만드는 것이 아니라 오히려 직원들에게 해를 끼칠 수도 있는 보너스를 지급한다. 이것들의 이유는 우리가 금전적 인센티브가 항상 더 나은 성과로 이어진다고 배웠던 문화에서 벗어나지 못하고 있기 때문이다. 비록 이런 견해를 뒷받침하는 것은 아무것도 없지만 말이다.

그렇다면 이는 무엇을 의미할까? 우리에게 필요한 것은 과연 전략적 벤치마킹이나 초점 없이 직원들이 100가지 다른 방향으로 달리도록 가만히 놔두는 조직일까? 그렇지 않다. 우리는 목표를 현명하고 구체적으로 설정하되, 그 수를 줄이고 하나의 간단한 규칙을 적용해야 한다. 즉, 측정 가능한 모든 것은 그 자체로 가치가 있어야 한다는 것이다.

올바르게 측정하려면

핵심성과지표의 문제점은 바로 '지표'라는 단어다. 우리는 우리가 측정하는 행위가 좋은 결과로 이어질지 알 수 없다. 하지만 우리는 '지표'가 좋은 결과를 의미한다고 생각한다. 이것이 바로 우리가 길을 잃게 되는 이유다. 우리는 여기서 지표를 제거하고 실제로 누군가에게 비용을 지불해도 아깝지 않을 정도의 업무와 그 결과로 대체할 수 있는 말을 요구해야 한다. 이어서 업무를 수행할 때 구체적인 결과에 초점을 맞추는 대신 '지표'를 사용할 때 상황이 어떻게 잘못될 수 있는지 설명해보려 한다.

전 코펜하겐 지자체의 시장 세실리에 론닝-스코브고르는 새로운 고용 센터 설립 1주년을 기념하면서 자신의 링크드인 프로필에 다음과 같이 적었다.

"수많은 실업 시민들이 발뷔^{Valby}에 자리한 고용 센터를 찾 았습니다. 정확히 말하자면 지금까지 55,000명의 시민들이 이곳 을 방문했고, 약 180,000건의 인터뷰가 이루어졌습니다."

언뜻 들으면 그 고용 센터에서는 매우 활발한 움직임이 있었던 것 같다. 하지만 어떤 회사가 고객에게 다음과 같은 뉴스 레터를 보냈다면 과연 어떻게 들릴지 생각해보라.

"올해 우리는 고객에게 100,000통의 이메일을 발송했고, 고객들과 600번의 미팅을 가졌으며, 고객 지원에 총 8,000시간을 사용했습니다."

대부분의 고객은 숫자들을 보며 무슨 생각을 했을까? 여 기에는 고객들이 그 회사의 제품에 만족했는지에 대해서는 아무 것도 나타나 있지 않다.

시장의 말에 고용 센터에서 얼마나 많은 실업자들에게 일 자리를 제공했는지에 대한 정보가 없다는 점도 흥미롭다. 고용 센터의 핵심 서비스는 바로 그것인데도 말이다. 물론, 회의가 이 에 기여하기를 바라지만 (해당 분야의 선도적인 연구자들은 실제로 회의 가 어떤 효과를 창출했는지 의문을 제기한다) 여기서 중요한 것은 그들 의 강조점이 결과가 아니라 과정이라는 점이다.¹⁸⁶

그 결과로, 이 장의 초반에도 언급했듯이 직원들은 필요할 때 개개인의 전문적 평가를 바탕으로 하는 것이 아니라, 평가 기 준에 맞추기 위해 회의를 개최하게 된다.

코로나 위기 당시 한 병원의 주임 의사가 보낸 편지에 따 르면, 병원의 행정관료들은 코로나 폐쇄 기간 동안 생산성이 떨어져 불만을 품었다. 그들은 병원의 생산성을 의사와 환자가 얼마나 많은 대화를 나누었는지를 바탕으로 측정했는데, 이때 환자와 의사와의 전화 통화는 직접 대면보다 낮은 점수로 매겨졌다. 환자와 얼마나 많은 '물리적 만남'을 했는지에 따라 직원을 평가하는 의료 조직에서 인센티브 구조가 어떨지 상상하는 것은 그리 어렵지 않다. 덴마크 각 지역의 조사에 의하면 이 수치는 2009년부터 2017년까지 20% 증가했다.[187] 그런데 문제는 사람들이 병원에 가는 이유는 의사와 만나기 위해서가 아니라 건강을 회복하기 위해서라는 사실이다.

마찬가지로 사람들이 고용 센터에 가는 것은 직업을 구하기 위해서다. 따라서 고용 센터를 통해 실제로 취업한 사람들의 수를 측정한다면 상황은 달라졌을 것이다. 우리가 고용 센터에서 수행하리라 기대하는 바로 그것이자, 과거에 고용 센터가 '고용 서비스'라는 더 정확한 이름으로 알려졌던 이유 말이다.

목표가 가짜 노동으로 전환되는 것을 핵심적으로 방지하기 위해서는 측정 항목 수를 줄이고, 개별 목표가 구체적인 결과로 이어질 수 있도록 해야 한다. 이를 위해서는 오랫동안 개선의 여지를 보이지 않았고, 직원들의 의욕을 꺾고, 혁신을 죽이는 KPI 문화와 맞서 싸워야 한다.

이때 가장 중요한 법칙은, 측정되어야 하는 그 작업을 다른 누가 수행했을 때, 그 사람에게 기꺼이 비용을 지불할 수 있는가에 있다. 만약 이때 그렇지 않다는 대답이 나온다면 측정하지 말라. 그 누구도 고용 센터의 회의, 병원에서의 '만남', 뉴스레터,

경찰들의 순찰 업무, 또는 고객지원에 대한 비용을 지불하지 않을 것이다. 반면 일자리를 구하고, 치료를 받고, 중요한 정보를 얻고, 범죄를 줄이고, IT 문제에 대한 구체적 해결을 얻기 위해서는 선뜻 비용을 지불하려 할 것이다.

　이 목표는 상사나 관리자 혼자 설정하는 대신 상사와 직원이 협력하여 설정해야 한다. 목표에 영향을 미치거나 또는 영향을 미칠 수 있는지의 여부는 그 일을 직접 수행하는 직원만이 평가할 수 있다. 관리자는 이를 통해, 해당 직원이 가치 창출을 위해 실제로 어떤 역할을 하는지 더 많은 지식을 얻을 수 있다. 이것은 목표가 합리적인지, 달성 가능한지, 의미 있는지, 구체적인 가치를 창출할 수 있을지를 알아내는 데 큰 도움이 될 수 있다. 올바른 목표를 설정하는 방법에 대한 광범위한 연구에서도 이 방법을 권장하고 있다.[188]

　이러한 방법은 궁극적으로 전문성을 다시 확립하고 개별 직원에게 자신감을 되돌려줄 수 있을 것이다. 일반적으로 노력이 결과에 상응하는지의 여부를 가장 잘 평가할 수 있는 사람은 바로 그 일을 하는 직원이다. 경영진은 결과에 대한 기대 수준과 전략적 목표를 설정하고, 직원은 그 기대와 목표에 어떻게 도달할 수 있는지 알아내야 한다. 이때 관리 측면에서는 통제권을 포기해야 하는데, 그 때문에 많은 관리자들이 불편해할 수도 있다. 하지만 이것은 직원들의 직무 만족도를 높이고 직원들 간의 공동 책임을 창출할 수 있으며, 궁극적으로는 더 나은 성과를 가져올 수 있다.

용기 있는 관리자는 자신의 상사와 함께 목표를 설정할 뿐 아니라 직원들에게서도 의견을 구할 수 있다. 나는 지금껏 이렇게 하는 관리자들이 있다는 이야기를 들어보지 못했지만, 시도해볼 만한 가치는 충분히 있다고 생각한다. 관리자는 사전에 협력을 하고 통제권을 포기해야 한다. 만약 직원이 관리자가 평가할 내용을 결정하는 데 도움을 줄 수 있거나, 최소한 그와 관련된 의견을 제공할 수 있다면 실질적으로 의미 있는 목표를 현실화할 수 있는 가능성은 더욱 높아질 것이다.

머피의 법칙을 역이용하라

문학가인 다비드 야콥센 터너는 『위켄드아비센』에 「타임퀘이크 Tidsskælv」라는 칼럼을 기고했다. 그 내용은 어느 날 문득 그가 오래된 사진첩을 꺼내 어린 시절의 추억을 되돌아보다가 충격을 받았던 날의 이야기였다. 그는 부모와 떨어져 일주일 동안 스카우트 캠핑을 했던 일을 회상했다. 그는 '젖은 침낭 속에 누운 12명의 어린아이들을 홀로 책임지고 있는 20대 초반의 행복한 소년의 사진을 보다가, 그 아이들은 이 젊은 청년이 곁에 있어 매우 안전감을 느끼며 생활할 수 있었다는 사실'을 문득 떠올렸다고 했다. 그는 다시 별장 책임자와 함께 외레순을 거쳐 호벤 섬으로 가던 날의 사진을 보며 글을 이었다.

"우리는 배를 직접 조종할 수 있는 기회를 얻었는데, 기억에 남는 장면 중 하나는 그 배가 거의 수직 방향이었다는 것이었습니다. 우리는 푸른 파도가 아래로 떨어지는 것을 보며 배의 가장 윗부분에 앉아 난간에 발을 얹고 신나게 노래를 불렀습니다."

다음으로는 자동차를 타고 독일을 통과한 날을 회상했다.

"아이들은 뒷좌석에 누워 있었고, 어른들은 고무매트가 없는 놀이터, 안전망도 설치되어 있지 않았던 5미터 높이의 미끄럼틀과 개울에서 낚시를 하기 위해 안전모도 착용하지 않고 탔던 자전거 등에 대해 생각했습니다."

터너는 다음과 같이 어린 시절에 대한 성찰을 마무리했다.

"나의 어린 시절과 2020년을 살고 있는 아이들의 삶을 하나하나 비교하는 일은 진부하므로 나는 여기서 5가지 핵심 단어만 말하려 합니다. 그것은 차량용 유아 안전 시트, 사진 촬영 허용, 조직화된 놀이 그룹, 어린이용 안전 멜빵, 설탕 섭취 제한입니다. 나를 비롯한 우리 세대의 어른들은, 현대의 이 모든 합리적인 조치와 위험 최소화 및 선의의 보살핌 때문에 우리가 어렸을 때 경험했던 자유를 아이들에게 주지 못한다는 이 단순한 사실이 두렵습니다."[189]

나는 오늘날 우리 아이들의 삶이 진보와 감옥 중 무엇을 뜻하는지 생각하는 것은 기질의 문제라는 것을 잘 알고 있다. 그러나 논쟁의 여지가 없을 정도로 분명한 한 가지는, 오늘날의 우리는 과거와 동일한 수준의 위험을 처리할 수 없다는 것이다.

그 결과는 이 책에서 말했듯 규칙, 프로세스, 품질 요구 및 모든 규정 준수 등을 낳았고, 이는 관련된 문화에 의미 있는 영향을 미치기는커녕 오히려 제한하는 도구가 되어버렸다. 일이 잘못될 수 있다면 결국에는 잘못되고 만다는 머피의 법칙이 세상을 대하는 태도가 되어버린 것이나 마찬가지다. 즉, 우리가 살고 있는 사회는 초조함을 보상해주지만 그 초조함을 매우 마땅하게 여기는 신경과민적인 조직이라고 할 수 있다.

위험 최소화가 언제 히스테리로 변하는지, 또는 정확히 몇 미터의 안전 버팀대나 멜빵이 충분한지 말하는 것은 불가능하다. 하지만 위험성과 직원 비용의 관계에 대해 조사하고 새로운 비즈니스 사례나 규칙을 만드는 것은 좋은 생각이라 할 수 있다. 이 때에는 가상의 위험을 제거할 수 있다는 것을 잘 알지만, 대신 직원의 상식과 합리성을 신뢰하기로 선택했다고 말할 수 있는 용기 있는 관리자가 필요하다.

그들이 공개적으로 결정을 내린다면, 현실에서 면책조항으로 작용될 수도 있는 규정과 프로세스의 일부가 직원과 관리자 사이에 맺는 단체 계약의 일부가 될 수도 있다. 그렇다. 나는 공급업체가 법을 준수하고, 필요한 인증서를 가지고 있다는 강사의 말을 믿는다. 우리는 합리적인 한도 내에서 스스로 호텔, 저녁 식사 및 항공편을 예약할 수 있지만, 경영진의 외부 간섭 또한 있을 수 있다. 언급한 후자의 예는 넷플릭스 직원들이 누리는 자유이기도 하다. 넷플릭스 경영진의 목표는 스스로 문제를 해결할 수 있는 '어른'을 고용하는 것이기 때문이다.[190]

우리가 함께 위험을 감수하기로 합의하게 되면 규정과 문서 작업 그리고 상호 보험 등의 필요성이 줄어든다. 우리가 서로에게 더 많은 규칙을 부여할수록 그 규칙 사항이 읽히지 않을 가능성이 크기 때문이다(어쨌든 아무도 규칙을 기억하지 못하는 것은 사실이다). 따라서 가장 좋은 시작점은(누구도 읽지 않거나 대부분 기억하지 못할 정도로 비대해진) 직원 매뉴얼, 기업 규정, 모범 사례 및 회사 정책 등이 있는지 조사하는 것이다. 앞서 언급했던 일몰조항을 적용한다면 전혀 사용되지 않는 규칙을 제거할 수 있으며, 그 필요성을 많이 줄일 수 있다. 직원들의 제안을 바탕으로 관련성이 없는 규칙을 제거하는 연례 정리도 대안 중 하나다.

측정과 마찬가지로 지속적인 문서 작업 및 프로세스 요구 또한 실질적 업무에 추가되는 것들이다. 이는 시간이 걸리는 일이며 개발과 개선으로 이어지는 직원들의 깊고 집중된 실질적 업무와는 거리가 멀다.

그룬포스Grundfos 엔지니어들을 대상으로 한 '일상의 창의성'이라는 흥미로운 연구에서 올보르그대학교의 레네 탕고르 교수는 계획, 문서화 및 프로세스 요구가 혁신을 중단시키고 창의성과 혁신적 사고방식에 방해가 된다고 주장했다. 그녀의 인터뷰에서 기술자들은 원하는 품질의 제품을 납품하기 위해서는 장기적으로 보았을 때 시스템을 우회하는 작업을 할 수밖에 없다는 점을 인정했다.[191] 즉, 그들은 일을 완수하려고 스스로 위험을 감수해야만 했던 것이다.

만약 그룬포스의 관리자들이 이러한 장애 요소를 제거하고 직원들과 함께 위험을 감수하기로 결정했다면 어떻게 되었을까? 그렇다면, 일이 잘못되었을 경우 경영진이 직원들에게 책임을 전가하고 직원들이 일을 완수하기 위해 '규칙을 어겨야' 하는 대신 공동으로 책임을 지고 결정을 내릴 수 있을 것이다. 하지만 직원들과 함께 앉아 어떤 종류의 요구 조항들이 득보다 실이 많은지 논의하려면 관리자들의 용기가 필요하다.

하지만 이런 식의 논의가 결코 어려운 일은 아니다. 그렇다면 기다릴 필요가 없지 않은가?

제한된 합리성

: 적은 것에 만족하는 법을 배워라

일반적으로 보상이 성과를 더 부정적인 방향으로 이끈다는 사실에 일부 독자는 놀랄 수 있다. 회의적인 사람들은 다니엘 핑크의 『동기』를 읽어보라. 그러면 그 결과가 매우 명확하다는 것을 알 수 있을 것이다.

그래도 여전히 회의적이라면, 그것은 우리가 어렸을 때부터, 인간은 자기 자신에게 가장 이익이 되는 결정을 내리는 이성적인 존재라는 생각을 길러왔기 때문이다. 하지만 그런 인간은 현실에 존재하지 않는다. 적어도 항상 그렇지는 않다. 그것은 이론에 불과하다. 오히려 현실에서는 사람들이 꽤 어리석은 선택을 자주 내린다. 우리가 이용할 수 있는 정보의 양이 제한되어 있기 때문이다. 하지만 대부분의 경우에는 오히려 제한된 정보에 기초하여 행동하는 것이 합리적이다. 너무 많은 정보를 바탕으로 자신의 생각이나 주장을 확신하려면 많은 시간과 에너지가 필요하기 때문이다.

이를 설명한 사람들 중 하나는 바로 노벨 경제학상 수상자인 경제학자 허버트 사이먼이다. 그는 '제한된 합리성'이라는 개념을 소개하고 이를 경영에 적용했다. 그가 말하는 가장 현명한 리더는 최적의 결과를 추구하는 사람이 아니라, 적절한 결과에 만족하는 사람이었다. 최적의 결과만 추구하다 보면 불필요하게 많은 시간과 자원을 투자해야 하고 상대적으로 좋지 않은 결과가 나타나는 절망적 상황을 경험할 수 있기 때문이다.

불행하게도 많은 조직에서는 사이먼의 말을 귀담아 듣지 않고 '기대를 넘어서는 기대' '최적의 솔루션' '동급 최고' 등 기타 인상적이지만 실제로는 공허한 개념에 대해 이야기한다. 이 모든 것은 헛소리다. 앞에서 언급했던 『시간, 재능, 에너지』에서 저자는 조직의 관리자들이 수사의 사용을 금지하고 대신 '목표에 적합한Fit for Purpose'이라고 말함으로써 실제로 중요한 것에 집중했던 예를 소개했다.[192] '충분함'만으로는 부족하다고 말할 때, 그 말이 인상을 주려는 대상은 누구인가? 그토록 많은 에너지를 소비하지만 왜 개선은 거의 하지 않는가?

많은 조직들은 허버트 사이먼의 조언을 금방 잊어버린다. 그들은 실제로 100% 최적의 성과 또는 적어도 최적에 가까운 성과를 낼 수 있는 방법이 있다고 믿는다. 그래서 그들은 어떤 일이 잘못되었을 때 '다시는 이런 일이 일어나지 않도록' 지시를 내린다. 이 지시에 긍정적으로 대답하는 사람은 틀림없이 앞으로 가짜 노동에 빠져들게 될 것이다. 그러한 보장은 현실 세계에서 이루어질 수 없기 때문이다.

나는 제약업계에 종사하는 마틸데의 예로 이 책을 마무리하려 한다. 제약산업은 프로세스 집약적 산업이며 외부에서 부과되는 수많은 규정을 고려해야 한다. 하지만 마틸데는 그 많은 규정 중에 상당 부분이 바로 조직 자체에서 비롯된다고 믿었다. 그녀의 직장은 신중함과 건강하지 못한 인센티브 구조로 이루어져 있다.

"명예, 보너스, 좋은 성과 평가는 새로운 프로세스를 정의하고 개발하고 개선하며 그를 설명하는 엄청난 양의 문서를 준비하는 데 부지런하게 참여하는 직원들만 얻을 수 있죠."

마틸데는 바로 그런 이유 때문에 직원들이 서로의 업무를 더 복잡하게 만들게 되었다고 했다. 왜냐하면 이러한 업무 환경에서는 항상 긴장감과 과도한 철저함으로 무장해 동료를 능가하는 사람이 있기 때문이다.

"한때 우리는 '심층 분석^{Deep Dive-analyse}'이라고 부르는 프로젝트를 진행했어요. 회사에서는 자체 조사를 통해 당시 출시하려 계획했던 의약 제품을 미국 경쟁사보다 더 빨리 시장에 내놓을 수 있다고 믿었기 때문이에요."

마틸데의 말에 의하면 당시 회사에서는 실제로 특허 출허가 코앞에 있다고 믿었지만 그 근거는 미미했다고 말했다.

"그렇다고 해서 경쟁사가 수입 당국을 통해 우리를 상대로 소송을 제기하는 것을 막지는 못했어요. 사실 그것은 국제 특허법보다는 미국의 보호주의의 기반을 둔 것이었고 실제 소송으로 이어지지는 않았어요. 내부에서는 싸움에서 패배하는 대신 비용이 많이 들더라도 그 경쟁사와 합의를 체결하자는 의견이 대두되었죠. 그로 인해 우리는 엄청난 양의 후속 작업을 해야만 했고,

모두가 그것이 잘못되었다고 인지하게 되었습니다. 우리는 다시는 이런 일이 일어나서는 안 된다고 생각했어요."

마틸데는 바로 그러한 생각이 다시 일이 잘못될 수 있는 시작점이라고 믿었다. 그들은 미국의 법률 시스템이 비전문적이고 편견이 있다고 (이것은 이미 잘 알려진 사실이다) 결론을 내리는 대신, 자신들이 업무를 제대로 수행하지 못해서 그런 일이 일어났다고 결론을 내렸기 때문이다.

"그러고는—놀랍게도—새로운 프로세스가 진행됩니다! 누군가는 그 프로세스에 대한 문서도 있다면 더 훌륭하게 보일 것이라는 사실을 알아냈어요. 하지만 그렇게 하더라도 재판 결과는 바뀌지 않았을 거예요."

마틸데는 조직이 자체적으로 오류와 부족한 점을 찾아 자가 치유에 들어가는 방법을 설명했다. 이때 언급한 조직의 오류와 부족한 점은 논쟁에서 반대 논리를 찾아내고 전문성이 결여된 무능한 법원의 판결에 아무런 영향도 미치지 않는다.

"그 새로운 프로세스는 우리가 보유하고 있던 모든 문서를 검토하는 것이었어요. 아직 우리를 상대로 실제적 소송을 제기하지도 않은 경쟁사의 권리를 침해하지 않으려는 목적이었고 매우 불필요했습니다."

경쟁사의 주장은 의약품 생산 시 그들이 일부 조건에 대한 문서가 부족하다는, 매우 희박한 기술적 근거에 바탕을 둔 것이었지만, 그럼에도 그들은 회사 전체 문서를 검토하는 대대적 프로세스를 시작했다.

"끝없는 일이 이어졌죠. 왜냐하면 그것이 언제 충분하다고 말할 수 있을지 아무도 몰랐기 때문이에요."

마틸데의 조직 어딘가에 있는 관리자가 다시는 이런 일이 발생하지 않으리라고 최고경영자에게 보장하는 광경을 상상하기란 어렵지 않다. 누군가는 이 일을 통해 무엇을 배웠는지 질문할 수도 있을 것이다. 조직의 헌신적인 직원은 미국 당국이 보호주의적 동기를 근거로 비합리적인 판단을 내렸고, 세상의 모든 일에 대비할 수는 없다고 결론을 내리는 대신, 개선 가능성이 있는 틈새 영역을 성실하게 찾아냈다. 이는 합리적인 결론처럼 보이지만, 실제로는 전혀 도움이 되지 않는다. 이는 우리가 실수라곤 전혀 찾아볼 수 없는 완벽한 세계에서 살 것이라는 거짓말과 다르지 않다.

우리가 그 거짓말에 상을 주고 야심적이라고 부르는 이유는 많은 사람들이 그 거짓말을 믿고 싶어 하기 때문이다. 가짜 노동을 피하려면 충분함이 충분함으로 받아들여지지 않는 곳에서, 실제로 제거할 수 있는 리스크 요소가 무엇인지 찾아낼 수 있는 관리자가 필요하다. 그 관리자는 자기 자신의 합리성이 제한적이라는 사실을 인정하며, 비극적인 악순환을 초래하는 그럴듯한 이미지에 대항할 수 있어야 한다.

머피의 법칙이 성립하지 않을 가능성도 있다. 안전벨트와 보호대를 사용하지 않아 별일이 일어나지 않을 가능성이 있다는 말이다. 이에 대해 살아 있는 증거는 나와 내 동료의 상당수가 실제로 1980년대에 어린 시절을 보냈고 살아남았다는 것이다.

맺음말

나는 이 책을 집필하는 동안 부각되었던 몇 가지 고려 사항과 질문을 다시 살펴보고자 한다. 특히, 시간이 흐름에 따라 사람들이 지적해왔지만 여전히 회의적인 시선을 거두지 못했던 가짜 노동의 문제점과 그 해결책에 대해 몇 가지 언급할 생각이다. 그런 다음 문제 해결에 있어 간과되었던 몇 가지 간단한 해결책으로 결론을 내리려고 한다.

작업에는 목적이 필요 없다
: 의미만 있어도 충분하다

나는 전 세계적으로 너무나 많은 사람들이 직장에서 일하는 데 의욕이 없고 스트레스를 받으며 심지어 자신이 하는 일이 무의미하다고 생각하는 이유가, 그들이 아무런 변화도 가져오지 않는 일을 하기 때문이라고 생각한다. 하지만 최근 몇 년 동안 대다수의 경영 이론가들은, 글로벌 리더들이 조직에 달성할 목적을 부여해 이 문제를 해결해야 한다고 주장해왔다. 이 분야에 특히 영향력이 있는 사람은 영국에서 태어난 컨설턴트 사이먼 시넥이며, 그는 2009년에 출간한 『나는 왜 이 일을 하는가Start with Why』라는 책에서 조직이 존재하는 이유에 대한 질문이 그 조직의 구성원이 하는 모든 일의 가이드라인이 될 수 있어야 한다고 주장했다. 이 '왜'라는 질문은 조직의 사명 및 비전과 크게 다르지 않으며 동시에 구성원들이 하는 일이 의미를 가지도록 방향을 제시해줄 수 있기 때문이다.[193]

매우 그럴듯하게 들리지만, 사고에는 일부 문제도 있다. 경영 철학의 예시는 애플, 에어비앤비, 유니레버(이 기업의 목적은 지속 가능한 삶을 일반화하는 것이다) 등 성공한 세 개의 기업이다. 하지만 이들 기업이 목적이 있었기 때문에 성공한 것인지, 아니면 성공을 통해 자신이 하는 일에 대한 목적(앞서 언급한 후광효과)을 고안할 수 있는 수단을 얻을 수 있었기 때문인지 정확하게 말하기는 어렵다.

개별적으로 보았을 때 업무에 전반적인 목표를 정하는 것은 나쁘지 않다. 하지만 나는 이것이 가짜 노동을 없앨 치료법이 될 수 있으리라고는 생각지 않는다. 왜냐하면 나는 컨설턴트로서 회사를 위해 가치를 설정하고 임무를 제공해준 후, 그것이 후에 크고 작은 논쟁의 주제로 등장하는 것을 자주 보았기 때문이다.

약간의 선의를 가진 대다수의 직원들은, 부동산 업자들의 목표처럼, 실제로는 절망적인 작업이지만 크게 보았을 때는 '다른 이들의 꿈을 실현시켜 줄 수도 있다고 주장할 수도 있다. 하지만 부동산 업자 또는 비서 들이 회계 처리, 문서 스캔, APV(직장 평가—옮긴이) 작성, 사안 접수, 또는 새 직원을 고용할 때에도 참여하고 감독할 수 있을까? 나는 충분히 공격적인 직원이라면 회사의 더 높은 목적과 비전을 바탕으로 자신의 주장을 펼치는 방법을 알아낼 수 있을 것이라 확신한다. 하지만 그것이 진정으로 조직의 내부에서 나온 것일까? 아니면 상황을 위해 만들어진 강요된 주장일까? 불행히도 나는 대부분의 경우 후자를 경험했다. 나는 모든 업무가 더 높은 목적이나 비전과 연결되어야 한다고 요구하는 것은 지나친 일이라고 생각한다. 중요한 것은 업무의 의미와 목적을 구별하기이다.

이 책은 일에서 의미를 찾는 것에 관한 책이다. 우리의 업무는 실제적 요구에서 비롯된 것이어야 하고, 목표를 달성하기 위한 유용한 무언가를 지원하고 개선할 수 있는 것이라야 한다. 예를 들어, 기업의 회계장부는 정확해야 한다. 회계 업무는 조직을 지원하는 업무로, 그 어떤 높은 목표를 가지고 있는 조직이라 하더라도 기본적으로 수행해야 한다. 나는 우리가 전체적인 목적에만 과하게 집중하면 실수를 범할 수 있다고 생각한다. 부동산 중개업을 비롯한 대부분의 민간단체의 목적은 돈을 버는 것이다. 그리고 여기에는 잘못된 것이 없다. 그렇지 않은가?

소득이 없다면 기업도 없다. 따라서 목적도 없어진다. 나는 조직이 어떤 목적을 가지고 직원들에게 거짓말을 할 수도 있다는 사실이 두렵다. 그래서 우리는 공허한 헛소리와 정직성의 부족에 대해 언급했던 나의 주장을 되돌아봐야 한다. 목적은 조직 내에 헛소리를 만들고 헛소리꾼을 키울 수 있다. 적어도 그 목적이 추상적인 사항과 연결되어야 한다는 독단적인 조직 사고가 만연할 경우에는 더욱 그렇다. 그래서 그들은 기업의 인재 프로그램이 기업의 목적과 관계되는 문장으로 표현될 수 있다면, 그 프로그램이 제대로 작동하지 않는다 하더라도 전혀 상관하지 않는다. 어쨌든 그럴듯하게 보인다면 충분하지 않은가?

조직은 얼마든지 목표를 가질 수 있다. 나는 거기에 간섭하지 않겠지만, 일 자체에도 의미가 있어야 한다고 주장한다. 우리는 그것을 일의 '작은 의미'라고 부를 수 있다. 사내 매점을 운영하는 남자, 보청기를 조립하는 여자, 공원 벤치에 페인트를 칠하는 남자가 있다. 그들이 일의 결과가 전문적이며 하자가 없고 비용과 효과 간에 균형이 잘 잡혀 있으며, 더 나아가 그것이 특정 요구에 따른 결과라고 말할 수 있다면, 그 일은 자체로 충분한 의미를 지니고 있다.

가짜 노동은 의미가 결여되어 있기에 불행하다. 따라서 목적은 언뜻 좋아 보일 수 있지만 실제로는 공허한 빛이 될 수도 있다. 개별 업무의 구체적인 의미는 일반적으로 사명과 비전이 만들어지는 추상적인 영역에 쉽게 묻혀버리기 때문이다. 앞서 언급했듯, 많은 일반 직원들은 조직의 목적에 대해 무지하고 무심하다. 갤럽 조사에 따르면 회사의 가치가 자신이 하는 업무에 영감을 주지 않는다거나 아예 그것이 무엇인지 생각도 해보지 않았다고 응답했던 사람은 전체의 4분의 1이었다.[194]

이 결과는 내 경험과도 매우 일치한다. 나는 일상 업무를 하는 직원들 중에서 상사에게 일련의 가치, 더 높은 목표나 비전 등을 요청한 사람들을 거의 만나보지 못했다. 반면 경영진이 만들어내는 새로운 계획이나 프로젝트가 종종 실제 업무에 대해 추가 작업을 발생시킨다고 말하는 직원들과, 이미 자신들이 하고 있는 일에 집중할 수 있는 시간과 환경을 더 원하는 직원들은 많이 만났다. 그들은 업무의 우선순위, 명확한 지침, 이해 가능한 기업전략, 관련 사안에 대한 의사소통, 업무를 완수하는 데 필요한 자원을 원했다. 관리자들이 직원들의 업무 상황을 좀 더 자세히 조사해본다면, 직장에서 더 높은 목표를 요구하는 사람이 거의 없다는 사실을 알게 될 것이다. 사람들은 단지 자신이 하고 있는 일을 잘하고 싶어 하고 자신이 속한 조직에 무언가를 기여하고 있다는 느낌을 필요로 할 뿐이다.

2019년 실시된 크리파의 조사는 이를 잘 입증해준다.[195] 덴마크인의 일에 대한 욕구에 가장 큰 영향을 미치는 것은 일의 '내적 의미'다. 이것은 개인이 평소 하던 대로 일을 하되 자신의 전문성과 재능 또는 기술을 사용할 수 있어야 한다는 뜻이며, 전반적인 일에 대한 요구에서 4.0의 기여도를 보여주었다. 내적 의미 다음에는 조직적 의미가 따르는데, 이것은 조직의 구체적인 목적(예를 들어, 펌프 제조에 있어 그 분야의 최고가 된다거나 새로운 시장에 진입하는 등)이 업무 욕구에 영향을 미칠 수 있다는 것이다. 약 0.5 정도로 가장 낮은 기여도를 보였던 항목은 작업의 '더 큰 의미'로써, 이는 일상 업무 욕구에 거의 영향을 미치지 않는다는 것을 보여주었다. 따라서 유명한 마케팅 컨설턴트와 모든 유형의 작가, 여론 형성자 및 사회학자 들의 주장인, 더 큰 목표와 비전이 업무 욕구를 높일 수 있다는 말은 근거 없는 헛소리에 불과하다.

직업에 작은/내적 의미가 있다는 것은 직장에서의 만족도 뿐 아니라 생산성에도 결정적인 영향을 미치는 것으로 나타났다.

맥킨지 그룹의 조사에 따르면 자신의 일이 의미 있다고 생각하는 직원의 생산성은 그렇지 않다고 생각하는 직원의 생산성보다 5배가량 더 높았다.[196] 딜로이트 그룹에서는 직원들의 참여, 헌신 및 혁신에 대해서 조사했는데, 자신의 일에 의미가 있다고 생각하는 사람들은 그렇지 않다고 생각하는 사람들보다 30% 더 혁신적이고, 40% 더 헌신적이며, 참여도는 90%나 더 높은 것으로 나타났다.[197]

이들 조사에서 말하고자 하는 것은 업무의 '작은 의미'다. 맥킨지 그룹에서는 이 의미를 '자신이 해야 할 일이 정말 중요하고, 다른 사람들에게 변화를 줄 수 있을 것이라는 느낌'이라고 정의했다. 이는 13장에서 소개했던 가치 개념과도 일맥상통한다. 딜로이트의 조사에서도 이는 동일하게 적용되는데, 업무의 의미는 회사를 위한 더 높은 목표나 사명으로 이해되어서는 안 되며, 오히려 직원이 하는 구체적인 업무가 고객이나 시민 또는 다른 직원들에게 얼마나 유용하고 도움이 되는지를 바탕으로 정의되어야 한다고 명시했다.[198]

덴마크의 포보르미트퓐 코뮌의 목표인 '덴마크의 토스카나'는 위에서 볼 수 있는 의미의 정의와는 거리가 멀다.[199] 그것은 몇몇 최고경영자들이 오후 내내 머리를 맞대고 앉아 사인펜과 포스트잇을 앞에 두고 생각해낸 것이 틀림없다. 하지만 그들이 지역 요양원이나 가정도우미에게 토스카나 시의 사례를 본받으라며 갖가지 양식과 문서를 요구하고 관련성이 없는 회의에 참석하라고 지시할 수는 없다.

반면 그들이 상사나 중간관리자 들에게 업무의 '작은 의미'가 무엇인지 알아보고 직원들의 일상 업무에 그러한 의미가 있는지 검토해보라는 요구는 얼마든지 가능하다. 사물을 더 큰 관점에서 보라고 말하는 경영진의 말은 직원들에게 전혀 도움이 되지 않는다. 오히려 이 말은 그들이 일선 작업 현장에서 실제로 무슨 일이 일어나는지 전혀 모른다고 인정하는 것으로, 경영진은 다른 행성이나 구름 위에 있다는 직원들의 인식을 확인시켜줄 뿐이다.

더 높은 목표와 비전이 조직에 꼭 필요한지 더 이상 말하지 않겠다. 하지만 이것이 가짜 노동을 없앨 수 있는 수단이라고 생각하는 것은 매우 잘못되고 위험한 가정이다. 왜냐하면 정반대의 결과도 가져올 수 있기 때문이다.

다음 세대는 당신의 가짜 노동을 없애주지 않을 것이다
: 그것은 당신 스스로 해야 하는 일이다

패널 토론이나 강의를 할 때면 항상 겪는 일이 있다. 어느 시점, 특히 후반부에 들어서면 꼭 누군가가 자리에서 일어나 자신이 생각하는 일이 미래에 일어날지 질문을 던지곤 했다. 나는 항상 미래 예측은 비과학적이라고 생각하며, 미래학이 과학과 관련이 있다는 생각은 단 한 번도 하지 않았다고 대답했다.

하지만 나의 대답은 일반적으로 질문자를 만족시키지 못했다. 문제는 그 질문에 뒤를 이어 누군가가 밀레니엄세대, Z세대 또는 젊은 세대를 지칭하는 수많은 이름 중 하나(그 세대의 시작과 끝을 설명할 수 있는 사람은 아무도 없다)를 거론하기 시작한다는 것이다. 그들에 의하면 이 정의할 수 없는 '젊은' 세대가 의미 있는 진짜 노동을 되찾는 데 구세주가 될 가능성이 있다고 한다. 이 젊은이들은 가짜 노동에 만족하지 않을 것으로 보이며, 자신들이 하는 일에 명확한 목적을 원하기 때문이다.

이 관점은 많은 컨설턴트들의 주장과 여러 책에서 뒷받침되고 있는데, 책의 저자들은 일반적으로 의미가 없다고 생각되는 일을 하고 싶지 않다고 말하는 젊은이들과 만나 대화를 나누기도 했다. 그들은 젊은 세대들에게 돈은 그다지 중요하지 않다고 말했다. 따라서 이 젊은 세대가 미래의 노동시장을 지배하는 때가 오면 가짜 노동은 자연스럽게 소멸되리라고 주장하고, 이는 매우 매력적으로 들린다. 하지만 불행하게도 내가 이 주장을 신뢰하지 못하는 데에는 여러 가지 이유가 있다.

젊은 세대와 그들이 주장하는 독특한 주장에 대한 이론에는 일련의 약점을 찾아볼 수 있다. 부분적으로는 밀레니엄세대의 연령을 정확하게 정의하지 못하기 때문이다. 밀레니엄세대에 속하는 젊은이들은 1980년부터 2004년 사이의 어느 해에나 태어날 수 있으며, 25년 미만의 오차를 보인다는 주장이 있는데, 이것은 기본적으로 밀레니엄이라는 카테고리의 범주를 희석시킬 만큼 범위가 넓다.

젊은이들에 관한 주장을 좀 더 자세하게 조사해보면 그 또한 허점이 많다. 예를 들어, 젊은이들이 기성세대보다 훨씬 더 자주 직업을 바꾼다는 주장은 틀렸다. 수치를 살펴보면 기성세대가 지금 젊은이들의 나이였을 때보다 젊은이들은 직업을 덜 바꾼다.[200] 또한 젊은이들은 직업의 의미 여부보다는 돈을 많이 벌 수 있는 일을 하고 싶어 한다는 연구 결과도 있다. 이것은 미국의 대규모 채용 회사와 소규모 덴마크 채용 회사가 동일하게 내린 결론이다.[201]

2018년 코펜하겐 비즈니스 아카데미에서 질적 데이터를 기반으로 실시한 또 다른 조사에서는 성인과 젊은이들의 관리와 피드백에 대한 태도는 실질적인 차이가 없다는 결론이 내려졌다. 그렇다면 SNS와 신기술조차도 현세대와 노동시장의 관계를 근본적으로 바꾸지는 못한다는 결론을 내릴 수 있다. 현대의 젊은 세대가 노동시장의 다른 연령집단과 크게 다르다는 주장은 입증하기 어렵다는 말이다. 다시 말해서, 지금의 젊은 세대가 다른 젊은 세대와 더 다르다는 것을 증명하기는 쉽지 않다.[202]

오히려 후자는 지금 눈에 띄는 작은 차이점이 시간이 흘러도 계속 남아 있을 것인지 깊이 고려하지도 않은 채 한 무리의 젊은이들을 매우 특별한 존재로 지목하기 때문에 문제가 될 수도 있다. 현재 젊은 세대에 대해 언급되는 내용 중 일부는 X세대 (1965~1980), Y세대(1980~1995), Z세대 (1995~2009)에 대해 언급된 내용과 대체로 동일하다. 여기서 언급한 이전 세대들은 당시 자신의 일에 비판적이고, 권위에 도전하고, 직업을 자주 바꾸며, 물질주의에 편향되지 않고, 독자적인 삶과 당시 기술에 큰 영향을 받았다고 알려져 있었다.

경제적으로 독립하라

사람들은 왜 가짜 노동을 하는 것일까? 대답을 요약하자면 그들이 다른 일을 할 수 있는 여건이 조성되지 않았기 때문이라고 할 수 있다. 기성세대의 대부분은 매달 고정된 생활비를 감당해야 하고, 가족 전체를 책임져야 하는 상황에서 직장을 그만두는 것이 매우 위험하다고 생각한다. 젊은이들은 이런 책임을 지지 않아도 되기에 까다롭게 굴 수 있는 것이다.

　내가 가짜 노동의 요인 중 충분히 고려하지 않았던 것이 하나 있는데, 바로 경제적 독립의 중요성이다. 내가 만났던 많은 이들이 이를 지속적으로 강조해왔지만, 가짜 노동과 조직의 관계를 주로 파헤쳤던 내 관점과 맞지 않았기 때문에 흘려들어버렸다. 이들 중 몇몇은 경제적 여유가 있었기 때문에 가짜 노동에서 벗어날 수 있었다. 예를 들어, 어떤 이들에게는 대부분의 생활비를 감당할 수 있는 배우자가 그들의 탈출구가 되었다. 또는 역설적으로 가짜 노동 때문에 받은 스트레스를 원인으로 병가를 냄으로써 지방자치단체에서 경제적 지원을 받을 수 있었다(네 명의 자녀를 둔 리케가 출산휴가를 통해 가짜 노동에서 벗어날 수 있었던 사례를 기억해보라).

이것은 매우 간단한 조언이지만 실제로 실행에 옮기기는 쉽지 않다. 따라서 나는 의미 없는 일을 거부할 여유를 가질 수 있도록 경제적 완충장치를 확보하는 것도 중요하다고 생각한다. 적어도 일정 기간만큼은 말이다. 미국인들은 이러한 목적의 돈을 '퍽 유 머니Fuck You Money'라고 부르는데, 이것은 일정 기간 동안 스스로 선택한 삶을 즐길 바탕이 될 수 있다.

이는 필요 이상으로 빚을 만들어내지 말고, 생계를 소비보다 우선시하라는 매우 간단하고 현실적인 조언이다. 우리들 중많은 이들은 한 달 벌어 한 달을 살고 있고, 특히 덴마크인들은 세계에서 가장 빚이 많은 국민 중 하나이다. 많은 이들에게는 소득이 저주가 될 수도 있다. 그들은 개인 소비를 증가시켜 현재 소득에 의존하게 된다. 우리는 이를 피하기 위해 좀 더 폭넓은 질문을 자신에게 던져야 한다. 내게 필요한 것은 무엇인가? 그리고 그 속에서 안정과 만족을 찾을 수 있도록 노력해야 한다.

많은 연구 조사에 따르면 막대한 소득을 버는 사람도 자신보다 조금 더 많이 버는 사람들에게 둘러싸여 있다면 만족감이 떨어졌다. 그리고 그들은 이웃집이 자신의 집보다 그리 크지 않다는 것을 절대적으로 확신할 경우 기꺼이 더 작은 집을 선택할 수도 있었다. 이는 언뜻 비논리적으로 들리지만, 상대적 위치에 관한 개념으로 경제학에서 매우 중요하게 다룬다.[203]

우리의 행복은 우리의 소유보다 다른 사람의 소유에 더많은 영향을 받는다. 그 때문에 우리는 부의 사다리를 한 계단 더올라갈 때마다 더 불행해질 위험에 처한다. 매번 사다리를 올라가도 더 올라갈 계단이 있기 때문이다. 하지만 다음 단계로 올라가는 대가로 영혼을 짓밟을 정도로 무의미한 일을 해야 하는 직장을 선택해야 한다면 어떻게 될까?

따라서 우리는 현재의 상태에 머물 수 있는지 자문해봐야 한다. 또는 지금 살고 있는 삶에 만족하지 않는다면, 아예 한 계단 내려가서 상대적인 입지를 바탕으로 한 이 이상의 경쟁에서 벗어나는 것도 좋겠다.

이것은 스스로 결정하고 감수해야 할 매우 어려운 고려 사항이다. 하지만 내가 독자들에게 이를 촉구하지 않는다면 이 책은 불완전한 책으로 남을 것이다. 경제적 독립은 우리가 죽음의 나선에서 벗어날 수 있도록 도와줄 수 있다. 경제적으로 독립할 수 있다면, 무의미하지만 보수가 좋은 가짜 노동을 몇 번이고 되풀이해서 선택하는 것을 중단할 수 있다는 말이다.

아네르스 포그 옌센과 나는 『가짜 노동』에서 "여러분은 생각보다 더 자유롭게 행동해도 된다"라는 말로 책을 맺었다. 하지만 그 자유를 가지기 위해서는 스스로 노력해야 한다. 경제적 어려움을 겪고 있다면 이 자유는 우리가 주장하는 것보다 훨씬 작을 수도 있다. 그러므로 이 책은 의미 없는 일에서 벗어날 수 있는 선택을 위해서 경제적 자유를 창출하라는 요구로 글을 맺어야 한다. 이 제안을 따르는 독자들 중에는 운이 좋을 경우 매우 의미 있는 일을 할 기회를 얻을 수도 있을 것이다.

1 https://www.berlingske.dk/samfund/stor-dansk-virksomhed-sletter-alle-moeder-i-det-nye-aar

2 https://www.information.dk/debat/2020/04/sjovt-nok-sygehuse-klar-corona-udviklingskonsulenterne-sendt-hjem

3 https://www.lederne.dk/presse-og-nyheder/analyser-og-undersoegelser/arbejdsmarked-og-oekonomi/hver-anden-leder-vil-goere-mere-brug-af-hjemmearbejde-i-fremtide

4 셔튼 Schoutten·닐센 Nelissen: https://www.sn.nl/nieuws/4-op-de-10-medewerkers-vinden-hun-werk-niet-zinvol/

5 https://finans.dk/erhverv/ECE12259672/halvdelen-af-danskerne-foeler-at-de-laver-ligegyldigt-arbejde/?ctxref=ext

6 「모든 다양한 수준의 많은 가짜 노동 Masser af Pseudoarbejde på alle niveauer」, 『마기스터블라데 Magisterbladet』5, 2020, pp. 24-27.

7 페르넬리 가르데 아빌고르 Pernille Garde Abildgaard, 『동료 직원들을 행복하게 하기 위해 달력을 찢어버린 남자 Manden der knuste kalenderen for at gøre sine medarbejdere lykkelige』, 2018.

8 https://www.weforum.org/agenda/2016/03/does-working-fewer-hours-make-you-more-productive/

9 데이비드 그레이버 David Graeber, 『불쉿 잡 Bullshit Jobs』, 2018.

10 프랑크 한센 Frank Hansen, 『폴리티켄』 기고문, 2018.04.14.

11 이것은 추정치이며, 1987년 교직원의 연감에는 해당 연도의 계약상 문제점으로 인해 실제로 숫자를 계산하지 않았으나, 전년도와 이듬해에는 각각 2,671과 2,683이므로 합리적인 추정이라 할 수 있다.

12 연구원포럼 Forskerforum, 2019.11.01.

13 https://uniavisen.dk/lektor-jeg-er-langsom-og-inkompetent/

14 https://www.djoefbladet.dk/artikler/2020/1/professoren-administration-er-ikke-bullshit.aspx

15 폴 필고르 욘센 Poul Pilgaard Johnsen, 「책상 혁명 Skrivebordsrevolutionen」, 『위켄드아비센 Weekendavisen』, 2018.11.08.

16 라스무스 윌리그 Rasmus Willig 「인증을 위한 인증을 위한 인증 Akkreditering af akkreditering af akkreditering」, 『인포마시온』7, 2011.02.

17 https://www.magisterbladet.dk/aktuelt/2019/oktober/undersoegelse-universi-te-terne-er-uigenkendelige-efter-20-aars-reformer

18 https://hbr.org/2017/08/what-we-learned-about-bureaucracy-from-7000-hbr-reader

19 이브 모리외 Yves Morieux·피터 톨만 Peter Tollman, 『여섯 개의 간단한 법칙: 복잡해지지 않고 복잡성을 관리하는 법 Six Simple Rules: How to manage complexity without getting complicated』, 2014, p. 7.

20 이브 모리외·피터 톨만, 앞의 책, 195쪽.

21 톰 모나한 Tom Monahan, 「비즈니스가 쇠퇴하고 있다는 확실한 증거 The Hard Evidence: Business is slowing down」, 『포춘』, 2016.01.28.

22 전체 메모는 다음 링크에서 읽어볼 수 있다: https://news.microsoft.com/2014/07/17/stephen-elops-email-to-employees/

23 루시 켈러웨이 Lucy Kellaway, 「Hello there: 마이크로소프트의 끔찍한 해고 메모에서 얻을 수 있는 8가지 교훈 Hello there: eight lessons from Microsoft's awful job loss memo」, 『파이낸셜타임즈』, 2014.07.27.

24 앙드레 스파이서 André Spicer, 『비즈니스 헛소리 Business Bullshit』, 2018, p. 18

25 앤드류 스터디 Andrew Sturdy et al. 「자신감을 관리하는 요령: 아이디어 관리, 교육 및 정체성 작업 Management as a (self) confidence trick: management ideas, education and identity woyk」, 『organization』 13, 2006, pp.841-860.

26 리처드 아룸 Richard Arum·조스피아 로스카 Josipa Roska, 「학문적 표류: 대학 캠퍼스의 제한된 학습 Academically Adrift: Limited Learning on College Campuses」, 2011.

27 앨런 소칼의 텍스트와 분석은 『앨런 소칼과 장 브릭몽 Alan Sokal & Jean Bricmont』에서 읽을 수 있습니다.

28 해리 프랑크푸르트 Harry G. Frankfurt, 『헛소리에 관하여 On Bullshit』, 2005.

29 마츠 알베손 Mats Alvesson, 『무의 승리 The Triumph of Emptiness』, 2013.

30 데니스 뇌르마르크, 『민영기업을 위한 인본주의적 지침서 Humanistens guide til det private erhvervsliv』, 2016, p. 78.

31 마츠 알베손과 앙드레 스파이서의 공저 『무지함의 패러독스 The Stupidity Paradox』(2016)에서 기업이 어떻게 헛소리 없이 좋은 문화를 만들 수 있는지에 대한 많은 예를 제시하고 있다.

32 제이슨 딘 Jason Dean, 「다이크 쇼 BBC 옐로카드 Dyke shows BBC yellow card」, 『가디언』, 2002.02.07.

33 도널드 맥콜스키 Donald McCloskey·아르조 클레이머 Arjo Klamer, 「GDP의 4분의 1은 설득 One Quarter of GDP Is Persuasion」, 『미국 경제 리뷰 American Economic Review』 vol. 85(2), 미국 경제위원회, pp. 191-195, 및 5월 이후의 연구: https://treasury.gov.au/publication/economic-roundup-issue-1-2013/economic-roundup-issue-1-2013/persuasion-is-now-30-per-cent-of-us-gdp

34 모르텐 뮌스터 Morten Münster, 『마케팅 부서의 위테가 불행하게도 오늘 자리를 떠났다 Jytte fra marketing er desværre gået for i dag』, 2017, p. 14.

35 국제 갤럽 조사에서는 응답자의 약 3분의 1만 기업의 사명 선언을 읽거나 이해한다고 나타났다. https://news.gallup.com/businessjournal/194642/company-missions-not-resonating-employees.aspx. 조금 더 전에 발표된 연구에서는 직원의 약 10%만이 조직의 사명을 업무에 적용하는 것으로 나타났다. https://www.therainmakergroupinc.com/blog/bid/91334/do-youremployees-know-your-mission-statement.

36 필 로젠츠바이크 Phil Rosenzweig, 『헤일로 이펙트: 기업의 성공을 가로막는 9가지 망상 The Halo Effect … and the eight other business delusions that deceive managers』, 2017.

37 로네 안데르센 Lone Andersen, 「코로나 위기가 컨설팅 업계를 위기로 몰아넣다 Coronakrisen rundbarerer konsulentbranchen」, 『JP-Finans』, 2020.05.04.

38 베리 스토 Barry M. Staw·리사 엡스테인 Lisa D. Epstein, 「시류가 가져오는 것: 대중적인 경영 기법이 기업 성과, 평판 및 CEO 급여에 미치는 영향 What bandwagons bring: effects of popular management techniques on corporate performance, reputation, and CEO pay」, 『inistrative Science Quarterly』 45, pp. 523-556.

39 여기서 요약한 또 다른 내용 중에는 에릭 에이브럼슨 Eric Abrahamson과 그레고리 페어차일드 Gregory Fairchild의 「매니지먼트 패션: 라이프 사이클, 트리거 및 집단 학습 프로세스 Management Fashion: Lifecycles, Triggers, and Collective Learning Processes」, 『Administrative Science Quarterly』 Vol. 44, No. 4, pp. 708-740, 및 셸 아르네 뢰빅 Kjell Arne Røvik의 『밀레니엄 시대의 현대 조직과 조직 사고 동향 Moderne organisasjoner, Trender i organisasjonstenkningen ved

tusenårsskiftet』(2007)이 있다.

40   닐스 브룬손 Nils Brunsson, 『전통으로써의 개혁. 국가의 행정 개혁 Reform som tradition. Administrative reformer i Statens Järnvägar』, 1989.

41   저커 덴렐 Jerker Denrell, 「다양한 학습, 실패에 대한 과소표본 추출 및 경영에 대한 신화 Vicarious learning, undersampling of failure, and the myths of management」, 『Organization Science』 14, pp. 227-243.

42   에릭 에이브럼슨, 『고통 없는 변화: 관리자가 주도권 과부하, 조직 혼란 및 직원 피로를 극복할 수 있는 방법 Change Without Pain: How managers can overcome initiative overload, organizational chaos, and employee burnout』, 2004.

43   덴마크에서 이 구분을 만든 사람은 미래학자 안네 스카레 닐센 Anne Skare Nielsen이다.

44   크리스티안 외르스테드 Christian Ørsted, 『치명적인 변화 Fatale forandringer』, 2020.

45   『누가 내 치즈를 옮겼는가』는 오랜 기간 베스트셀러였으며, 변화에 대한 쥐의 저항이 원시적이고 '설치류 수준'이라는 것을 독자들에게 입증하는 것을 목적으로 한 우화로 요약할 수 있다.

46   크리파, 『의미, 특권 또는 필요성: 2019년 보고서 Mening, fryns eller nødvendighed, rapport fra 2019』.

47   에릭 에이브럼슨, 「반복적 변화 신드롬을 피하는 방법 Avoiding Repetitive Change Syndrome」, 『MIT 슬로언 매니지먼트 리뷰 MIT Sloan Management Review』, 2004, vol. 45, nr. 2.

48   페르 헬게 쇠렌센 Per Helge Sørensen, 『초보자를 위한 온풍 전략 Varmluftsstrategi for begyndere』, 2020, p. 91.

49   이것이 기민성의 핵심이라는 것은 2001년 프로그래머들로부터 처음 작성했던 초기 선언문을 참조하면 알 수 있다. https://agilemanifesto.org/iso/dk/principles.html

50   https://www.mckinsey.com/business-functions/organization/our-insights/how-to-create-an-agile-organization

51   스티브 데닝 Steve Denning, 「민첩성의 실제 의미를 찾는 것이 어려운 이유 Why Finding The Real Meaning of Agile is Hard」, 『포브스』, 2018.09.16.

52   스티브 데닝, 『애자일의 시대 The Age of Agile』, 2018.

53 https://www.agil-procesforbedring.dk/downloads/artikel_hvadbetyderagil.pdf

54 스티븐 셰퍼 Stephan Schaefer, 「관리적 무지: 창의성을 위해 관리자가 조직하는 방법에 대한 연구 Managerial Ignorance: A study of how managers organize for creativity」, 룬드대학교, 2014.

55 크리스티안 외르스테드, 앞의 책, pp. 37-74.

56 https://mortenmunster.com/3-myter-i-forandringsledelse-du-kunne-have-undgaaet-med-disse-enkle-spoergsmaal/

57 https://hbr.org/2015/04/why-some-men-pretend-to-work-80-hour-weeks 로크울 재단의 조사 결과는 이곳에서 볼 수 있다. https://www.rockwoolfonden.dk/app/uploads/2016/02/Nyhedsbrev-Juni-2012.pdf

58 아스게르 율 Asger Juhl, 「좋은 분위기를 파괴한 라디오여 안녕 Farvel til radioen, der ødelagde den gode stemming」, 『폴리티켄』, 2019.10.25.

59 https://www.folkeskolen.dk/601660/phd-studerende-ingen-evidens-for-at-it-i-undervisningen-virker

60 토마스 토르프 Thomas Torp, 「학교에서의 무분별한 디지털화를 중단하라 Drop den hovedløse digitalisering i skolen」, 『폴리티켄』, 2020.01.03.

61 https://argasurvey.dk/wp-content/uploads/2020/05/Capture-Survey-2020_FINAL.pdf

62 https://www.inc.com/scott-mautz/a-2-year-stanford-study-shows-astonishing-productivity-boost-of-working-from-home.html procent20

63 칼 뉴포트 Cal Newport, 『딥 워크 Deep Work』, 2016.

64 https://www.wsj.com/articles/SB10001424127887324339204578173252223022 38

65 롤란드 폴센 Roland Paulsen, 『공허한 노동 Empty Labour』, 2014.

66 이전에 언급한 캡처Capture의 연구에서 직장에서 일할 때보다 팬데믹 기간 동안 업무에 더 집중할 수 있었다고 대답한 사람은 64%였다. 그 이유 중 하나는 재택 근무를 했기 때문이다.

67 리더들 2017 Lederne 2017: 회의와 회의문화 Møder og mødekultur 2017.

68 칼 뉴포트, 앞의 책, p. 123. 다음 링크에서는 빌 게이츠와 워런 버핏이 방해받지 않는 시간에 대해 대화를 나누는 모습을 볼 수 있다: https://youtu.be/nH5K0yo-o1A

69   칼 뉴포트, 앞의 책, pp. 56-58.

70   https://www.lederne.dk/presse-og-nyheder/analyser-og-undersoegelser/arbe-
     jdsmarked-og-oekonomi/hver-anden-leder-vil-goere-mere-brug-af-hjem-
     mearbejde-i-fremtiden

71   http://www.danskekommuner.dk/Nyhedsarkiv/2020/Maj/27/Ministerium-Job-
     centre-skal-indhente-500000-samtaler-med-ledige/

72   마틴 엘러만 Martin Ellermann, 『살인적 헛소리 Dræbende Floskler』, 2019, p. 41.

73   https://www.kristeligt-dagblad.dk/jobopslag-i-forsvaret-vores-kernekompe-
     tence-er-sla-ihjel

74   S.S. 난드람 S.S. Nandram, 『단순화 통합에 의한 조직적 혁신 Organizational
     Innovation by Integrating Simplification』, 2015, pp. 11-22 및 프레더릭 랄루
     Frederic Laloux, 『조직의 재창조』, 2014, pp. 61-97.

75   이브 모리외·피터 톨만, 앞의 책, p. 6.

76   프레더릭 랄루, 『미래 조직: 비주얼 에디션 Fremtidens Organisation: visuel
     udgave』, 2018, pp. 72-73.

77   매튜 스튜어트 Matthew Stewart, 『경영 신화: 현대 경영철학의 정체를 폭로하다
     The Management Myth: debunking modern business philosophy』, 2010, pp. 47-
     60.

78   이브 모리외·피터 톨만, 앞의 책, p. 10.

79   모르텐 알베크 Morten Albæk, 『하나의 시간, 하나의 삶, 한 명의 인간 Én tid, ét
     liv, ét menneske』, 2018, pp. 91-92.

80   이브 모리외·피터 톨만, 앞의 책, p. 12.

81   프레더릭 랄루, 앞의 책, 2014, pp. 73-83.

82   디테 라븐 Ditte Ravn, 「우리에게는 전략일, 5개년 계획 또는 많은 개발 목표도
     없습니다 Vi har hverken strategidage, femårsplaner eller en masse udviklingsmål」,
     『윌란 포스텐 Jyllands-Posten』, 2008.05.26.

83   여기에 이용된 사례는 『폴리티켄』에서 헬레브 병원의 의사를 인터뷰한 내용이
     다. 아스게르 빌레 Asger Wille, 「여기에 내 직장의 가짜 노동에 대한 4가지 이야
     기가 있습니다 Her er fire historier om pseudoarbejde på min arbejdsplads」, 『폴
     리티켄』, 2019.10.28.

84   물론, 이것은 내 입장에서 볼 때 상당히 가혹한 주장이기도 하지만, 모르텐 뮌스

터가 요약한 목적 이론의 문제점을 읽어볼 것을 제안한다. https://mortenmun-ster.com/begrebet-purpose-er-overvurderet-misforstaaet-og-oedelaeggende/

85 실케보르그 채용 센터에 관해 다음 링크에서 자세히 읽어볼 수 있다.
    https://www.magisterbladet.dk/magasi-net/2020/magisterbladet-nr-5-2020/
    else-marie-behrmann-er-gaaet-til-kamp-mod-pseudoarbejde

86 https://www.eva.dk/erhvervsuddannelse/erhvervsuddannelseslaerere-svaert-ve-darbejdet-data-forbedrer-undervisningen

87 「시민을 최우선으로 생각하라 Sæt borgerne først」, 『관리 위원회 보고서 Ledelses-kommissionens rapport』, 2018, p. 40.

88 죠프 Djøf, 「공공부문의 관리자들 중 다수가 직업 전향을 고려하고 있다. Fler-tallet af offentlige chefer overvejer at skifte job」, 2019, http://djoef.dk/paragraf-20chefer

89 닉 알렌토프트 Nick Allentoft, 『복지환상: 위기의 사회에 대하여 Velfærdsillu-sionen: om et samfund i krise』, 2018.

90 스텐 나브르비예르그 Steen E. Navrbjerg·다나 민베바 Dana Minbaeva, 『코로나 위기 하의 가상 리더십 Virtuel ledelse under corona-krisen』, 2020.

91 알란 폴락 Allan Polack, 「코로나 시기의 리더십 Ledelse i coronaens tid」, 『뵈르센 Børsen』, 2020.04.16.

92 벤트 빈테르 Bent Winther, 「코로나 위기는 공공부문의 개혁을 가져올 수 있다 Coronakrisen kan revolutionere det offentlige」, 『베를링스케 Berlingske』, 2020.06.07.

93 https://ballisager.com/wp-content/uploads/2020/07/Kandidatanalysen_2020.pdf

94 게리 하말 Gary Hamal·마이클 자니니 Michele Zanini, 「7000 HBR 리더들로부터 관료주의에 대해 우리가 배울 수 있는 것들 What We Learned About Bureau-cracy from 7,000 HBR Readers」, 『하버드 비즈니스 리뷰』, 2017.08.08.

95 https://www.bcg.com/publications/2018/complicated-company.aspx

96 바르데 코뮌 Varde Kommune의 시도는 위스케 베스트쉬스텐 Jyske Vestkysten (2018.04.14)과 TV 쉬드에서 볼 수 있다. https://www.tvsyd.dk/boevl-bureaukra-ti/faerre-mails-og-mere-tid-her-gjorde-de-op-med-59-ligegyldige-regler

97 닉 알렌토프트, 앞의 책, p. 54.

98 닉 알렌토프트, 앞의 책, p. 175.

99 이브 모리외·피터 톨만, 앞의 책, p. 78.

100 관리 위원회 보고서, p. 60.

101 https://www.altinget.dk/artikel/2008-10-21-den-finske-skole-er-overlegen-paa-alle-omraader

102 마이크 미어스 Mike Mears, 『리더십의 요소, 신뢰 구축 가이드 Leadership elements, a guide to building trust』, 2009, p. 51.

103 크리스 주크 Chris Zook·제임스 알렌 James Allen, 『창업자의 정신 The Founders Mentality』, 2016.

104 요나탄 그라우 묄레르 Jonatan Grau Møller, 「병원 야간 근무 후의 환자 안전 담당 이사: 깊은 인상을 받다 Patientsikkerheds-direktør efter nattevagt på hospital: Det har gjort stort indtryk」, 『DR Fyn』, 2018.01.22.

105 크리스티안 뢰르베크 마드센 Kristian Rørbæk Madsen과 안네-마리에 방스테드 Anne-Marie Vangsted의 대화는 다음 링크를 통해서도 읽을 수 있다. https://www.dr.dk/nyheder/regionale/fyn/patientsikkerheds-direktoer-efter-nattevagt-paa-hospital-det-har-gjort-stort

106 벤트 빈테르, 「마을은 불탔고 헬라 유프의 말은 옳았다: 코로나가 가짜 노동을 없애다 Landsbyen er brændt, og Hella Joof fik ret: Corona tager livet af pseudoarbejde」, 『베를링스케』, 2020.05.11.

107 알렌 벤슨 Alan Benson·다니엘 리 Danielle Li·켈리 슈 Kelly Shue, 「승진과 피터의 법칙 Promotions and the Peter Principle」, 『The Quarterly Journal of Economics』 Vol. 134, Issue 4, 2019.04, pp. 2085-2134. 및 동일한 결과를 보여주는 또 다른 연구 결과: 알레산드로 플루치노 Allesandro Pluchino·안드레아 라피사르다 Andrea Rapisarda·체이사르 가로팔로 Cesare Garofalo, 「피터 법칙의 재검토: The Peter Principle revisited: A computational study」, 『Physica』, vol. 389, Issue 3, 2010.02, pp. 467-472.

108 크리스 주크·제임스 알렌, 앞의 책, pp. 87-90.

109 얀 로세 스카크센 Jan Rose Skaksen, 『교육 반납 Afkast af Uddannelse』, 로크울 재단, 2018.

110 브라이언 캐플란 Bryan Caplan, 『교육에 반대되는 사례 The Case Against Education』, 2018; 다니엘 마르코비츠 Daniel Markovits, 『엘리트 세습 The Meritocracy

Trap』, 2019.

111   에릭슨 Ericsson·K. 안더스 K. Anders·크램프 Krampe·랄프 T Ralf T.·테쉬-뢰메
르 Tesch-Römer·클레멘스 Clemens,「전문가적 업무 수행에 있어 의도적인 연습
의 역할 The Role of deliberate practice in the acquisition of expert performance」,
『Psychological Review』Vol 100(3), pp. 363-406; 퀴노네스 Quinones·미구엘·포
드 Miguel & Ford·J & 티치아웃 J. & Teachout·마크 Mark,「경력과 업무 수행간
의 관계: 개념적 및 메타 분석적 검토 The Relationship Between Work Experience
and Job Performance: A Conceptual and Meta-Analytic Review」,『Personel Psy-
chology』48(4), pp. 887-910.

112   특히 심리학 교수인 레네 탕고르 Lene Tanggaard와 바네브루드 Vanebrud가
2018년에 쓴 책을 참조하기 바란다. 이 책에는 미하이 칙센트미하이 Michael
Csikszentmihalyi의『창의성: 몰입과 발견의 심리학 그리고 발명 Creatitivity:
Flow and the Psychology of Discovery and invention』도 언급되어 있다.

113   모르텐 플레스테르 Morten Plesner, 다니엘 헤델룬 Daniel Hedelund,「은행장들
은 점점 사라져가는 취업교육에 분노한다 Bankchefer ærgrer sig over uddøende
mesterlære」,『Finanswatch』, 2019.06.12.

114   https://finansdanmark.dk/toerre-tal/institutter-filialer-ansatte/

115   윌리엄 니스카넨 William A. Niskanen,『관료주의와 대의 정부 Bureaucracy and
representative government』, 1971.

116   윌리엄 니스카넨, 앞의 책, p. 16.

117   마틴 팔담 Martin Paldam,「대학 조직의 공공 선택: 헌법 개혁의 양식화된 이야
기 The public choice of university organzation: A stylized story of a constitutional
reform」,『헌법 정치 경제 Constitutional Political Economy』, Bind 26, Nr. 2,
2015.04.24, pp. 137-158.

118   사라 라인스 Sara L. Rynes의 공저『효과적인 인적 자원 활용에 대한 HR 전문가
들의 신념: 연구와 실무의 일치 HR professionals' beliefs about effective human
resource practices: correspondence between research and practice』, Human Res-
source Management, pp. 483-530.

119   최근 지방자치단체의 어린이집 영역을 무너뜨리고 있는 교육학적 개념은 전혀
이해되지 못하고 있으며 비생산적이고 형식적인 개념으로 변했는데, 이것은 크
리스티안 오브로 Christian Aabro, 안나 옵스트룸 라르센 Anna Opstrup Larsen,

안 소피에 브링크 페더슨 Ann Sofie Brink Pedersen 등이 연구해 『교육학의 프로그래밍 Programmering af pædagogikken』에 소개했다.

120 티네 산테손 Tine Santesson, 「인재 양성 프로그램은 기껏해야 무해한 정도에 불과하다 Talentprogrammer er i bedste fald uskadelige」, 죠프, 2008.04.

121 헨더슨 Henderson·데이비드 David, 「잘못 인식된 기업 덕목: CSR 사례 및 오늘날 기업들의 진정한 역할 Misguided Corporate Virtue: The Case Against CSR, and the True Role of Business Today」, 『Economic Affairs』 Vol. 29, No. 4, pp. 11-15.

122 GDPR이 가짜 노동으로 변하는 경우에 대한 자세한 내용은 토를레이프 고트베드 Thorleif Gotved의 글 「GDPR 은…가짜 노동이다」, 『커뮤니케이션 포럼 Kommunikationsforum』, 2018.12.10.

123 https://adage.com/article/goodworks/cindy-gallop-prepares-launch-a-csrmodel/138424

124 이반 예거 크리스티안센 Ivan Jæger Christiansen, 「절망적인 가짜 사회적 책임을 모두 버리고 실제적인 일을 하라 Drop al jeres ynkelige pseudo-sociale ansvar og gør noget ægte」, 『베를링스케』, 2019.12.02.

125 페터 라스무센 Peter B. Rasmussen, 「DMR는 현대 경영의 속임수에 넘어가지 않는 데 성공했다 DMR har succes med at holde moderne ledelse fra døren」, 『뵈르센』, 2018.05.02.

126 https://www.mm.dk/artikel/freelancerens-velsignelser-frihed-fleksibilitet-og-mindre-pseudoarbejde

127 https://www.worksome.dk/freelanceundersoegelsen-2019/

128 프레더릭 랄루, 앞의 책, pp. 71-73.

129 페르 헬게 쇠렌센, 앞의 책, 2020.

130 해당 표현은 2019년 11월 수도권 지역 일간지의 구인 광고 문구 '전략팀을 위한 야심찬 프로젝트 구성원 Ambitiøs projektmedarbejder til strategisk enhed'에서 참고했다.

131 해당 표현은 2018년 11월 6일 콜딩 코뮌 Kolding Kommune의 구인 광고 '전략적 서술을 위한 프로젝트 리더'에서 참고했다.

132 해당 표현은 2019년 3월 5일, 컨설턴트를 모집하는 UCL 경영 아카데미 및 전문대학교의 구인 광고를 참고했다.

133 닉 알렌토프트, 앞의 책, p. 153.

134 크리스티나 홀름-페터슨 Christina Holm-Petersen 외 다수,「의료 분야의 관리 리뷰 및 절차와 규제의 단순화를 위한 제안 Styringsreview på hospitalsområdet. Forslag til procedure- og regelforenkling」, KORA, 2015.

135 니나 홀름 본센 Nina Holm Vohnsen,『관료주의의 부조리 The Absurdity of Bureaucracy』, 2017.

136 https://www.folkeskolen.dk/635508/pseudoarbejde

137 국내에 존재하는 이러한 유형의 모든 것을 수집하는 기록물에 근거한다.

138 https://www.denoffentlige.dk/op-mod-30-procent-gaar-til-administration-skarp-kritik-af-puljestyring

139 https://www.tv2lorry.dk/tv2dk/2000-kroner-melspande-staten-kraevede-alle-detaljer-om-nyt-kokken-i-plejecenter

140 마이클 맨킨스 Michael Mankins·에릭 가튼 Eric Garton『시간, 재능, 에너지 Time, talent, energy』, 2017, pp. 45-46.

141 https://www.dr.dk/nyheder/indland/international-krammedag-se-de-dage-du-ikke-vidste-fandtes

142 https://videnskab.dk/node/5613

143 로랑 베그 Laurent Bègue·장 레옹 보부아 Jean-Léon Beauvois·디디에 쿠르베 Didier Courbet·도미니크 오버레이 Dominique Oberlé·조안 르파주 Johan Lepage,「밀그램 패러다임을 적용하면 성격은 순종을 예측한다 Personality Predicts Obedience in a Milgram Paradigm」,『Journal of Personality』, Wiley, 2015, 83 (3), pp. 299-306, 코스타 P.T. JR.·og Costa, P. T., Jr.,·매크레이 McCrae, R. R. (1992).「임상 실습에서의 정상적인 성격 평가: NEO 성격 목록Normal personality assessment in clinical practice: The NEO Personality Inventory」,『Psychological Assessment』, 4, 5-1.

144 스벤 브링크만 Sven Brinkman,『굳건하라 Stå fast』, 2014.

145 https://phys.org/news/2018-05-nokia-weed-culture-embrace-future.html

146 외르겐 크리스티안 안데르센 Jørgen Christian Andersen,『조심하라 SE OP』 2019.

147 마르쿠스 베른센 Markus Bernsen,『붕괴된 덴마크 Danmark disrupted』, 2019, p. 44.

148   페터 스바레 Peter Svarre, 『사람들로 무엇을 할 수 있나? Hvad skal vi med men-
       nesker』, 2019, p. 228.

149   『이코노미스트』는 가속되는 사회에 대한 일부 통념을 철저하게 검토한 결과 다
       음과 같은 결론을 내렸다. '시간이 빨라지고 있다는 생각은 만연해 있다. 이것은
       그럴듯하게 들린다. 그러나 문제가 하나 있다. 실제로 그런 일이 일어나고 있는
       지 증명하는 것은 매우 어렵다.'(『이코노미스트』, 2015.12.05.)

150   이것은 스탠포드와 MIT 연구원인 니콜라스 블룸 Nicholas Bloom·채드 존스
       Chad Jones·존 반 리넨 John Van Reenen·마이클 웹 Michael Webb의 2017년
       연구 논문에서 읽을 수 있다. 논문의 제목은 '아이디어를 찾기가 점점 어려워
       지고 있습니까? Are Ideas Getting Harder to Find?'이다 https://web.stanford.
       edu/~chadj/IdeaPF.pdf

151   크리스토퍼 후드 Christopher Hood·루스 딕슨, Ruth Dixon, 『일을 더 잘 하고 비
       용은 적게 드는 정부? A Government that Worked Better and Cost Less?』, 2015, p.
       90, p. 105.

152   https://www.djoefbladet.dk/artikler/2018/9/verden-g-aa-r-slet-ikke-s-aa--
       hurtigt-som-vi-tror.aspx?utm_campaign=Kunstig

153   https://www.version2.dk/artikel/professor-forventet-milliardbesparelse-med
       -sundhedsplatformen-uden-dokumentation-1075788

154   2019년에 IT 컨설턴트들을 위해 할당된 128,000,000덴마크 크로네를 바탕으로
       계산한 것이다. 2019년 8월 7일 발표된 DR 보고서 참조.

155   마르쿠스 베른센 Markus Bernsen, 「디지털 마술사의 마지막 날 Digitalismens
       sidste dage」, 『위켄드아비센』, 2019.03.29.

156   게리 스미스 Gary Smith, 『AI 환상 The AI Delusion』, 2018.

157   메레디스 브로사드 Meredith Broussard, 『인공 무지능: 컴퓨터가 세상을 오해
       하는 방식 Artificial Unintelligence: How computers misunderstand the world』,
       2018.

158   미카엘 호베 Michael Hove, 「디지털화로 가짜 노동과 맞서 싸워라 Bekæmp
       Pseudoarbejde med digitalisering」, 『뵈르센』, 2019.11.21.

159   https://www.berlingske.dk/karriere/vil-undgaa-dyre-fejlrekrutteringer-nye-
       ledere-testes-som-aldrig-foer

160   스텐 톰센 Steen Thomsen, 「이처럼 많은 채용 실패가 발생하는 이유는 무엇인가

Hvorfor sker der så mange fejlansættelser」, 『뵈르센』, 2019.03.04.: https://www.berlingske.dk/karriere/danske-virksomheder-fejlansaetter-i-stor-stil

161   https://www.dr.dk/nyheder/indland/dagpengeregler-bliver-til-verdens-tyk-keste-bog

162   https://assets.publishing.service.gov.uk/government/uploads/system/uploads/attachment_data/file/31617/11-p96a-one-in-one-out-new-regulation.pdf

163   https://www.gov.uk/government/publications/2010-to-2015-government-pol-icy-business-regulation/2010-to-2015-government-policy-business-

164   마이클 맨킨스·에릭 가튼, 앞의 책, p. 45.

165   마이클 맨킨스·에릭 가튼, 앞의 책, p. 51.

166   폴 엑스텔 Paul Axtell, 「가장 생산적인 회의는 8명 이하일 때다 The Most Produc-tive Meetings Have Fewer Than 8 People」, 『하버드 비즈니스 리뷰』, 2018.06.22.

167   https://www.businessinsider.com/elon-musk-3-rules-running-better-meet-ings-like-having-less-2019-8?r=US&IR=T#2-if-youre-not-adding-value-to-a-meeting-leave-2

168   https://www.economist.com/business/2014/08/02/decluttering-the-company

169   마이클 맨킨스·에릭 가튼, 앞의 책, pp. 48-49.

170   마이크로소프트 아웃룩에서 어떻게 해야 하는지 알고 싶다면 다음 링크를 참조하라 https://www.technipages.com/outlook-disable-reply-to-all-email-recipi-ents

171   제리 밀러 Jerry Z. Muller, 『성과지표의 배신 The Tyranny of Metrics』, 2018.

172   이 부분은 영국 인류학자 마릴린 스르타던 Marilyn Strathern이 「평가 개선: 영국 대학 시스템의 감사 Improving ratings: audit in the British University System」를 의역한 것이다. 『유러피언 리뷰European Review』 pp. 305-321.

173   https://www.kl.dk/media/23967/henvendelse-til-beskaeftigelsesministeren.pdf

174   https://www.dr.dk/nyheder/politik/kommuner-skal-holde-halv-million-eks-tra-ledighedssamtaler

175   https://cbswire.dk/researchers-we-waste-time-and-money-writing-articles-noone-cares-to-read/

176   제리 밀러, 앞의 책, 2018.

177   클라우스 회이에르 Klaus Høyer, 『누가 건강 데이터를 무엇을 위해 사용할 것인

가 Hvem skal bruge sundhedsdata - og til hvad』, 2019.

178 https://hbr.org/2015/01/workers-are-bad-at-filling-out-timesheets-and-it-costs-billions-a-day

179 마커스 버킹엄 Marcus Buckingham·애슐리 구달 Ashley Goodal, 『일에 관한 9가지 거짓말 Nine Lies About Work』, 2019, pp. 60-61.

180 스컬린 스티븐 Scullen Steven E., 마이클 마운트 Michael K. Mount, 매이너드 고프 Maynard Goff, 「직무 성과 평가의 잠재 구조 이해 Understanding the latent structure of job performance ratings」, 『응용 심리학 저널 Journal of Applied Psychology』 85, no. 6, p. 956.

181 케빈 카이저 Keven Kaiser·데이비드 영 S. David Young, 『블루 라인의 중요성 The Blue Line Imperative』, 2013.

182 딜로이트대학교 출판부, 『글로벌 휴먼 캐피털 트렌드 Global Human Capital Trends』, 2014.

183 https://blog.impraise.com/360-feedback/deloitte-joins-adobe-and-accenture-in-dumping-performance-reviews-360-feedback

184 다니엘 핑크 Daniel H. Pink, 『동기 Motivation』, 2011, p. 60.

185 마크 레퍼 Mark R. Lepper, 『보상의 숨은 비용 The hidden cost of reward』, 1978; 알피 콘 Alfie Kohn, 『상으로 처벌받다 Punished by rewards』, 1993.

186 https://www.berlingske.dk/samfund/partier-paa-begge-floeje-efter-ti-aar-med-kommunale-jobcentre-luk-dem

187 덴마크 보건데이터 기관에서 2009~2017년 사이에 조사한 지역 보건 서비스를 바탕으로 선정된 주요 수치들.

188 E. A.로크 E. A. Locke·G. P. 로크, G. P. Locke, 「목표 설정 및 작업 동기 부여에 대한 실질적으로 유용한 이론 구축. 35년간의 여정」, 『미국 심리학자 저널 American Psychologist』 57(9), pp. 705-717.

189 데이비드 야콥센 터너 David Jacobsen Turner, 「타임퀘이크 Tidsskælv」, 『위켄드 아비센』, 2020.02.28.

190 https://recruiters.welcometothejungle.com/en/articles/powerful-building-a-culture-of-freedom-and-responsibility-by-patty-mccord/

191 레네 탕고르·튜에 율스보 Tue Juelsbo, 『문서화 시스템이 일상의 창의성을 죽이는가 Dræber dokumentationssystemer hverdagskreativiteten』: 말레네 프리

스 Malene Friis Andersen·레네 탕고르(편집)『우리는 중요한 것을 세고 있는가 Tæller vi det der tæller』, 2016.

192 마이클 맨킨스·에릭 가튼, 앞의 책, p. 73.

193 사이먼 시넥 Simon Sinek,『나는 왜 이 일을 하는가 Start med hvorfor』, 2017.

194 https://www.inc.com/adam-robinson/new-gallup-data-finds-only-1-in-4-employees-believe-in-their-company-values-this-strategy-can-change-that.html

195 크리파, 앞의 보고서, 2019.

196 맥킨지 McKinsey·크랜스턴 Cranston·수잔 켈러 Susan Keller·스코트 켈러 Scott Keller,「업무의 '의미 지수' 증가 Increasing the 'meaning quotient' of work」,『McKinsey Quarterly』2013, pp. 48-59.

197 딜로이트,『딜로이트 CEO 통찰: 직원 참여의 비밀을 밝힌다 Deloitte. CFO Insights: Unlocking The Secrets Of Employee Engagement』, 2015; 캐서린 베일리 Catherine Bailey·아드리안 매든 Adrian Madden,「일을 의미 있게: 또는 의미 없게 만드는 것은 무엇인가 What Makes Work Meaningful: Or Meaningless」,『MIT 슬로언 매니지먼트 리뷰 MIT Sloan Management Review』57.

198 https://www2.deloitte.com/us/en/insights/focus/human-capital-trends/2019/workforce-engagement-employee-experience.html

199 해당 사례는 모르텐 뮌스터의 목적 개념에 대한 신랄한 비판을 표현한 기고문에서 인용한 것이다 : https://bureaubiz.dk/klumme/sig-nej-til-why/

200 https://fivethirtyeight.com/features/enough-already-about-the-job-hopping-millennials/

201 https://www.manpowergroup.com/wps/wcm/connect/660ebf65-144c-489e-975c-9f838294c237/MillennialsPaper1_2020Vision_lo.pdf?MOD=AJPERES 및 https://ballisager.com/wp-content/uploads/2019/05/Kandidatanalysen-2019.pdf

202 밀레니엄세대라는 용어와 관련된 모든 문제에 대한 모르텐 뮌스터의 흥미로운 리뷰는 다음 링크에서 읽어볼 수 있다: https://mortenmunster.com/millennials-et-taabeligt-og-intetsigende-begreb/

203 로버트 프랑크 Robert H. Frank,『경쟁의 종말 The Darwin Economy』, 2011, pp. 64-74.

적게 일해도 되는 사회, 적게 일해야 하는 사회

진짜 노동

ⓒ 데니스 뇌르마르크, 2024

초판 1쇄 인쇄일 2024년 4월 2일
초판 1쇄 발행일 2024년 4월 15일

지은이　　데니스 뇌르마르크
옮긴이　　손화수
펴낸이　　정은영
편집　　　최찬미 전유진 전지영 방지민 장혜리
디자인　　박정은
마케팅　　최금순 이언영 연병선 윤선애 이유빈 최문실 최혜린
제작　　　홍동근

펴낸곳　　(주)자음과모음
출판등록　2001년 11월 28일 제2001-000259호
주소　　　10881 경기도 파주시 회동길 325-20
전화　　　편집부 (02)324-2347 경영지원부 (02)325-6047
팩스　　　편집부 (02)324-2348 경영지원부 (02)2648-1311
이메일　　munhak@jamobook.com

ISBN　　978-89-544-5031-7 (03300)